KB016189

제주어개론

상

제주어개론

상

고재환 저

보고사

머 리 말

　해가 거듭될수록 귀중한 무형문화의 유산이 사라져버리고 있다. 그 중에 하나가 방언인 토속어(土俗語)다. 특히 제주어(濟州語)는 중세국어를 비롯 해서 삼국시대로 올려 잡을 수 있는 희귀한 고어의 보고(寶庫)로 정평이 나 있다. 그럼에도 이들 귀중한 언어유산이 '서울말' 중심의 표준어 어문정 책에 된서리를 맞고 만 것이다. 자기 고장의 토박이말을 쓰면 교양이 없는 사람으로 취급받게 되고 말았으니까. 그러다 보니 요즘은 자기가 태어나서 살고 있는 고향의 말인 제주어를 외국어처럼 배워야 하는 딱한 지경에 이 르고 만 것이다. 한마디로 가장 제주도적인 문화의 정체성을 도둑 맞힌 꼴 이 돼 버렸다.

　이 책은 필자가 1970년대부터 제주속담을 채록하고 정리하는 과정에서 터득한 일반적 기초지식을 총괄한 제주어에 대한 개론서다. 그 주요체제는 제주어의 　<음운론>·<품사론>·<어휘론>·<구술론>·<표기법>을 한데 묶어 상권(上卷)으로, 어말어미와 비어말어미를 대상으로 한 <형태 론>을 하권(下卷)으로 분리해서 엮었다. 그렇다고 제주어 전반을 파고들어 그 본연의 정체를 속속들이 밝혀낸 학술서로는 미흡하다. 그나마 자위하는 것은 제주어의 기초이론과 용례를 집약한 『제주어개론』의 효시라는 점과 흡족치는 못하지만 제주어를 체계적으로 공부하려는 후학들에게 도움이 될 것이라는 기대감이다. 또 하나는 2006년 고희기념 『제주인의 혼불』의 머리말에서, 다음은 나은 책자를 펴내겠다고 한 약속을 지켰다는 점이다. 과연 그 약속대로 나은 내용이 되었는지는 미지수다. 기왕 말이 나온 김에 한마디 덧붙이면, 제주어는 이론도 중요하지만 화용론(話用論)에 입각한 제주어 본연의 실질적인 용례가 더 중요하다. 아무리 이론에 밝아도 실제가 어긋나면 표준어도 아니고 토속어도 아닌 어정쩡한 사이비(似而非) 제주어가 돼 버린다는 사실이다. 특히 표준어에 익숙해버린 제주어 학자들이 귀담아 들었으면 한다. 또한 이『제주어개론』중에는 의견을 달리할 수 있는 것들도 있고, 마땅히 다루어야 할 것을 놓친 것도 있을 수 있다. 그 중 표기법인 경우는 더 그렇다.

  일화 한 토막– 출판사에 넘길 최종원고가 덮어쓰기 잘못으로 30여 개월간의 작업이 물거품이 되고 말았을 때의 황당함과 허탈감은 이루 형언할 수가 없다. 전문기관에 의뢰했지만 복원불가능! 포기하고 말자니 그간 부둥켜안고 지새웠던 시간들이 아까웠다. 천만다행으로 초고를 저장해둔 것이 남아 있는 게 아닌가. 다시 다듬고 첨삭을 하노라 16개월이 걸렸다. 그러니 3년 8개월 만에 출판사에 원고를 넘겨야 하는 우둔한 일처리를 생각하니 어처구니가 없다. 이제 남은 일은 개중판을 내야 할 텐데, 그럴 시간이 남아 있겠느냐다. 외람되지만 해가 서산에 걸린 것이나 다름없으니 내일을 기약할 수가 없어서다.

  끝으로 출판을 흔쾌히 맡아준 '보고사(寶庫社)'의 김홍국 사장님과 편집·교열에 열의를 쏟아준 담당자 여러분의 노고에 고마운 말씀을 드립니다.

서기 2011년 여름

寓居에서 著者

알아두기
-상권-

이 책의 짜임은 목차에 나타난 대로 『제주어개론』 '상권'에는 <음운론>·<품사론>·<어휘론>·<구술론>·<표기법>으로 돼 있고, '하권'은 <형태론>으로 돼 있다. 여기에 활용된 용례와 예시문의 어휘들은 필자가 출생하여 성장과정에서 체득한 구−제주시지역어(舊−濟州市地域語)를 기반으로 한 것이다. 즉 지금의 '일도동/이도동/삼도동/건입동/용담동/도두동/이호동/외도동/연동/노형동/오라동/도남동/오등동/아라동/화북동/삼양동/도련동/봉개동/영평동/용강동/월평동' 등이 그 주요무대다.

Ⅰ. <음운론>은 국어음운론에 따르면서 유다른 음운변화와 동화현상은 제주어 현실에 맞게 다루고, 자모의 쓰임은 제5장 '제주어표기법' 제3항에 제시된 것과 같다.

　　· 자음: 23자
　　　첫소리: ㄱ ㄴ ㄷ ㄹ ㅁ ㅂ ㅅ ㅇ ㅈ ㅊ ㅋ ㅌ ㅍ ㅎ
　　　　　　 ㄲ ㄸ ㅃ ㅆ ㅉ
　　　받침소리: ㄱ ㄴ ㄷ ㄹ ㅁ ㅂ ㅅ ㅇ ㅈ ㅍ ㅎ
　　　겹받침소리: ㄺ ㄻ ㄳ ㅆ

　※ 현대국어의 'ㄲ ㅆ ㄳ ㄵ ㄶ ㄼ ㄽ ㄾ ㄿ ㅀ ㅄ'은 받침소리인 종성으로 쓰이지 않는 것으로 했다.

· 모음: 25자

가운뎃소리[中聲]: ㅏ ㅑ ㅓ ㅕ ㅗ ㅛ ㅜ ㅠ ㅡ ㅣ ㅐ ㅒ ㅔ ㅖ ㅘ ㅏㆍ ㆅ
ㅓ ㅔ ㅕ ㅓㆍ ㅡㆍ ㆍ ㆍㆍ ㆍㅏ

※ 현대국어에 쓰이지 않는 'ㆍ/ㆍㆍ'와 'ㅏㆍ/ㆅ/ㅕ/ㆍㅏ'가 쓰이고, 'ㅚ/
ㅐ'는 'ㅔ'가 대신 쓰이므로 제외했다.

2. <품사론>은 학교문법에 준해서 9품사인 '명사·대명사·수사·동
사·형용사·조사·관형사·부사·감탄사'로 구분해서 다뤘다. 이
들 예시어는 제주어의 어휘를 사용하려 노력했다.

3. <어휘론>은 그 조어형태와 품사별 어휘를 중심으로 목차에 나타난
대로 '인체부위'·'의식주'·'동식물'·'기상'·'호칭'과 '통과의례어'
·'금기담' 등을 대상으로 했다. 특히 태어(態語)는 '완전첩어'와 '준첩
어'로 구분한 '의성어'·'의태어'의 유별난 점을 부각시켰다. 덧붙여서
현재 보존되고 있는 고어(古語)와 외래어인 '몽골어'·'일본어'의 사례
를 제시했다.

4. <구술론>은 '하권'에서 다룬 어미형태의 활용과 맞물린 것으로서,
입말 중심의 구어체에 따른 실제 말하기의 언술구조에 역점을 두었
다. 즉 어순에 따른 어절들의 성분의 놓이는 위치와 말하기의 유형을
'단구형'·'단문형'·'주종형'·'포유형'·'대등형'·'대조형'·'중첩
형'·'혼합형'으로 구분해서 그 실상을 살폈다. 또 말하기의 표현화
법과 생략/축약에 의한 말하기 어투의 실제를 예시함으로써 경제적
언어의 특성을 부각시켰다.

5. <표기법>은 한글맞춤에 준해서 제주어 현실에 맞도록 모두 43항으로
했다. 그 기준은 이미 마련해서 잠정적으로 활용하고 있는 기존의
'제주어표기법(안)'과 일치하지 않거나 새로 더 제시한 것이 있다. 또

표기법의 활용을 위한 본보기로 표준어로 된 <삼성신화>·<토속요>·<속담>·<생활어>·<현대시>를 제주어로 대역하여 그 표기의 실제를 다뤘다.

6. 색인인 '찾아보기'는 주요 표제어와 용어만 대상으로 했고, 본문 중에 표시된 △는 주요표제를, /는 구분을, >는 변천을, <는 말의 강약과 크고 작음을, +는 결합을, ＝는 대등관계를, ∽는 혼합을, ⇌는 상호교류를, ×는 생략을, #은 축약을, //는 전·후절구분을 나타낸 것이고, 묶음표인 ( )·[ ] 안에는 해당 한자와 표준어를 써넣었다. 또 ( )안의 '모음'은 모음으로 끝나는 체언과 용언의 어간을, '자음'은 자음받침으로 끝나는 체언과 용언의 어간을, '모음/ㄹ'은 모음과 ㄹ받침으로 끝나는 어간을, '모음/ㄹ제외'는 모음과 ㄹ받침 어간을 제외함을, 'ㅂ변칙'은 ㅂ－불규칙용언을, '양성어간/음성어간'은 '양성모음어간/음성모음어간'을 말한다. <제5장 표기법>은 색인의 대상에서 제외했다.

차 례

제1장 음운론

제4장 구술론

제5장 표기법

제1장

음 운 론

　여기서 다뤄질 음운은 국어음운론에서 일반화돼 있는 이론을 중심으로
알아야 할 제주어에 나타나는 주요한 기본사항만 간추려 정리한 것이다.
그 주된 대상은 자음과 모음의 기본체계와 쓰임에 주안점을 두되, 말하기
중심의 화용론에 입각해서 제주어 고유의 말투에 나타나고 있는 음운현상
에 중점을 두었다.

1. 자음의 구분과 쓰임

　제주어의 자음체계에 따른 구분은 현대국어와 같지만, 그 쓰임은 다른
것도 있다. 그 주요내용은 조음위치와 모양에 따라 설정한『훈민정음해례』
'제자해(制字解)'의 '전청(全淸)·차청(次淸)·전탁(全濁)·불청불탁(不淸
不濁)'과 '합용병서(合用並書)'에 1) 해당하는 것 중 제주어에 쓰이고 있는

---

1)『훈민정음해례』의 '제자해'에 전청(全淸)은 ㄱ ㄷ ㅂ ㅈ ㅅ, 차청(次淸)은 ㅋ ㅌ ㅍ ㅊ
　ㅎ, 전탁(全濁)은 ㄲ ㄸ ㅃ ㅉ ㆅ, 불청불탁(不淸不濁)은 ㆁ ㄴ ㅁ ㅇ ㄹ ㅿ 등으로 돼있
　다. 이들 중 예사소리인 평음에 해당하는 전청의 ㆆ, 된소리인 경음에 해당하는 전탁의
　ㆅ, 울림소리인 유성음에 해당하는 불청불탁의 ㆁ ㅿ을 제외한 나머지 자음 19자가 쓰인
　다. 또 복자음에 해당하는 합용병서(合用並書)인 경우 'ㄺ ㄻ ㄲ ㅄ'이 쓰인다.

것에 한정했다. 즉 현대국어의 '평음·격음·경음·유성음·복자음' 등이
그것이다.

1) 자음의 구분

이들 자음의 구분은 음절을 이루고 있는 최소단위인 음소를 5가지 계
열로 묶은 것이다. 더 세분할 수도 있지만, 여기서는 평음인 예삿소리 5자,
격음인 거센소리 5자, 경음인 된소리 5자, 유성음인 울림소리 4자와 서로
다른 자음 둘이 결합해서 된 이자합용병서(二字合用竝書)로 된 복자음인
겹닿소리 4자 등 23에 한정했다.[2]

> 평음(平音:예삿소리): ㄱ ㄷ ㅂ ㅅ ㅈ
> 격음(激音:거센소리): ㅊ ㅋ ㅌ ㅍ ㅎ
> 경음(硬音:된소리): ㄲ ㄸ ㅃ ㅆ ㅉ
> 유성음(有聲音:울림소리): ㄴ ㄹ ㅁ ㅇ
> 복자음(複子音:겹소리): ㄺ ㄿ ㄻ ㅅㅣ

2) 자음의 쓰임

제주어에 쓰이는 자음은 <자음의 구분>에서 제시한 23자 중 초성인
첫소리를 19자, 종성인 끝소리로 15자가 쓰였다.

[초성/첫소리]

평 음: ㄱ ㄷ ㅂ ㅅ ㅈ

---

2) 이들 23개의 자음은 본문에 제시된 '평음·격음·경음·유성음·복자음'이 그것이다.
그 중 현대국어에 쓰이는 격음의 'ㅊ/ㅋ/ㅌ/ㅍ', 경음의 'ㄲ/ㅆ', 합용병서인 복자음의
'ㄳ/ㄵ/ㄶ/ㄺ/ㄽ/ㄾ/ㅀ/ㅄ'은 종성인 끝소리 받침으로 쓰이지 않았다는 것이 필자의 지론
이다. 그 근거는 본문의 1)~7), 9)~18)이 뒷받침하고 있다. 단 격음의 'ㅍ'은 방향과
위치와 관계된 말에는 끝소리 받침으로 쓰이고, 그 외는 'ㅂ'이 쓰인다.

격 음: ㅊ ㅋ ㅌ ㅍ ㅎ
경 음: ㄲ ㄸ ㅃ ㅆ ㅉ
유성음: ㄴ ㄹ ㅁ ㅇ

[종성/끝소리]

평 음: ㄱ ㄷ ㅂ ㅅ ㅈ
격 음: ㅍ ㅎ
유성음: ㄴ ㄹ ㅁ ㅇ
복자음: ㄺ ㄼ ㄳ ㄳ [3]

　여기서 유념해야 할 것은 각주 2)에서 밝힌 대로 현대국어에서 종성으로 쓰이는 경음인 된소리가 받침으로 쓰이지 않다는 점이다. 첫소리로 쓰이는 평음·격음·경음·유성음 등 19자는 모두 사용하므로 문제가 안 되지만, 받침으로 쓰이는 끝소리인 종성은 사뭇 다르다. 즉 거센소리인 격음 'ㅊ ㅋ ㅌ ㅍ', 된소리인 경음 'ㄲ ㅆ', 겹닿소리인 복자음 'ㄳ ㄵ ㄶ ㄺ ㄽ ㄾ ㄿ ㅀ ㅄ'은 받침인 종성으로 사용하지 않으므로 15자만 쓰인다. 그런 점에서 보면 'ㅈ'이 더 있을 뿐, 종성인 끝소리의 받침 글자는 평음과 유성음을 합한 'ㄱ ㄴ ㄷ ㄹ ㅁ ㅂ ㅅ ㅇ' 등 8자로 족히 쓸 수 있다는 훈민정음의 팔종성가족용(八終聲可足用)과 비슷하다.

　하지만 격음 중에 'ㅍ'만은 체언의 받침에 선별적으로 쓰이고[4] 용언의 어간 받침으로는 안 쓰인다. 그 까닭은 구어체(口語體) 중심의 제주어 고유의 발음과 어투를 따라야 하기 때문이다. 특히 이들 자음의 끝소리인 종성

---

3) 'ㄳ/ㄺ'은 단독으로 쓰이지 않고 ㄱ공용어에만 한정해서 쓰인다. 즉 '낡+이>남기·낡+을>남글·낡에>남게·낡+으로>남그로', '밧+이>밧기·밧+을>밧글·밧에>밧게·밧+으로>밧그로'인 경우에 쓰인다. 이에 관해서는 아래 <자음의 쓰임>(19), (20)에 그 용례가 제시돼 있다.

4) 'ㅍ'이 체언의 받침으로 쓰일 경우는 방위와 위치에 관계가 있는 '앞/윤(옆)'일 때이고, 그 외는 'ㅂ'이 쓰인다.

은 현대국어와 다른 조어형태의 음소로 작용함으로써, <발음→ 말투→ 표기>로 이어지는 어형을 이루고 있다.

아래 (1)~(20)은 그 구체적인 용례를 제시한 것인데, 제주어의 올바른 터득을 위해 기본적으로 알아야 할 핵심요체이다. [ ] 속의 것은 체언이나 용언의 어근/어간 다음에 모음으로 된 허사(虛辭)인 조사가 왔을 때 소리 나는 대로 표기한 것이다. 바로 그런 발음으로 말하는 것이 표준어와 제주어의 본 모습이기 때문에, 받침인 종성에 'ㅊ ㅋ ㅌ ㅍ5)', 'ㄲ ㅆ', 'ㄳ ㄶ ㄼ ㄽ ㄾ ㄿ ㅀ ㅄ'은 쓰이지 않은 것으로 봐야 한다.

(1) 체언 받침 'ㅊ/ㅌ'은 'ㅅ'이 쓰인다.

△ ㅊ>ㅅ: 꽃>꼿 · 몇>멧 · 빛>빗 …

<표준어>	<제주어>
· 꽃+격조사(이/은/을 …)	· 꼿+격조사(이/은/을 …)
꽃이[꼬치] 피었다	꼿이[꼬시] 피엇다.
꽃은[꼬츤] 곱다.	꼿은[꼬슨] 곱다.
꽃을[꼬츨] 꺾다.	꼿을[꼬슬] 거끄다.
· 몇+격조사(이/은/을 …)	· 멧+격조사(이/은/을 …)
사람은 몇이[며치] 있나?	사름은 멧이[메시] 잇나?
몇몇은[면며츤] 먼저 갔다.	멧멧은[멘메슨] 몬저 갓저.
몇을[며츨] 더 주면 될까?	멧을[메슬] 더 주민 뒈코?
· 빛+격조사(이/은/을 …)	· 빗+격조사(이/은/을 …)
빛이[비치] 훤하다.	빗이[비시] 훤ᄒ다.
빛은[비츤] 잘 들어온다.	빗은[비슨] 잘 들어온다.
빛을[비츨] 등지고 섰더라.	빗을[비슬] 등젼 삿어라

---

5) 'ㅍ'인 경우 각주 2)와 4) 참조.

△ ㅌ>ㅅ: 밭>밧·솥>솟·머리맡>머리맛 …

<표준어>	<제주어>
· 밭+격조사(이/은/을 …)	· 밧+격조사(이/은/을 …)
밭이[바치] 좋아야 한다.	밧이[바시] 좋아사 흔다.
밭은[바튼] 있어야 한다.	밧은[바슨] 잇어사 흔다.
밭을[바틀] 갈고 있더라.	밧을[바슬] 갈암서라.
· 솥+격조사(이/은/을 …)	· 솟+격조사(이/은/을 …)
쇠솥이[쇠소치] 크다.	쒜솟이[쒜소시] 크다.
쇠솥은[쇠소튼] 무겁다.	쒜솟은[쒜소슨] 베다.
쇠솥을[소틀] 사서 왔다.	쒜솟을[쒜소슬] 산 왓저.
· 머리맡+격조사(이/은/을 …)	· 머리맛+격조사(이/은/을 …)
머리맡이[머리마치] 좁다.	머리맛이[머리마시] 좁다.
머리맡은[머리마튼] 이디냐?	머리맛은[머리마슨] 어디고?
머리맡을[머리마틀] 보라.	머리맛을[머리마슬] 보라.

위와 같이 'ㅊ/ㅌ'이 받침으로 쓰이지 않고 'ㅅ'이 쓰인다. 그래야 제주어의 본바탕이 그대로 드러나서 '발음→말투→표기'로 이어지는 구술형태가 살아난다. 이들은 모음으로 시작되는 '이/은/을 …' 따위의 격조사가 붙을 때 연음형태인 '시/슨/슬'로 발음되므로, 끝소리 받침이 'ㅊ/ㅌ'이 아닌 'ㅅ'이라야 함을 입증하는 것이다.[6]

---

6) 현대국어인 경우는 격조사 '이'와 만날 때, 'ㅌ'이 'ㅊ'으로 구개음화된 '밭이>바치·솥이>소치·머리맡>머리마치'를 제외하면, 다 각기 그 받침이 연음으로 이어져서 '바튼/바틀·소튼/소틀·머리마튼/머리마틀'로 소리 난다. 그러나 제주어인 경우는 현대국어와 전연 다른 'ㅊ/ㅌ'이 전부 'ㅅ' 받침이라야 하므로, 그 발음도 '바시/바슨/바슬·소시/소슨/소슬·머리마시/머리마슨/머리마슬'이라야 한다.

(2) 끝소리 받침 'ㅋ'은 'ㄱ'이 쓰인다.

△ ㅋ>ㄱ: 들녘>들녁 · 새벽녘>새벽녁

<표준어>	<제주어>
· 들녘+격조사(이/은/을 …)	· 들녘+격조사(이/은/을 …)
들녘이[들녀키] 넓다.	들녁이[들녀기] 넙다.
들녘은[들녀큰] 바람이 분다.	들녁은[들녀근] 브름이 분다.
들녘을[들녀클] 내다보라.	들녁을[들녀글] 내다보라.
· 새벽녘+격조사(이/은/을 …)	· 새벽녁+격조사(이/은/을 …)
새벽녘이[새병녀키] 되었다.	새벽녁이[새벵녀기] 뒈엇다.
새벽녘은[새병녀큰] 멀었다.	새벽녁은[새벵녀근] 멀엇다.
새벽녘을[새병녀클] 향하다.	새벽녁을[새벵녀글] 향ㅎ다.

제주어에는 예외도 있지만, 일반적으로 거센소리인 격음이 받침으로 쓰이지 않는다. 'ㅊ/ㅌ'이 받침으로 쓰이지 않는 것과 같이 'ㅋ'도 쓰지 않고 'ㄱ'을 쓴다. 그 이유도 위 예시와 같이 소리 나는 어투를 바탕으로 하기 때문이다. 중세국어인 고어에서도 '녘'이 아닌, '녁'이 쓰였다.

(3) 끝소리 받침 'ㄲ'은 'ㅅ'이 쓰인다.

△ ㄲ>ㅅ: 밖>밗/밧7) · 안팎>안팟

<표준어>	<제주어 >
· 밖+격조(이/은/을 …)	· 밖+격조사(이(의)/은/을 …)
집밖이[바끼] 어둡다.	집밧기(그)[받끼(끄)] 어둑다.
집밖은[바끈] 어떠냐?	집밧근[받끈] 어떠니?
집밖을[바끌] 쓸라.	집밧글[받끌] 쓸라.

---

7) 현대국어의 '밖[外]'인 '밝'은 ㄱ곡용을 하는 특수체언으로서 그 다음에 모음으로 시작되는 조사 '이/은/을/으로' 따위가 붙을 때 '밧기/밧근/밧글/밧그로'가 된다. '밧'은 '밝'의 변이형으로 15세기 국어에도 쓰였다.

· 안팎+격조사(이/은/을 …)   · 안팟+격조사(이/은/을 …)
옷 <u>안팎이</u>[안파끼] 곱다   옷 <u>안팟이</u>[안파시] 곱다.
집 <u>안팎은</u>[안파끈] 조용하다.   집 <u>안팟은</u>[안파슨] 조용ᄒ다.
집 <u>안팎을</u>[안파끌] 살피라.)   집 <u>안팟을</u>[안파슬] 술피라.

현대국어 '밖'의 제주어는 중세국어인 '밧/밧/밧갓'이 혼용되고 있으나, '밝'이 경우는 격변화를 일으키는 ㄱ곡용어이다. 이에 대해서는 아래 20)에서 구체적으로 다뤄진다.

(4) 선어말어미 '-았/었/였-'의 'ㅆ' 받침은 'ㅅ'이 쓰인다.

△ ㅆ>ㅅ: -았다/-었다/-였다>-앗다/-엇다/-엿다

<표준어>   <제주어>

· 양성어간+았+어미(어/으면/   · 양성어간+앗+어미(어/이민/이난)
  으니)
얼음이 다 <u>녹았어</u>[노가써].   얼음이 다 <u>녹앗어</u>[노가서].
더 <u>놀았으면</u>[노라쓰면] 한다.   더 <u>놀앗이민</u>[노라시민] ᄒ다.
잠 잘 <u>잤으니</u>[자쓰니] 좋다.   줌 잘 <u>잣이난</u>[자시난] 좋다.

· 음성어간+었+어미(어/으면/   · 음성어간+엇+어미(어/이민/이난)
  으니)
나도 집에 <u>있었어</u>[이써써].   나도 집이(에) <u>잇엇어</u>[이서서].
뭘 <u>먹었으면</u>[머거쓰면] 좋을까?   뭘 <u>먹엇이민</u>[머거시민] 좋코?
용돈은 <u>주었으니</u>[주어쓰니] 됐다.   용돈을 <u>주엇이난</u>[주어시난] 됏저.

· 하+였+어미(어/으면/이니)   · ᄒ+엿+어미(어/이민/이난)
추운 데서 <u>고생하였어</u>[고생하   언 듸서 <u>고생ᄒ엿어</u>[고생ᄒ여서].
여써].
잘못을 <u>하였으면</u>[하여쓰면]   잘못을 <u>ᄒ엿이민</u>[ᄒ여시민] 빌라.
빌어라.

아프지 <u>안하였으니</u>[안하여   아프지 <u>안ᄒ엿이난</u>[안ᄒ여시난]
쓰니] 좋다.   좋다.

위 과거시제 선어말어미인 '-았/었/였-'은 제주어에서 '-앗/엇/엿-'이라
야 하는 근거를 예시한 것이다. 모음으로 시작하는 연결어미 '-이민/-이난
…' 따위를 붙여 활용할 때 '녹앗이민/녹앗이난·먹엇이민/먹엇이난·일
ᄒ엿이민/일ᄒ엿이난'으로 표기해야 하고, 말할 때 발음은 '<u>노가시민/노가
시난·머거시민/머거시난·일ᄒ여시민/일ᄒ여시난</u>'으로 해야 한다. 그런
데 문제는 표기도 발음대로 해버리고 있는 경우가 많다. 제주어의 표기법도
한글맞춤법에 기초한 어간과 어미를 분리해서 표기하는 분철법(分綴法)에
따라야 한다. 그런데도 소리 나는 대로 적어야 한다는 것을 연철법(連綴法)
으로 잘못 알고 있는 것이 바로 위 밑줄 친 것과 같은 표기이다. 제주어도
한글맞춤에 따라야 하므로, 반드시 어간과 어미를 구분해서 표기하는 분철
법인 형태음소적(形態音素的)인 표기법을 지키는 것이 원칙이다.8)

(5) 체언 받침 'ㅍ'은 'ㅍ'·'ㅂ' 두 가지로 쓰인다.

△ ㅍ>ㅍ: 앞>앞·옆>욮

<표준어>   <제주어>
·앞+격조사(이/은/을 …)   ·앞+격조사(이/은/을 …)
<u>눈앞이</u>[눈아피] 캄캄하다.   <u>눈앞이</u>[눈아피] 와왁ᄒ다.
<u>눈앞은</u>[눈아픈] 잘 보인다.   <u>눈앞은</u>[눈아픈] 잘 보인다.

---

8) 다시 말해서 현대국어애서 쓰는 과거시제 선어말어미 '-았/었/였-'의 받침 'ㅆ'을 안
 쓰고 'ㅅ'을 써야 한다. 그래야 제주어 특유의 어투에 의한 어형과 발음에 부합하는 본모
 습을 그대로 살릴 수가 있다. 만일 'ㅆ' 받침을 할 경우, '녹았어/놀았이민/잤이난'·'있
 었어/먹었이민/주었이난'·'고생ᄒ였어/ᄒ였이민/안ᄒ였이난'으로 표기해야 하는데,
 그렇게 되면 실제 발화(發話) 때 발음도 '노가써/노가씨민/노라씨민/자씨민'·'이써써/
 머거씨민/주어씨난'·'고생ᄒ여써/ᄒ여씨민/안ᄒ여씨난'이라야 한다. 그렇게 되면 제주
 어의 본연에 어긋난 어투가 돼 버린다.

<u>눈앞을</u>[눈아플] 가로막다.　　　　<u>눈앞을</u>[눈아플] ㄱ로막다.

　　　　　　　　<표준어>　　　　　　　　　　<제주어>

・<u>옆</u>+격조사(이/은/을 …)　　　　・<u>욮</u>+격조사(이/은/을 …)

　　<u>길옆이</u>[길려피] 막혔다.　　　　<u>질욮이</u>[질으피] 멕혓다.

　　<u>길옆은</u>[길려픈] 더럽다.　　　　<u>질욮은</u>[질른픈] 덜럽다.

　　<u>길옆을</u>[길려플] 지나간다.　　　<u>질욮을</u>[질으플] 지나간다.

　△ ㅍ>ㅂ: 나뭇잎>낭입(닙)・옷섶>옷섭 …

　　　　　　　　<표준어>　　　　　　　　　　<제주어>

・<u>나뭇잎</u>+격조사(이/은/을 …)　　・<u>낭입(닙)</u>+격조사(이/은/을 …)

　　<u>나뭇잎이</u>[나문니피] 떨어진다.　　<u>낭입(닙)이</u>[낭이(니)비] 털어진다.

　　<u>나뭇잎은</u>[나문니픈] 시든다.　　<u>낭입(닙)은</u>[낭이(니)븐] 소든다.

　　<u>나뭇잎을</u>[나문니플] 줍는다.　　<u>낭입(닙)을</u>[낭이(니)블] 줏나.

・<u>옷섶</u>+격조사(이/은/을 …)　　　・<u>옷섭</u>+격조사(이/은/을 …)

　　<u>옷섶이</u>[온쎠피] 헐었다.　　　　<u>옷섭이</u>[온쎠비] 헐엇다.

　　<u>옷섶은</u>[온쎠픈] 너무 길다.　　　<u>옷섭은</u>[온쎠븐] 너미 질다.

　　<u>옷섶을</u>[온쎠플] 여민다.　　　　<u>옷섭을</u>[온쎠블] 여멘다.

　　제주어의 'ㅍ' 받침 말은 위에서처럼 두 가지 형태를 취한다. 즉 방향과 관계가 있는 말인 경우는 'ㅍ'을 그대로 쓰고, 그 이외는 'ㅂ'이 쓰인다. 그 이유는 실제 말하기 때 '앞'・'욮'에[9) 격조사 '이/은/을 …' 따위가 붙으면 '앞이/앞은/앞을 …'・'욮이/욮은/욮을 …'로 표기해서 말할 때 발음도 '아피/아픈/아플'・'으피/으픈/으플 …'과 같이 끝소리 'ㅍ'이 연음된 꼴로 소리 나기 때문이다. 하지만 현대국어의 '잎/섶' 따위는 제주어로는 '입(닙)/섭'이라야 한다. 왜냐하면 실제 말할 때 'ㅍ'이 아닌 'ㅂ' 소리가 분명하기 때문이다. 그래서 표기도 '입(닙)이/입(닙)은/입(닙)을…'・'옷섭이/옷섭은/옷

---

9) '욮'은 표준어 '옆(側)'이다.

섭을 …'으로 표기하고, 실제 발음 역시 'ㅂ'이 연음돼서 '이(니)비/이(니)븐/
이(니)블 …' · '온써비/온써븐/온써블 …'로 소리 나는 것이 정상이다. 중세
국어에서도 잎[葉]을 '닙'이라고 해서 끝소리에 'ㅍ'이 아닌 'ㅂ'을 썼다.
  이와 같은 현상은 제주어가 고어와 밀접한 관계에 있음을 보여주는 것인
데, 표준어세대들은 'ㅍ'만을 사용함으로써, 제주어의 본모습을 제대로 살
려내지 못하고 있다.

(6) 어간의 끝음절 받침 'ㄲ/ㅌ/ㅍ'은 'ㄲ/ㅌ/ㅍ'가 쓰인다.

△ ㄲ>ㄲ: 깎다>가끄다 · 낚다>나끄다 …

<표준어>

· 깎다+어미(아서/으면/으니)
뼈를 깎아서[까까서] 만든다.
뼈를 깎으면[까끄면] 안 된다.
뼈를 깎으니[까끄니] 아프다.

<제주어>

· 가끄다+어미(앙/민/난)10)
꽝을 가깡[가깡] 멩근다.
꽝을 가끄민[가끄민] 안 뒌다.
꽝을 가끄난[가끄난] 아프다.

<표준어>

· 낚다+어미(아서/으면/으니)
고기를 낚아서[나까서] 주겠다.
고기를 낚으면[나끄면] 어떠할까?
고기를 낚으니[나끄니] 좋다.

<제주어>

· 나끄다+어미(앙/민/난)
궤길 나깡[나깡] 주키어.
궤길 나끄민[나끄민] 어떠코?
궤길 나끄난[나끄난] 좋다.

▶ 거끄다(꺾다), 다끄다(닦다), 무끄다(묶다), 보끄다(볶다), 서끄다
  (섞다)

△ ㅌ>ㅌ: 같다>ᄀᆞ트다 · 붙다>부트다 …

<표준어>

· 같다+어미(아서/으면/으니)

<제주어>

· ᄀᆞ트다+어미(앙/민/난)

---

10) '-앙/-민/-난'은 표준어의 연결어미 '-아서/-으면/-으니(으니까)'에 해당한다.

너 같아서[가타서] 쓸데없다.	ᄂ ᄀ탕[ᄀ탕] 쓸듸엇나.
너 같으면[가트면] 될 것이다.	ᄂ ᄀ트민[ᄀ트민] 뒐 거여.
너 같으니[가트니] 말이다.	ᄂ ᄀ트난[ᄀ트난] 말이어.

· 붙다+어미(어서/으면/으니)   · 부트다+어미(언/민/난)

시험에 붙어서[부터서] 잘됐다.	시엄에 부턴[부턴] 잘뒛저.
시험에 붙으면[부트면] 된다.	시엄에 부트민[부트민] 뒌다.
시험에 붙으니[부트니] 기쁘다.	시엄에 부트난[부트난] 지쁘다.

▶ 마트다(맡다), 야트다(얕다), 지트다(짙다), 할트다(핥다), 홀트다
(훑다)

△ ㅍ>프: 높다>노프다 · 덮다>더프다 …

           <표준어>   <제주어>

· 높다+어미(아서/으면/으니 …)   · 노프다+어미(앙/민/난…)

산이 높아서[노파서] 못 오른다.	산이 노팡[노팡] 못 올른다.
산이 높으면[노프면] 안 된다.	산이 노프민[노프민] 안 뒌다.
산이 높으니[노프니] 웅장하다.	산이 노프난[노프난] 웅장ᄒ다.

· 덮다+어미(어서/으면/으니 …)   · 더프다+어미(엉/민/난…)

이불은 덮어서[더퍼서] 자라.	이불랑 더펑[더펑] 자라.
이불은 덮으면[더프면] 따뜻하다.	이불은 더프민[더프민] 뜨뜻ᄒ다.
이불을 덮으니[더프니] 덥다.	이불을 더프난[더프난] 덥다.

▶ 가프다(갚다), 지프다(깊다), 시프다(싶다), 어프다(엎다), 지프다(깊
다) 지프다(짚다)

위와 같이 표준어의 용언인 동사와 형용사 중 그 어간 끝음절의 받침이
'ㄲ/ㅌ/ㅍ'일 때, 그 'ㄲ ㅌ ㅍ' 대신에 모음 'ㅡ'가 삽입된 '끄/트/프'가 되는
것이 원칙이다. 이를테면 '-앙(안)/-엉(언)/-영(연)(-아서/-어서/-여서)'
· '-민/-난(-면/-니까)' 등 활용어미가 붙을 때 현대국어 '깎다'에 해당하

는 제주어는 '가끄다'가 원형이므로, 그 표기와 발음도 '가깡(깐)(깎아서)/ 가끄민(깎으면)/가끄난(깎으니까)'라야 한다. 만일 표준어의 기본형대로 '깎다'로 해버릴 경우, 그 표기도 '깎앙(안)/깎으민/깎으난' 따위로 해야 하므로, 제주어 받침에 'ㄲ'이 쓰이지 않는 어법에 어긋난다. 분명한 것은 옛분들이 현대국어의 'ㄲ/ㅌ/ㅍ'을 어간의 끝음절 받침으로 된 말일 경우는 'ㅡ'가 삽입된 '끄/트/프'로 사용했던 것이다.

(7) 첫소리 'ㄸ/ㅉ/ㅋ'은 'ㅌ/ㅊ/ㅍ'으로도 쓰인다.

△ ㄸ⇌ㅌ: 뜨다⇌트다 · 떨다⇌털다 · 뜯다⇌튿다 …

<표준어>	<제주어>
· 뜨다+어미(야/면/니)	· 뜨다⇌트다+어미(사/민/난)
누룩은 떠야 한다.	누룩은 떠사⇌터사 혼다.
해가 뜨면 가겠다.	해가 뜨민⇌트민 가키어.
물에 잘 뜨니 됐다.	물에 잘 뜨난⇌트난 뒛저.
· 떨다+어미(어야/니/지)	· 떨다/털다+어미(어사/난/지)
먼지는 떨어야 한다.	몬진 떨어사⇌털어사 혼다.
자꾸 떠니 볼꼴이 아니다.	자꾸 떠난⇌터난 볼꼴이 아니어.
무서워도 떨지 마라.	무스와도 떨지⇌털지 말라.
· 뜯다+어미(어야/으니/지)	· 뜯다/튿다+어미(어사/으난/지)
집은 뜯어야 고친다.	집은 뜯어사⇌튿어사 고친다.
집은 뜯으니 갈 데가 없다.	집은 뜯으난⇌튿으난 갈 듸 엇다.
털은 뜯지 마라.	터럭은 뜯지⇌튿지 말라.

▶ 따다⇌타다(따다), ᄀ뜨다⇌ᄀ트다(같다), 뛰다⇌튀다(뛰다), 떨어지다⇌털어지다(떨어지다), 이제부떠⇌이제부터(지금부터)

△ ㅉ⇌ㅊ: 첫째⇌첫차 · 신짝⇌신착 · 짜다⇌차다 …

<표준어>	<제주어>
· 첫째	· 첫째⇌첫채(차)
첫째는 건강이다.	첫짼/첫챈(찬) 건강인다.
여러 번째 왔던 곳이다.	으라 번째/번채(차) 왔단 되다.
· 신짝	· 신짝⇌신착
짚신짝도 짝이 있다.	초신짝/초신착도 짝/착이 싯나.
짝 없는 사람은 외롭다.	짝/착 엇은 사름은 웨롭나.
· 짜다	· 짜다/차다
너무 짜면 못 먹는다.	너미 짜/차민 못 먹나.
바닷물은 짜디짜다.	바당물은 짠짠/찬찬ᄒ다.

▶ 늧짝⇌늧착(낮짝), 널짝⇌널착(널빤지), 술찌다⇌술치다(살찌다), 찌
   다⇌치다(찌다)

△ ㅍ⇌ㅋ: 풀⇌쿨 · 품⇌쿰 · 품삭⇌쿰삭 · 품다⇌쿰다

<표준어>	<제주어>
· 풀	· 풀⇌쿨
밭에 풀은 매어야 한다.	밧디 검질풀/검질쿨은 매어사 혼다.
깨풀은 매기 힘들다.	복풀/복쿨은 매지 심들다.
· 품⇌쿰/품삯⇌쿰삯	· 품⇌쿰/품삭⇌쿰삭
밭 간 품이 너무 비싸다.	밧 간 품/쿰이 너미 비싸다.
일한 품삯은 얼마냐?	일흔 품삭/쿰삭은 얼마(메)고?
· 품/품다	· 품⇌쿰/품다⇌쿰다
자식은 품에 안을 때뿐이다.	조식은 품/쿰에 안을 때뿐인다.
아기는 가슴에 품는다.	애긴 가슴에 품나/쿰나.

위에서 보듯이 'ㄸ⇌ㅌ/ㅉ⇌ㅊ/ㅋ⇌ㅍ' 두 자음끼리 서로 교류해서 '떠사
/터사, 첫째/첫채(차), 복풀>복쿨, 품삭/쿰삭, 품/쿰, 품나/쿰나' 등과 같이
양립해서 쓰인다. 그렇지만 나이가 많은 노년층일수록 'ㄸ/ㅉ/ㅍ'보다 'ㅌ/

ㅊ/ㅋ'으로 된 말을 선호했다.

(8) 어말어미로 '-ㅇ/-ㄴ'이 쓰인다.

현대국어에서 '-ㄴ/-ㄹ'이 관형사형 연결어미의 구실을 하고 있는
것처럼, 제주어에는 연결어미의 끝음절에 붙는 '-ㅇ/-ㄴ'이 있다. 이들은
단독 형태소로는 못 쓰고 모음으로 끝나는 어미와 결합해서 쓰이는데 현대
국어의 '-서/-고'에 해당한다. 그 구체적 내용과 사례는 '하권'인 <제6장
형태론>의 '연결어미'에서 시제별로 구분해서 다뤄져 있다. 여기서는 연결
어미 '-아/-어/-여'·'-다가'의 준꼴에 붙는 '-ㅇ/-ㄴ'과 평서형종결어
미에 붙는 '-ㄴ', 의문형에 붙는 '-ㅇ'의 대표적인 사례만 '표준어'와 '제주
어'를 대비하여 제시키로 한다.

❶ 어간+아/어/여/+ㅇ [-아서/-어서/-여서]

△ 양성어간+앙(아ㅇ) [-아서]

<표준어>	<제주어>
잘 놀아서 오너라.	잘 놀앙 오라.
병에 담아서 못 쓴다.	펭에 담앙 못 쓴다.
연필 깎아서 써라.	목필 가깡(ㄲ앙) 쓰라.

△ 음성어간+엉(어ㅇ) [-어서]

<표준어>	<제주어>
죽어서 이름을 남긴다.	죽엉 일름을 냉긴다.
너니 믿어서 주마.	느난 믿엉 주마.
꽃을 꺾어서 가겠느냐?	꽃을 거껑(ㄲ엉) 갈댜?

△ ㅎ(ㅎ다)+영(여ㅇ) [-여서]

<표준어>	<제주어>
명심하여서 건너라.	멩심ᄒ영 건느라.

공부하여서 눕 안 준다.   공분ᄒᆞ영 눕 안 준다.
빨리하여서 오너라.   뻘리ᄒᆞ영 오라.

❷ 어간+아/어/여+ㄴ [-아서/-어서/-여서]

△ 양성어간+안(아ㄴ) [-아서]

        <표준어>   <제주어>

살아서 왔더라.   살안 왓더라.
보리를 볶아서 먹었다.   보릴 보깐(ㄲ안) 먹엇저.
돈을 모아서 주었다.   돈을 모안 주엇저.

△ 음성어간+언(어ㄴ) [-어서]

        <표준어>   <제주어>

김치를 얻어서 갔다.   짐칠 빌언 갓저.
무거운 짐을 지어서 왔다.   벤 짐을 지언 왓저.
너무 많이 걸어서 지치다.   너미 하영 걸언 지치다.

△ ᄒᆞ(ᄒᆞ다)+연(여ㄴ) [-여서]

        <표준어>   <제주어>

말도 못하여서 죽었더라.   말도 못ᄒᆞ연 죽엇어라.
걱정을 안하여서 살고 있다.   걱정을 안ᄒᆞ연 살암저.
무엇을 하여서 갔느냐?   뭘 ᄒᆞ연 갓이니?

❸ 어간+다+ㅇ/ㄴ [-다가]

△ 어간+당(다ㅇ) [-다가]

        <표준어>   <제주어>

오래 있다가 가거라.   오래 잇당 가라.
더 놀다가 갈 거다.   더 놀당 갈 거여.
혼자 가다가 길 잃는다.   혼자 가당 질 일른다.

△ ᄒ(ᄒ다)+당(다ᄋ) [-다가]

<표준어>	<제주어>
잘난 체하다가 욕먹는다.	잘난 첵ᄒ당 욕먹나.
일 더 하다가 가거라.	일 더 ᄒ당 가거라.
쓸데없는 말하다가 욕 듣는다.	쓸디엇은 말ᄒ당 욕 듣나.

△ 어간+단(다ㄴ) [-다가]

<표준어>	<제주어>
놀다가 보니 없더라.	놀단 보난 엇어라.
오래 걷다가 쉬었다.	오래 걷단 쉬엇저.
밥 먹다가 막혔다.	밥 먹단 멕혓저.

△ ᄒ(ᄒ다)+단(다ㄴ) [-다가]

<표준어>	<제주어>
일하다가 왔느냐?	일ᄒ단 완댜?
울기만 하다가 가더라.	울기만 ᄒ단 가더라.
나와 말하다가 갔다.	나영 말ᄒ단 갓저.

❹ 평서형종결어미+아/어/여+ㄴ [-았/었/였다]

△ 양성어간+안(아ㄴ) [-았다]

<표준어>	<제주어>
나는 오늘 왔(오았)다.	난 오늘 완(오안).
너무 오래 살았다.	너미 오래 살안.
날이 환히 밝았다.	날이 훤이 붉안.

△ 음성어간+언(어ㄴ) [-었다]

<표준어>	<제주어>
나는 어제 집에서 쉬었다.	난 어제 집이어 쉬언.
나는 금방 밥 먹었다.	난 ᄀ찻 밥 먹언.

나는 배가 불<u>었다</u>. 난 배가 불<u>언</u>.

△ ㅎ(ㅎ다)+연(여ㄴ) [-였다]

<표준어> <제주어>
벌써 나는 하<u>였다</u>. 볼써 난 ㅎ<u>연</u>.
너무 무리하<u>였다</u>. 너미 무리ㅎ<u>연</u>.
나도 가지 못하<u>였다</u>. 나도 가지 못ㅎ<u>연</u>.

❺ 의문형종결어미+ㅇ [-까]

△ 어간+수가/수까/수과/수꽈+ㅇ [-습니까] 11)

<표준어> <제주어>
어디 갑니<u>까</u>? 어디 감수<u>강</u>?
그게 좋습니<u>까</u>? 그게 좋수<u>깡</u>?
정말 몰랐었습니<u>까</u>? 정말 몰라낫수<u>광</u>?
잘되었습니<u>까</u>? 잘됏수<u>꽝</u>?

△ 어간+우까/우꽈+ㅇ [-ㅂ니까] 12)

<표준어> <제주어>
그것이 아닙니<u>까</u>? 그게 아니우<u>깡</u>?
그렇게도 답니<u>까</u>? 경도 드우<u>꽝</u>?

(9) 끝소리 받침 'ᆪ' 대신 'ㄱ'이 쓰인다.

△ ᆪ>ㄱ: 넋>넉 · 삯>삭 · 몫>목

<표준어> <제주어>
· 넋+격조사(이/은/을 …) · 넉+격조가(이/은/을 …)

---

11) '-수강/-수깡' · '-수광/-수꽝'의 'ㅇ'은 현대국어 '-습니까'의 '-까'에 붙는 형태소이
다. 이에 관한 것은 '하권'의 <제6장 형태론> '의문형종결어미'에 구체적으로 예시돼
있다.
12) '-우까/-우깡' 역시 각주 11)과 같이 '하권'의 <제6장 형태론>에 다뤄져있다.

넋이[넉시] 나갔다.　　　　　넉이[너기] 나갓다.
넋은[넉슨] 있어야 한다.　　　넉은[너근] 잇어사 흔다.
넋을[넉슬] 잃어버렸다.　　　넉을[너글] 일러불엇저.

· 삯+격조사(이/은/을 …)　　· 삭+격조사(이/은/을 …)
삯이[삭시] 얼마이냐?　　　　삭이[사기] 얼메냐?
삯은[삭슨] 헐하다.　　　　　삭은[사근] 헐흐다.
삯을[삭슬] 받지 마라.　　　　삭을[사글] 받지 말라.

· 몫+격조가(이/은/을 …)　　· 목+격조사(이/은/을 …)
내 몫이[목시] 제일 적구나.　나 목이[모기] 질 족구낭.
네 몫은[목슨] 많다.　　　　　느 목은[모근] 하다.
부지런해야 제 몫을[목슬]　　부지런흐여사 지 목을[모글]
받는다.　　　　　　　　　　받나.

(10) 끝소리 받침 '래' 대신 'ㅅ'이 쓰인다.

△ 래＞ㅅ: 외곬＞웨곳 · 돐＞돗

　　　＜표준어＞　　　　　　　＜제주어＞
· 외곬+격조사(이/은/을 …)　· 웨곳+격조사(이/는/을 …)
외곬이[외골시] 좋지 않다.　웨곳이[웨고시] 안 좋다.
외곬은[외골슨] 그 길뿐이다.　웨곳은[웨고슨] 그 질뿐이어.
외곬을[외골슬] 고집한다.　　웨곳을[웨고슬] 고집흔다.

· 돐/돌+격조사(이/은/을 …)　· 돗+격조사(이/은/을 …)
첫 돐/돌이[도시/도리] 돌아왔다.　챗 돗이[도시] 돌아왓저.
첫 돐/돌은[도슨/도른] 넘겼는가?　챗 돗은[도슨] 넹겻인가?
두 돐/돌을[도슬/도를] 맞았다.　두 돗을[도슬] 맞앗다.

지금은 표준어에서 어린애 생일을 말할 때 '돌'로 통일해서 쓰게끔 돼 있
지만, 예전에는 '돐'도 같이 사용했다. 그러나 제주어는 원래 '돗'이다. 그

까닭은 앞의 9)의 'ㅄ' 대신 'ㄱ'이라야 했던 것처럼 제주어 고유의 어형과
어투에 따라야 하기 때문이다.

(11) 끝소리 받침 'ㄶ' 대신 'ㄴ'이 쓰인다.

△ ㄶ>ㄴ: 끊다>끈다 · 않다>안ㅎ다 · 많다>만ㅎ다

<표준어>	<제주어>
· 끊다+어미(어야/으면/으니 …)	· 끈다+어미(어사/으민/으난 …)
잘 끊어야[끄녀야] 한다.	잘 끈어사[끄녀사] 흔다.
절대 끊으면[끄느면] 안 된다.	절대 끈으민[끄느민] 안 뒌다.
소식을 끊으니[끄느니] 모른다.	소식을 끈으난[끄느난] 몰른다.
· 않다+어미(아야/으면/으니 …)	· 안ㅎ다+어미(여사/민/난 …)
하지 않아야[아나야] 한다.	ㅎ지 안ㅎ여사[안ㅎ여사] 흔다.
일을 않으면[아느면] 굶는다.	일을 안ㅎ민[안ㅎ민] 굶나.
참지 않으니[아느니] 그렇지.	춤지 안ㅎ난[안ㅎ난] 그럴주.
· 많다+어미(아야/으면/으니 …)	· 만ㅎ다+어미(여사/민/난 …)
돈은 많아야[마나야] 좋다.	돈은 만ㅎ여사[만ㅎ여사] 좋나.
꾀가 많으면[마느면] 해롭다.	꿰가 만ㅎ민[만ㅎ민] 해롭나.
수가 많으니[마느니] 됐다.	수정이 만ㅎ난[만ㅎ난] 뒛저.

[참고] 제주어 '만ㅎ다/하다'는 현대국어의 '많다'에 해당하는 고어
이다. 특히 '만ㅎ다'보다 '하다'가 선호도가 높아서 '하다'의 어간
'하' 다음에 연결어미 '-사/-민/-난(-야/-면/-니)'이 붙으면 아래
와 같이 쓰인다.

· 흑식은 하사 좋나.
  (학식은 많아야 좋다.)
· 돈은 너미 하민 걱정뒌다.

(돈은 너무 <u>많으면</u> 걱정된다.)
· 밧이 <u>하난</u> 부재어.
(밭이 <u>많으니/많으니까</u> 부자다.)

　이상에서 보듯이, 현대국어에는 끝소리 받침 'ㅀ'의 필요하지만, 제주어는
'ㄴ'이면 된다. 그 까닭은 '끓다'·'앓다'·'많다'의 제주어 본래의 원형은 '끈
다'·'안ᄒ다'·'만ᄒ다/하다'를 주로 썼기 때문이다. 특히 8·15 광복 후
표준어가 일반화되기 시작하면서 '만ᄒ다/하다'와 '안ᄒ다'의 자리에 '많
다'·'앓다'가 빈번히 껴들기 시작했다. 이 'ㅀ'의 쓰임에 대해서는 이론이
있을 수 있지만, '끓다'의 제주어는 '끈다'이다. '앓다'·'많다'는 '안ᄒ다'·
'만ᄒ다'의 축약형으로 보면 별문제가 안 될 수 있지만, 실제 말하기에서는
이들만은 축약형은 쓰지 않고 '안ᄒ다'·'만ᄒ다'를 즐겨 썼다. 그러던 것이
20세기 중반을 넘어서면서 점차 '안ᄒ다'가 '앓다'로, '만ᄒ다'가 '많다'로 사
용하다가 보니, 지금은 '앓다'·'많다'가 제주어 원형인 것처럼 되고 말았다.
엄격히 따질 경우는 'ㅀ' 받침 제주어는 쓰이지 않았던 것으로 봐야 한다.

(12) 끝소리 받침 'ㄵ' 대신 'ㅈ'이 쓰인다.

△ ㄵ>ㅈ: 앉다>앚다 · 얹다>엊다 13)

<표준어>	<제주어>
· 앉다+어미(아사/으면/으니 …)	· 앚다+어미(아사/이민/이난 …)
밑에 <u>앉아야</u>[안자야] 편하다.	밋듸 <u>앚아사</u>[아자사] 펜ᄒ다.
땅에 <u>앉으면</u>[안즈면] 안 된다.	땅이 <u>앚이민</u>[아지민] 안 뒌다.
거기 <u>앉으니</u>[안즈니] 잠 온다.	그듸 <u>앚이난</u>[아지난] 좀 온다.
· 얹다+어미(어야/으면/으니 …)	· 엊다+어미(아사/이민/이난 …)

---

13) '엊다' 대신 '엱다'도 쓰인다. '엊인 머리(얹은 머리)', '엱은 머리(얹은 머리)'의 '엊인'과
　'엱인'이 그 한 사례이다.

머리에 <u>엎어야</u>[언저야] 한다.　　　머리에 <u>엊어사</u>[어저사] 혼다.
위에 <u>엎으면</u>[언즈면] 된다.　　　　　우틔 <u>엊이민</u>[어지민] 뒌다.
머리에 <u>엎으니</u>[언즈니] 무겁다.　　　머리에 <u>엊이난</u>[어지난] 베다.

　위 '앚다'인 경우는 표준어 '앉다'이고, '엊다'는 표준어 '얹다'이다. 그것은 현대국어 '앉다'·'얹다'의 제주어 원형은 '앚다'·'엊다'이기 때문이다. 즉 제주어 본모습의 표기와 발음은 '여기 앉으면[안즈면]'이 아니고, '이디 앚(이)으민[아(지)즈민]'이라야 한다. 또한 '안지다'를 원형으로 다루는 경우가 있는데, 이것 역시 현대국어의 '앉다'의 어간 '앉' 다음에 어말어미 '-이다'가 올 때 소리 나는 대로 적은 표기일 뿐 원형/기본형은 '앚다'라야 한다.
　또한 사동사가 될 때는 '앚다'의 어간 '앚'에 현대국어 '-히+다'에 해당하는 '-지+다'가 붙어서 '앚지다'가 될 수 있다. 그러니 자동사로서 제주어의 원형은 오직 '앚다'이다. 간혹 70대 이상의 노인네들도 표준어 생활에 익숙해지다 보니, '앉다'를 제주어의 원형으로 하는 어투가 드러나고 있다. 하지만 1950년대까지만 해도 '앚다'를 원형으로 하는 말하기가 주류를 이뤘다.

　(13) 끝소리 받침 'ㄺ'은 '흙'·'읽다'는 'ㄱ'이 쓰이고, 그 외는 'ㄺ'이 쓰인다.

　△ ㄺ〉ㄱ: 흙〉혹/흑·읽다〉익다

　　　　〈표준어〉　　　　　　　　　　〈제주어〉
　• <u>흙</u>+격조사(이/을/으로)　　　• <u>혹/흑</u>+격조사(이/을/으로)
　<u>흙이</u>[흘기] 좋다.　　　　　　　<u>혹/흑이</u>[ᄒ/흐기] 좋다.
　<u>흙을</u>[흘글] 파라.　　　　　　　<u>혹/흑을</u>[ᄒ/흐글] 파라.
　<u>흙으로</u>[흘그로] 만들자.　　　　<u>혹/흑으로</u>[ᄒ/흐그로] 맨들게.

　• <u>읽다</u>+어미(어서/으면/으니)　• <u>익다</u>+어미(언/으민/으난)
　책을 <u>읽어서</u>[일거서] 알았다.　책을 <u>익언</u>[이건] 알앗저.

책을 <u>읽으면</u>[일그면] 좋다.   책을 <u>익으민</u>[이그민] 좋나.
편지를 <u>읽으니</u>[일그니] 슬프다.   펀질 <u>익으난</u>[이그난] 슬프다.

△ ㄹㄱ>ㄹㄱ: 늙다>늑다 · 밝다>붉다

<표준어>   <제주어>

· <u>늙다</u>+어미(어서/으면/으니)   · <u>늙다</u>+어미(언/으민/으난)
너무 <u>늙어서</u>[늘거서] 탈이다.   너미 <u>늙언</u>[늘건] 탈이어.
<u>늙으면</u>[늘그면] 그렇게 된다.   <u>늙으민</u>[늘그민] 경 된다.
<u>늙으니</u>[늘그니] 그만이다.   <u>늙으난</u>[늘그난] 그만이어.

· <u>밝다</u>+어미(아서/으면/으니 …)   · <u>붉다</u>+(안/으민/으난 …)
방이 <u>밝아서</u>[발가서] 좋다.   방이 <u>붉안</u>[불간] 좋다.
날이 <u>밝으면</u>[발그면] 올 거다.   날이 <u>붉으민</u>[불그민] 올 거여.
눈이 <u>밝으니</u>[발그니] 잘 읽는다.   눈이 <u>붉으난</u>[불그난] 잘 익나.

▶ 긁다, 묽다(맑다), 붉다, 얽다

(14) 끝소리 받침 'ㄼ' 대신 'ㅂ'이 쓰인다.

△ ㄼ>ㅂ: 여덟>ㅇ둡 · 넓다>넙다/널르다

<표준어>   <제주어>

· <u>여덟</u>+격조사(이/은/을 …)   · <u>ㅇ둡</u>+격조사(이/은/을 …)
입곱보다 <u>여덟이</u>[여더리] 많다.   일곱보다 <u>ㅇ둡이</u>[ㅇ드비] 하다.
<u>여덟은</u>[여덜븐] 더 있어야 한다.   <u>ㅇ둡은</u>[ㅇ드븐] 더 셔사 혼다.
열에 <u>여덟을</u>[여덜블] 더하라.   열에 <u>ㅇ둡을</u>[ㅇ드블] 더ᄒ라.

· <u>넓다</u>+어미(어야/으면/으니 …)   · <u>넙다</u>+어미(어사/으민/으난 …)
마당은 <u>넓어야</u>[널버야] 한다.   마당은 <u>넙어사</u>[너버사] 혼다.
폭이 <u>넓으면</u>[널브면] 안 된다.   폭이 <u>넙으민</u>[너브민] 안 된다.
길이 <u>넓으니</u>[널브니] 좋다.   질이 <u>넙으난</u>[너부난] 좋다.
· <u>넓다</u>+어미(어야/으면/으니 …)   · <u>널르다</u>+어미(어사/으민/으난…)

	마당은 널러새[널러사] 혼다.
″	폭이 널르민[널르민] 안 된다.
″	질이 널르난[널르난] 좋다.

위와 같이 현대국어 '넓다'의 제주어 원형은 '넙다'·'널르다' 둘이지만, 아래 예시한 현대국어 '밟다'의 제주어 원형은 '볼르다'이고[14) '짧다'의 원형은 '쫄르다'이므로 그 활용도 '볼르'와 '쯔르/쫄르'를 어간으로 해야 한다.

△ 밟다>볼르다·짧다>쫄(쯔)르다

<표준어>	<제주어>
· 밟다+어미(아야/으면/으니 …)	· 볼르다+어미(아사/민/난…)
선을 밟아야[발바야] 한다.	선을 볼라새[볼라사] 흔다.
선을 밟으면[발브면] 안 된다.	선을 볼르민[볼르민] 안 된다.
선을 밟으니[발브니] 됐다.	선을 볼르난[볼르난] 뒛저.
· 짧다+어미(아야/으면/으니 …)	· 쫄(쯔)르다+어미(아사/민/난…)
말은 짧아야[짤바야] 좋다.	말은 쫄(쯔)라새[쫄라사] 좋나.
소매가 짧으면[짤브면] 나쁘다.	소매가 쫄(쯔)르민[쫄르민] 늦나.
끈이 짧으니[짤브니] 못 쓴다.	친이 쫄(쯔)르난[쫄르난] 못 쓴다.

(15) 끝소리 받침 'ㄼ' 대신 'ㄹㅌ'가 쓰인다.

△ ㄼ>ㄹ트: 핥다>할트다·훑다>홀트다

<표준어>	<제주어>
· 핥다+어미(아야/으면/으니 …)	· 할트다+어미(아사/민/난…)
혀로 핥아야[할타야] 한다.	세로 할타새[할타사] 흔다.

---

14) 표준어 '밟다'의 제주어의 원형은 '볼르다' 외에 '넙다'도 있지만 '넙다'는 연결어미 '곡 (고)'와 금지나 부정을 나타내는 어미 '-지' 따위가 붙을 경우에 한정적으로 쓰이는 불구동사이다. 이를테면 "몰른 듸랑 넙고, 진 듸랑 넙지 말라.(마른 데랑 밟고, 진 데랑 밟지 마라.)"가 그것이다.

쓸개를 <u>핥으면</u>[할트면] 쓰다.	쓸갤 <u>할트민</u>[할트민] 쓴다.
꿀을 <u>핥으니</u>[할트니] 달다.	청을 <u>할트난</u>[할트난] 둘다.
·핥다+어미(어사/으민/으난 ···)	·할트다+어미(어사/민/난···)
잘 <u>핥어야</u>[홀터야] 깨끗하다.	잘 <u>홀터사</u>[홀터사] ㅋ쿨흔다.
꽃은 <u>핥으면</u>[홀트면] 안 된다.	꼿은 <u>홀트민</u>[홀트민] 안 뒌다.
설사로 <u>핥으니</u>[홀트니] 괴롭다.	설세로 <u>홀트난</u>[홀트난] 궤롭다.

여기서 현대국어와 유다른 것은 어간 받침 'ㄾ'이 'ㄹ트'인 점이다. 그것
은 위 (6)에서 밝힌 어간 끝음절 받침은 'ㅌ'이 안 쓰이고 '트'가 쓰이는 것
과 같은 원리이다. 즉 '핥다'·'홅다'의 제주어는 '할트다'·'홀트다'이기
때문에, 그 어간도 '할트'·'홀트'라야 한다. 단 '할트다'는 '할르다'로도 쓰
인다.

(16) 끝소리 받침 'ㄿ' 대신 'ㄹ프'가 쓰인다.

△ ㄿ>ㄹ프: 읊다>을프다

<표준어>	<제주어>
·읊다+어미(어야/으면/으니 ···)	·을프다+어미(어사/민/난···)
시는 <u>읊어야</u>[을퍼야] 한다.	신 <u>을퍼사</u>[을퍼사] 흔다.
시는 <u>읊으면</u>[을프면] 듣기 좋다.	신 <u>을프민</u>[을프민] 듣지 좋나.
시를 <u>읊으니</u>[을프니] 흥이 난다.	실 <u>을프난</u>[을프난] 흥이 난다.

용언의 어근/어간 끝음절 겹자음받침 'ㄿ'은 제주어에서는 'ㅍ'을 'ㄹ'과
분리시켜 'ㄹ프'로 표기해야 한다. 그것은 위 (6)의 용언의 어간 끝음절 받
침에 'ㅍ'이 안 쓰이고 '프'가 쓰이는 것과 같은 맥락이다. 즉 현대국어의
'읊다'의 제주어는 '을프다'가 원형이므로, '을프'를 어간으로 해서 활용해
야 한다.

(17) 끝소리 받침 'ㅀ' 대신 'ㄹ르'가 쓰인다.

△ ㅀ>ㄹ: 옳다>올르다·끓다>끌르다

<표준어>	<제주어>
·옳다+어미(아야/으면/으니 …)	·올르다+어미(아사/민/난 …)
말이 옳아야[오라야] 따른다.	말이 올라(르아)새[올라사] 또른다.
네 말이 옳으면 [오르면] 됐다.	느 말이 올르민[올르민] 뒛저.
그게 옳으니[오르니] 아무	그것이 올르난[올르난] 아무
말 없다.	말 엇다.
·끓다+어미(어야/으면/으니 …)	·끌르다+어미(어사/민/난…)
사람이 많이 끓어야[끄러야] 좋다.	사름이 하영 끌르사[끌러사] 좋나.
물이 끓으면[끄르면] 익는다.	물이 끌르민[끌르민] 잘 익나.
속이 끓으니[끄르니] 못 견디다.	속이 끌르난[끌르난] 못 존디다.

  뒤에서 다뤄질 '묵음화'와 <제3장 어휘론>에서 다뤄지겠지만, 현대국어의 '곯다/싫다/잃다/옳다'인 경우도 'ㅀ'이 쓰이지 않는 '골르다/실프다/일르다/올르다'가 본래의 원형으로 즐겨 썼는데, 그 중에 '올르다'는 20세기 중반으로 들어서면서 '옳다'와 병용되기 시작했다.

(18) 끝소리 받침 'ㅄ' 대신 'ㅂ과 'ㅅ'이 쓰인다.

△ ㅄ>ㅂ: 값>깝

<표준어>	<제주어>
·값+격조사(이/은/을 …)	·깝+격조사(이/은/을 …)
물건 값이[갑시] 싸다.	물건 깝이[까비] 싸다.
그 값은[갑슨] 얼마냐?	그 깝은[까븐] 얼메냐?
책 값을[갑슬] 갚아야 한다.	책 깝을[까블] 가파사 혼다.

△ ㅄ>ㅅ: 없다>엇다/웃다

<표준어>	<제주어>
·없다+어미(어야/으면/으니 …)	·엇다+어미(어사/(으)이민/이난 …)
도둑은 없어야[업서야] 한다.	도둑은 엇어사[어서사] 혼다.
집이 없으면[업스면] 서럽다.	집이 엇(으)이민[어(스)시민] 설럽다.
빚이 없으니[업스니] 좋겠다.	빚이 엇(으)이난[어(스)시난] 좋키어.

현대국어의 '값'·'없다'는 겹자음받침 'ㅄ'이라야 하지만, 제주어인 경우는 'ㅂ'과 'ㅅ'받침인 '깝'·'엇다/웃다'라야 한다. 그 이유는 제주어의 어투에 따른 어형에 맞춰서 표기해야 하기 때문이다. 그럼에도 실제 표기를 보면 어간과 어미를 구분해서 분철해야 함에도, 소리 나는 대로 연철해서 '어시/스시'로 잘못 표기하기 일쑤이다. 또 앞의 (12)의 'ㄵ'에서도 밝혔듯이, 그렇게 되면 제주어의 본모습을 현대어로 바꿔버리는 것밖에 안 된다.

이를테면 현대국어 "그런 일이 없어야 한다."의 올바른 제주어와 그 표기는 "그런 일이 엇어사/웃어사 혼다."이다. 만일 "그런 일이 어서사/으서사 혼다."·"그런 일이 없어사 혼다."로 하면 잘못된 것이다. '없다'는 1950년대에 들어서면서부터 표준어 어문정책에 따라 널리 쓰이기 시작했고 원래의 제주어는 '엇다/웃다'이다.

(19) 끝소리 받침으로 'ㄻ'은 ㄱ곡용에 한정해서 쓰인다.

△ 낢>남/낭

<표준어>	<제주어>
·나무+격조사(가/는/를/에/로…)	·낢+격조사(이/은/을/에/으로…)
<u>나무가</u> 있다. <u>나무는</u> 많다.	<u>남기</u> 잇다. <u>남근</u> 하다.
<u>나무를</u> 심자. <u>나무에</u> 걸렸다.	<u>남글</u> 심자. <u>남게</u> 걸럿다.
<u>나무로</u> 마든다.	<u>남그로</u> 멩근다.

특히 이 '낡[木]'을 바탕으로 한 중세국어의 어형은 점차 살아지면서 '나모'의 준 꼴인 '남'과 그 변이형인 '낭'이 주로 쓰이기 시작했다. 거기에다가 격변화도 아래 예시와 같이, 옛 ㄱ곡용인 '남기/남근/남글/남게/남그로'의 형태와 현대국어의 격조사가 붙은 '남(낭)이/남(낭)은/남(낭)을/남(낭)에/남(낭)으로'를 병행해서 활용하고 있다.15)

△ 낭+ㄱ곡용(기/근/글/게/그로 …)

<표준어>	<제주어>
감나무가 있다.	감낭기 잇다.
감나무는 없다.	감낭근 엇(웃)다.
감나무에 걸렸다.	감낭게 걸렷다.
감나무를 심자.	감낭글 싱그자.
감나무로 만든다.	감낭그로 멩근다.

△ 남/낭+격조사(이/은/을/에/으로)

<표준어>	<제주어>
동백나무가 있다.	돔박남이 잇다.＝돔박낭이 잇다.
동백나무는 없다.	돔박남은 엇다.＝돔박낭은 엇다.
동백나무에 걸렸다.	돔박남에 걸렷다.＝돔박낭에 걸렷다.
동백나무를 심자.	돔박남을 싱그자.＝돔박낭을 싱그자.
동백나무로 만든다.	돔박남으로 멩근다.＝돔박낭으로 멩근다.

---

15) 현대국어의 '나무'에 해당하는 고어 'ㅁㄱ' 받침의 '낡'은 독립형으로 쓰지 않고, 그 다음에 격조사를 붙여 ㄱ곡용의 형태를 취할 때만 쓰였다. 다시 말하면 '나무'는 '나모/남/낭' 다음에 격조사가 붙어서 활용할 때 곡용형 '낡'이라는 형태를 취하는데, 제주어에서도 중세국어처럼 '남기/낭기 · 남근/낭근 · 남글/낭글 · 남게/낭게 · 남그로/낭그로'가 된다. 또한 근간에는 ㄱ곡용형이 아닌, '남이/낭이 · 남은/낭은 · 남을/낭을 · 남에/낭에 · 남으로/낭으로'도 쓰는 것이 통례이다.

(20) 끝소리 받침 '�ㅅ' 대신 'ㅅ'이 쓰인다.

△ �ㅅ>ㅅ: 밖>밦/밧

<표준어>	<제주어>
·밖+격조사(이/은/을/에/으로)	·밦+격조사(이/은/을/에/(의)/으로)
창밖이[창바끼] 보인다.	창밧기[창받끼]보인다.
창밖은[창바끈] 춥다.	창밧근[창받끈] 춥다.
창밖을[창바끌] 보라.	창밧글[창받끌] 보라.
창밖에[창바께] 놓았다.	창밧게[창받께] 놓앗다.
창밖으로[창바끄로] 던지다.	창밧그로[창받끄로] 데끼다.

이 '밦[外]'은 위 (19)의 '낡[木]'과 같이 ㄱ조사를 취하는 곡용어(曲用語)
로서 15세기 중세국어의 어형구조를 엿볼 수 있는 대목이다. 지금도 농어
촌의 70대 이상 노년층에서 '밧기/밧근/밧글/밧게/밧그로'라는 말을 종종
쓰고 있다. 그렇지만 실제 쓰임은 '밦'의 끝소리 'ㅅ'의 'ㄱ'은 탈락이 돼서
'밧(밖)'이 되거나 '밧갓(바깥)'으로 쓰이는 것이 통례이다.

2. 모음의 구분과 쓰임

제주어의 모음체계에 따른 구분은 『훈민정음해례』 '제자해'에 명시된
'천(天)·지(地)·인(人)' 삼재(三才)의 상징인 '·/ㅡ/ㅣ'를 기본으로 하
는 '초출자(初出字)'와 '재출자(再出字)'에 해당하는 단모음과 복모음 그대
로이다.16) 그 쓰임은 변천과정에서 소멸된 것들을 제외하고는 현대국어

---

16) '초출자(初出字)'는 '·'가 'ㅣ'의 오른쪽 중간에 하나 붙어서 된 'ㅏ', 왼쪽 중간에 붙
   어서 된 'ㅓ', 'ㅡ'의 위쪽 중간에 붙어서 된 'ㅗ', 아래쪽 중간에 붙어서 된 'ㅜ'를 말한
   다. '재출자(再出字)'는 '초출자'와 같이 '·'가 위아래로 두 개가 나란히 'ㅣ'의 오른
   쪽 중간에 붙어서 된 'ㅑ', 왼쪽 중간에 붙어서 된 'ㅕ', 'ㅡ'의 위쪽에 두 개가 옆으로 나

에서 쓰이는 것들이 주류를 이루고 있지만, 표준어에서 쓰이지 않는 것들
도 상당수가 있다.

1) 모음의 구분

제주어의 모음구분은 아래 열거한 것과 같이, 단모음 9개와 복모음
16개 등 모두 25개이다. 또 이들 25개의 모음 중에는 그 어감이 밝고 경
쾌한 느낌을 주는 12개의 강모음(强母音)인 양성모음, 어감이 어둡고 둔
탁한 느낌을 주는 13개의 약모음(弱母音)인 음성모음, 음성·양성모음 어
디에나 잘 어울리는 중성모음 1개가 포함돼 있다.

> 단모음: ㅏ ㅓ ㅗ ㅜ ㅡ ㅣ ㅐ ㅔ ·
> 복모음: ㅑ ㅕ ㅛ ㅠ ㅒ ㅖ ㅘ ㅝ ㅞ ㅟ ㅢ ㅘ ㆌ ㆋ ··ㅏ
> 양성모음: ㅏ ㅗ ㅑ ㅛ ㅐ ㅒ ㅘ ㅘ ㅑ · ··ㅏ
> 음성모음: ㅓ ㅜ ㅕ ㅠ ㅔ ㅝ ㅞ ㅟ ㅖ ㅡ ㅣ ㅢ ㆌ
> 중성모음: ㅣ

2) 모음의 쓰임

위의 '모음의 구분'에 제시된 제주어는 이들 단모음과 복모음이 실
제 다 정확하게 쓰이는 것은 아니다. 그 중 'ㅐ/ㅔ'는 거의 'ㅔ'로, 'ㅢ'는
'ㅣ'로 발음하기 일쑤지만 둘 다 양립해서 쓰이고 있다. 이 문제는 앞으로
제주어 표기법의 제정과정에서 논란거리 중의 하나이다. 그러나 'ㅚ/ㅙ'
는 거의 'ㅔ'로 소리 나기 때문에 제주어의 단모음 'ㅚ'와 복모음 'ㅙ'는
모음의 글자 수에 껴 넣지 않았다. 특히 훈민정음창제 때 쓰였던 '·'와
그 용례는 없지만 훈민정음 합자해(合字解)에 언급된 'ㅣ'와 '·'가 겹쳐
진 'ㅣ'에 해당하는 쌍(겹)아래아 '··'가 있고, 현대국어에서 쓰이지 않는

란히 붙어서 된 'ㅚ'와 아래쪽 중간에 붙어서 된 'ㅠ' 따위를 말한다.

복모음 'ㅘ'·'ㆇ'·'ㆊ'·'ㆍ'도 있다.

(1) 아래아 'ㆍ(ᄋ)'가 쓰인다.

이 'ㆍ'는 훈민정음 창제당시는 기본 모음자 11개 중에 하나이다. 15세기 중세국어에는 두루 쓰였으나, 임진왜란을 거쳐 17세기로 접어들어서 단어의 첫음절에서는 거의 'ㅏ'로 변하고, 두 번째 음절 이하는 대개 'ㅡ/ㅓ/ㅗ …' 등으로 변해서 그 모습이 현대국어의 어형으로 바꿔지고 만 것이다. 하지만 제주어에는 현재도 남아 있어 국어학적 가치가 큰 것으로 정평이 나 있다. 그런 귀중한 고어가 60대 이상 노년층이 사라져 버릴 2020년대가 지나면 소멸되고 말 위기에 직면하고 있다. 표준어세대인 중장년층 이하 청소년들은 거의가 'ㅗ'로 발음하고 표기함으로써, 제주어의 본모습을 잃고 있는 것이 그를 뒷받침하고 있다. 그렇게 돼 버린 이유는 표준어교육을 절대시한 데서 비롯된 것이다. 더구나 요즘은 출판사나 언론매체에서까지 'ㆍ'를 'ㅗ'로17) 활자화시킴으로써 그 오용을 부추기고 있다.

다음은 그 음가(音價)와 제주어에 쓰이고 있는 어휘의 용례를 밝힌 것이다.

❶ 음가

'ㆍ'는 훈민정음 제자해(制字解)에 기록된 음가를 보면, "ㆍ如呑字中聲 (ㆍ는 呑ᄐᆞᆼ 가온딧소리 ᄀᆞᄐᆞ니라)"라고 했고, 그 발음 위치는 "舌縮而聲深"이라고 해서, 혀를 오므리고 그 혀의 깊은 쪽에서 소리 나는 것으

---

17) 'ㆍ'에 대해서 어떤 이는 언어란 변화하는 것이므로 당연한 것으로 보려는 경향이 있다. 이는 표준어에 익숙해버린 데서 비롯된 것이다. 만약 'ㆍ'를 'ㅗ'로 발음하고 표기해버린다면 제주어일 수 없을 뿐만 아니라, 제주어 고유의 정체성과 보존의 의의가 없어지고 만다. 그러다가 보니 억지로 'ㆍ'를 써서는 안 될 말에 사용함으로써 엉뚱한 말을 조작해버리는 잘못을 범하는 경우도 흔히 나타나고 있다. 그럴 바에는 차라리 표준어로 표기하고 말하는 것이 낫다.

로 돼 있다. 이 말은 '·'가 '呑(톤)'의 가운데서 나는 소리인 모음 '·'와 같다는 것이고, 그 소리 나는 위치는 설면근(舌面根)인 혓바닥 뿌리 쪽이라는 것이다. 국어학계에서는 그 음가를 구체적으로 나타낼 수 있는 발음기호로, 알파벳 인쇄체 소문자 'a'를 거꾸로 돌려놓은 [ɐ]로 표시하는 것이 관행이다. 그 소리 나는 위치는 김민수의 『주해 훈민정음』-통문관, 1957.-에 기재된 모음사각도에 보면, 단모음 'ㅏ/ㅓ/ㅗ/ㅜ/ㅡ/ㅣ/·' 7개 중 '·'를 'ㅏ/ㅗ'와 함께 양성모음으로 분류해 놓으면서, 아래아인 '·'는 현재 제주도에서 들을 수 있는 음이지만 실제 음가에 대해서는 의견이 일치하지 않는다고 했다.

[모음사각도]

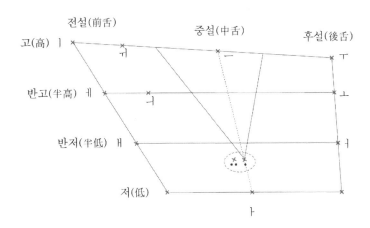

※ 중설음 ㅏ 위의 ·와 ·· 는 필자가 표시한 것임.

이를테면 주시경은 'ㅣ'와 'ㅡ'의 합음(合音)으로 18), 일본인 소창진평(小倉進平)과 이숭녕은 'ㅏ'와 'ㅗ'의 간음(間音)으로 19), 이극로와 김윤경은

---

18) 金敏洙:『註解訓民正音』, 通文館 1957. 7쪽의 周時經: 國語文典 音學 1908에 근거

[ɔ]음으로 20), 최현배는 'ㅏ'와 'ㅡ'의 간음 [e]라고 21) 하는 등 음가(音價)가 일정치 않은 것이 그것이다. 또 강신항의 『훈민정음연구』에서는 'ㅏ'와 'ㅗ'의 중간음로 설명하고 있다. 22) 이렇듯 그 음가는 학자에 따라 다르지만, 'ㅏ'와 'ㅗ'의 중간음으로 보는 경향이 우세한 편이다. 아무튼 기존의 모음사각도를 기준으로 할 때 현재 제주어에서 소리 나는 위치는 'ㅏ'와 엇비슷하지만, 실제 발음할 때는 그보다 좀 높은 위치에서 혓바닥을 혀뿌리 쪽으로 당기고 'ㅏ'보다 약간 뒤쪽에서 입술을 더 작게 오므린 원순모음의 형태로 발음하고 있다.

❷ 용례

여기의 용례는 제주어에 쓰이고 있는 체언·용언·부사 중에서 몇 개씩만 간추린 것이다. 더 구체적인 용례는 <제2장 품사론>와 <제3장 어휘론>에서 확인할 수가 있다. 아래 예시에서 보는 것처럼 반드시 그런 것은 아니지만, 어휘의 첫소리인 어두음(語頭音)의 'ㆍ'는 현대국어 'ㅏ'로 바뀌는 경우가 대부분이다. 그 외는 'ㅡ/ㅓ/ㅗ …' 등 일정치가 않다.

[체언]

△ ㆍ > ㅏ

단음절어: ᄀ/ᄀᆺ[邊]>가/갓, ᄀᆷ/ᄀᆞ슴[料]>감, ᄂᆞᆯ[刃]>날, ᄂᆞᆷ[他人]>

---

19) 위 책 7쪽의 小倉進平: 南部朝鮮の方言, 1924에 근거
   위 책 7쪽의 李崇寧: 「新興」잡지 8輯, 1935에 근거
20) 위 책 7쪽의 李克魯: 「한글」잡지 5권 8호, 1937에 근거
   위 책 7쪽의 金允經: 최현배 선생 환갑기념 논문집, 1954에 근거
21) 위 책 7쪽의 최현배: 한글갈 1942에 근거
22) 강신항 『훈민정음연구』, 성균관대학교출판부. 1910. 103쪽 '개구도와 원순성에 대한 설명'에서 모음의 기본자인 'ㅡ'는 'ㅓ'와 'ㅜ'의 중간음으로, 'ㆍ'는 'ㅏ'와 'ㅗ'의 중간음으로 되어 있다.

남, 눗[顔]>낯, 둘[月]>달, 몰[馬]>말, 줌[眠]>잠, 특[頷]>턱, 폿[小豆]>팥, 흔[限]>한 …

다음절어: ㄱ새>가위, ㄴ물>나물, ㅂ룸/ㅂ름>바람, ㅅ랑>사랑, 존일>잔일, 프리>파리, ㄱ랑비>가랑비, ㄱ라지>가라지, 둑새기>달걀, 뭉생이>망아지, 춤지름>참기름, 폴씨름>팔씨름, 둘음박질>달음박질, ㅎ를강생이>하룻강아지, 흑교>학교 …

△ ·>ㅡ/ㅓ

ㄱ올>ㄱ을>가을, ㅁ올>ㅁ을>마을, ㅁ옴>ㅁ음>마음, 아둘>아들, 다숫>다섯, ㅇ슷>여섯, ㅇ듭>여덟, 알특>아래턱, 특받이>턱받이, 흑>흙 …

[용언]

△ ·>ㅏ/ㅡ/ㅓ/ㅗ/ㅜ

동사: ㄱ다>갈다, ㄱ물다>가물다, ㄹ기다>갈기다, ㄴ다>날다, 둘리다>달리다, ㅁ치다>마치다, ㅅ랑ㅎ다>사랑하다, 중그다>잠그다, ㅊ지ㅎ다>차지하다, 폴다>팔다, 일ㅎ다>일하다, ㄹ리다[選]>고르다, ㄹ르다>고이다 …

형용사: 눗다>낮다, 묽다>맑다, 쫍쩔ㅎ다>짭짤하다, 줌줌ㅎ다>잠잠하다, ㄱ늘다>가늘다, 또뜻ㅎ다>따뜻하다, 천천ㅎ다>천천하다, 불그릏ㅎ다>불그스름하다, ㅁ습다>무섭다, 프리롱ㅎ다>푸르스름하다 …

[부사]

△ ·>ㅏ

ㄱ만이>가만히, ㄹ강ㄹ강>갈강갈강, 둘랑둘랑>달랑달랑, 몰랑몰랑>말랑말랑, 불랑불랑>발랑발랑, 술쫙술쫙>살짝살짝, ㅇ장ㅇ장>앙알앙알, ㅊ마>차마, 툰툰이>탄탄히, 프릇프릇/프릿프릿>파릇파릇, 홍강홀강>할강할강, ㅎ미티민>하마터면 …

△ ·>ㅡ/ㅓ

> 늘짝늘짝>늘쩡늘쩡, 불불>벌벌, ᄇᆞ써>벌써, ᄋᆞ쏙ᄋᆞ쏙>으쏙으쏙,
> ᄎᆞᆫᄎᆞᆫ이>천천히 …

이처럼 제주어에서 '·'의 비중은 매우 커서, 제대로 보존하지 않으면 학술적 가치가 상실될 뿐 아니라, 현대국어와 차별성이 없어지고 만다. 다음 예시는 그 표기가 옳고 그름을 가리기 위한 것이다. 원어(原語)를 철자법에 맞게 표기해야 그것을 보고 읽거나 말할 때 올바로 익힐 수 있다. 아래 ㉠은 올바른 것이고, ㉡의 밑줄 친 것은 잘못된 것이므로 써서는 안 된다.

㉠ 바른 표기

- ᄂᆞᆯ[刃:날], ᄂᆞᆾ[顔:낯], ᄃᆞᆯ[月:달], ᄃᆞᆨ[鷄:닭], ᄉᆞᆯ[肉:살], ᄌᆞᆷ[眠:잠] …
- ᄀᆞ을[秋:가을], ᄀᆞ레(래)[磨石:맷돌], ᄆᆞ음[心:마음], ᄇᆞ름(롬)[風:바람] …
- ᄃᆞᆯ다[甘/懸:달다], ᄂᆞᆯ다[飛:날다], ᄂᆞᆽ다[低:낮다], ᄇᆞᆰ다[明:밝다], ᄉᆞᆱ다[烹:삶다] …

㉡ 틀린 표기(밑줄 친 부분)

- ᄂᆞᆯ[刃:날]→놀[黃昏:황혼], ᄂᆞᆾ[顔:낯]→ᄂᆾ[銅:구리], ᄃᆞᆯ[月:달]→돌[石:돌], ᄃᆞᆨ[鷄:닭]→독[缸:항아리], ᄉᆞᆯ[肉:살]→솔[松/刷:소나무/솔], ᄌᆞᆷ[眠:잠]→좀[衣魚:좀벌레] …
- ᄀᆞ을[秋:가을]→고을[邑:고을], ᄀᆞ레[磨石:맷돌]→고래[鯨:고래], ᄆᆞ음[心:마음]→모음[母音:홀소리], ᄇᆞ름[風:바람]→보름[望:보름] …
- ᄃᆞᆯ다[甘/懸:달다]→돌다[廻/狂:돌다], ᄂᆞᆯ다[飛:날다]→놀다[遊:놀다], ᄂᆞᆽ다[低:낮다]→놏다, ᄇᆞᆰ다[明:밝다]→볽다, ᄉᆞᆱ다[烹:삶다]→솖다 …

위 ㉠과 ㉡을 비교해 보면, 왜 '·'를 써야 할 곳에 'ㅗ'를 써서 안 되는지를 알 수 있다. 만일 ㉡의→ 다음과 같이 'ㅗ'로 표기해서 '놀/놏/돌/독/솔/

좀'으로 쓰거나, '고을/고래/모음/보름'으로 썼을 경우 전연 다른 뜻의 말을
만들어 버리고 만다. 마찬가지로 용언인 형용사나 동사인 경우도 '달다/날
다'라는 말이 전연 다른 '돌다/놀다'로 돼 버리는가 하면, '놓다/볶다/솖다'
는 있지도 않는 엉뚱한 말을 조작해 버리는 오류를 범함으로써, 제주어의
본모습을 망쳐 버리고 만다.

(2) 쌍(겹)아래아 `··(ᆢ)`가 쓰인다.

이 `··`는 훈민정음 28자 가운데는 들어가지 않지만, 합자해(合字
解)에 보면 그 정체가 밝혀져 있다. 그런 희귀한 글자가 제주어에 남아서
보전되고 있다는 것은 `·` 이상으로 국어학적 가치가 큰 것이다. 참고로
훈민정음 합자해를 보면 이렇게 명시돼 있다.

> "·一起ㅣ聲於國語無用 兒童之言邊野之語 或有之 當合二字而用 如ㄱ!ㄱ
> 之類 其先縱後橫 與他不同(·一가 ㅣ소리에서 일어나는 것은 우리 말에 소
> 용이 없고, 어린이말이나 시골말에 혹 있으나, 이는 마땅히 두 자를 합하여
> 쓰되, ㄱ!ㄱ 유와 같이 할 것이다. 이것은 먼저 세로 긋고, 뒤에 가로 긋는 것이
> 다른 글자와 같지 않다.)"[23]

여기 '如ㄱ!ㄱ之類'에서 'ㄱ!'의 모음 ㅣ가 곧 'ㅣ'와 '·'가 합해서 된 겹소
리인 제주어 `··`에 해당한다. 그런데 문제는 그 용례가 드러나 있지 않고,
실제 문자화돼 있는 기록이 없어서 어떻게 쓰였는지 모른다는 점이다. 그
러니 현재 제주어에 있는 `··`를 중심으로 그 음가와 용례를 제시할 수밖
에 없다.

---

23) ( )속의 해석은 위 김민수의 같은 책, 47쪽을 그대로 옮긴 것이다.

❶ 음가

'ᆢ'는 'ㆍ'가 두 개가 옆으로나 나란히 놓인 꼴로 돼 있다. 그래서
그 명칭도 편의상 아래아 'ㆍ'가 두 개 합쳐졌다고 해서 '겹아래아/쌍아래
아'로 불려지고 있다. 실제 그 발음은 'ㅣ'와 'ㆍ'가 합해진 'ᆢ'인데 발음기
호로는 반모음 'ㅣ[j]'와 아래아 'ㆍ[ɐ]'가 합해진 [jɐ]로 표시한다. 이론
상으로는 그렇지만 실제 발음할 때의 정확한 위치는 밝혀져 있지 않다. 필
자의 생각은 발음할 때의 조음위치와 입술 모양은 'ㆍ(ᆞ)'와 엇비슷하다.
다만 혓바닥이 아래아 'ㆍ'에 비해 혀뿌리 쪽으로 덜 당긴 위치에서 발음된
다. 그러니 그 발음도 'ㆍ'보다 좀 앞쪽인 중설(中舌) 부분에 살짝 스쳐서
소리 난다. 그런데 이 쌍(겹)아래아 역시 요즘 청장년 이하의 젊은 세대들
은 'ㅛ'로 발음하고 표기해버림으로써 제주어의 본연에 어긋나고 있다.

❷ 용례

쌍(겹)아래아인 경우는 아래아 'ㆍ'가 들어간 말처럼 특이하지만,
그 어휘 수는 많지 않다. 다음은 체언류와 용언류에서 골라낸 것인데, 나머
지는 <제2장 품사론>과 <제3장 어휘론>에서 다뤄진다.

[체언류]

> ᆢᇙ[側:옆], ᆢ름[夏:여름], ᆢ름/ᆢᆯ매[果/實:열매], ᆢ물(여물), ᆢ듭
> [八:여덟], ᆢ든[八十:여든], ᆢ쉬/ᆢ박쉬/ᆢ구리(약둥이), ᆢ전(葉錢:엽
> 전), ᆢ치(廉恥:염치) …

[용언류]

> ᆞᆯ릅다(가렵다), ᄂᆢ릅다(내리다), ᄆᆢ릅다(마렵다), 양ᄂᆢᇂ다(양념하다), ᆢ
> 다(약다), ᆢ망지다(야무지다/똘똘하다), ᆢᆯ다/ᆢ물다(여물다), ᆢ사다
> (야수다), ᆢᆯ다(開/結實:열다), ᆢᆯ리다(열리다), ᆢᄭᅳ다(엮다) …

이 쌍(겹)아래아의 특성은 어간 끝음절의 첫소리가 'ㅇ/ㄴ/ㄹ'으로 된 말에 주로 붙는데, 현대국어에서는 'ㅕ/ㅑ'로 변해버렸다.

(3) 복모음 'ㅘ/ㅑ/ㅕ/ᆞ'가 쓰인다.

이들 4개의 복모음 중 'ㅘ'와 'ᆞ'는 중모음 'ㅗ'와 'ᆞ'에 단모음 'ㅏ'가 결합된 것이고, 'ㅑ/ㅕ'는 'ㅗ/ㅠ'에 중모음 'ㅑ/ㅕ'가 결합된 것이다. 즉 'ㅗ+ㅏ=ㅘ, (ㅣ+ㅗ>ㅛ)+(ㅣ+ㅏ>ㅑ)=ㅑ, (ㅣ+ㅜ>ㅠ)+(ㅣ+ㅓ>ㅕ)=ㅕ, ᆞ+ㅏ>ᆞ'로 돼 있어서, 현대국어에는 쓰지 않으나 제주어에는 드물게나마 쓰인다.

㉠ ㅗ+ㅏ>ㅘ
· 난 요아이/<u>와</u>이가 몸에 든다.
  (나는 요아이가 맘에 든다.)
· 자인 말앙 요아일/<u>와</u>일 둘앙 가키어.
  (저 아이는 말고 요아이를 데리고 가겠다.)

㉡ ㅗ+ㅑ>ㅑ
· 벤 짐을 ㄴ<u>리오암</u>>리<u>왐</u>>란저.
  (무거운 짐을 내리고 있다.)
· 오고라진 건 발<u>리오앙</u>>리<u>왕</u>>랑 쓴다.
  (오고라진 것은 발리어서 쓴다.)
· 오고라진 건 발<u>리오안</u>>리<u>완</u>>란 썻저
  (오고라진 것은 발리어서 썼다.)

㉢ ㅠ+ㅕ>ㅕ
· 벤 짐을 ㄴ<u>리우엄</u>/리<u>웜</u>/뤔저.
  (무거운 짐을 내리고 있다.)
· 오고라진 걸 발<u>리우엉</u>/리<u>웡</u>/뤙 쓰라.
  (오고라진 것을 발리어서 써라.)

· 오고라진 걸 발리우언/리원/ᄅᆑᆫ 썸서라.
(오고라진 것을 리어서 쓰고 있더라.)

㉣ ᆢ+ㅏ>ᆢㅏ

· 난 몸이 ᄀᆞᄅᆢ앙>ᄅᆢᅡᆼ 못살키어.
(나는 몸이 가려워서 못살겠다.)
· 오좀 ᄆᆞᄅᆢ안>ᄅᆢᅡᆫ 혼낫저.
(오줌 마려워서 혼났다.)

위 ㉠의 'ᆄ'는 '요아이'의 '요아'가 준말이고, ㉡의 'ᆅ'는 현대국어의 '내리다'에 해당하는 제주어 'ᄂᆞ리다'는 사동형의 형태를 취한 'ᄂᆞ리오다'로도 쓰인다. 이때 'ᄂᆞ리오다'의 어간 'ᄂᆞ리오'에 진행상을 나타내는 선어말어미 '-암-'이 붙어서 'ᄂᆞ리오+암>ᄂᆞ리왐'으로 된 뒤에, 다시 '왐'이 앞의 '리'와 상호동화를 일으켜 '왐'의 '오'는 '료'로, 'ㅏ'는 'ㅑ'가 되므로, 결국 'ᄂᆞ리오암'의 축약형인 'ᄂᆞᄅᆅᆷ'이 된 것이다. 또 '발ᄅᆅᆼ/발ᄅᆅᆫ'은 현대국어의 '발리다'에 해당하는 '발리오다'의 어간 '발리오'에 연결어미 '-앙/-안'이 붙어서 '발리오+앙(안)>발리왕(완)'으로 된 뒤에, 다시 '-왕/-완'이 앞의 '리'와 상호동화를 일으켜 'ᄅᆅᆼ/ᄅᆅᆫ'이 되므로, '발리오앙/발리오안'의 축약형 '발ᄅᆅᆼ/발ᄅᆅᆫ'이 된 것이다. ㉢의 'ᆑ'도 'ᄂᆞ리우다'의 어간 'ᄂᆞ리우'에 진행상을 나타내는 선어말어미 '-엄-'이 붙어서 'ᄂᆞ리우+엄>ᄂᆞ리윔'으로 된 뒤에, 다시 '윔'이 앞의 '리'와 상호동화를 일으켜 '윔'의 '우'는 '류'로, 'ㅓ'는 'ㅕ'가 되므로, 결국 'ᄂᆞ리우엄'의 축약형인 'ᄂᆞᄅᆑᆷ'이 된 것이다. '발ᄅᆑᆼ/발ᄅᆑᆫ'도 '리우다'의 어간 '발리우'에 연결어미 '-엉/-언'이 붙어서 '발리우+엉/언>발리웡/원'으로 된 뒤에, 다시 '-웡/-원'이 앞의 '리'와 상호동화를 일으켜 '발리우엉/발리우언'의 축약형 '발ᄅᆑᆼ/발ᄅᆑᆫ'이 된 것이다. 다음 예시도 같은 음운현상에 의한 'ᆅ/ᆑ'의 쓰임이다.

· 심은 생일 눌롸불라.
  (잡은 새를 날<u>리어</u> 버려라.)
· 오래 몰<u>뤄</u>도 좋다.
  (오래 말<u>리어</u>도 좋다.)

특히 유별난 것은 위 ㉣의 '랑'과 '랃'이다. '랑'은 'ᄀ립다'의 ㅂ-불규칙어간 'ᄀ립'에 연결어미 '-앙'이 붙어서 위 ㉠㉡㉢과 같이, 'ᄀᄅᆞ오앙'의 준꼴 'ᄀ랑'이 된것이다. '랃'도 마찬가지로 'ᄆ립다'의 ㅂ-불규칙어간 'ᄆ립'에 연결어미 '-안'이 붙어서 'ᄆᄅᆞ오안'의 준꼴인 'ᄆ랃'이 된 것이다.

(4) 'ㅐ/ㅔ/ㅖ/ㅢ'의 발음이 불분명하다.

표준어에서 구분해서 쓰는 'ㅐ/ㅔ'인 경우, 제주어에서는 정확히 구분하기 힘들다. 이 문제는 개인차가 있기 마련이어서 단정하기가 어렵지만, 거의 'ㅔ'로 발음하기 일쑤이다. 그렇다고 해서 'ㅐ'로 뚜렷이 소리 나는 것도 있고 보면, 무턱대고 'ㅔ'로 볼 수도 없다. 이 문제는 제주어표기법에서 논의해야 할 과제 중의 하나이다. 그에 비해 'ㅖ'인 경우는 덜한 편이지만, 'ㅔ'로 소리 나는 것도 적지 않다. 특히 'ㅐ'와 'ㅔ'의 표기는 현재 적용되고 있는 표준어 철자법에 따르기로 한다. 또 'ㅢ'인 경우도 'ㅣ'와 'ㅢ'가 혼용되고 있으나 '이[齒]·이[蝨]'와 장소를 나타내는 의존명사 '데'에 해당하는 '듸'만 'ㅢ'가 쓰일 뿐이고, 그 외는 거의 'ㅣ'로 발음하고 있다. 다음의 예시어들은 기존의 제주어표기의 선례에 따라 필자가 임의대로 간추려 본 것인데 그 구분이 모호하다.

△ ㅐ>ㅐ
　개[犬]>개, 내[川]>내, 대[竹]>대, 때[時]>때, 매[鷹/鞭]>매, 새[茅/新]>새, 늘개기[翼]>날개, 돌뱅이[蝸]>달팽이, 대강[大綱]>대강, 새

벡[晨]>새벽, 생이[鳥]>새, 새각시>새각시, 객객거리다>객객거리
다, 깩깩거리다>깩깩거리다, 내기ᄒ다>내기하다, 새기다[刻]>새기
다, 재다[速]>재다, 쨍쨍ᄒ다>쨍쨍하다, 패랍다>패랍다(사납다), 해
롭다>해롭다 …

△ ㅐ>ㅔ

내[煙]>네, 배[腹/船/梨]>베, 백(百)>벡, 재[灰]>제, 해[日/年]>헤,
책(冊))>첵, 백지(白紙)>벡지, 내일(來日)>네일, 매일(每日)>메일,
재물(財物)>제물, 채소(菜蔬)>체소, 개으르다>게으르다/게을르다,
배우다>베우다/벱다, 맵다>멥다, 생각하다>셍각ᄒ다 …

△ ㅖ>ㅔ

예절(禮節)>예절, 예불(禮佛)>예불, 예전>예전, 옛말>옛말, 옛집>
옛집, 예조판서>예조판서, 예산/예산하다>예산/예산ᄒ다, 예민/예
민하다>예민/예민ᄒ다 …

△ㅖ>ㅔ

계모(繼母)>게모, 노예(奴隷)>노에, 폐단(弊端)>페단, 폐인(廢人)>
페인, 혜택>헤택, 은혜>은헤, 폐지/폐지하다>페지/페지ᄒ다, 계산/계
산하다>게산/게산ᄒ다 …

△ㅣ>ㅢ

이[齒]>늬, 이빠디>늬빠디, 송곳니>송곳늬, 잇몸>늿몸, 틀니>틀늬,
이[蝨]>늬, 미끼>늬껍 …

△ㅢ>ㅣ

의논>이논, 의복>이복, 의심>이심, 의원>이원, 의붓아버지>이붓
아방, 의롭다>이롭다, 의논하다>이논ᄒ다, 의지하다>이지ᄒ다 …

(5) 'ㅙ/ㅚ'는 'ㅞ'가 쓰인다.

제주어가 현대국어인 표준어와 다른 것 중에 하나가 발음인 말소리에 있다. 그 발음을 좌우하는 것 중에 하나가 모음에 달려 있는데, 'ㅚ/ㅙ'인 경우 거의가 'ㅞ'로 소리 난다는 점이다. 그러니 실제 표기도 'ㅞ'로 해야 옳다.

　△ ㅙ>ㅞ

　　괭이>궹이, 왜구(倭寇)>웨구, 왜가리>웨가리, 홰[橇]>훼, 횃불>휏불, 쾌씸하다>퀘씸ᄒ다, 상쾌하다>상퀘ᄒ다, 왜자기다>웨제기다, 왜냐하면>웨냐ᄒ민, 쾌청하다>퀘청ᄒ다, 쾌청하다>퀘청ᄒ다 …

　△ ㅚ>ㅞ

　　되[升]>뒈, 쇠[牛]>쉐, 쇠[鐵]>쉐, 회(會)>훼, 회(膾)>훼, 참외>춤웨, 외삼촌>웨삼춘, 왼손>웬손, 괴롭다>궤롭다, 외롭다>웨롭다, 외우다>웨우다, 외치다>웨치다, 되다>뒈다 …

3. 음운변화

음운변화(音韻變化)라고 함은 자음과 모음이 그 소리 나는 환경에 따라 어떤 형태로 변하는 현상을 말한다. 그에 관한 것은 아래 1)·2)와 같이 '자음변화'와 '모음변화'로 구분해서 다루기로 한다.

1) 자음변화

이들 자음변화의 주요대상은 자음끼리 서로 만날 때 변화를 일으키는 '자음동화'·'묵음화'·'경음화'·'격음화'·'두음법칙'·'말음법칙'·'자음

첨가'·'자음탈락'·'자음교체'·'자음충돌회피'·'한자어연음'과 관련된 것
이 주류를 이루고 있다.

(1) 자음동화

자음동화(子音同化)라 함은 앞 음절의 자음받침이 그 다음 이어지는
음절의 첫 자음과 만날 때 이뤄진다. 그 만나는 두 자음 중 어느 한 쪽이
다른 쪽을 닮거나 달리 변하거나, 양쪽이 다 달리 바뀌어 소리 나는 현상인
데, 자음접변(子音接變)이라고도 한다. 그것도 변하는 정도에 따라 '완전동
화'·'불완전동화'·'상호동화'로 구분되기도 하고, 영향이 미치는 방향에
따라 '순행동화(順行同化)'·'역행동화(逆行同化)'·'상호동화(相互同化)'로
분류하기도 한다. 그것을 총괄해서 표로 작성하면 다음과 같다.[24]

본소리	만나는 소리	만나는 위치	변한 소리	동화방향
ㄱ	ㄴ ㅁ	위	ㅇ	역행
ㅂ ㅍ	ㄴ ㅁ	위	ㅁ	역행
ㄷ ㅅ	ㄴ ㅁ	위	ㄴ	역행
ㅎ	ㄴ	위	ㄴ	역행
ㄴ	ㄹ	위/아래	ㄹ	순행/역행
ㄹ	ㅁ ㅇ	아래	ㄴ	순행
ㄱ	ㄹ	위	ㅇ+ㄴ	상호
ㅂ	ㄹ	위	ㅁ+ㄴ	상호
ㅅ	ㅇ	위	ㄴ+ㄴ	상호

---

24) 표에 제시한 것에 빠뜨린 것이 있다면 필자의 조사가 불충분한데 있으므로, 차후 개정
판을 낼 기회가 있으면 보완키로 한다.

❶ 완전동화

　현대국어와 같이 앞 음절의 자음받침과 그 뒷음절의 첫 자음이 만
날 때 어느 한쪽의 영향을 받아 그와 꼭 같은 자음으로 완전히 동화돼서
소리 나는 현상이다. 그 대표적인 사례가 아래 제시된 'ㄴ+ㄹ/ㄹ+ㄴ>ㄹ+
ㄹ, ㄷ+ㄴ>ㄴ+ㄴ, ㅅ+ㄴ>ㄴ+ㄴ, ㅈ+ㄴ>ㄴ+ㄴ, ㅎ+ㄴ>ㄴ+ㄴ, ㅂ+ㅁ>ㅁ+
ㅁ, ㅍ+ㅁ>ㅁ+ㅁ' 등이 그것이다. 동화의 방향으로 보면 'ㄹ+ㄴ>ㄹ+ㄹ'은
'ㄹ'이 그 다음의 'ㄴ'을 'ㄹ'로 동화시키므로 순행동화이고, 나머지는 그 반
대인 역행동화에 해당한다. 여기서 주의해야 할 것은 발음은 동화된 대로
이지만, 표기는 동화되기 전의 형태라야 한다.

　　　△ ㄹ+ㄴ>ㄹ+ㄹ(순행동화)

　　　일년>일련, 칼늘(칼날)>칼롤, 몰눈(말눈)>몰룬, 돌나라(달나라)>
　　　돌라라, 불나다>불라다, 유벨나다(유별나다)>유벨라다, 잘나다>
　　　잘라다 …

　　　△ ㄴ+ㄹ>ㄹ+ㄹ(역행동화)

　　　한라산/한락산/한로산>할라산/할락산/할로산, 곤란(困難)>골란,
　　　신랑(新郞)>실랑, 천릿질(천릿길)>철릿질, 전라도>절라도 …

　　　△ ㄷ+ㄴ>ㄴ+ㄴ(역행동화)

　　　걷나(걷는다)>건나, 돋는다[走:닫는다]>돈는다, 믿나(믿는다)>민나,
　　　받나(받는다)>반나, 얻나(얻는다)>언나 …

　　　△ ㅅ+ㄴ>ㄴ+ㄴ(역행동화)

　　　갯ㄴ물(갓나물)>갠ㄴ물, 돗늬(돼지이빨)>돈늬, 못난이>몬나니, 꼿놀
　　　이(꽃놀이)>꼰노리, 끗내다(끝내다)>끈내다, 빗나다(빛나다)>빈나
　　　다, 엿날(옛날)>연날, 갓난애기(갓난아기)>간난애기 …

△ ㅈ+ㄴ>ㄴ+ㄴ(역행동화)

굿나(궂다)>군나, 젖나(젖는다)>전나, 춫는다(찾는다)>춘는다, 맺나
(맺는다)>맨나, 좆나(좆는다)>잔나, 빚나(빚는다)>빈나…

△ ㅎ+ㄴ>ㄴ+ㄴ(역행동화)

놓나(놓는다)>논나, 닳나(닳는다)>단나, 쌓나(쌓는다)>싼나, 좋나
(좋다)>존나…

△ ㅂ+ㅁ>ㅁ+ㅁ(역행동화)

밥물>밤물, 집문세(집문서)>짐문세, 십만>심만, 접문(겹문)>점문,
법문(法文)>범문, 입맛>임맛, 접먹나(접먹는다)>검먹나…

△ ㅍ+ㅁ>ㅁ+ㅁ(역행동화)

앞문>암문, 욮문>욤문, 앞머리>암머리, 욮머리>욤머리, 앞마을>암ᄆ
을, 앞만 보라>암만 보라…

❷ 불완전동화

끝소리 받침 'ㄱ'이 'ㄴ' 위에서 'ㅇ'으로 소리 나는 것과 같이 영향
을 받는 자음이, 영향을 준 자음을 완전히 닮지 않고 제삼의 다른 자음으로
변하는 현상이다. 그것은 동화의 정도로 보면, '녹낭(녹나무)>농낭'의 '녹'
의 끝소리 'ㄱ'이 '낭'의 첫소리 'ㄴ'을 닮지 않는 채 오직 'ㄱ'이 'ㅇ'으로
소리 나므로 불완전동화라고 한 것이다. 이들은 동화의 방향으로 보면 역
행동화에 해당한다.

△ ㄱ+ㄴ>ㅇ+ㄴ(역행동화)

녹낭(녹나무)>농낭, 닥낭(닥나무)>당낭, 독눈(닭눈)>동눈, 먹나(먹는
다)>멍나, 녹나(녹는다)>농나, 눅눅ᄒ다(눅눅하다)>눙눅ᄒ다…

△ ㄱ+ㅁ>ㅇ+ㄴ(역행동화)

국국물>국궁물, 독무릅(무릎)>동무릅, 먹물>멍물, 약물>양물, 목몰
르다(목마르다)>몽몰르다, 먹먹ᄒ다(먹먹하다)>멍먹ᄒ다 …

△ ㅇ+ㄹ>ㅇ+ㄴ(순행동화)

칠성로>칠성노, 왕릉>왕능, 정리>정니, 궁리ᄒ다(궁리하다)>궁니
ᄒ다, 멩랑ᄒ다(명랑하다)>멩낭ᄒ다 …

△ ㅁ+ㄹ>ㅁ+ㄴ(순행동화)

금리(金利)>금니, 담력(膽力)>담녁, 염려>염녀, 범람ᄒ다(범람하
다)>범남ᄒ다, 남루ᄒ다(남루하다)>남누ᄒ다 …

△ ㅂ+ㄴ>ㅁ+ㄴ(역행동화)

삽(鍤)눌(삽날)>삼눌, 섭낭(섶나무)>섬낭, 입내[口 臭]>임내, 잡놈>
잠놈, 잡년>잠년, 옵니다>옴니다, 납니다>남니다, 풉니다(팝니다)>
품니다 …

△ ㄷ+ㅁ>ㄴ+ㅁ(역행동화)

몯메노리(맏며느리)>모메노리

△ ㅅ+ㅁ>ㄴ+ㅁ(역행동화)

빗물>빈물, 옷맵시>온맵시, 멧-ᄆ을(몇-마을)>멘-ᄆ을, 것모냥(겉
모양)>건모냥, 뭇매질ᄒ다(뭇매질하다)>문매질ᄒ다 …

△ ㅈ+ㅁ>ㄴ+ㅁ(역행동화)

낮말>난말

△ ㅍ+ㄴ>ㅁ+ㄴ(역행동화)

앞날>암날, 앞내창(앞내)>암내창, 앞늬빨(앞이빨)>암늬빨, 욮눈질
(옆눈질)>옴눈질 …

❸ 상호동화

상호동화는 앞의 불완전동화에 속한다. 다른 점은 앞뒤 두 자음이 서로 만날 때 어느 한 자음도 제 모습을 드러내지 못하고 두 자음 모두가 제삼의 소리로 변하고 만다. 동화의 방향으로 보더라도 앞뒤의 자음이 서로 영향을 미치고 있으므로 상호동화일 수밖에 없다.

△ ㄱ+ㄹ〉ㅇ+ㄴ(상호동화)

독립〉동닙, 백로(白露/白鷺)〉뱅노, 백릿질(백릿길)〉뱅닛질, 낙뤠(落雷/낙뢰)〉낭눼, 책력(冊曆)〉챙녁, 독려ᄒ다(독려하다)〉동녀ᄒ다 …

△ ㅂ+ㄹ〉ㅁ+ㄴ(상호동화)

답례(答禮)〉담녜, 법률〉범뉼, 십릿질(십릿길)〉심닛질, 섭리(攝理)〉섬니, 섭력ᄒ다(협력하다)〉혐녁ᄒ다 …

△ ㅅ+ㅇ〉ㄴ+ㄴ(상호동화)

밧일(밭일)〉반닐, 쳇일(첫일)〉첸닐, 쳇ᄋ름(첫여름)〉첸느름, 솟옆(솥옆)〉손녑 …

(2) 묵음화

앞의 〈자음의 구분과 쓰임〉에서 말했듯이, 현대국어에 쓰이는 복자음 'ㄳ/ㄵ/ㄶ/ㄺ/ㄽ/ㄾ/ㄿ/ㅄ'은 제주어에 쓰이지 않는다. 실제 쓰이는 것은 예외적인 것도 있지만, 'ㄺ/ㄻ/ㅺ/ㅻ' 등 4자이다. 그 중 ㄱ곡용어로 쓰였던 중세국어의 'ㅺ/ㅻ'을 제외하고는 문자화할 때 표기와 발음은 현대국어와 마찬가지이다. 즉 서로 다른 자음이 겹친 복자음 받침 다음에 모음으로 시작되는 조사나 어미가 올 때 그 겹자음의 개별음가가 다 드러난다. 그러나 그 말만으로 끝나거나 자음으로 시작되는 음절이 이어질 때는 겹자음 중 어느 하나는 아래 예시한 (1)~(2)와 같이 소리가 나지 않고 묵음(默

ㅍ)이 된다. 이때의 표기는 묵음되기 전의 형태라야 한다.

❶ 끝소리 받침 'ㄿ'은 'ㄹ'이 묵음된다.

△ ㄿ>ㅁ

삶>삼, 놂>놈, 수눎 25)>수눔

△ ㄿ+다/게/지/고>ㅁ다/ㅁ게/ㅁ지/ㅁ고

젊+다/게/지/고>점다[점따]/점게[점께]/점지[점찌]/점고[점꼬]
닮+다/게/지/고>담다[담따]/담게[담께]/담지[담찌]/담고[담꼬]
곪+다/게/지/고>곰다[곰따]/곰게[곰께]/곰지[곰찌]/곰고[곰꼬]
굶+다/게/지/고>굼다[굼따]/굼게[굼께]/굼지[굼찌]/굼고[굼꼬]
숢+다/게/지/고>숨다[숨따]/숨게[숨께]/숨지[숨찌]/숨고[숨꼬]

❷ 끝소리 받침 'ㄺ'은 'ㄹ'이 묵음된다.

△ ㄺ>ㄱ

긁+다/고/게>극다[극따]/극고[극꼬]/극게[극께]
늙+다/고/게>늑다[늑따]/늑고[늑꼬]/늑게[늑께]
묽+다/고/게>묵다[묵따]/묵고[묵꼬]/묵게[묵께]
북+다/고/게>북다[북따]/북고[북꼬]/북게[북께]
붉+다/고/게>북다[북따]/북고[북꼬]/북게[북께]
얽+다/고/게>억다[억따]/억고[억꼬]/억게[억께]

위와 같이 겹받침 'ㄺ'은 현대국어에서는 종결어미 '-다'와 연결어미 '-지'

---

25) '수눎'과 '수눔'은 현대국어의 '품앗이'에 해당하는 전성명사이다. 즉 기본형 '수눌다'의
어간 '수눌'에 명사형전성어미 '-ㅁ'이 붙어서 된 것이다. 그런데 근간에 '-음'을 붙여
'수눌음'으로 표기하고 있는 것은, 그저 문법적 논리만 생각한 것일 뿐 잘못된 것이다.
그것은 마치 '살다'에서 파생한 전성명사 '삶'이 '살음'과 같을 수 없음과 같다. 예로부터
즐겨 쓰던 제주의 토속어는 '수눌음'이 아닌 '수눎'·'수눔'인데 '수눔'을 선호한다.

가 붙으면 거의 'ㄹ'이 묵음되고, 어미 '게/고' 따위가 붙으면 거의 'ㄱ'이 묵음된다. 하지만 제주어인 경우는 모두 'ㄹ'이 묵음된다. 단, '읽다[讀]'나 '흙[土]'은 제주어로 '익다'·'흑/혹'이므로 묵음화와 관계가 없다.

(3) 경음화

경음화(硬音化)라 함은 예사소리인 평음으로 시작되는 말끼리 서로 이어질 때 뒤에 오는 자음이 된소리로 변해서 소리 나는 현상이다. 아래 제시한 ❶~❻이 그 대표적인 사례인데, 표기는 된소리인 경음이 되기 전의 평음으로 적는 것이 원칙이다.

❶ 'ㄴ' 받침 말과 'ㄱ/ㄷ/ㅂ/ㅅ/ㅈ'으로 시작된 말이 합해질 때 'ㄲ/ㄸ/ㅃ/ㅆ/ㅉ'으로 소리 난다.

△ ㄴ+ㄱ>ㄴ+ㄲ

눈ㄱ(눈가)>눈끄, 손가락>손까락, 손금>손끔, 돈궤(櫃)>돈꿰, 윤기(潤氣)>윤끼, 촌구석>촌꾸석, 문고망(문구멍)>문꼬망, 분ㄱ를(분가루)>분끄를 …

△ ㄴ+ㄷ>ㄴ+ㄸ

눈독>눈똑, 눈덩이>눈떵이, 돈독>돈똑, 손등>손뜽, 산둘[産月:산달]>산뚤, 산등성이>산뜽성이, 인덕(人德)>인떡, 잔대(盞臺)>잔때 …

△ ㄴ+ㅂ>ㄴ+ㅃ

눈방울>눈빵울, 눈병>눈뼝(뼝), 등잔불>등잔뿔, 산비둘기>산삐둘기, 산불>산뿔, 손부리>손뿌리, 혼불>혼뿔 …

△ ㄴ+ㅅ>ㄴ+ㅆ

진-실[長絲:긴-실]>진-썰, 문소리>문쏘리, 산새[山鳥]>산쌔, 손수건>손쑤건, 안사름[內子:안사람]>안싸름, 흔속(한속)>흔쏙 …

△ ㄴ+ㅈ>ㄴ+ㅉ

문자>문짜, 한ᄌᆞ(漢字)>한짜, 돈주멩기(돈주머니)>돈쭈멩기, 산점(山占/墓占)>산쩜, 든직ᄒᆞ다(든직하다)>든찍ᄒᆞ다 …

❷ 'ㄹ' 받침 말과 'ㄱ/ㄷ/ㅂ/ㅅ/ㅈ'으로 시작된 말이 합해질 때 'ㄲ/ㄸ/ㅃ/ㅆ/ㅉ'으로 소리 난다.

△ ㄹ+ㄱ>ㄹ+ㄲ

길ᄀᆞ(길가)>질ᄁᆞ, 돌고망(돌구멍)>돌꼬망, 물가메기(가마우지)>물까메기, 발가락>발까락, ᄆᆞᆯ발굽(말발굽)>ᄆᆞᆯ발꿉 …

△ ㄹ+ㄷ>ㄹ+ㄸ

돌담>돌땀, 발등>발뜽, 일등>일뜽, 알드르(아랫들)>알뜨르, 술동이>술똥이, 불덩이>불뗑이, 질들이다(길들이다)>질뜰이다 …

△ ㄹ+ㅂ>ㄹ+ㅃ

글발>글빨, ᄃᆞᆯ밤(달밤)>ᄃᆞᆯ빰, 벨빗/빌빗(별빛)>벨삣/빌삣[벨뻗/빌뻗], 말버릇>말뻐릇[말뻐른], 발벵/빙[足疾:발병]>발뼁/발삥, 솔방울>솔빵울 …

△ ㄹ+ㅅ>ㄹ+ㅆ

말소리>말쏘리, 굴소곱(굴속)>굴쏘곱, 별세(別世)>별쎄, 열사을(열사흘)>열싸을, 출세>출쎄, 출삭거리다(우쭐대다)>출싹거리다 …

△ ㄹ+ㅈ>ㄹ+ㅉ

글ᄌᆞ(재)(글자)>글ᄍᆞ(째), 물질(水路:물길)>물찔, 말재주>말째주, ᄉᆞ주팔ᄌᆞ(사주팔자)>ᄉᆞ주팔ᄍᆞ, 술지다(살지다)>술찌다 …

❸ 'ㅁ' 받침 말과 'ㄱ/ㄷ/ㅂ/ㅅ/ㅈ'으로 시작된 말이 합해질 때 'ㄲ/ㄸ/ㅃ/ㅆ/ㅉ'으로 소리 난다.

△ ㅁ+ㄱ>ㅁ+ㄲ

검게>검께, 뭄국(모자반국)>뭄꾹, 봄ᄀ뭄(봄가물)>봄꼬뭄, 점궤(占卦)>점꿰, 밤공부>밤꽁부 …

△ ㅁ+ㄷ>ㅁ+ㄸ

금덩어리>금떵어리, 담돌>담똘, 보름둘(보름달)>보름뚤, 좀도독(좀도둑)>좀또독 곰다(감다)>곰따, 담다>담따 …

△ ㅁ+ㅂ>ㅁ+ㅃ

금빗(금빛)>금삣, 밤바당(밤바다)>밤빠당, 밤비>밤삐, 신바닥>신빠닥, 좀버릇(잠버릇)>좀뻐릇, 숨ᄇ뜨다(숨차다)>숨삗드다 …

△ ㅁ+ㅅ>ㅁ+ㅆ

숨소리>숨쏘리, ᄇ름살(바람살)>ᄇ름쌀, 암세(암소)>암쒜, 징심상(점심상)>징심쌍, 감수다(갑니다)>감쑤다, ᄒ염수다(하고 있습니다)>ᄒ염쑤다 …

△ ㅁ+ㅈ>ㅁ+ㅉ

몸종>몸쫑, 좀자리(잠자리)>좀짜리, 밤중>밤쭝, 몸짓>몸찟[몸찐], 감저(가고 있다)>감쩌, ᄒ염주(하고 있지)>ᄒ염쭈 …

❹ 'ㅂ/ㅍ' 받침 말과 'ㅅ'으로 시작된 말이 합해질 때 'ㅆ'으로 소리 난다.

△ ㅂ+ㅅ>ㅂ+ㅆ

입술>입쑬, 입소곱(입속)>입쏘곱, 입심>입씸, 줍시/잽시(접시)>줍씨/잽씨, 삽살개>삽쌀개, 넙수룩ᄒ다(넓적하다)>넙쑤룩ᄒ다 …

△ ㅍ+ㅅ>ㅍ+ㅆ

앞사름(앞사람)>앞<u>싸</u>름, 앞서>앞<u>써</u>, 옷앞섭(옷앞섶)>옷앞<u>썹</u>, 윺사름(옆사람)>윺<u>싸</u>름, 앞사다(앞서다)>앞<u>싸</u>다 …

❺ 'ㅇ' 받침 말과 'ㄱ/ㄷ/ㅂ/ㅅ/ㅈ'으로 시작된 말이 합해질 때 'ㄲ/ㄸ/ㅃ/ㅆ/ㅉ'으로 소리 난다.

△ ㅇ+ㄱ>ㅇ+ㄲ

공거(공짜)>공<u>꺼</u>, 낭가지/낭개기(나뭇가지)>낭<u>까</u>지/낭<u>깨</u>기, 상가지(향가지)>상<u>까</u>지, 바당ㄱ(바닷가)>바당<u>끄</u>, 창고망(창구멍)>창<u>꼬</u>망 …

△ ㅇ+ㄷ>ㅇ+ㄸ

공돈>공<u>똔</u>, 등다리(등허리)>등<u>따</u>리/등<u>떼</u>이, 몸둥이(몸통)>몸<u>뚱</u>이, 방돌>방<u>똘</u>, 방장대[喪杖:방장]>방장<u>때</u>, 장돌뱅이>장<u>똘</u>뱅이 …

△ ㅇ+ㅂ>ㅇ+ㅃ

등불>등<u>뿔</u>, 도장밥>도장<u>빱</u>, 상복(賞福)>상<u>뽁</u>, 짐바리>짐<u>빠</u>리, 땅버렝이(땅벌레)>땅<u>뻐</u>렝이, 풍벵/풍빙[風病:풍병]>풍<u>뼁</u>/풍<u>삥</u> …

△ ㅇ+ㅅ>ㅇ+ㅆ

공술>공<u>쑬</u>, 등수(等數)>등<u>쑤</u>, 등술(등살)>등<u>쑬</u>, 종소리>종<u>쏘</u>리, 바농–실(바늘–실)>바농–<u>썰</u>, 방세>방<u>쎄</u> …

△ ㅇ+ㅈ>ㅇ+ㅉ

광징(狂症:광증)>광<u>찡</u>, 상장(賞狀)>상<u>짱</u>, 벵주시/빙주시[病弱者:병약자]>벵<u>쭈</u>시/빙<u>쭈</u>시, 장종지>장<u>쫑</u>지, 통징(痛症:통증)>통<u>찡</u> …

❻ 'ㄱ/ㄷ/ㅅ/ㅈ' 받침 말과 'ㄱ/ㄷ/ㅂ/ㅅ/ㅈ'으로 시작된 말이 합해질 때 'ㄲ/ㄸ/ㅃ/ㅆ/ㅉ'으로 소리 난다.

△ ㄱ+ㄱ>ㄱ+ㄲ

국ㄱ슴(국거리)>국<u>끄</u>슴, 떡ㄱ를(떡가루)>떡<u>끄</u>를, 먹곡(먹고)>먹

꼭, 먹거랑(먹거든)>먹꺼랑, 녹곡(녹고)>녹꼭, 녹거랑(녹거든)>녹
꺼랑 …

△ ㄱ+ㄷ>ㄱ+ㄸ

꼭대기>꼭때기, 녹대(고삐)>녹때, 녹디(녹두)>녹띠, 덕대(키)>덕때,
북덕방(검불방)>북떡빵, 족도리(족두리)>족또리 …

△ ㄱ+ㅂ>ㄱ+ㅃ

국밥>국빱, 쪽박>쪽빡, 독방>독빵, 삭발(削髮)>삭빨, 악바리>악
빠리, 벡ㅂ름(壁:벽)>벡뼈름, 복받치다>복빨치다, 축복ᄒ다(축복하
다)>축뽁ᄒ다 …

△ ㄱ+ㅅ>ㄱ+ㅆ

각시>각씨, 곡숙(곡식)>곡쑥, 낙심>낙씸, 목숨>목쑴, 욕심쟁이>욕
씸쟁이, 훅식(學識:학식)>훅씩, 속상ᄒ다(속상하다)>속쌍ᄒ다, 약속
ᄒ다(약속ᄒ다)>약쏙ᄒ다 …

△ ㄱ+ㅈ>ㄱ+ㅉ

걱정>걱쩡, 낙제점>낙쩨점, 먹자판>먹짜판, 북작북작(북적북적)>
북짝북짝, 색종이>색쫑이, 억지다리(억지꾼)>억찌다리, 북적거리
다>북쩍꺼리다, 적지다(적시다)>적찌다 …

△ ㄷ+ㄱ>ㄷ+ㄲ

곧곡(말하고)>곧꼭, 곧거랑(말하거든)>곧꺼랑, 깨돋곡(깨닫고)>깨
돋꼭, 깨돋거랑(깨닫거든)>깨돋꺼랑 …

△ ㄷ+ㄷ>ㄷ+ㄸ

몯동세(맏동서)>몯똥세, 걷다>걷따, 굳다>굳따, 깨돋다(깨닫다)>
깨돋따, 돋다>돋따, 돋다(走:닫다/뛰다)>돋따, 묻다>묻따, 믿다>
믿따 …

△ ㄷ+ㅂ>ㄷ+ㅃ

돋보기>돋뽀기

△ ㄷ+ㅅ>ㄷ+ㅆ

걷소[步]>걷쏘, 깨돋소(깨닫소)>깨돋쏘, 묻소>묻쏘, 받소>받쏘, 얻
소>얻쏘, 짇소[炊]>짇쏘, 믿스옵네다(믿사옵니다)>믿쓰옵네다 …

△ ㄷ+ㅈ>ㄷ+ㅉ

걷자[步]>걷짜, 깨돋자(깨닫자)>깨돋짜, 묻자>묻짜, 믿자>믿짜, 받
자>받짜, 얻자>얻짜, 짇자[炊]>짇짜 …

△ ㅂ+ㄱ>ㅂ+ㄲ

갑골문ᄌᆞ(갑골문자)>갑꼴문ᄍᆞ, 납골당>납꼴당, 밥그릇>밥끄릇, 애
기업개(업저지)>애기업깨, 잡귀(雜鬼)>잡뀌, ᄀᆞᆸ갈르다(구분하다)>
ᄀᆞᆸ깔르다, 합격ᄒᆞ다(합격하다)>합껵ᄒᆞ다 …

△ ㅂ+ㄷ>ㅂ+ㄸ

겁둥이(겁쟁이)>겁뚱이, 굽돌(밑돌)>굽똘, 업둥이>업뚱이, 법도(法
度/法道)>법또, 십대손(十代孫)>십때손, 곱다>곱따, 늡드다(날뛰
다)>늡뜨다, 밉다>밉따 …

△ ㅂ+ㅂ>ㅂ+ㅃ

갑부(甲富)>갑뿌, 법복(法服)>법뽁, 밥벌이>밥뻘이, 접부치(접붙
이)>접뿌치, 답벤ᄒᆞ다(답변하다)>답뻰ᄒᆞ다, 합법ᄒᆞ다(합법하다)>합
뻡ᄒᆞ다 …

△ ㅂ+ㅅ>ㅂ+ㅆ

갑술생(甲戌生)>갑쑬생, 놉새ᄇᆞ름(높새바람)>놉쌔ᄇᆞ름, 덥석>덥썩,
몹시>몹씨, 밥상>밥쌍, 삽살개>삽쌀개, 압수ᄒᆞ다(압수하다)>압쑤
ᄒᆞ다, 잡수다>잡쑤다 …

△ ㅂ+ㅈ>ㅂ+ㅉ

겁쟁이>겁쩽이, 십 ᄌ 가>십 ᄍ 가, 업적>업쩍, 잡종(雜種)>잡쫑, 졸업장>졸업짱, 밉직ᄒ다(밉살스럽다)>밉쩍ᄒ다, 납작ᄒ다(납작하다)>납짝ᄒ다, 톱질ᄒ다(톱질하다)>톱찔ᄒ다 …

△ ㅅ+ㄱ>ㅅ+ㄲ

놋그릇>놋끄릇[논끄릍], 삿갓>삿깟[삳깓], 밧갈쉐(황소)>받깔쉐[받깔쉐], 풋감(풋감/고욤)>풋깜[푿깜], 밧ᄀ(바깥)>밧끼[받끼], 콧고냥(콧구멍)>콧꼬냥[콛꼬냥] …

△ ㅅ+ㄷ>ㅅ+ㄸ

솟덕(화덕)>솟떡[솓떡], 삿대질>삿때질[삳때질], 췻대(촛대)>췻때[췓때], 붓대>붓때[붇때], 윗도리(윗도리)>웃또리[욷또리], 웃드르(윗들/산촌)>웃뜨르[욷뜨르], 밧담(밭담)>밧땀[받땀], 붓다>붓따[붇따], 씻다>씻따[씯따], 잇다/싯다(있다)>잇따/싯따[읻따/싣따] …

△ ㅅ+ㅂ>ㅅ+ㅃ

멧밥>멧빱[멛빱], 빗발>빗빨[빋빨], 숫불(숯불)>숫뿔[숟뿔], 어젯밤>어젯빰[어젣빰], 웃방(윗방)>웃빵[욷빵], 젯비린내(젖비린내)>젯삐린내[젣삐린내], 햇빗(햇빛)>햇삗[핻삗], 맛보다>맛뽀다[맏뽀다] …

△ ㅅ+ㅅ>ㅅ+ㅆ

빗소리>싯쏘리[빋쏘리], 햇살>햇쌀[핻쌀], 낫술(낫살)>낫쑬[낟쑬], 맛소곰(맛소금)>맛쏘곰[맏쏘곰], 젯술(젖살)>젯쑬[젣쑬], 숫사름(숫사람)>숫싸름[숟싸름], 잇수다(있습니다)>잇쑤다[읻쑤다], 엇수다/웃수다(없습니다)>엇쑤다/웃쑤다[얻쑤다/읃쑤다] …

△ ㅅ+ㅈ>ㅅ+ㅉ

갓쟁이(갓장이)>갓쨍이[갇쨍이], 빗쟁이(빛쟁이)>빗쨍이[빋쨍이], 산뒷집(밭볏짚)>산뒷찝[산뒫찝], 처갯집(처갓집)>처갯찝[처갣찝], 댓조각>댓쪼각[댇쪼각], 빗질ᄒ다(빗질하다)>빗찔ᄒ다[빋찔ᄒ다] …

△ ㅈ+ㄱ>ㅈ+ㄲ

ᄂᆞᆽ곡(낮고)>ᄂᆞᆽ꼭[ᄂᆞᆮ꼭], ᄂᆞᆽ거랑(낮거든)>ᄂᆞᆽ꺼랑[ᄂᆞᆮ꺼랑], 젖곡(젖고)>젖꼭[전꼭], 젖거랑(젖거든)>젖꺼랑[전꺼랑] …

△ ㅈ+ㄷ>ㅈ+ㄸ

늦둥이>늦뚱이[늗뚱이], 궂다>궂따[굳따], ᄂᆞᆽ다(낮다)>ᄂᆞᆽ따[ᄂᆞᆮ따], 늦다>늦따[늗따], 빚다>빚따[빋따], 잊다>잊따[읻따], ᄌᆞᆽ다(잦다)>ᄌᆞᆽ따[ᄌᆞᆮ따], ᄎᆞᆽ다(찾다)>ᄎᆞᆽ따[ᄎᆞᆮ따] …

△ ㅈ+ㅂ>ㅈ+ㅃ

낮밥>낮빱[낟빱], 낮비>낮삐[낟삐], 늦ᄇᆞ름(늦바람)>늦ᄈᆞ름[늗ᄈᆞ름], 늦복>늦뽁[늗뽁], 늦봄>늦뽐[늗뽐]

△ ㅈ+ㅅ>ㅈ+ㅆ

낮술>낮쑬[낟쑬], 늦서리>늦써리[늗써리], 늦새끼>늦쌔끼[늗쌔끼]

△ ㅈ+ㅈ>ㅈ+ㅉ

낮ᄌᆞᆷ(낮잠)>낮ᄍᆞᆷ[낟ᄍᆞᆷ], 늦ᄌᆞᆷ(늦잠)>늦ᄍᆞᆷ(늗ᄍᆞᆷ), 늦장>늦짱[늗짱]

(4) 격음화

격음화(激音化)라 함은 'ㄱ/ㄷ/ㅂ/ㅈ'이 'ㅎ'과 만날 때 'ㅋ/ㅌ/ㅍ/ㅊ'으로 발음되는 현상을 말한다. 또 'ㄹ'과 만날 때도 평음 'ㄱ/ㄷ/ㅂ/ㅈ'이 유기음/격음(有氣音/激音)인 거센소리로도 되고 된소리도 될 수 있는 양면성을 가지고 있다. 그에 따른 표기는 거센소리나 된소리되기 전의 형태를 밝혀서 적는 것이 원칙이다. 그러나 'ㄹ'과 만나는 경우는 아래 ❸과 같이 격음인 거센소리와 경음인 된소리로 된 두 가지 어형 중 격음인 거센소리로 된 말은 평음인 예사소리의 말과 양립해서 쓸 수 있다. ❹는 짐승류에 붙는 '암[雌]/수[雄]'에 'ㅎ'이 개입되는 체언은 거센소리인 격음화로 된 꼴이 그대로 쓰인다. [ ] 속은 소리나는 대로 적은 것이다.

❶ ㄱ/ㄷ/ㅂ/ㅈ+ㅎ>ㅋ/ㅌ/ㅍ/ㅊ

△ ㄱ+ㅎ>ㅋ

족하[姪:조카]>족카[조카], 족형(族兄)>족켱[조켱], 국화(菊花)>국
콰[구콰], 백합꽃(백합꽃)>백캅꽃[배캅꼳], 낙화암(落花岩)>낙콰암
[나콰암], 축하ㅎ다(축하하다)>축카[추카], 멀찍ㅎ다(멀찍하다)>멀찍
크다[멀찌크다], 풍족ㅎ다(풍족하다)>풍족크다[풍조크다] …

△ ㄷ+ㅎ>ㅌ/ㅊ

굳후다(굳히다)>굳투다[구투다], 곧후다(곧추다)>곧투다[곧투다], 받
후다(받치다)>받투다[바투다], 굳히다>굳치다[구치다], 묻히다>묻치
다[무치다] …

△ ㅂ+ㅎ>ㅍ

합환주(合歡酒)>합판주[하판주], 흡헐귀(吸血鬼:흡혈귀)>흡펠귀[흐
펠귀], 입흑금(입학금)>입푹금[이푹끔], 입후보(立候補)>입푸보[이
푸보], 입훼ㅎ다(입회하다)>입풰ㅎ다[이풰ㅎ다], 좁히다>좁피다[조
피다], 합ㅎ다(합하다)>합프다[하프다] …

△ ㅈ+ㅎ>ㅊ

꽂히다>꽂치다[꼬치다], 맺히다>맺치다[매치다], 젲히다(젖히다)>
젲치다[제치다], 젲혀지다(젖혀지다)>젲쳐지다[제쳐지다] …

위 현대국어의 '조카[姪]'의 15세기 중세국어는 '죡하/족하(族下)'라고 표
기했다. 하지만 현재는 '죡'의 중성인 가운뎃소리 'ㅛ'가 단모음 'ㅗ'로 됨
과 동시에 'ㄱ'이 탈락되고, '하'는 초성인 첫소리 'ㅎ'이 격음 'ㅋ'으로 변한
것이 현재의 '조카'라는 말이 됐다. 즉 '죡하>족하>조카'로 변한 것이다.

❷ ㅎ+ㄱ/ㄷ/ㅈ>ㅋ/ㅌ/ㅊ

△ ㅎ+ㄱ>ㅋ

낳게>낳케[나케], 낳고>낳코[나코], 놓게>놓케[노케], 놓고>놓코[노코], 좋게>좋케[조케], 좋고>좋코[조코], 까맣게>까맣케[까마케], 누렇게>누렇케[누러케] …

△ ㅎ+ㄷ>ㅌ

놓다>놓타[노타], 놓도록>놓토록[노토록], 닿다>닿타[다타], 닿도록>닿토록[다토록], 좋다>좋타[조타], 좋도록>좋토록[조토록], 쌓다>쌓타[싸타], 쌓도록>쌓토록[싸토록], 꺼멓다>꺼멓타[꺼머타], 뻘겋다>뻘겋타[뻘거타] …

△ ㅎ+ㅈ>ㅊ

놓지>놓치[노치], 놓지도>놓치도[노치도], 좋지>좋치[조치], 좋지도>좋치도[조치도], 쌓지>쌓치[싸치], 쌓지도>쌓치도[싸치도], 그렇지>그렇치[그러치] …

❸ ㄹ+ㄱ/ㄷ/ㅂ/ㅈ>ㄹ+ㅋ/ㄲ·ㄹ+ㅌ/ㄸ·ㄹ+ㅍ/ㅃ·ㄹ+ㅊ/ㅉ

△ ㄹ+ㄱ>ㄹ+ㅋ/ㄲ

ᄂ물국(나물국)>ᄂ물쿡/ᄂ물꾹, 돌고망(돌구멍)>돌코망/돌꼬망, 멜국(멸치국)>멜쿡/멜꾹, 질거리(길거리)>질커리/질꺼리, 질구덕 26)(바구니)>질쿠덕/질꾸덕 …

△ ㄹ+ㄷ>ㄹ+ㅌ/ㄸ

돌뎅이(돌덩이)>돌텡이/돌뗑이, 물도새기(물돼지)>물토새기/물또새기, *불덕[火㯹:화덕]불턱/불떡, 검질독(풀독)>검질톡/검질똑, 느네덜도(너희들도)>느네덜토/느네덜또, 홀다(하려느냐)>홀탸/홀땨 …

_____

26) 제주어 '질구덕'은 '지대[負]'의 관형사형 '질'에 바구니인 '구럭/구덕'이 결합된 합성어로서 '등에 지는 바구니'라는 뜻을 가진 대나무로 결은 큼직한 바구니를 일컫는다.

위 *'불덕'은 실제로는 '불턱/불툭' 등으로 쓰이고 있지만, 어원은 '불덕[火㯿]'이다. 부엌의 솥을 앉히기 위해 삼발이 모양으로 돌을 세워 만든 화덕을 '솟덕'이라고 하는, '덕'과 같은 말에서 유래한 것이다.

△ ㄹ+ㅂ>ㄹ+ㅍ/ㅃ

　모물범벅(메밀범벅)>모물펌벅/모물뻠벅, ᄀ슬밧(가을밭/곡식밭)>ᄀ슬팟/ᄀ슬빳, 질바닥(길바닥)>질파닥/질빠닥, 올봄>올폼/올뽐, 물박(물바가지)>물팍/물빡 …

△ ㄹ+ㅈ>ㄹ+ㅊ/ㅉ

　모물죽(메밀죽)>모물축/모물쭉, 발자국>발차국/발짜국, 술지다(살지다)>술치다/술찌다, 술작술작(살짝살짝)>술착술착/술짝술짝, 홀작ᄒ다(홀쭉하다)>홀착ᄒ다/홀짝ᄒ다 …

❹ **암/수+ㄱ/ㄷ/ㅂ/ㅈ>암/수+ㅋ/ㅌ/ㅍ/ㅊ**

△ 암+ㄱ/ㄷ/ㅂ/ㅈ>암+ㅋ/ㅌ/ㅍ/ㅊ

・암+ㄱ>암+ㅋ: 암것>암컷, 암개>암캐, 암강생이>암캉생이(암강아지), 암고냉이(암고양이)>암코냉이
・암+ㄷ>암+ㅌ: 암둑(암닭)>암툭, 암도새기/암돗(암돼지)>암토새기/암톳
・암+ㅂ>암+ㅍ: 암비둘기>암피둘기, 암빗(鰒:암전복)>암핏
・암+ㅈ>암+ㅊ: 암전복>암천복

△ 수+ㄱ/ㄷ/ㅂ/ㅈ>수+ㅋ/ㅌ/ㅍ/ㅊ

・수+ㄱ>수+ㅋ: 수것>수컷, 수개>수캐, 수강생이(수강아지)>수캉생이, 수고냉이(수고양이)>수코냉이
・수+ㄷ>수+ㅌ: 수둑(수닭)>수툭, 수도새기/수돗(수돼지)>수토새기/수톳

· 수+ㅂ>수+ㅍ: 수비둘기>수피둘기, 수빗(鰒:수전복)>수핏
· 수+ㅈ>수+ㅊ: 수전복>수천복

위 암[雌]·수[雄]는 중세국어의 ㅎ종성체언과 같은 속성을 가진 말로서, 그 다음에 'ㄱ/ㄷ/ㅂ/ㅈ'으로 시작된 명사와 결합할 때 'ㅋ/ㅌ/ㅍ/ㅊ'로 되는 사례에 해당한다.

(5) 구개음화

구개음화(口蓋音化)란 현대국어와 같이 입천장소리가 아닌 것이 입천장소리인 구개음으로 소리 나는 현상을 일컫는다. 그 대표적인 것이 끝소리 받침 'ㄷ' 다음에 접미사 '-이/-히'가 올 때 '-지/-치'로 소리 나는 것이고, 잇몸과 혀끝에서 나는 'ㄴ'이 그것이다. 하지만 'ㄴ'이 구개음화 되는 경우는 실제 말하기 때 딴소리로 변해서 소리 나는 것이 아니고, 그 소리 나는 위치만 입천장 쪽으로 옮겨서 소리 날 뿐, 실제 화용론에서는 별의미를 드러내지 않으므로 그 사례는 생략한다. 또한 제주어인 경우는 'ㅌ' 받침은 쓰지 않으므로 'ㅌ+이/여'·'ㅌ+히/혀>'의 형태로는 쓰이지 않고, 오직 'ㄷ+이'·'ㄷ+히/혀'의 형태로만 쓰인다. 또 'ㅎ'이 'ㅑ/ㅕ/ㅛ/ㅠ'의 첫소리로 올 때 'ㅅ'으로 변해서 '샤/셔/쇼/슈'가 단음화애서 '사/서/소/수'가 된다.

또한 아래 예시 ❷❸과 같이 방언학에서는 첫소리 'ㄱ/ㅋ/ㅎ/ㄲ'이 구개음인 'ㅈ/ㅊ/ㅅ/ㅉ'으로 쓰이는데, 이때의 표기는 그 특색을 살린 구개음화된 형태로 하되, ❶은 구개음화되기 전의 원형태로 표기해야 한다.

❶ 끝소리 받침 'ㄷ' 뒤에 '이/히/혀'가 오면 구개음인 '지/치/쳐'로 소리 난다.

△ ㄷ+이>지

굳이>구지, 미닫이>미다지, 돌돋이(달돋이)>돌도지, 해돋이>해도

지, 몰이(말이)>ᄆ지, 툭받이(턱받이)>툭바지, 물받이>물바지 …

△ ㄷ+히>치

간히다>가치다, 간히민(간히면)>가치민, 간히난(간히니)>가치난
걷히다>거치다, 걷히민(걷히면)>거치민, 걷히난(걷히니)>거치난
굳히다>구치다, 굳히민(굳히면)>구치민, 굳히닌(굳히니)>구치난
묻히다>무치다, 묻히민(묻히면)>무치민, 묻히난(묻히니)>무치난
받히다>바치다, 받히민(받히면)>바치민, 받히난(받히니)>바치난

△ ㄷ+혀>쳐

갇혀서>가쳐서, 걷혀서>거쳐서, 굳혀서>구쳐서, 묻혀서>무쳐서,
받혀서>바쳐서 …

❷ 첫소리 'ㄱ/ㄲ/ㅋ'과 'ㅣ/ㅕ'가 결합할 때 구개음 'ㅈ/ㅉ/ㅊ'
로 된다.

△ ㄱ+ㅣ>지

기름>지름, 기침>지침, 김(海苔)>김, 길[路]>질, 길잡이>질잽이
김씨(金氏)>짐씨, 김녕리(金寧里)>짐녕리, 기쁘다>지쁘다, 기울
다>지울다 …

△ ㄱ+ㅕ>져

겨울>져슬>저슬, 겨우살이>져슬살이>저슬살이, 물결[波濤]>물
졀>물절, 결박하다>졀박ᄒ다>절박ᄒ다, 결정하다>졀정ᄒ다>절정
ᄒ다, 결리다>졀리다>절리다, 겨다>져ᄭ다>저ᄭ다 …

△ ㄲ+ㅣ>찌

낌새>찜새, 끼리끼리>찌리찌리, 끼다>찌다, 끼우다>찌우다, 끼
웃하다>찌웃ᄒ다, 낑낑거리다>쩡쩡거리다, 껴(끼어)들다>쪄(찌
어)들다 …

△ ㅋ+ㅣ>ㅊ

키(舵)>치, 키잡이>치잡이/치잽이, ᄀ리키다(가리키다/가리치다)>
ᄀ리치다 …

❸ 첫소리 'ㅎ'과 'ㅑ/ㅕ/ㅛ/ㅠ'가 결합할 때 구개음화한 '사/서/
소/수'가 된다.

△ ㅎ+ㅑ>샤>사

향교(鄕校)>샹교>상교, 향가지>샹가지>상가지, 향돌[香爐]>샹
돌>상돌, 향회(鄕會)>샹훼>상훼, 향기롭다>샹기롭다>상기롭다,
향긋하다>샹긋ᄒ다>상긋ᄒ다 …

△ ㅎ+ㅕ>셔>서

형님>셩님>성님, 현씨(玄氏)>션씨>선씨, 협력>셥력>섭력, 형용
(形容)>션용>선용, 현몽ᄒ다>션몽ᄒ다>선몽ᄒ다 …

△ ㅎ+ㅛ>쇼>소

효자(孝子)>쇼ᄌ>소ᄌ, 효심>쇼심>소심, 효력>쇼력>소력, 효과>
쇼과>소과(꽈)

△ ㅎ+ㅠ>슈>수

흉내>슝내>숭내, 흉년>슝년>숭년, 흉ᄉ(凶事)>슝시>숭시, 흉
터>슝터>숭터, 흉보다>슝보다>숭보다, 흉악하다>슝악ᄒ다>숭
악ᄒ다 …

(6) 두음법칙

두음법칙(頭音法則)이란 낱말의 첫소리로 'ㄴ/ㄹ'을 꺼리는 현상이
다. 즉 어두(語頭)에 등장하는 '냐/녀/뇨/뉴/니'와 '랴/려/료/류/리'의 'ㄴ'과
'ㄹ'이 영(零)인 'ㅇ[zero]'이 된다. 또 'ㅏ/ㅐ/ㅓ/ㅔ/ㅗ/ㅔ/ㅜ/ㅡ' 앞의 'ㄹ'

은 'ㄴ'으로 변한다. 여기서 고딕으로 된 'ㅞ'는 실제로는 'ㅚ'라야 하는데, 제주어에서는 'ㅙ'와 'ㅚ'가 'ㅞ'로 소리가 나므로 'ㅚ'로 하지 않고, 그에 대한 예시어도 '뢰' 대신 '뭬'로 했다.

특히 눈여겨봐야 할 것은 아래 예시한 ❶과 같이, 두음 'ㄴ'을 가진 고어투(古語套)의 제주어가 있다는 사실이다. 그것은 결국 ❸에 예시한 두음 'ㄹ'로 된 어휘와 같은 동의어(同義語)로 두루 씌었다는 증거이다. 표기는 한글맞춤법에 따라 두음법칙을 적용해야 한다. 단 북한에서는 두음법칙을 적용시키지 않고 있다.

❶ 냐/녀/뇨/뉴/니>여/요/유/이

△ 냐>야

　냥식(糧食)>양식, 냥가(良家)>양가, 냥민(良民)>양민, 냥심(良心)>양심, 냥반(兩班)>양반, 냥친(兩親)>양친 …

△ 녀>여

　녀자(女子)>여자, 년년생(年年生)>연년생, 년령(年齡)>연령, 녀름[果/夏]>여름, 녀편(女便)>여편(펜), 녜펜(女便)>예펜(펜) …

△ 뇨>요

　뇨강(尿강)>요강, 뇨소비료(尿素)>요소비료, 뇨령(鐃鈴)>요령, 뇽(龍)>용 …

위 '뇽(龍)'은 옛글 『한중록(閑中錄)』에도 '룡'이 '뇽'으로 돼 있는데, 옛날은 현대국어와 같이 두음법칙에 의한 표기를 엄격히 적용시키지 않았다.

△ 뉴>유

　뉴월>유월, 뉵가락>육가락>육손이 …

△ 늬/니>이

늬[齒] 27)>이, 늬[蝨] 28)>이, 니불>이불, 닙파리>입파리/이파리, 님
금님>임금님, 님재>임재(임자), 닉다>익다, 닐어나다>일어나다, 닉
스ᄒ다>익스ᄒ다(익사하다) …

❷ 라/로/루/뤠>나/노/누/눼

△ 라>나

라발(팔)소리>나발(팔)소리, 란간(欄干)>난간, 란초>난초, 랑군
님>낭군님, 란리(亂離)/란리치다>난리/난리치다 …

△ 로>노

로인(老人)>노인, 로동(勞動)>노동, 록각(鹿角)>녹각, 롱담(弄
談)>농담, 로망(老妄)/로망하다>노망/노망ᄒ다(노망하다) …

△ 루>누

루각(樓閣)>누각, 루락(漏落)/루락뒈다>누락/누락뒈다, 루설(漏
泄)/루설ᄒ다>누설/누설ᄒ다(누설하다) …

△ 뤠>눼 (뢰>뇌)

뤠성(雷聲)>눼성(뇌성), 뤠물(賂物)>눼물(뇌물) …

❸ 랴/려/료/류/리>야/여/요/유/이

△ 랴>야

량(量)>양, 량민>양민, 량숙(양식)>양숙, 량심>양심, 량씨(良氏/梁
氏)>양씨, 량해/량해ᄒ다(양해/양해하다)>양해/양해ᄒ다 …

---

27) '이[齒]'와 28)의 '이[蝨]'는 제주어에서 두음법칙이 적용되지 않는 '늬'나 '니'로 발음하
고 표기한다.

△ 려>여

력스(歷史)>역스(역사), 런동리(蓮洞里)>연동리, 런못(蓮池)>연
못, 럴녀(烈女)>열녀, 례법(禮法)>예법, 런습/런습ᄒ다(연습/연습
하다)>연습/연습ᄒ다…

△ 료>요

룡머리>용머리, 룡궁(龍宮)>용궁, 룡안(龍顔)>용안, 료리/료리ᄒ
다(요리/요리하다)>요리/요리ᄒ다…

△ 류>유

류수(流水)>유수, 류혹(留學)>유혹(유학), 류리창>유리창, 륜리(倫
理)>윤리, 류념(留念)/류념ᄒ다(유념/유념하다)>유념/유념ᄒ다…

△ 리>이

리치(理致)>이치, 리씨(李氏)>이씨, 리간질/리간질ᄒ다>이간질/
이간질ᄒ다(이간질/이긴질하다), 리벨(離別)/리벨ᄒ다(이별/이별하
다)>이벨/이벨ᄒ다…

(7) 말음법칙

말음법칙(末音法則)이라 함은 어느 한 음절이 자음 받침일 때, 그
다음 이어지는 말이 실사(實辭)이거나 자음으로 시작되는 말이 이어질 경
우, 그 앞 음절 자음 받침이 제 소리를 내지 못하는 것을 말한다. 즉 자음
받침이 제 음가를 드러내지 못하고 아래 ❶❷와 같이 그 대표음인 'ㄷ'과
'ㅂ'으로 소리 나는 현상이 그것이다. 그러나 표기할 때는 말할 때 소리 나
는 말음법칙이 적용하지 않는 본래의 형태로 적는다.

❶ 끝소리 받침 'ㅅ/ㅈ'은 그 대표음인 'ㄷ'으로 소리 난다.

아래 예시에 끝소리 받침 'ㅊ/ㅌ'이 없는 것은, 제주어는 끝소리 받

침으로 쓰지 않기 때문이다. 그 대신 'ㅅ'이 쓰인다. 자세한 내용은 앞의
<자음의 쓰임> (1)에서 다룬 바 있다.

△ ㅅ>ㄷ

늧[顔:낯]>늗, 닷(닻)>닫, 멧(몇)>멛, 폿(팥)>폳, 솟(솥)>솓, 다숫
(다섯)>다숟, ᄋᆞ숫(여섯)>ᄋᆞ숟, 버섯>버섣 …

△ ㅅ/ㅈ+실사>ㄷ+실사

솟안(솥안)>솓안, 폿알(팥알)>폳알, 낮일>낟일, 굿판>굳판, 젯몸살
(젖몸살)>젣몸살, 낮줌(낮잠)>낟줌 …

△ ㅅ/ㅈ+자음>ㄷ+자음

벗+다>벋다, 벗게>벋게, 벗고>벋고, 벗지>벋지, 잇+다(있다/잇
다)>읻다, 엇게/읏게(없게)>얻게/은게, 엇고/웃고(없고)>얻고/은고,
좃다(密/頻:잦다)>졷다, 좃게(잦게)>졷게, 좃고(잦고)>졷고, 촛다(찾
다)>촏다, 촛게(찾게)>촏게, 촛고(찾고)>촏고 …

❷ 끝소리 받침 'ㅍ'은 그 대표음인 'ㅂ'으로 소리 난다.

제주어의 끝소리 받침으로 'ㅍ'은 방향과 관계된 '앞/윺'이란 뜻을
가진 말에만 쓰인다. 그 경우는 그 말만으로 끝나거나 다음에 실사가 올
때 말음법칙이 적용돼서 대표음 'ㅂ'으로 소리 난다. 이에 대해서는 앞쪽의
<자음의 쓰임> (5)에서 이미 다루었다.

△ ㅍ>ㅂ

앞>압, 윺(옆)>윱

△ ㅍ+실사>ㅂ+실사

앞일>압일, 앞임댕이(앞이마)>압임댕이, 앞집>압집, 윺집(옆집)>윱
집, 앞사슴>압가슴, 앞다리>압다리, 앞사다(앞서다)>압사다 …

(8) 자음첨가

낱말에 자음이 첨가되는 경우는 말소리를 매끄럽게 내고 음소(音素)들 간에 충돌을 피해서 발음을 자연스럽게 내기 위한 활음조(滑音調: euphony)가 주축을 이루고 있다. 그 대표적인 것들을 간추려 보면 아래 예시와 같이 'ㄴ/ㄹ/ㅂ/ㅅ/ㅎ'의 첨가가 그것이다. 그러나 이들을 실제 표기할 때는 아래 예시한 ❶은 'ㄴ'이 첨가되지 않는 대로 적고, ❷는 어느 것으로 적어도 된다. ❸❹는 'ㅎ/ㅅ'이 첨가된 것으로 적어야 한다.

❶ ㄴ첨가

이 'ㄴ' 첨가는 아래 예시와 같이 자음받침으로 끝나는 실사 다음에 모음 'ㅣ/ㅑ/ㅕ/ㅛ'로 시작되는 실사가 이어질 때 '니/냐/녀/뇨'가 된다.

△ 실사(자음받침)+ㅣ>실사+니

낭입(나뭇잎)>낭닙, 솔입(솔잎)>솔닙, 앞일>앞닐, 집일>집닐, 흑일>흑닐, 홋이불>홋니불 …

△ 실사(자음받침)+ㅑ>실사+냐

물약>물냑, 알약>알냑, 첩약>첩냑 …

△ 실사(자음받침)+ㅕ>실사+녀

갱엿(강엿)>갱녓, 독엿(닭엿)>독녓, 물엿>물녓, 콩엿>콩녓 …

△ 실사(자음받침)+ㅛ>실사+뇨

담(毯)요>담뇨, 털요>털뇨, 솜요>솜뇨 …

△ 실사(자음받침)+ㅠ>실사+뉴

휘발유>휘발뉴, 돔박유(동백유)>돔박뉴 …

❷ ㄹ첨가

이 'ㄹ' 첨가는 체언과 용언 중 모음으로 끝나는 음절 다음에 'ㄹ'로 시작되는 음절과 결합될 때 'ㄹㄹ'이 된다. 특히 용언인 경우는 어간 끝음절이 '럽/르'로 된 것일 경우, 그 바로 앞 음절이 모음으로 끝나면 'ㄹ'이 덧붙은 'ㄹ럽'·'ㄹ르'의 형태를 취한다.

△ 체언: 모음+ㄹ>ㄹㄹ

모래>몰래, 뿌리>뿔리), 가래[杴]>갈래죽, 구렁[壑谷]>굴렁, 구레[勒]>굴레, 도래떡>돌래떡, 노래>놀래, 서랍>설랍[舌盒] …

△ 용언: 모음+럽다/르다>ㄹ럽다/ㄹ르다

더럽다>덜럽다, 부럽다>불럽다, 서럽다>설럽다, 가르다>갈르다, 누르다>눌르다, 다르다>달르다, 모르다>몰르다), 무르다>물르다, 므르다(裁/乾:마르다)>몰르다, 브르다(바르다/밟다)>볼르다 …

❸ ㅂ첨가

이 'ㅂ' 첨가는 아래 예시의 *표한 '이때/입때'·'저때/접때'를 제외하면 15세기 중세국어 '발(米:발>쌀)'의 'ㅂ'의 그 잔존형태이다.

△ ㅂ첨가: ㅂ+쌀(쌀)

메쌀>멥쌀(멥쌀), 베씨>볍씨(볍씨), 조쌀>좁쌀(좁쌀), 츠쌀>춥쌀(찹쌀), 해쌀>햅쌀(햅쌀), *이때>입때(입때), *저때>접때(접때) …

❹ ㅅ첨가[29]

이 'ㅅ' 첨가는 두 낱말 사이에 껴 넣는 '사이-시옷'인데, 그 붙는 조건은 아래 예시와 같이 한자어 사이만 아니면 다 붙는다. 단 한자어 사이

---

[29] 'ㅅ'첨가는 <제3장 어휘론> '파생어'의 '삽요사'에서도 다뤄져 있다.

라도 한글맞춤법 제30항에 '곳간(庫間)·툇간(退間)·셋방(貰房)·숫자(數字)·횟수(回數)'는 'ㅅ'을 붙이는 것으로 돼 있다.

△ 고유어+ㅅ+고유어

귀ㅅ밥>귓밥, 니(늬)ㅅ몸>닛(늿)몸(잇몸), 코ㅅ눌>콧눌(콧날), 노래ㅅ소리>노랫소리, 우ㅅ질>웃질(윗길), 스이ㅅ질>샛질(샛길), 아래ㅅᄆᆞ을>아랫ᄆᆞ을(아랫마을), 초ㅅ불>촛불 …

△ 한자어+ㅅ+고유어

소로(小路)ㅅ질>소롯질(소롯길/오솔길), 수도(水道)ㅅ물>수돗물, 웨가(外家)ㅅ집>웨갓집(외갓집), 세수(洗手)ㅅ물>세숫물, ᄌᆞ주(紫朱)ㅅ빗>ᄌᆞ줏빗(자줏빛), 차(茶)ㅅ입(닙)>찻잎, 췌(膾)ㅅ국>쾟국(횟집) …

△ 고유어+ㅅ+한자어

가운디(듸)ㅅ점(點)>가운딧(뒷)점(가운뎃점), 다리ㅅ빙(病)>다릿빙(다릿병), 배ㅅ사공(沙工)>뱃사공, 새ㅅ동세(同壻)>샛동세(둘째동서), 종이ㅅ장(張)>종잇장, 터ㅅ세(貰)>텃세, 해ㅅ수(數)>햇수 …

(9) 자음탈락

자음탈락이라 함은 단어를 형성하고 있는 최소단위인 음소가 떨어져 나가 버리는 것을 가리킨다. 그 대표적인 것이 아래 ❶과 같이, 그 말의 본래 어원을 형성했던 음소가 떨어져 나가서 없어져 버린 형태의 것이 있고, ❷❸❹처럼 자음이 서로 맞닿을 때 이화작용(異化作用)을 일으켜 어느 하나가 탈락된 형태로 소리 나는 현상이 그것이다. 여기서 주의할 것은 표기할 때이다. ❶은 'ㄹ'이 탈락된 형태가 바른말이므로 그대로 표기해야 하고, ❷❸❹인 경우도 말할 때의 소리를 기준으로 한 것일 뿐, 표기는 소리 나기 전의 철자법을 따라야 한다. 또 첩어인 경우 ❺처럼

'ㄱ'이 탈락되는 것도 있는데, 이들 표기는 둘 다 허용된다.

❶ ㄹ탈락

이 'ㄹ' 탈락은 한자어 첫소리 'ㄷ/ㅈ'으로 된 말 앞에 오는 '불(不)'의 'ㄹ'이 탈락되는 것이 대부분이다. 또 간혹 '불[火]' 다음에 'ㅅ/ㅈ'으로 시작되거나 '출(出)' 다음에 'ㄹ', '솔[松]' 다음에 'ㄴ', '풀(草)' 다음에 'ㅅ/ㄴ/ㅂ'으로 시작되는 말이 올 때 'ㄹ'이 탈락된다. 이때의 표기는 탈락된 형태로 적는다.

> △ 불(不)+ㄷ/ㅈ>부+ㄷ/ㅈ
>
> 불당(不當)/불당ᄒ다>부당/부당ᄒ다(부당하다), 불덕(不德)/불덕ᄒ다>부덕/부덕ᄒ다(부덕하다), 부정(부정(不淨)/부정ᄒ다)>부정/부정ᄒ다(부정하다), 불지불식(不知不識)>부지불식, 불주이(不注意)>부주이 …

> △ 불[火]+ㅅ/ㅈ>부+ㅅ/ㅈ
>
> 불삽[火鋪]>부삽, 불젯가락[火箸:부젓가락]>부젯가락, 불지땡이>부지땡이(부지깽이) …

> △ 솔[松]+ㄴ>소+ㄴ · 출(出)+ㄹ>추+ㄹ
>
> 솔낭(소나무)>소낭, 출렴(出斂)/출렴ᄒ다>추렴/추렴ᄒ다(출렴하다)…

> △ 풀[草]+ㅅ/ㅂ/ㄴ>푸+ㅅ/ㅂ/ㄴ
>
> 풀새>푸새, 풀성기>푸성귀, 풀ᄂ물>푸ᄂ물(푸나물) …

❷ ㅁ탈락

이 'ㅁ' 탈락은 극히 한정적이지만, 'ㅁ' 받침 다음에 'ㅁ'으로 시작되는 말이 올 때 앞의 'ㅁ' 받침이 탈락된다. 이때의 표기는 발음과 관계없이 원음대로 적는다.

> △ ㅁ+ㅁ>모음+ㅁ
>
> 남문-골>나문골 30), 남문통(南門通)>나문통, 함몰(陷沒)/함몰돼다 >하몰/하몰돼다(함몰/함몰되다) …

❸ ㅇ탈락

이 'ㅇ' 탈락은 'ㅇ' 받침 다음에 모음으로 시작되는 말이 올 때 앞의 'ㅇ' 받침이 탈락된 형태로 발음된다. 이때의 표기는 발음과 관계없이 원음대로 적는다.

> △ ㅇ+ㅇ>모음+ㅇ
>
> 공양미(供養米)>고양미, 광양당(廣壤堂)>과양당, 용왕-굿(龍王-굿)>요왕-굿, 빙애기(병아리)>비애기, 평안도(平安道)>페(피)안도 …

❹ ㄱ탈락

이 'ㄱ' 탈락은 아래와 같이 첩어(疊語)의 '글'이 '을'로 되는 경우가 대부분이다. 표기는 어느 것을 써도 된다.

> △ 글>을
>
> 동글동글>동을동을, 뭉글뭉글(뭉실뭉실)>뭉을뭉을, 빙글빙글>빙을빙을, 생글생글>생을생을, 탕글랑탕글랑(탕탕)>탕을랑탕을랑, 흥글락흥글락(흔들흔들)>흥을락흥을락 …

---

30) '나문골'은 한자어 남쪽문인 '남문(南門)'에 '고을'의 준말 '골'이 결합된 합성어인데, 옛 제주성(濟州城)의 '남문' 근처에 있는 지역인 '남문골'을 일컫는다.

❺ ㅎ탈락

이 'ㅎ' 탈락은 모음으로 끝나는 음절 다음에 'ㅎ'으로 시작되는 말이 올 때 그 'ㅎ'이 탈락된다. 이때의 표기는 둘 다 허용할 수 있지만, 제주어의 특성을 살리기 위해서는 탈락된 형태를 쓰는 것이 좋다.

 △ ㅎ＞ㅇ

비행기＞비앵(영)기, 고향＞고양, 귀향풀이＞귀양풀이, 시험/시험보다＞시엄/시엄보다, 위험/위험ᄒ다(위험.위험하다)＞위엄/위엄ᄒ다, 효험/효험–있다＞소엄/소엄–잇다…

(10) 자음교체

현대국어와 마찬가지로 제주어 중에는 위 (8)의 '자음첨가'와 같은 맥락에서 'ㄴ'이 'ㄹ'로 바꿔지는 활음조(滑音調) 현상이 있는가 하면, 간혹 'ㅈ/ㅉ'이 'ㅊ'으로 바꿔지기도 하고, 용언의 어간받침 'ㅎ'이 'ㄴ'으로 바뀌는 경우가 있다. 이때의 표기는 'ㄴ'과 'ㄴ'이 만날 때 뒤의 'ㄴ'의 'ㄹ'로 교체된 것은 교체된 형태로 적어야 하고, 그 나머지는 어느 형태로 표기해도 상관없지만, 교체된 형태로 써야 제주어의 특성을 살릴 수 있다.

 △ ㄴ＞ㄹ

한나산/한노산/한낙산＞한라산/한로산/한락산, 고념(顧念)/고념ᄒ다＞고렴/고렴ᄒ다(고념/고념하다), 곤난(困難)/곤난ᄒ다＞곤란/곤란ᄒ다(곤란/곤란하다)…

 △ ㅂ＞ㅍ

병풍＞펭풍, 병(瓶)＞펭, 보따리＞포따리/포대기, 마ᄇ름＞마프름(마파람), 대들보＞대들포, 섭보리＞섭포리(풋보리), 번적거리다＞펀직거리다…

△ ㅇ>ㄴ

형용(形容)>선용/선용, 평안(平安)/평안ᄒ다>펜안/펜안ᄒ다(평안/
평안하다), 평평ᄒ다>펜펜ᄒ다(평평하다), 꿍꿍거리다>끈끈거리다…

△ ㅉ>ㅊ

첫-번째>첫-번차(채), 넷째-똘>넷차(채)-똘, 신짝>신착, 동쪽>
동착, 통째>통차(채), 흔쪽>흔착(한쪽), 짜다[鹹]>차다, 짠짠ᄒ다>
찬찬ᄒ다(짜디짜다) …

△ ㅎ>ㄴ

좋은 시(쇠)상(좋은 세상)>존 시(쇠)상, 벗어놓은 옷>벗어논 옷, ᄀᆺ
낳은 애기(갓난아기)>ᄀᆺ난 애기 …

용언의 어간 'ㅎ' 다음에 관형사형어미 '-은'의 '으'가 생략되므로 모음축
약현상이 될 수 있으나 'ㅎ'이 'ㄴ'으로 바꿔진 점을 고려해서 자음교체로
본 것이다.

(11) 자음충돌회피

자음충돌회피라 함은 자음 받침이 있는 어간 끝음절과 체언 다음에
자음으로 시작되는 허사(虛辭)인 어미와 조사가 올 경우에, 그 앞뒤의 자음
이 부딪치는 것을 회피하는 현상을 말한다. 모두 그런 것은 아니지만, 그들
충돌을 조절해서 발음을 원활하게 하기 위해 두 자음 사이에 조모음 '으'나
'이'를 껴 넣는 것이 상례이다.

△ 체언(자음받침)+으/이+로/난/민 [-으로/-이니/-이면]

· 하늘을 집으로 삼나.
   (하늘을 집으로 삼는다.)
· 사름이난 경 못흔다.

(사람이니 그렇게 못한다.)
· 자이가 나 짝이민 좋앗일 걸.
(저 애가 내 짝이면 좋았을 걸.)

△ 어간(자음받침)+으+난/민 [-으니/-으면]
· 그 신은 족으난 못 신나.
(그 신은 작으니 못 신는다.)
· 촛당 엇으민 내불라.
(찾다가 없으면 내버려라.)

(12) 한자어 연음

한자와 한자가 결합해서 된 말 중, 앞의 한자의 음에 자음받침이 있고, 그 뒤의 한자가 모음으로 시작될 경우 연음으로 소리 난다. 하지만 표기는 원음대로 해야 한다. 단, 'ㅢ(의)'는 제주어 발음의 특성을 살려 '이'로 적는다.

각인(刻印)>가긴, 목욕(沐浴)>모굑, 논어(論語)>노너, 만약(萬若)/만일(萬一)>마냑/마닐, 담임(擔任)>다밈, 살인(殺人)>사린, 일요일(日曜日)>이료일, 전염(傳染)>저넘, 첩약(貼藥)>처뱍, 탄압(彈壓)>타납, 합이(合意)>하비, 논이(論議)>노늬 …

2) 모음변화

이들 주요대상은 모음변화와 관련된 '모음동화'·'모음조화'·'단모음화'·'모음탈락'·'모음전이'·'모음충돌회피'가 주류를 이루고 있다.

(1) 모음동화

모음동화라 함은 모음끼리 서로 만날 때 어느 한 모음이 다른 모음에 영향을 미치거나 받아서 나타나는 동화현상이다. 즉 앞뒤의 모음이 서로 연이어질 때 한쪽 음이 다른 쪽의 영향을 받아 비슷하거나 같은 소리로 바꾸는 음운의 변화를 말한다. 그 대표적인 것이 ㅣ모음동화인데, ㅣ모음이 영향을 미치는 방향에 따라 '순행동화(順行同化)'·'역행동화(逆行同化)'· '상호동화(相互同化)'로 구분된다.

❶ 순행동화

순행동화라 함은 동화의 방향에 의한 것이데, 앞에 있는 모음 ㅣ가 그 뒤에 오는 'ㅓ/ㅔ'에 영향을 미쳐 'ㅕ/ㅖ'로 소리 나게 만든다. 여기서 주의할 것은 표기할 때 동화되기 전의 철자법을 따라야 하고, 동화된 꼴로 표기해서는 안 된다는 점이다. 자칫하면 실제 말할 때는 동화된 어형으로 소리 나기 때문에 그 동화된 꼴로 표기하는 잘못을 범하기 쉽다. 이에 관해서는 이론이 있을 수 있지만, 말할 때의 소리 나는 발음과 문자화할 때의 표기는 엄연히 구분해야 하므로, 동화되기 전의 형태로 적어야 한다.

△ ㅣ+ㅓ>ㅣ+ㅕ

기어(그래)>기여, 기어가다>기여가다, 쉬엉(쉬어서)>쉬영, 좋키어(좋겠다)>좋키여, 책이어(책이다)>책이여, 아니어(아니다)>아니여 …

△ ㅣ+ㅔ>ㅣ+ㅖ

· 잘 놀암시네.→ 놀암시녜,
(잘 놀고 있다.)
· 잘 시넹 들어보라.→ 잘 시녱 들어보라.
(잘 있느냐고 들어보라.)

그렇지만 ㅣ모음 다음이라도 체언에 붙어서 호소하는 뜻으로 부름을 나타내는 호격조사로 쓰일 때는 다음의 예시처럼 '여/이여/이야'로 표기한다.

· 동포여, 앞장사리.
(동포여, 앞장서라.)
· 혼령<u>이여</u>, 어디 잇수광?
(혼령<u>이여</u> 어디 있습니까?)
· 시(쉬)상 사름덜<u>이여</u>, 나 말 좀 들어봅서.
(세상 사람들<u>이여</u>, 내 말 좀 들어보십시오.)
· 길동<u>이야</u>, 이레 와보라.
(길동<u>이야</u>, 여기 와보아라.)

❷ 역행동화

역행동화는 순행동화의 반대로서 그 동화의 방향을 보면, 뒤의 모음 'ㅣ'가 앞의 모음에 여향을 미쳐 변하게 만든다. 그 대표적인 것이 'ㅏ/ㅓ/ㅗ'를 'ㅐ/ㅔ/ㅚ'로[31) 만드는 것인데, 이 경우의 철자법은 둘 다 쓸 수 있지만, 동화된 꼴로 표기해야 제주어의 어투가 잘 드러난다. 이론이 있을 수 있다.

△ ㅏ+ㅣ > ㅐ+ㅣ
낭가기>낭<u>개기</u>(나뭇가지), 더강이>더<u>갱이</u>(머리빡), 더망이>더<u>맹이</u>(머리빡), 아기>애기, 겁장이>겁<u>쟁이</u>, 지팡이>지<u>팽이</u>, 삭이다>색이다, 쌓이다>쌩이다, 벗기다>벳기다 …

△ ㅓ+ㅣ > ㅔ+ㅣ
구덩이>구<u>뎅이</u>, 구더기>구<u>데기</u>, 밥덩이>밥<u>뎅이</u>, 벙덩이>벙<u>뎅이</u>(덩어리), 먹이다>멕이다, 젖히다>젯히다, 저리다>제리다 …

△ ㅗ+ㅣ > ㅚ+ㅣ → ㅞ+ㅣ
고기>괴기→궤기, 물고기>물<u>괴기</u>→물<u>궤기</u>(말고기), 공이>굉이→궹

---

31) 현대국어의 'ㅚ'는 제주어에서 'ㅙ'와 함께 'ㅞ'로 소리 나므로, ㅣ 모음역행동화로 인한 '고기>괴기>궤기·외삼촌·괴롭다 …' 따위의 'ㅚ'를 'ㅞ'로 표기한다. 그에 대해서는 이미 <모음의 구분과 쓰임>의 (5)에서도 다룬 바 있고, 아래 '상호동화'에서 다시 다뤄진다.

<u>의</u>(옹이) …

❸ 상호동화

상호동화는 동화의 방향에 관계없이 앞뒤의 모음이 서로 한데 어우러져 하나가 된다. 순행동화와 역행동화인 경우는 영향을 주도하는 'ㅣ'가 그대로 남지만, 상호동화에서는 그 모습이 사라지고 축약 내지 간음화(間音化)가 돼 버린다. 이 경우의 표기는 동화되기 전후에 관계없이 둘 다 쓸 수가 있다. 또 유다른 것은 사동형접미사 '-리' 다음에 다시 사동형접미사의 구실을 하는 '-오/-우'가 덧붙어서 동화를 일으킨 '-퐈/-퍼'를 쓸 수가 있다는 점이다.

△ ㅏ+ㅣ>ㅐ
　아이><u>애</u>, 스이><u>사이</u>>새, 아모(무)<u>가이</u>>아모(무)<u>개</u>(아무개) …

△ ㅗ+ㅣ>ㅚ→ㅔ
　오이><u>외</u>→<u>웨</u>, 고이다>괴다→궤다, 보이다>뵈다→<u>베</u>다, 쏘이다><u>쐬</u>다→<u>쒜</u>다, <u>쪼이</u>다>쬐다→<u>쮀</u>다 …

여기서 'ㅚ'가 아니고 'ㅔ'가 되는 것은 제주어에서 'ㅚ'가 말할 때 'ㅔ'로 소리 나는 것을 따랐기 때문이다. 그러니 표기도 이미 앞에서 다룬 <모음의 구분과 쓰임>의 (5)와 각주 31)에서 밝힌 대로 'ㅔ'라야 한다.

△ ㅣ+ㅏ>ㅑ
　이아이><u>얀</u>이, 몰리알저><u>몰량</u>저(말리고 있다), <u>굴리알</u>저><u>굴량</u>저(고르고 있다), 눌리알저><u>눌량</u>저(날리고 있다) …

△ ㅣ+ㅓ>ㅕ
　기어><u>겨</u>(기어/그래), 책이어/책<u>여</u>, 기어가다/<u>겨</u>가다, 눅지엄저>눅<u>졈</u>

저(눕히고 있다), ᄂᆞ리엇이민>ᄂᆞ렷이민(내렸으면), ᄇᆞᆰ히엉(언)>ᄇᆞᆰ형(현)(밝혀서), 불리엉(언)>불령(련)(불려서), 쉬엉(언)>쉥(원)(쉬어서), 좋키어>좋켜(좋겠다), 아니어/아녀, 시엉(언)>셩(션)(있어서) …

△ ㅣ+ㅗ>ㅛ

아니오>아뇨, ᄒᆞ시오>ᄒᆞ쇼(하시오), 가시오>가쇼, 꼬끼옥꼬끼옥>꼬꾝꼬꾝 …

△ ㅣ+ㅜ>ㅠ

ᄆᆞᆯ리우다>ᄆᆞᆯ류다(말리다), ᄂᆞᆯ리우다>ᄂᆞᆯ류다(날리다), 살리우다>살류다(살리다), 걸리우다>걸류다(걸리다) …

△ ㅣ+ㅘ>ㆇ

ᄆᆞᆯ리왐(오암)저>ᄆᆞᆯ뢈저(말리고 있다), ᄀᆞᆯ리왐(오암)저)>ᄀᆞᆯ뢈저(고르고 있다), ᄂᆞᆯ리왐(오암)저>ᄂᆞᆯ뢈저(날리고 있다), 발리왓(어앗)이민>발뢋이민(발리었으면) …

△ ㅣ+ㅝ>ㆊ

ᄆᆞᆯ리웜(우엄)저>ᄆᆞᆯ뤔저(말리고 있다), ᄀᆞᆯ리웜(우엄)저)>ᄀᆞᆯ뤔저(고르고 있다), ᄂᆞᆯ리웜(우엄)저>ᄂᆞᆯ뤔저(날리고 있다), 발리웟(우엇)이민>발뤗이민(발렸으면) …

(2) 모음조화

모음조화라고 함은 'ㅏ/ㅗ/ㅑ/ㅛ/ㅐ/ㅘ/ㅚ/ㅒ/ㆇ/ㆍ/ᆢ'의 양성모음은 양성모음끼리, 'ㅓ/ㅜ/ㅕ/ㅠ/ㅔ/ㅝ/ㅟ/ㅖ/ㆊ'의 음성모음은 음성모음끼리 서로 잘 어울리는 현상을 말한다. 이런 현상은 15세기 중세국어에서는 비교적 잘 지켜져서 격조사인 경우도 받침이 있는 말이 양성모음이면 'ᄋᆞᆫ/ᄋᆞᆯ'이 붙고, 받침이 없는 양성모음이면 'ᄂᆞᆫ/ᄅᆞᆯ'이 붙었다. 또 받침이 있는 음성모음 다음이면 '은/을'이 붙고, 받침이 없는 음성모음 다음이면 '는/

를'이 붙는다.

그러나 현대국어와 제주어의 격조사인 경우는 그와 관계없이 받침이 있으면 '은/을'이 붙고, 받침이 없으면 '는/를'이 붙는다. 다만 용언의 어간 다음에 붙는 어미는 양성어간이냐 음성어간이냐에 따라 붙는 어미가 달라진다. 즉 양성모음어간에는 양성모음으로 시작하는 어미가 붙고, 음성모음어간에는 음성모음으로 시작하는 어미가 붙어서 모음조화가 잘 지켜지고 있다.

아래 ❶은 연결어미 '-앙/-안(아서)'·'-엉/-언(어서)', ❷는 연결어미 '-아사(아야)'·'-어사(어야)', ❸은 과거시제 선어말어미 '-앗/엇(았/었)-', ❹는 진행상을 나타내는 선어말어미·'-암/엄(고 있)-'이 붙는 용례를 제시한 것인데, 더 구체적인 것은 '하권'의 <제6장 형태론>에서 다루기로 한다.

❶ 연결어미 '-앙/-안'은 양성모음 어간에, '-엉/-언'은 음성 모음어간에 붙는다.

△ 양성어간+앙 [-아서]
 · 품에 안앙 가라.
  (품에 안아서 가거라.)
 · 펜안이 앚앙 쉬라.
  (편안히 앉아서 쉬어라.)

△ 양성어간+안 [-아서]
 · 돈 하영 받안 갓저.
  (돈 많이 받아서 갔다.)
 · 너미 족안 못 입어라.
  (너무 작아서 못 입더라.)

△ 음성어간+엉 [-어서]
 · 밥은 누엉 먹지 말라.
  (밥은 누워서 먹지 마라.)

· 머리에 이엉 갑서.

　(머리에 이<u>어서</u> 가십시오.)

△ 음성어간+언 [-어서]

· 제우 업언 왓저.

　(겨우 업<u>어서</u> 왔다.)

· 흔 짐 잔뜩 지언 갓어라.

　(한 짐 잔뜩 지<u>어서</u> 갔더라.)

❷ **연결어미 '-아사'는 양성모음어간에, '-어사'는 음성모음 어간에 붙는다.**

△ 양성어간+아사 [-아야]

· 뒈고 안 뒈는 건 끗을 보<u>아사</u> 안다.

　(되고 안되는 것은 끝을 보<u>아야</u> 안다.)

· 맛이 돌<u>아사</u> 잘 먹나.

　(맛이 달<u>아야</u> 잘 먹는다.)

△ 음성어간+어사 [-어야]

· 걱정이 엇<u>어사</u> 펜안흔다.

　(걱정이 없<u>어야</u> 편안하다.)

· 각씨 얻<u>어사</u> 살주 지 혼잔 못 산다.

　(아내를 얻<u>어야</u> 잘지 자기 혼자는 못 산다.)

❸ **선어말어미 '-앗-'은 양성모음어간에, '-엇-'은 음성모음 어간에 붙는다.**

△ 양성어간+앗 [-았-]

· 늬빨 박<u>앗</u>수다.

　(이빨 박<u>았</u>습니다.)

· 오래 살<u>앗</u>고나.

(오래 살았구나.)

△ 음성어간+엇 [-었-]
· 꼿이 고영 피엇다.
(꽃이 곱게 피었다.)
· 그새 엇어져 불엇저.
(그새 없어져 버리었다.)

❹ 선어말어미 '-암-'은 양성모음 어간에, '-엄-'은 음성모음 어간에 붙는다.

△ 양성어간+암 [-고 있]
· 뽕닙 톤암저.
(뽕잎 따고 있다.)
· 애기 잘 놀암시냐?
(아기 잘 놀고 있느냐?)

△ 음성어간+엄 [-고 있]
· 밥 먹엄서라.
(밥 먹고 있더라.)
· 싸우난 지엄구낭.
(싸우니까 지고 있구나.)

(3) 단모음화

단모음화라 함은 중모음 'ㅑ/ㅕ/ㅛ'가 단모음인 'ㅏ/ㅓ/ㅗ'로 변하는 경우를 말한다. 그 대표적인 사례는 '구개음화'의 ❷❸에서 다룬 'ㄱ/ㅎ'이 'ㅈ/ㅅ'으로 되는 말 중에 가운뎃소리인 중모음 일부가 그에 해당한다.

△ ㅑ>ㅏ

향가지>상가지, 샹교(鄕校)>상교, 향냄살(향냄새)>상냄살, 향회(鄕
會)>상훼 …

△ ㅕ>ㅓ

겨드랑이>저드렝이, 겨울>저을/저슬, 겨를>저를, 형님>성님, 결단
하다>절단ᄒ다, 형편(形便)>성펜, 협력하다>섭력ᄒ다, ᄒ고져(하고
자)>ᄒ고저>ᄒ고자 …

△ ㅛ>ㅗ

효자>소ᄌ, 효녀>소녀, 효심>소심, 효력>소력, 좋다>졷다 …

(4) 모음탈락

모음탈락은 단어를 구성하고 있는 어소의 모음이 탈락을 원칙으로
하지만, 그에 따라 나타나는 축약현상도 포함시켰다. 이를테면 한 단어를
이루고 있는 끝음절 모음이 탈락될 경우 그 첫소리 자음은 바로 그 윗 음
절의 끝소리 받침이 된다. 그 탈락되는 모음의 대표적인 것은 'ㅣ/ㅐ/ㅔ'와
언간에 붙는 연결어미 '-앙/-안'·'-엉/-언'의 '-아'·'-어'를 꼽을 수 있
는데, 그렇게 해서 이뤄진 말들은 결국 축약형이 된다.

△ ㅣ모음탈락

고지(숲/산야)>곶, 골짜기>골짝, 쓰라기눈(싸락눈)>쓰락눈, 온가지>
온갖, 이와기(이야기)>이왁, ᄀ지다(가지다)>곶다, 디디다>딛다 …

△ ㅐ/ㅔ모음 탈락

맨주애기(올챙이)>맨주기, 어제저녁>엊저냑/엊치냑, 어제그저께>
엊그저께/엊그제, 알아그네(알아서)>알아근, 먹어그네(먹어서)>먹
어근, ᄒ여그네(하여서)>ᄒ여근 …

△ ㅡ 모음탈락

고을>골, 노을>놀, 무을(마을)>몰, 너을다(질근질근-깨물다)>널다, 노을다>놀다, 조을다>졸다 …

△ 어간 ㅏ +앙/안> ㅏ 탈락 32)

가(<u>가</u>다)+앙/안><u>강/간</u>(가서), 나(<u>나</u>다)+앙/안><u>낭/난</u>(나서), 자(<u>자</u>다)+앙/안><u>장/잔</u>(자서), 타(<u>타</u>다)+앙/안><u>탕/탄</u>(타서), 파(<u>파</u>다)+앙/안><u>팡/판</u>(파서), 하(<u>하</u>다:많다)+앙/안><u>항/한</u>(하서/많아서) …

△ 어간 ㅡ +앙/안> ㅡ 탈락

고프(<u>고프</u>다)+앙/안><u>고팡/판</u>(고파서), 노프(<u>노프</u>다:높다)+앙/안>노<u>팡/판</u>(높아서), 가끄(<u>가끄</u>다:깎다)+앙/안><u>가깡/깐</u>(깎아서), 다끄(<u>다끄</u>다)+앙/안><u>다깡/깐</u>(닦아서), 바쁘(<u>바쁘</u>다)+앙/안><u>바빵/빤</u>(바빠서), 아프(<u>아프</u>다)+앙/안><u>아팡/판</u>(아파서) …

△ 어간 ㅡ +엉/언> ㅡ 탈락

끄(<u>끄</u>다)+엉/언><u>껑/껀</u>(꺼서), 서끄(<u>서끄</u>다:섞다)+앙/언>서<u>껑/껀</u>(섞어서), 널르(<u>널르다/너르</u>다)+엉/언>널<u>렁/런</u>(널러서), 뜨(<u>뜨</u>다)+엉/언>떵/떤(떠서), 물르(<u>물르다/무르</u>다)+엉/언)>물<u>렁/런</u>(물러서), 쓰(<u>쓰</u>다)+엉/언><u>썽/썬</u>(써서), 크(<u>크</u>다)+엉/언><u>컹/컨</u>(커서) …

이 밖에 한 어휘를 형성하고 있는 어소의 모음이 줄어들거나 생략되는 '모음축약'도 있다. 그것은 앞에서 다룬 'ㅣ모음상호동화'도 여기에 해당할 수 있지만, 별도로 다룬 이유는 그 성격이 다르기 때문이다. 즉 'ㅣ모음상호동화'는 동화의 영향을 주는 'ㅣ모음'과 영향을 받는 다른 모음이 서로 합쳐져서 그 중간소리인 간음화(間音化)에 해당하는 축약현상이다. 하지

---

32) 모음 'ㅏ'의 탈락은 어간 'ㅏ'가 아니라, 그 다음에 붙는 연결어미 '앙/안'의 'ㅏ(아)'가 떨어져 나가는 것을 말한다.

만, 아래 예시와 같은 경우는 상호동화와 아무런 관계가 없는 모음이 생략/탈락해서 된 준말인 축약형이다.

그 대표적인 것으로 모음 'ㅡ/ㅓ'로 끝나는 '그/저' 다음에 명사 '아이'가 놓일 때 'ㅡ/ㅓ'가 탈락돼서 그 준말인 축약어가 되거나, ㅛ 다음에 놓인 '아이'의 'ㅛ'와 'ㅏ'가 합쳐진 축약형을 들 수 있다. 또 ㅂ-불규칙어간 다음에 연결어미 '-앙/-안'·'-엉/-언' 따위가 붙을 때 '-왕/-완'·'-윙/-원'이 돼서 축약형이 된다. 단, 어간이 'ㅣ/ㅟ+ㅂ'의 형태를 취하고 있는 ㅂ-불규칙어간은 적용되지 않는다.

　△ ㅡ/ㅓ+아이>ㅏ이

　　그-아이>가이(그 아이/개), 저-아이>자이(저 아이/재)

　△ ㅛ+ㅏ>ㅘ

　　요-아이>와이

　△ 양성모음 어간(ㅂ변칙)+앙/안>왕/완 [-와서]

　　돕(돕다)앙/안>도오앙/도오안>도왕/도완>돵/돤(도와서),
　　곱(곱다)앙/안>고오앙/고오안>고왕/고완>광/관(고와서)

　△ 음성모음 어간(ㅂ변칙)+엉/언>윙/원 [-워서]

　　눕(눕다)엉/언>누우엉/누우언>눵/눤(누워서), 줍(줍다)엉/언>주우엉/주우언>주웡/주원>줭/줜(주워서), 불럽(불럽다)엉/언>불러우엉/불러우언>불러웡/불러원>불뤙/불뤈(부뤄서), 덜럽(덜럽다)엉/언>덜러우엉/덜러우언>덜웡/덜원>덜뤙/덜뤈(더뤄서)

(5) 모음전이

　제주어의 어휘들 가운데는 아래 예시한 ❶과 같이 'ㅏ'가 'ㅐ'로 변하거나, ❷와 같이 'ㅜ'가 'ㅣ'로 변하거나, ❸과 같이 순음인 'ㅁ/ㅂ/ㅍ'과

결합된 'ㅕ/ㅖ'가 'ㅔ/ㅣ'로 바뀌는 전이형(轉移形)이 있다. 이들 전이형들
은 지금도 노년층의 대화에서 흔히 찾아볼 수 있다. 표기는 특성을 살린
전이형으로 적는다.

❶ 체언 중에는 가운뎃소리 'ㅏ'가 'ㅐ'로 바뀌는 경우가 있다.

△ 가>개

강가(姜家/康家)>강개, 짐가(金家)>짐개, 고가고집(高家固執)>고
개고집, 처갓집>처갯집, 장가>장개, 장갓각시(본처)>장갯각시, 식가
(式暇)>식개[祭祀:제사],[33] 휴가(休暇)>수개/휴개 …

△ 라/마/바>래/매/배

라>래: 주라(朱喇)>주래, 지라(비장)>지래 …

마>매: 가마>가매, 가마귀>가매기, 웅마(雄馬:수말)>웅매, ᄌᆞ마
(雌馬:암말)>ᄌᆞ매 …

바>배: 참바/샷바>배/샷배, 짐바>짐배 …

△ 사/아/자>새/애/재

사>새: 독사(毒蛇)>독새, 모삿그릇>모샛그릇, 공치사(功致辭)>공
치새 …

아>애: 방아>방애, 말방아>물방애, 아기>애기, 송아지>송애기 …

자>재: 글자>글재, 이름자>일름재, 부자>부재. 고자(鼓子)>고재,
교자상(交子床)>교재상, 임자>임재 …

---

33) 제주어 '식개'는 조선시대 집에 초상이 나거나 기제사가 있을 때 관원들에게 주는 정규
휴가인 '식가(式暇)'에서 비롯된 것이다. 그에 대해서는 <제3장 어휘론>의 '(7) 통과의
례'에서 구체적으로 다뤄지고 있다.

❷ 체언의 끝소리 'ㅏ/ㅜ'로 끝나는 것이 'ㅣ'로 바뀌는 경우가
있다.

△ ㅏ>ㅣ

농사>농시, 손자>소지, 장사꾼>장시꾼, 역사(役事)>역시, 흉사(凶
事)>숭시 …

△ ㅜ>ㅣ

고추>고치, 국수>국시, 명주>멩지, 목수>목시, 노루>노리, 벼루>
베리, 시루>시리, 자루>찰리 …

❸ 체언의 끝소리 'ㅓ'로 끝나는 것이 'ㅔ'로 바뀌는 경우가
있다.

△ ㅓ>ㅔ

거>게: 그거>그게, 이거>이게, 저거>저게 …
서>세: 남동서(男同壻)>남동세, 여동서>여동세, 집문서>집문세,
밭문서>밧문세 …
어>에: 고등어>고등에, 숭어>숭에, 오징어>오징에 …
저>제: 젖>젯, 젖소>젯쒜, 수저>수제, 젓가락>젯가락 …
처>체: 처음>체암, 첫아들>쳇아들, 처신>체신 …

❹ 첫소리 'ㅁ/ㅂ/ㅍ'과 결합되는 'ㅕ/ㅖ'는 'ㅔ/ㅣ'로 쓰인다.

△ ㅁ+ㅕ>ㅁ+ㅔ

며느리>메노리, 며칠>메칠, 면장(面長)>멘장, 당면(唐麵)>당멘, 멱/
멱서리>멘, 명산(名山)>멩산, 멸치젓>멜첫, 운명>운멩, 명절>멩질,
멸망/멸망하다>멜망/멜망ᄒ다, 명심/명심하다>멩심/멩심ᄒ다 …

△ ㅂ+ㅕ>ㅂ+ㅔ

날벼락>눌베락, 벼슬>베슬, 벽돌>벡돌, 벽장(壁欌)>벡장, 변소>벤

소, 별명>벨멩, 별로>벨로, 병풍>벵풍, 유별나다>유벨나다, 벼르
다>베르다, 변덕스럽다>벤덕스럽다 …

△ ㅍ+ㅕ>ㅍ+ㅔ

여편(女便)>예펜, 평상(平床)>펭상, 평지(平地)>펭지, 평화>펭화,
편리>펠리, 편/편들다>펜/펜들다, 편안/편안하다>펜안/펜안ᄒ다,
펼치다>펠치다, 평정하다>펭정ᄒ다, 평평하다>펜펜ᄒ다 …

△ ㅁ+ㅕ>ㅁ+ㅔ/ㅣ

면도(面刀)>멘도/민도, 명(命)>멩/밍, 면경(面鏡)>멘경/민경, 면목
(面目)/면목-없다>멘목/민목-엇다 …

△ ㅂ+ㅕ>ㅂ+ㅔ/ㅣ

별[星]>벨/빌, 병(病)>벵/빙, 병원>벵원/빙원, 병신>벵신/빙신, 변
덕쟁이>벤덕쟁이/빈덕쟁이, 병자호란>벵자호랑/빙자호란, 햇볕>
햇벳/햇빗, 변하다>벤ᄒ다/빈ᄒ다 …

△ ㅍ+ㅕ>ㅍ+ㅔ/ㅣ

편지>펜지/핀지, 편집>펜집/핀집, 펴다>페다/피다 …

위와 같은 어휘의 표기는 전이된 어형대로 적어야 제주어의 특성을 살
릴 수 있다.

(6) 모음충돌회피

모음충돌회피라 함은 어간의 끝음절이 모음으로 끝날 때 그 다음에
모음으로 시작하는 어미 '-안/-언'·'-언/-언' 따위가 올 경우가 있다. 이
때 앞뒤의 모음끼리 부딪쳐서 발음이 원활하지 못한 것을 피하기 위해 어
간의 모음이 탈락/생략되는 현상이다. 그 대표적인 것이, 어간의 '一'가 탈
락되는 것인데, 어간 끝음절 'ㄲ/ㅌ/ㅍ'·'르'·'쓰' 다음에 연결어미 '-앙

'/-안'·'-엉/-언'이 놓일 때이다.

△ 어간 끄/트/프 34)+안/안>깡/깐·탕/탄·팡/판
  · 끄+안/안>깡/깐: 가끄(가끄다)앙/안>가깡/깐(깎아서), 나끄(나끄다)
    앙/안>나깡/깐(낚아서), 보끄(보끄다)앙/안>보깡/
    깐(볶아서) …
  · 트+앙/안>탕/탄: ᄀ트(ᄀ트다)앙/안>ᄀ탕/탄(같아서), 마트(마트다)
    앙/안>마탕/탄(맡아서), 할트(할트다)앙/안>할탕/
    탄(핥아서) …
  · 프+앙/엉>팡/판: 노프(노프다)앙/안>노팡/판(높아서), 아프(아프다)
    앙/안>아팡/판(아파서), 야프(야프다)앙/안>야팡/
    판(얕아서) …

△ 어간 끄/트/프+엉/언>껑/껀·텅/턴·펑/펀
  · 끄+엉/언>껑/껀: 무끄(무끄다)엉/언>무껑/껀(묶어서), 주끄(주끄다)
    엉/언>주껑/껀(짖어서), 서끄(서끄다)엉/언>서껑/
    껀(섞어서) …
  · 트+엉/언>텅/턴: 부트(부트다)엉/언>부텅/턴(붙어서), 지트(지트다)
    엉/언>지텅/턴(짙어서), 호트(흐트다)엉/언>흐텅/
    턴(흩어서) …
  · 프+엉/언>펑/펀: 슬프(슬프다)엉/언>슬펑/펀(슬퍼서), 지프(지프다)
    엉/언>지펑/펀(깊어서), 홀트(홀트다)엉/언>홀텅/
    턴(훑어서) …

△ 어간 르+앙/안·엉/언>랑/란·렁/런
  · 르+앙/안>랑/란: 갈르(갈르다)앙/언>갈랑/란(갈라서), 날르(날르다)
    앙/안>날랑/란(날라서), 달르(달르다)앙/언>달랑/

---

34) 현대국어의 어간끝음절이 ㄲ/ㅌ/ㅍ 받침으로 끝나는 용언은 제주어에서 'ㅡ' 모음이
   삽입된 '끄/트/프'가 된다. 이에 대해서는 이미 <자음의 구분과 쓰임> (6)에 "어간끝음
   절 받침 'ㄲ/ㅌ/ㅍ'는 '끄/트/프'가 쓰인다."에 상세히 다뤄져 있다.

란(달라서) …

· 르+엉/언>렁/런: 눌르(눌르다)엉/언>눌렁/런(눌러서), 들르(들르다)엉/언>들렁/런(들러서), 불르(불르다)엉/언>불렁/런(불러서) …

△ 어간 쓰+엉/언>썽/썬

· 쓰(쓰다)+엉/언: 쓰(書:쓰다)+엉/언>썽/썬(써서), 쓰(用:쓰다)+엉/언>썽/썬(써서), 쓰(苦:쓰다)+엉/언/썽/썬(써서) …

이상에서 보듯이 제주어는 국어문법의 음운론과 상통하는 것들이 주류를 이루고 있다. 하지만 국어문법에서 찾아볼 수 없는 특이한 것도 상당수가 있다. 그것은 역사적으로 볼 때 기원전 고조선에 상응하는 독립왕국으로 출발한 탐라국의 언어인 탐라어(耽羅語)가 있었다는 증거이다. 그러던 것이 점차 삼국시대를 거쳐 중세인 10세기로 접어들면서 고려에 병합되고 조선시대를 거치는 동안 육지부의 타지역어에 동화되고 만 것이다. 특히 모음 'ㆍ/ᆢ/ㅛㅏ/ㆇ/ㆊ/ᆢㅏ'의 쓰임과 이자합용병서인(異字合用並書) 복자음 'ㄳ/ㄵ/ㄶ/ㄼ/ㄽ/ㄾ/ㄿ/ㅀ/ㅄ'가 쓰이지 않았음을 눈여겨 볼만하다.

제2장

품 사 론

품사라 함은 낱말인 단어를 문법적인 기능·형태·의미에 따라 분류해서 나눈 갈래의 유형을 말한다. 그것도 일정하지가 않아서 학자에 따라 그 품사의 명칭에서부터 분류에 이르기까지 다르다. 여기서는 오직 실용문법이자 규범문법인 학교문법에 의한 9품사를 기준으로 해서 다루기로 한다. 즉 명사(이름씨)·대명사(대이름씨)·수사(셈씨)·동사(움직씨)·형용사(그림씨)·부사(어찌씨)·관형사(매김씨)·조사(토씨)·감탄사(느낌씨) 등이 그것이다.

1. 명 사

명사는 체언의 하나로서 사물의 이름을 나타내는 품사를 말한다. 그 쓰임은 말하기나 문장의 주성분인 주어·서술어·목적어·보어 등의 구실을 하는데, 여기서는 크게 세 가지로 분류한 <보통명사>·<고유명사>·<의존명사>에 한정한다.

1) 보통명사

보통명사는 일반명사라고도 하는데, 사물의 개념을 통해서 그 공통적 속성의 이름을 나태는 명사류(名詞類)를 말한다. 그 대표적인 것으로 구상 명사(具象名詞)와 추상명사(抽象名詞)를 들 수 있다.

(1) 구상명사

이들 구상명사는 추상명사와 상대적인 것으로서 그 이름을 나타내는 말의 모습이 일정한 공간에 구체적으로 드러나 있어서 시각으로 확인할 수 있다. 이를테면 아래 열거한 것들과 같은 부류가 그것이다.

> 사름(사람), 하르방(할아버지), 어멍(어머니), 줌녀/줌수(潛女/潛嫂: 줌녀/줌수), 젯(젖), 쉐(소), 물(말), 생이(새), 버렝이(벌레), 궤기(고기), 오롬/오름[岳:산], 돌생기(돌멩이), 바당(바다), 잇돌(디딤돌/섬돌), 낭/남(나무), 검질(풀/잡초), 꼿/고장(꽃), 곡속(곡식), ᄂᆞ물(나물), 잠대(쟁기), 마깨(방망이)·부지땡이(부지깽이)·도깨(도리깨) …

(2) 추상명사

추상명사는 구상명사와 상대적인 것으로서, 그 이름에 따른 모습이 시각적으로 확인할 수 없는 추상적이고 관념적인 것이다. 아래 열거한 것과 같은 낱말이 그 대표적인 것들이다.

> ᄉᆞ랑(사랑), ᄆᆞ음/ᄆᆞ슴(마음), ᄉᆞ심(私心:사심), 개심/개움(시기/시새움), 지쁨(기쁨), 모암(모함), 소두리(말전주), 이와기/이왁(이야기), 용심/부에(울화/부아), 탈기(근심/낙심), ᄉᆞ주(使嗾:부추김), ᄉᆞ정(사정), 용소(容恕:용서), 욤치(廉恥:염치), 구늉(窮凶:궁흉), 존셈(잔셈), 존꿰(잔꾀), 쉑임수(속임수), 구기(계산), 구숭/숭(凶:흉) …

2) 고유명사

이들 고유명사는 일반적 속성의 것이 아니고 어느 특정한 사물에 대한 이름을 나타내는 명사가 주류를 이룬다. 그 대표적인 것이, 인명·지명·고적(古蹟)·서적·특정사건 따위의 이름들이 그 대표적인 사례이다.

[인명/지명]

- 인명: 고을나(高乙那), 양을나(良乙那), 부을나(夫乙那), 고조기(高兆基), 김만덕(金萬德), 김정희(金正喜), 이형상(李衡祥) …
- 지명: 탐라(耽羅), 영주(瀛洲), 한로산/한락산(漢拏山), 제주목(濟州牧), 정의현(旌義懸), 대정현(大靜懸), 일도동(一徒洞), 이도동(二徒洞), 삼도동(三徒洞), 제주성(濟州城)·명월성(明月城), 화북포((禾北浦), 조천포(朝天浦), 가락천(嘉樂泉) …

[고적/문화재/도서]

- 고적/문화재: 삼성혈(三姓穴), 혼인지(婚姻池), 삼사석(三射石), 관덕정(觀德亭), 연북정(戀北亭), 오현단(五賢壇), 법화사(法華寺), 제주향교(濟州鄕校), 돌하르방[翁仲石], 송당본향당(松堂本鄕堂), 제주칠머리당영등굿, 멜후리는소리 …
- 서적: 영주지(瀛洲誌), 제주풍토록(濟州風土錄), 남명소승(南溟小乘), 남사록(楠槎錄), 탐라지(耽羅志), 남환박물(南宦博物), 탐라순역도(耽羅巡歷圖), 표해록(漂海錄), 탐라기년(耽羅紀年), 새한도(塞寒圖) …

3) 의존명사

의존명사라 함은 그 자체만 가지고는 뜻이 불분명해서 앞의 놓인 말에 의해서만 그 정체가 드러나는 불완전한 명사로서 형식명사라고도 한다. 그것도 구체적으로 구분하면 아래 (1)(2)(3)(4)와 같이 '보통의존명사'·'인칭의존명사'·'단위의존명사'·'부사성의존명사'로 나뉜다.

(1) 보통의존명사

이들 보통의존명사는 보통명사처럼 그 앞에 관형어가 놓이거나 조사와 서술격조사가 붙어서 주어·목적어·서술어가 될 수 있지만, 그 자체만으로는 자립성이 없는 불완전한 명사이다. 아래 열거한 것이 그 대표적인 것인데, 그들 중 현대국어에서 쓰이는 것은 제외하고, 밑줄 친 15세기 중세국어인 고어와 제주도의 토속어에 해당하는 것만 그 용례를 제시키로 한다.

△ 거/것, 겸, 깐/딴, 나름, 리, 법, 수, 축, 치, 폭, 뿐, 뜨름, 때문/따문, 듸, 배, 중/충, 쪼, 처리/처레, 착, 침, 톡, 펜(偏/篇) …

· 뜨름(따름): 난 즈식만 믿을 뜨름이어.
  (나는 자식만 믿을 따름이다.)
· 따문(때문): 경 뒌 건 느 따문만은 아니어.
  (그렇게 된 건 너 때문만은 아니다.)
· 듸(데/곳): 그건 가는 듸마다 싯나.
  (그것은 가는 데/곳마다 있다.)
· 배(바): 난 들은 배가 엇수다.
  (나는 들은 바가 없습니다.)
· 중/충(줄): 정말 경 홀 중/충은 몰랐저.
  (정말 그렇게 할 줄은 몰랐다.)
· 쪼(것/짝): 아무 쪼에도 못 쓰키어.
  (아무 것/짝에도 못 쓰겠다.)
· 처리/처레(줄): 츠마 경홀 처리/처레 누게가 알앗어.
  (차마 그러할 줄을 누가 알았나.)
· 착(쪽): 어느 착으로 가코?
  (어느 쪽으로 갈까?)
· 침(나위): 눈 텅 볼 침이 엇다.

(눈 뜨고 볼 <u>나위</u>가 없다.)
· 툭(턱): 선싕이 몰를 <u>툭</u>이 엇다.
　　　　(선생이 모를 <u>턱</u>이 없다.)
· 펜(偏/便/篇:편): 가인 우리 <u>펜</u>이어.
　　　　(그 아이는 우리 <u>편</u>이다.)
　　　　시 흔 <u>펜</u>만 골르라.
　　　　(시 한 <u>편</u>만 골라라.)

(2) 인칭의존명사

이들 인칭의존명사는 아래 열거한 것과 같이, 그 자체만으로는 어떤
존재의 사람을 가리키는 것인지 애매해서 그 앞의 관형어가 있어야 그 정체
가 드러나는 불완전명사이다. 그 용례에 대한 예시는 밑줄 친 것에 한정한다.

　△ 놈, <u>녀숙/ᄂᆞ숙</u>, 년, 자(者), 분, 이
　· 녀숙(녀석): 어떠난 경 독흔 <u>녀숙</u> 만난디?
　　　　(어째서 그렇게 독한 <u>녀석</u> 만났느냐?)
　· ᄂᆞ숙(녀석): 그런 <u>ᄂᆞ숙</u>은 시상에 엇나.
　　　　(그런 <u>녀석</u>은 세상에 없다.)

(3) 단위의존명사

이들 단위의존명사는 그 앞에 놓인 체언의 수와 양이 얼마인지 그
단위를 나타내는 명사이다. 그 대표적인 것은 현대국어와 같은 것이 대부
분이고, 다르거나 고어와 같은 것도 있다. 아래 열거한 것은 그 대표적인
것을 간추린 것인데, 그에 대한 용례는 밑줄 친 고어와 제주도 토속어로
추정되는 것에 한정한다.

　△ 그루, 자/척(尺), 줌/좀, 발, 치[寸], 말[斗], 뒈[升: 되], 홉(合: 1/10

되), 섬[石], 잔(盞), 술[匙], 근(斤), 냥(兩), 돈(엽전의 열 푼), 푼(分;
1/10 돈), 뭇, 바리, 장(張/枚), 사리, 통(桶/通), 접, 점(點), 첩(貼),
<u>가옷</u>, <u>거리</u>, <u>가위/가오</u>[家戶], 모리, 불, <u>뽐</u>, <u>착/짝</u>, 참(站), <u>췌</u>[寸:
1/10 자], <u>커리</u>, <u>톨레</u>, <u>판/판이</u>, <u>페기</u> …

· 가옷(半:가웃): 옷ᄀᆞ슴이 ᄒᆞᆫ 자 <u>가옷</u>이나 모지레다.
　　　　　　　(옷감이 한 자 <u>반/가웃</u>이나 모자라다.)

· 거리(채): 느네 동넨 집 멧 <u>거리</u>나 시니?
　　　　　　　(너의 동네는 집 몇 <u>채</u>나 있냐?)

· 가위/가호(집): 숭년에 내 나는 <u>가위/가오</u> 센다.
　　　　　　　(흉년에 연기 나는 <u>집/가호</u> 센다.)

· ᄆᆞ리(마리): 곡숙밧듸 쉐 ᄋᆞ슷 <u>ᄆᆞ리</u>가 들엇저.
　　　　　　　(곡식밭에 소 여섯 <u>마리</u>가 들었다.)

· 불(벌/번): 옷 두 불은 멩글아사 ᄒᆞᆫ다.
　　　　　　　(옷 두 벌은 <u>벌</u>은 만들어야 한다.)
　　　　　　곡숙밧듸 검질은 싀 불은 매어사 ᄒᆞᆫ다.
　　　　　　　(곡식밭에 풀은 세 <u>번</u>은 매어야 한다.)

· 뽐(뼘): 그 넙인 멧 <u>뽐</u>이나 뒈커니?
　　　　　　　(그 넓이는 몇 <u>뼘</u>이나 되겠느냐?)

· 착(짝/쪽): 보선 ᄒᆞᆫ <u>착</u> 어디 갓이니?
　　　　　　　(버선 한 <u>짝</u> 어디 갔느냐?)
　　　　　　그 떡 ᄒᆞᆫ <u>착</u>만 도라.
　　　　　　　(그 떡 한 <u>쪽</u>만 달라.)

· 참[站/里]: 이디서 그ᄁᆞ장은 싀 <u>참</u>이어.
　　　　　　　(여기서 그까지는 시오<u>리</u>이다.)

· 췌[寸]: 발이 커부난 ᄋᆞ듭 <u>췌</u>짜리 신은 삼아사 홀 거여.
　　　　　　　(발이 커버리니 여덟 <u>촌/치</u>짜리 신은 삼아야 할 거야.)

· 커리(켤레): 고무신 두 <u>커리</u>만 상 오라.
　　　　　　　(고무신 두 <u>켤레</u>만 사서 오라.)

· 톨래(타래): 씰 ᄒᆞᆫ <u>톨래</u>민 쓰당도 남나.

(실 한 타래면 쓰다가도 남는다.)
· 판/판이(뙈기): 숭년엔 장 흔 사발에 밧 흔 판/판이 준다.
(흉년에는 장 한 사발에 밭 한 뙈기 준다.)
· 페기(포기): 올린 짐치 멧 페기나 둠앗이나?
(올해는 김치 몇 포기나 담았느냐?)

(4) 부사성의존명사

이들 부사성의존명사는 일정하게 한정돼 있지는 않지만, 일반적으로는 문장화할 할 때 부사어로 쓰이는 의존명사가 이에 해당한다. 아래 제시한 것이 주로 쓰이는 대표적인 것인데, 그 용례는 밑줄 친 것에 한정한다.

△ 듯, 둥, 양, 대로/냥, 만이, 척/체/첵 …
· 냥(대로): 지 흐는 냥 내불라.
(자기 하는 대로 내버려라.)
· 만이(만큼): 이젠 놀 만이 놀앗이난 집이 가라.
(이젠 놀 만큼 놀았으니 집에 가라.)
· 첵(척): 얼메나 잘흐는 첵 거들거린다.
(얼마나 잘하는 척 거들거린다.)

2. 대명사

대명사는 체언의 하나로서 사람이나 물건의 이름을 대신해서 일컫는 품사를 말하는데, 말하기나 문장의 주성분인 주어·서술어·목적어·보어 등에 쓰인다. 그 중에는 사람을 가리키는 인칭대명사(人稱代名詞)와 물건이나 장소를 가리키는 지시대명사(指示代名詞)가 주축을 이루고 있다.

1) 인칭대명사

인칭대명사라고 함은 행동이나 그 상태의 주체가 말하는 사람인 화자(話者)에 대하여 가지는 관계를 이름 대신 나타내는 대명사를 말한다. 이를 세분하면 '제1인칭'·'제2인칭'·'제3인칭'·'미지칭(未知稱)'·'부정칭(不定稱)'으로 나뉜다.

(1) 제1인칭

제1인칭은 인친대명사의 하나로서 말하는 주체와 화자가 일치는 자기 자신을 일컬을 때 쓰이는 대명사이다. 여기에는 자기와 자기의 동아리를 가리키는 것이 상례인데, 단수와 복수가 있다. 그들 중 현대국어의 단수형 '저'·'나'·'내'의 제주어는 '나'만 쓰이고, 복수형인 '우리/우리네'에 무리를 나타내는 접미사 '-덜'이 덧붙기도 한다.

　△ 단수: 나
　　・다시랑 나신디 오지 말라.
　　　(다시는 나한테 오지 마라.)
　　・나 빙은 나가 잘 안다.
　　　(내 병은 내가 잘 안다.)

　△ 복수: 우리=우리덜, 우리네=우리네덜
　　・우리는/우리덜은 다 ᄀ치 갈 걸로 ᄒ엿주.
　　　(우리/우리들은 다 같이 갈 것으로 하였다.)
　　・우리네/우리네덜만 놀게.
　　　(우리/우리네들만 놀자.)

위에서 보듯이, 복수형으로 쓰이는 인칭대명사인 경우 '우리'에 복수형접미사 '-네'만 붙기도 하고 다시 '-덜'을 덧붙여 '네덜'로 해도 된다.

(2) 제2인칭

제2인칭은 인칭대명사의 하나로서 자기와 대화하는 상대방을 이름 대신으로 사용하는 말을 일컫는데, 단수와 복수로 구분해서 쓰인다. 제1인칭에 '저'·'내'는 안 쓰고 '나'만 사용했듯이, '네'는 안 쓰고 '너/느/니'가 쓰인다. 재귀대명사 '이녁/지'인 경우 실제 대화현장에서는 현대국어의 제2인칭인 '너'와 같은 뜻으로 통하기도 한다. 그 용례는 밑줄 친 것에 한정한다.

    △ 단수: 너, 당신, 자네, <u>느/니</u>, <u>이녁/지</u> 35)

     · <u>느</u> 멧 술고?

      (<u>너</u> 몇 살이냐?)

     · ᄒ든 말든 <u>니</u> ᄆ음냥 ᄒ라.

      (하든 말든 <u>너/네</u> 마음대로 하라.)

     · 그걸 <u>이녁</u>안티 주카부덴.

      (그걸 <u>너</u>한테 줄까보냐.)

     · 게민 <u>지</u>만이라도 가젠?

      (그러면 <u>너</u>만이라도 갈 테냐?)

    △ 복수: 너네=너네덜, <u>느네=느네덜</u>, <u>니네=니네덜</u>, <u>이녁네=이녁네덜</u> 36), <u>지네=지네덜</u> 37)

     · <u>느네/느네덜</u>은 이디 남으라.

      (<u>너희/너희들</u>은 여기 남아라.)

     · 우린 <u>니네/니네덜</u>이영 안 놀키어.

      (우리는 <u>너희/너희들</u>하고 안 놀겠다.)

     · 가커건 <u>이녁네/이녁네덜</u>만 가심.

      (가겠거든 <u>너희들</u>만 가렴.)

---

35) 원래 '이녁'·'지'는 재귀대명사 '자기'·'제'에 해당하는 인칭대명사이지만, 여기서는 '너'로 통할 수 있으므로 제2인칭대명사로 다룬 것이다.

36)·37)은 단수인 '이녁'·'지'가 재귀대명사이면서 제2인칭대명사로 통할 수 있는 것과 같은 맥락에서 그 복수형인 '이녁네덜'·'지네덜'도 제2인칭 복수로 통할 수 있다.

· 이것도 <u>지네/지네덜</u> 집이라?

(이것도 <u>너희들</u> 집이냐?)

또 이들 제2인칭대명사의 존·비어(尊·卑語)를 보면, 아래와 같이 공대말보다 예사말과 속된말이 많다. 속된말인 경우는 예사말 끝에 남녀별로 '놈'과 '년'을 붙이면 된다. 즉 남자에게는 '놈'·'ᄌᆞ속'·'ᄂᆞ속'·'새끼' 따위가 붙고, 여자에게는 '년'이 주로 붙는다. 단 제2인칭으로 통용하는 재귀대명사 '이녁(자기)'에는 안 붙고, 현대국어의 '너'와 같이 쓰이는 '지'에는 '놈'과 'ᄂᆞ속(녀석)'이 붙는다. 복수형으로 쓰일 때는 끝에 접미사 '-덜'을 붙인다.

△ 단수형존대어: 당신, 자네

△ 단수형예사어: 너, 느, 니, 이녁, 지

△ 단수형비어: 너놈, 너ᄌᆞ속, 너ᄂᆞ속, 너새끼

　　　　　　　느놈, 느ᄌᆞ속, 느ᄂᆞ속, 느새끼

　　　　　　　니놈, 니ᄌᆞ속, 니ᄂᆞ속, 니새끼

　　　　　　　지ᄌᆞ속, 지ᄂᆞ속

　　　　　　　너년, 느년, 니년

　　　　　　　지년

△ 복수형존대어: 당신네, 당신네덜, 자네, 자네덜 38)

△ 복수형예사어: 너네/너네덜, 느네/느네덜, 니네/니네덜, 이녁네

　　　　　　　/이녁네덜, 지네/지네덜

△ 복수형비어: 너놈덜, 너ᄌᆞ속덜, 너ᄂᆞ속덜, 너새끼덜

　　　　　　　느놈덜, 느ᄌᆞ속덜, 느ᄂᆞ속덜, 느새끼덜

　　　　　　　니놈덜, 니ᄌᆞ속덜, 니ᄂᆞ속덜, 니새끼덜

---

38) '자네덜'은 원래 동년배나 아랫사람을 우대해서 말하는 반존대어(半尊待語)인데, 편의상 존대어로 본 것이다.

지놈덜, 지느속덜

너년덜, 느년덜, 니년덜

지년덜

(3) 제3인칭

제삼이칭은 인칭대명사의 하나로서 대화자 이외의 제삼자를 이름 대신 사용하는 말인데, 존·비형의 단수와 복수로 구분해서 쓰인다. 즉 존대어는 지시대명사 '이/요/그/저'에 사람을 나타내는 명사 '이/분'이 붙어서 된 것과 부인네인 경우는 출신지역에 '집'이 붙기도 한다. 비존대어는 끝에 '놈'·'즈속'·'느속'·'새끼'·'년' 따위가 붙고, 예사어는 지시대명사 '이/요/그/저'에 '아이'가 붙는다. 이들에 대한 용례는 밑줄 친 것에 한정키로 한다.

△ 단수형존대어: 이이, 이분, 요이, 요분

그이, 그분

저이, 저분

<u>성안집</u>,39) <u>대정집</u>40) <u>밧깃집</u> 41)

· 저 여즈가 <u>성안집</u>인가?

(저 여자가 <u>성안집</u>인가?)

· 나보단 <u>대정집</u>이 더 부지런ᄒ메.

(나보단 <u>대정집</u>이 더 부지런한다.)

· <u>밧깃집</u> 손맛이 좋나.

(<u>밖읫집</u> 손맛이 좋다.)

---

39) '성안집'은 옛 제주성(濟州城) 안의 출신 여인네를 점잖게 일컫는 호칭.

40) '대정집'은 옛 남제주군의 '대정읍' 출신 여인네를 점잖게 일컫는 호칭.

41) '밧깃집'은 제주도가 고향이 아닌, 육지부 출신 여인네를 점잖게 일컫는 호칭. 그 어원은 표준어 '밖의'와 '집'의 결합된 합성어 '밖읫집'에 해당하는 제주어이다. 이를테면 '전라도' 출신이면 '전라돗집'이라 하고, '부산'에서 태어났으면 '부산집'이라고 했다.

△ 단수형예사어: 그, <u>야이</u>, <u>와이</u>, <u>가이</u>, <u>자이</u>

· <u>야이</u>가 경 골아냐?
  (<u>이 아이</u>가 그렇게 말하더냐?)
· <u>와이</u> 어디 앗이니?
  (<u>요 아이</u> 어디 갔느냐?)
· <u>가이</u>신디 물어보라.
  (<u>걔/그 아이</u>한테 물어보라.)
· <u>자이</u>안틴 일시키지 마라.
  (<u>쟤/저 아이</u>한테는 일시키지 마라.)

△ 단수형비어: 이놈, 요놈, 그놈, 저놈
　　　　　　　 이년, 요년, 그년, 저년

아래 제시한 '복수형존대어'·'복수형예사어'·'복수형비어'는 그 해당 어휘만 열거하고 예시문은 생략한다.

△ 복수형존대어: 이이덜, 이분덜, 요이덜, 요분덜
　　　　　　　　 그이덜, 그분덜
　　　　　　　　 저이덜, 저준덜
　　　　　　　　 성안집덜, 대정집덜, 밧깃집덜

△ 복수형예사어: 야이덜/야이네덜, 와이덜/와이네덜
　　　　　　　　 가이덜/가이네덜, 자이덜/자이네덜

△ 복수형비어: 이놈덜, 이ᄌ숙덜, 이ᄂ숙덜, 이새끼덜
　　　　　　　 요놈덜, 요ᄌ숙덜, 요ᄂ숙덜, 요새끼덜
　　　　　　　 그놈덜, 그ᄌ숙덜, 그ᄂ숙덜, 그새끼덜
　　　　　　　 저놈덜, 저ᄌ숙덜, 저ᄂ숙덜, 저새끼덜

이년덜, 요년덜, 그년덜, 저년덜

또한 아래와 같은 경우는 윗사람이 아랫사람이나 인품이 없는 사람을 얕잡아서 지적할 때 쓰는 제3인칭도 눈여겨볼 만하다.

△ 인미/일미 [이놈이]
 · 인미 날 ᄌᆞ들린 놈이우다.
  (이놈이 나를 괴롭힌 놈입니다.)
 · 그 말 일미 ᄀᆞᆯ읍디다.
  (그 말 이놈이 말합디다.)

△ 근미/글미 [그놈이]
 · ᄎᆞ마 근미 경 홀 중 몰랏수다.
  (차마 그놈이 그렇게 할 줄 몰랐습니다.)
 · 글미ᄌᆞᆨ 뭘 안뎅 그 쪼라게.
  (그놈이 자식 뭣을 안다고 그 모양이지.)

△ 전미/절미 [저놈이]
 · 전미 아이가 바로 그 도독쟁입주.
  (저놈이 아이가 바로 그 도둑쟁입니다.)
 · 절미 우릴 나무랩디강?
  (저놈이 우리를 나무랍디까?)

△ 욘미/욜미 [요놈이]
 · 손버릇 늦인 놈은 욘미라마씀(씸).
  (손버릇 나쁜 놈은 요놈입니다요.)
 · 욜미 요새 지 정신이 아닌 거 닮수다.
  (요놈이 요새 제 정신이 아닌 것 닮습니다.)

위의 예시에서 보듯이, '인미/일미 · 근미/글미 · 전미/절미 · 욘미/욜미'

는 존대어가 아닌 비어로 쓰이는 제3인칭대명사이다. 그 조어형태를 분석해보면, '인미'는 '이+놈+이'의 준말이다. 즉 '이놈이'의 가운데 어소(語素) '놈'의 모음 'ㅗ'가 탈락돼서 첫소리 'ㄴ'은 그 앞에 있는 지시대명사 '이'에 붙은 것이고, 끝소리 'ㅁ'은 뒤에 있는 조사의 구실을 하는 '이'에 연철된 것이다. 또, '일미'인 경우는 '인미'의 '인'의 'ㄴ'이 'ㄹ'로 전이된 것이다.

'근미/글미'는 '그+놈+이'의 준말로서, '놈'의 모음 'ㅗ'가 탈락돼서 첫소리 'ㄴ'은 앞에 있는 지시대명사 '그'에 붙은 것이고, 끝소리 'ㅁ'은 뒤에 있는 조사의 구실을 하는 '이'에 연철된 것이다. '글미'인 경우는 '근미'의 '근'의 'ㄴ'이 'ㄹ'로 전이된 것이다.

'전미/절미'는 '저+놈+이'의 준말로서, '놈'의 모음 'ㅗ'가 탈락돼서 첫소리 'ㄴ'은 앞에 있는 지시대명사 '저'에 붙은 것이고, 끝소리 'ㅁ'은 뒤에 있는 조사의 구실을 하는 '이'에 연철된 것이다. '절미'인 경우는 '전미'의 'ㄴ'이 'ㄹ'로 전이된 것이다.

'욘미/욜미'는 '요+놈+이'의 준말인데, '놈'의 'ㅗ' 모음이 탈락돼서 첫소리 'ㄴ'은 앞의 지시대명사 '요'에 붙은 것이고, 끝소리 'ㅁ'은 뒤의 조사 구실을 하는 '이'에 연철된 것이고, '욜미'는 '욘미'의 '욘'의 'ㄴ'이 'ㄹ'로 전이된 것이다.

이와 같은 음운변화의 형태는 현대국어에서 쓰이는 '인마'라는 어휘가 '이+놈+아'의 준말인 것과 같다. 즉 '이놈아'의 '놈'이 'ㅗ'가 탈락돼서 첫소리 'ㄴ'은 앞의 지시대명사 '이'에 붙고, 끝소리 'ㅁ'은 뒤의 호격조사 '아'에 연철된 조어형태를 취한 것이다.

(4) 미지칭

미지칭(未知稱)이라 함은 그 주체가 누군지 분명히 드러나지 않아서 모르는 사람을 가리키는 인칭대명사를 말한다. 그 대표적인 것은 현대국어의 미지칭인 '누구'에 해당하는 15세기 중세국어 '누'·'뉘'가 단수와

복수로 구분해서 쓰이는데, '누'의 복수형은 잘 쓰이지 않는다. 그 용례는
밑줄 친 것에 한정한다.

> △ 단수형예사어: 누구, <u>누</u>, <u>누게</u>, <u>뉘</u>
>
> ·<u>누</u>가 날 뜨를다?
> (<u>누구</u>가 나를 따르려느냐?)
> ·그 말 <u>누게</u>가 굴아니?
> (그 말 <u>누구</u>가 말하더냐?)
> ·자인 <u>뉘</u> 집 아이고?
> (쟤는 <u>누구</u> 집 아이냐?)

이들 미지칭에 대한 존대어는 없다. 비어인 경우 남자는 '놈'·'즈슥(자식)'
·'느슥(녀석)'·'새끼'가, 여자는 '년'이 붙고 복수는 끝에 '-덜'이 붙는다.

> △ 단수형비어: 누구놈, 누구즈슥, 누구느슥, 누구새끼, 뉘놈, 뉘즈
> 슥, 뉘느슥, 뉘새끼, 누게놈, 누게즈슥, 누게느슥, 누
> 게새끼, 누구년, 뉘년, 누게년

> △ 복수형비어: 누구놈덜, 누구즈슥덜, 누구느슥덜, 누구새끼덜
> <u>뉘놈덜</u>, <u>뉘즈슥덜</u>, <u>뉘느슥덜</u>, <u>뉘새끼덜</u>, <u>누게놈덜</u>,
> <u>누게즈슥덜</u>, <u>누게느슥덜</u>, <u>누게새끼덜</u>, 누구년덜, <u>뉘</u>
> <u>년덜</u>, <u>누게년덜</u>

> ·구(귀)찮흐게 구는 게 <u>뉘놈덜/뉘즈슥덜/뉘느슥덜/뉘새끼덜</u>고이?
> (귀찮게 구는 게 <u>누구놈들/누구자식들/누구녀석들/누구새끼들</u>이냐
> 야?)
> ·날 욕흐는 게 <u>누게놈덜/누게즈슥덜/누게느슥덜/뉘새끼덜</u>인지 알아지
> 크냐?
> (나를 욕하는 것이 <u>누구놈덜</u>인지 알아지겠느냐?)

· 그게 뉘년덜/누게년덜 자락고게?
(그게 <u>누구년들</u> 짓거리냐야?)

(5) 부정칭

부정칭(不定稱)이라 함은 주체가 누구라고 확실히 정해져 있지 않은 사람을 가리키는 인칭대명사를 말한다. 그 쓰임은 예사어와 비어의 단수와 복수로 구분된다. 용례는 밑줄 친 것에 한정한다.

△ 예사형단수: 아무/<u>아모</u>, 아무개/<u>아모개</u>, <u>아무가이</u>/<u>아모가이</u>

· <u>아모</u>도 몰르켄 ᄒ여라.
(<u>아무</u>도 모르겠다고 하더라.)
· 그 ᄆ슬에 사는 <u>아모개</u>가 경 ᄀᆯ아라.
(그 마을에 사는 <u>아무개</u>가 그렇게 말하더라.)
· 그 집인 짐 <u>아무가이</u>엔 흔 이가 살아낫주.
(그 집에는 김 <u>아무개</u>라고 한 이가 살았었다.)
· 그 사름이 일름이 <u>아모가이</u>엔 ᄒ여라마는.
(그 사람 이름이 <u>아무개</u>라고 하더라마는.)

△ 복수형예사어: <u>아무가이덜</u>/<u>아모가이덜</u>, <u>아무개덜</u>/<u>아모개덜</u>

· 옛날 그 동녜 <u>아무가이덜</u>/<u>아모가이덜</u>이 살아낫저.
(옛날 그 동네에는 <u>아무개들</u>이 살았었다.)
· 그 ᄆ슬 <u>아무개덜</u>/<u>아모개덜</u>은 알아주는 흑식자여.
(그 마을 <u>아무개들</u>은 알아주는 학식자이다.)

또 복수형은 아래 예시와 같이 해당 인칭대명사 다음에 직접 '-덜'이 붙는 경우와 그 대명사 다음에 보조사 '나/도'가 붙은 다음에 붙기도 한다.

△ 복수형예사어: 아무<u>나</u>덜/아모<u>나</u>덜/아무<u>도</u>덜/아모<u>도</u>덜

· 생각나는 일은 아무<u>나</u>덜/아모<u>나</u>덜 흐젱 흔다.

(생각나는 일은 아무<u>나</u>들 안하려고 한다.)

· 맛난 거 먹을 땐 아무<u>도</u>덜/아모<u>도</u>덜 말뎅 안흔다.

(맛있는 거 먹을 때는 아무<u>도</u>들 마다고 안한다.)

(6) 재귀칭

여기서 재귀칭(再歸稱)이라 함은 무슨 행위를 했을 때 그 동작의 주인을 일컫는 대명사를 가리킨다. 즉 한 대목의 말이나 문장 안에서 앞에 나온 주어를 다시 대신해서 가리키는 대명사이다. 이를테면 주어가 제3인칭에 해당하는 말일 때 그 다음에 다시 반복되는 것을 꺼려서, 그 대신 쓰이는 '당신'·'이녁/지'·'자네' 따위가 그것이다. 존·비어의 단수와 복수의 형태를 취할 수 있다.

△ 단수형존대어: 당신, 그분·그이

· 그인 <u>당신</u> 말을 믿어사 흔뎬 굴읍데다.

(그이는 <u>당신</u> 말은 믿어야 한다고 말합디다.)

· 우리 선싕님은 <u>당신</u>만 질인 중 안다.

(우리 선생님은 <u>당신</u>만 제일인 줄 안다.)

△ 단수형예사어: 이녁, 지

· 가인 어디 가도 <u>이녁</u>을 내셉나.

(걔는 어디 가도 <u>자기</u>를 내세운다.)

· 그 사름은 지냥으로 질(지를) 학대흔다.

(그 사람은 자기대로 <u>자기</u>를 학대한다.)

△ 단수형비어: 지놈, 지년

· 놈이 숭 털민 <u>지놈</u> 숭도 턴다.

(남의 흉을 떨면 <u>제놈</u> 흉도 떤다.)
· 저 예펜은 웨동똘로 커노난 <u>지년</u> 분실(시를) 몰른다.
(저 여편은 외동딸로 커놓으니 <u>제년</u> 분수를 모른다.)

△ 복수형존대어: 당신네덜, 자네덜
· 부모넨 <u>당신네덜</u> ᄌᆞ식 생각ᄒᆞ기 마련인다.
(부모들은 <u>당신네들</u> 자식을 생각하기 마련이다.)
· 혹생덜은 <u>지네덜</u> 혹교만 자랑ᄒᆞᆫ다.
(학생들은 <u>자기네들</u> 학교만 자랑한다.)

△ 복수형예사어: 이녁네=이녁덜=이녁네덜/지네=지덜=지네덜
· 장시꾼은 <u>이녁네/이녁덜/이녁네덜</u> 물건만 좋뎅 곧나.
(장사꾼은 <u>자기네/자기들</u> 물건만 좋다고 말한다.)
· 사름은 다 <u>지네=지덜=지네덜</u> 걱정을 ᄒᆞᆫ다.
(사람은 다 <u>자기네/자기들/자기네들</u> 걱정을 ᄒᆞᆫ다.)

△ 복수형비어: 지놈네=지놈덜=지놈네덜/지년네=지년덜=지년
네덜
· 그놈덜은 <u>지놈네=지놈덜=지놈네덜</u> 잘못을 몰른다.
(그놈들은 <u>제놈네/제놈들/제놈네들</u> 잘못을 몰른다.)
· 도독년덜은 <u>지년네=지년덜=지년네덜</u>찌리 찰리 드툰다.
(도둑년들은 <u>제년네/제년들/제년네들</u>끼리 자루를 다툰다.)

2) 지시대명사

지시대명사(指示代名詞)는 인칭대명사를 제외한 사물·방향·처소 따위를 가리키는 대명사인데, '근칭(近稱)'·'중칭(中稱)'·'원칭(遠稱)'·'미지칭(未知稱)'·'부정칭(不定稱)'으로 구분된다.

(1) 근칭

근칭(近稱)이라 함은 말하는 사람을 기준으로 할 때 가까운 데 있는 것을 가리키는 지시대명사를 일컫는다. 그 대상은 사물·방향·처소를 가리키는 것들인데, 복수형으로 쓸 때는 끝에 '-덜'을 붙이면 된다. 단 '이것'·'요것'에는 '덜'이 붙어도 그 준말인 '이거'·'요거'에는 붙지 않는다. 용례는 밑줄 친 것에 한정한다.

△ 단수: 이, 이것/이거, 요것/요거, 이디, 요디
· 이보단도 더 잘ᄒᆞ카?
(이보다도 더 잘할까?)
· 이디 왕 보라.
(여기 와서 보아라.)
· 담배통 요디 놔두난 엇어젓저.
(담배통 요기 놔두니까 없어졌다.)

△ 복수: 이덜, 이것덜, 요것덜, 이디덜, 요디덜
· 해로운 물건이난 이덜을 엇애사 흔다.
(해로운 물건이니까 이들을 없애야 한다.)
· 허데겨 논 이것덜 구덕에 다 담으라.
(흩으러 놓은 이것들 바구니에 다 담아라.)
· 난 요것덜 따(때)문에 못 가키어.
(나는 요것들 때문에 못 가겠다.)
· 이디덜 다 와망와망 모엿구나.
(여기들 다 와글와글 모였구나.)
· 그디 말앙 요디덜 앚앙 쉬라.
(거기 말고 요기들 앉아서 쉬어라.)

(2) 중칭

중칭(中稱)이라 함은 가까운 것을 지적하는 근칭과 먼 것을 지적하는 원칭의 중간에 해당하는 곳에 있는 사물·방향·처소를 가리키는 지시대명사로서, 단수와 복수의 형태를 취한다. 여기서 눈여겨볼 것은 현대국어의 '거기'에 해당하는 제주어는 '그디'이고, '그것이'의 준말인 '그게'와 '그것'의 준말인 '그거'에는 복수형접미사 '-덜'이 안 붙는다. 이들에 대한 용례는 밑줄 친 것에 한정한다.

  △ 단수: <u>그</u>, <u>그것</u>/<u>그거</u>, 거기, <u>그디</u>
   · <u>그</u>보단 더 쓴 것도 먹나.
    (<u>그</u>보다/보다는 더 쓴 것도 먹는다.)
   · <u>그것</u>/<u>그거</u>쯤은 ᄒ당도 남주기겐.
    (<u>그것</u>/<u>그거</u>쯤은 하다가도 남는다야.)
   · 쓰당 남은 건 <u>그디</u> 잘 놔두라.
    (쓰다가 남은 것은 <u>거기</u> 잘 놔둬라.)

  △ 복수: <u>그덜</u>, <u>그것덜</u>, 거기덜, <u>그디덜</u>
   · 안직 <u>그덜</u> 곡속은 덜 익엇어라.
    (아직 <u>그들</u> 곡식은 덜 익었더라.)
   · <u>그것덜</u>보단 이것덜이 더 낫다.
    (<u>그것들</u>보다는 이것들이 더 낫다.)
   · 먹을 거 하난 <u>그디덜</u>만 모엿어라.
    (먹을 것이 많으니 <u>거기들</u>만 모였더라.)

(3) 원칭

원칭(遠稱)이라 함은 먼 데 있는 사물·방향·처소를 가리키는 지시대명사로서, 단수와 복수의 형태를 취한다. 이들 중에 현대국어의 '저기'

에 해당하는 제주어는 '저디'이고, '저것'의 준말인 '저거'에는 복수형접미
사 '-덜'이 안 붙는다. 이에 대한 용례는 단수와 복수별로 밑줄 친 것에
한정한다.

> △ 단수: <u>저</u>, <u>저것/저거</u>, 저기, <u>저디</u>
> · <u>절/저</u>를 어떵 ᄒ민 좋코게이?
>   (<u>저</u>를 어떻게 하면 좋을까야?)
> · 그 사름 재산은 <u>저것/저거</u> ᄒ나뿐이주.
>   (그 사람 재산은 <u>저것/저거</u> 하나뿐이야.)
> · <u>저디</u> 저 산 아래 고방갈락-고방갈락ᄒ는 건 뭣고?
>   (<u>저기</u> 저 산 아래 꾸벅꾸벅하는 것은 무엇이냐?)

> △ 복수: <u>저덜</u>, 저것덜, 저기덜, <u>저디덜</u>
> · <u>저덜</u>을 어디 놓앗이민 좋커니?
>   (<u>저들</u>을 어디 놓았으면 좋겠느냐?)
> · 저것덜랑 문직지 말라.
>   (<u>저것</u>들은 만지지 말라.)
> · 이디서 놀지 말앙 <u>저디덜</u> 강 놀라.
>   (여기서 놀지 말고 <u>저기들</u> 가서 놀아라.)

(4) 미지칭

미지칭(未知稱)이라 함은 그 상대가 뚜렷하지 않아서 잘 알 수가
없는 것을 가리키는 대명사로서, 현대국어의 '어느'·'어디'·'무어/무엇/
뭐/뭣'에 해당하는 말들이다. 특히 '무어/무엇/뭐/뭣'에 대응하는 제주어는
'무스것/무스거'·'무슨것/무슨거'·'무승것/무승거'·'무시것/무시거'·
'무신것/무신거'·'무싱것/무싱거'인데, 이들 중 복수형접미사 '-덜'이 붙
을 수 있는 것은 밑줄 친 것들이다. 용례는 밑줄 친 것에 한정한다.

△ 단수: 어느, 어디, 무엇/뭣, 무어/뭐, <u>무스것/무스거</u>, <u>무슨것/무</u>
<u>슨거</u>, <u>무승것/무승거</u>, <u>무시것/무시거</u>, <u>무신것/무신거</u>, <u>무</u>
<u>싱것/무싱거</u>

· 느 그디서 <u>무스것/무스거</u> · <u>무슨것/무슨거</u> · <u>무승것/무승거</u> ᄒ염디?
(너 거기서 <u>무엇</u>을 하고 있느냐?)
· 나사 <u>무시것/무시거</u> · <u>무신것/무신거</u> · <u>무싱것/무싱거</u> ᄒ들 상관 말라.
(나야 <u>무엇</u>을 한들 상관 마라.)

△ 복수: 어디덜, 무엇덜/뭣덜, <u>무스것덜</u>, <u>무슨것덜</u>, <u>무승것덜</u>, <u>무</u>
<u>시것덜</u>, <u>무신것덜</u>, <u>무싱것덜</u>, 어디덜

· 지네만 곱아둠서 <u>무스것덜/무슨것덜/무승것덜</u> ᄒ연?
(너네만 숨어가지고 <u>무엇들</u>을 하였느냐?)
· 그 집이 가난 <u>무시것덜/무신것덜/무싱것덜</u> 주어니?
(그 집에 가니까 <u>무엇들</u>을 주더냐?)

(5) 부정칭

부정칭(不定稱)이라 함은 그 대상이 확실히 정해져 있지 않은 것을
가리키는 대명사인데, 단수와 복수의 형태를 취한다. 그 대표적인 것이 사물
을 가리키는 '<u>아모것</u>/아무것' · '<u>아모거</u>/아무거'와 처소를 가리키는 '<u>아모디</u>/
아무디'인데, 복수형접미사 '-덜'은 '<u>아모거</u>/아무거'에는 붙지 않는다.

△ 단수: <u>아모것</u>/아무것, <u>아모거</u>/아무거, <u>아모디</u>/아무디
· 음식은 굴리지 말앙 <u>아모것</u>이나 먹어사 혼다.
(음식은 가리지 말고 <u>아무것</u>이나 먹어야 한다.)
· <u>아모거</u>나 주는 냥 받으라.
(<u>아무거</u>나 주는 대로 받아라.)
· 두 린 때 고생ᄒ멍 큰 사름은 <u>아모디/아무디</u> 가도 잘산다.
(어린 때 고생하면서 큰 사람은 <u>아무데</u> 가도 잘산다.)

△ 복수: 이모것덜/아무것딜, 아모디덜/아무디덜

· 올 때랑 아모것덜/아무것덜 그지지 말앙 빈손으로 오라.

(올 때는 아무것들도 가지지 말고 빈손으로 오라.)

· 오늘랑 아모디덜/아무디덜도 가지 말라.

(오늘은 아무데들도 가지 마라.)

3. 수 사

수사라고 함은 사물의 수량과 차례를 나타내는 품사로서, 수와 양의 단위를 나타내는 '양수사(量數詞)'와 차례인 순서를 나타내는 '서수사(序數詞)'가 주축을 이루고 있다. 여기서 주의할 것은 수관형사와 구분이다. 단어 자체만 놓고 보면 구분이 안 되지만, 수관형사는 체언 앞에 놓여서 그 체언을 꾸미는 수식어의 구실밖에 못한다.[42] 그러나 양수사나 서수사는 그 다음에 조사가 붙어서 독자적인 서술기능을 갖는 점이 다르다.

1) 양수사

양수사는 말 그대로 사물의 수효와 분량을 나타내는 수사로서, 그 다음에 격조사가 놓인다. 그에 대한 예시는 밑줄 친 것에 한정한다.

△ 호나(하나), 둘, 싯(셋), 다숫/다섯, 댓, 으숫(여섯), 일곱, 으듭(여덟), 아옵(아홉), 열, 수물(스물), 서른, 마은(마흔), 쉰, 예순/예쉰, 일른(일흔), 으든(여든), 아은아옵(아흔아홉), 백 …

---

42) 수관형사로 쓰일 경우는 "두 사름이 걷나.(두 사람이 걷는다.)", "나 츠렌 열두 번차여.(내 차례는 열두 번째다.)", "오백 년 동안 잇어졋저.(오백 년 동안 이어졌다.)"의 '두' · '열두' · '오백'이 그에 해당한다.

· 호나에 <u>호날</u> 더호민 둘이어.
(하나에 하나를 더하면 둘이다.)
· <u>싓</u>이서 걸엄서라.
(<u>셋</u>이서 걷고 있더라.)
· 사름 <u>다슷</u>은 셔사 혼다.
(사람 <u>다섯</u>은 있어야 한다.)
· 떡 <u>으슷</u>이민 뒌다.
(떡 <u>여섯</u>이면 된다.)
· 일홀 놈 <u>으듭</u>이 왔어라.
(일할 놈 <u>여덟</u>이 왔더라.)
· 세어보난 <u>아읍</u>이 모지레라.
(세어보니 <u>아홉</u>이 모자라더라.)
· 엿날 처년 나이가 <u>수물</u>이민 씨집가당도 남앗저.
(옛날 처녀는 나이가 <u>스물</u>이면 시집가다가도 남았다.)
· 난 <u>마은</u>에 쳇 아둘 낫저.
(나는 <u>마흔</u>에 첫 아들 났다.)
· 엿날은 <u>예쉰</u>을 냉기지가 어려왓주.
(옛날은 <u>예순</u>을 넘기기가 어려웠지.)
· 그 사름은 <u>일른</u>에 죽엇저.
(그 사람은 <u>일흔</u>에 죽었다.)
· 난 올히 나난 <u>일른다슷</u>이라.
(나는 올해 나니 <u>이른다섯</u>이다.)
· 저 어루신은 <u>으든</u>이 넘엇어.
(저 어르신은 <u>여든</u>이 넘었어.)
· 한로산은 골쩍이가 <u>아은아읍</u>이나 뒈메.
(한라산은 골짝이가 <u>아흔아홉</u>이나 된다.)

△ <u>호둘</u>(한둘), <u>두싓</u>(두셋), <u>두서넛</u>, <u>서넛/서너닛</u>(서너넷), <u>너댓</u>(네댓),
<u>대엿/대으슷</u>(대엿/대여섯), <u>으스일곱</u>(예닐곱), <u>으남은</u>(여남은), <u>수
무남은</u>(스무남은), <u>서르남은</u>, <u>마으남은</u>(마흔남은), <u>쉬남은</u>, <u>예수남</u>

은/예쉬남은(예수남은), 이르남은(일흔남은), 으드남은(여드남은), 아으남은(아흔남은), 백남은 …

- 그런 일은 <u>흐둘</u>이민 뒌다.
  (그런 일은 <u>한둘</u>이면 된다.)
- 호미 <u>두슷</u>은 족나 <u>서너넛</u>은 앗앙 가사 흔다.
  (낫 <u>두셋</u>은 모자란다 <u>서넛</u>은 가지고 가야 한다.)
- <u>너댓</u>으론 안 뒈난 <u>대으솟</u>은 더 셔사 홀 걸.
  (<u>네댓</u>으로는 안 되니 <u>대여섯</u>은 더 있어야 할 걸.)
- 아마도 올 사름이 <u>으스일곱</u>은 뒐 거여.
  (아마도 올 사람이 <u>예닐곱</u>은 될 것이다.)
- 몰른 사름도 <u>오남은/수무남은/마으남은</u>이 더 앚앗어라.
  (모른 사람도 <u>여남은/스무남은/마흔남은</u>이 더 앉았더라.)
- 수정은 <u>쉬남은/예쉬남은/이르남은</u>이라도 쓸 게 엇나.
  (수효는 <u>쉰남은/예수남은</u>이라도 쓸 게 없다.)
- 온 사름이 <u>으드남은/아으남은</u>이 넘으크라라.
  (온 사람이 <u>여드남은/아흔남은</u>이 넘겠더라.)

△ 일(一), 이(二), 삼(三), 스(四), 오(五), 육(六), 칠(七), 팔(八), 구(九), 십(十), 백(百), 천(千), 만(萬), 억(億), 조(兆) …
십스(십사), <u>이십스</u>(이십사), <u>삼십스</u>(삼십사), <u>스십스</u>(사십사) …

- 일(一)에 삼(三)을 더흐민 <u>스</u>(四)여.
  (일에 삼을 더하면 <u>사</u>이다.)
- <u>이십스/삼십스/스십스</u>에서 <u>스</u>를 빼민 각각이 멧고?
  (<u>이십사/삼십사/사십사</u>에 <u>사</u>를 빼면 각각 몇이냐?)

2) 서수사

서수사는 무슨 일이 순서와 차례를 나타내는 수사로서, 그 다음에 격조사가 놓인다. 특징은 끝에 현대국어의 접미사 '-째'에 해당하는 '채/차'가 붙는 것이 상례이다.

△ 첫채/첫차(첫째), 둘채/둘차(둘째), 싯채/싯차(셋째), 닛채/닛차(네
째), 다숫(섯)채/다숫(섯)차(다섯째), ♀숫채/♀숫차(여섯째), 일곱
채/일곱차(일곱째), ♀둡채/♀둡차(여덟째), 아옵채/아옵차(아홉
째), 열채/열차(열째), 수물채/수물차(스무째), 서른채/사른차(서른
째), 마은채/마은차(마흔째) …

· 첫채(차) 것이 둘채(차)/싯채(차)/닛채/(차)/다숫채(차)보단 낫나.
 (첫째 것이 들째/셋째/넷째/다섯째보다는 낫다.)

· 앞이서부떠 ♀숫채(차)/일곱채/(차)/♀둡채/(차)/아옵채(차)가 좋
 기어.
 (앞에서부터 여섯째/일곱째/여덟째/아홉째가 좋겠다.)

· 열채(차)가 아니민, 수물채(차)/서른채(차)일 거여.
 (열째가 아니면, 스무째/서른째일 것이다.)

△ 흔두채/흔두차(한두째), 두서넛채/두서넛차(두너서째), 서너너댓
채/서너너댓차(서너너댓째), ♀남은채/♀남은차(여남은째) …

· 그 사름 재산은 우리 무을서 흔두채/흔두차쯤은 덴다.
 (그 사람 재산은 우리 마을서 한두째쯤은 된다.)

· 공분 그 반이서 두서넛채/두서넛차에도 못 든다.
 (공부는 그 반에서 두서너째에도 못 든다.)

· 아마 지끔꼬장 서너너댓채/서너너댓차가 더 델 걸.
 (아마 지금까지 서너네댓째가 더 될 걸.)

· 느 추레가 ♀남은채/♀남은차민 안직도 멀엇저.
 (네 차례가 여남은째면 아지도 멀었다.)

△ 멧채/멧차(몇째), 멧멧채/멧멧차(몇몇째) …

· 낫술로 흐민 멧채/멧차나 뒈코?
 (낫살로 하면 몇째나 될까?)

· 나도 우리 반이서 멧멧채/멧멧차는 델 거여.
 (나도 우리 반에서 몇몇째는 될 것이다.)

4. 조 사

조사는 명사·대명사·수사·부사·어미에 붙어서, 그 말과 다음에 이어지는 말의 문법적인 관계를 드러내는 품사이다. 또 이들 조사는 그 기능에 따라 '격조사(格助詞)'·'접속조사(接續助詞)'·'보조사(補助詞)'로 구분된다. 그렇지만 제주어는 문어체가 아닌 구어체 중심의 특이한 구술형태로 돼 있는데다가, 탈락·축약 현상이 두드러져 그 사례를 일일이 다 제시할 수 없다. 여기서는 그 기본적인 것만 간추려 다루기로 한다.

1) 격조사

격조사라고 함은 체언인 명사·대명사·수사, 용언인 동사·형용사의 명사형, 수식언인 부사 다음에 붙어서, 그 말이 다른 말에 대한 자격을 나타내는 조사를 가리킨다. 이들은 각기 그 기능에 따라 현대국어문법과 같이 '주격조사'·'서술격조사'·'목적격조사'·'보어격조사'·'관형격조사'·'부사격조사'·'호격조사' 등 7개로 구분된다.

(1) 주격조사

이들 주격조사는 체언과 용언의 명사형에 붙어서, 그 말을 주어의 구실을 하게 만드는 조사이다. 그 대표적인 것이 아래 예시한 '가/이'와 보조사인 '은/는'·'랑/이랑'·'안티/신디'가 그 대표적인 것이다. 또 존대형인 '께/께서'는 잘 쓰이지 않고 '안티/신디'가 쓰인다. 그 붙는 조건은 아래 ❶❷❸과 같다.

❶ 체언+가/이 · 는/은 · 랑/이랑 · 안티/신디

이들 주격조사 '가' · '는' · '랑'은 현대국어와 같이, 모음으로 끝나

는 체언 다음에 붙고, '이'·'은'·'이랑'은 자음받침으로 끝나는 체언에 붙
는다. 다만 존대형 '께/께서'는 잘 안 쓰이는 대신 '안티/신디'가 쓰인다. 특
히 '는'인 경우 모음으로 끝나는 체언 다음에 붙을 때 거의가 축약된 꼴인
'ㄴ'의 형태로 그 앞 체언의 끝에 붙는다.

    △ 체언(모음)+가/는/랑 [가/는/랑] (#는 축약표시)
- 에미보단 새끼기가 더 크다.
  (어미보다 새끼가 더 크다.)
- 넌# 좋아도 난# 궂다.
  (너는 좋아도 나는 나쁘다.)
- 나랑 몬저 집이 가마.
  (나랑 먼저 집에 가마.)

    △ 체언(자음)+이/은/이랑 [이/은/이랑] (×는 생략표시)
- 밥이 일혼다.
  (밥이 일한다.)
- 배염은 징그럽나.
  (뱀은 징그럽다.)
  저 옷× 누게 것고?
  (저 옷은 누구의 것이냐?
- 누님이랑 이디 앚입서.
  (누님이랑 여기 앉으십시오.)

    △ 체언+안티/신디 [한테/에게/께]
- 아바지안티 하영 안네라.
  (아버지한테/께 많이 드려라.)
- 나신디 엇으민 놈신디도 엇나.
  (나한테/에게 없으면 남한테/에게도 없다.)

❷ **어간+ㅁ/음/기+가/이 · 는/은 · 랑/이랑**

이들 전성어미 '-ㅁ' · '-음'이 붙어서 된 용언의 명사형이나 전성 명사 다음에는 주격조사 '이' · '은' · '이랑'이 붙고, '-기'가 붙어서 된 말에는 '가' · '는' · '랑'이 붙는다.

△ 어간(모음/ㄹ)+ㅁ+이/은/이랑 [이/은/이랑]

· 사름 뒘이 쉽지 안흔다.
　(사람 됨이 쉽지 안한다.)
· 그런 삶은 삶이 아닌다.
　(그런 삶은 삶이 아니다.)
· 아멩 즈미져도 웃음이랑 춤으라.
　(아무리 재미있어도 웃음이랑 참아라.)

△ 어간(모음/ㄹ제외)+음+이/은/이랑 [이/은/이랑]

· 무사 걸음이 경 늦으니?
　(왜 걸음이 그렇게 늦으냐?)
· 밥 먹음은 황밧갈쉔다.
　(밥 먹음은 황소다.)
· 실려운 얼음이랑 ᄆᆞ직지 말라.
　(차가운 얼음이랑 만지지 마라.)

△ 어간+기+가/는/랑 [가/는/랑]

· 놈 논 건 촛기가 어렵나.
　(남 놓은 것은 찾기가 어렵다.)
· 어멍 엇어도 놀기는 잘흔다.
　(어머니가 없어도 놀기는 잘한다.)
· 집이 누추ᄒᆞ주만 살기랑 흡서.
　(집이 누추하지만 살기랑 하십시오.)

(2) 서술격조사

서술격조사는 체언과 용언의 명사형 아래 붙어서 서술어가 되게 하는 격조사이다. 현대국어에서는 '이다' 하나뿐인데, 제주어에는 '이다' · '인다' 두 개가 있다. 경우에 따라서는 서술형종결어미인 '-이어/-어' · '-여' · '-이라/-라'도 서술격조사나 다름없이 쓰인다. 그 이유는 서술격조사 '이다'가 용언처럼 활용되기 때문이다. 그 쓰이는 조건은 아래 ❶❷와 같다.

❶ 체언+이다/인다

이 형태를 취하는 서술격조사 중 '이다'는 자음받침으로 끝나는 체언에 붙는 것이 원칙이지만, 현대국어에서는 모음으로 끝나는 체언 다음에도 허용하고 있다. 하지만 '인다'인 경우는 자음받침으로 끝나는 체언 다음에 붙고, 모음으로 끝나는 체언 다음에는 '이'가 탈락된 'ㄴ다'가 붙어서 현대국어의 '다/이다'가 된다.

　△ 체언(자음)+이다 [이다]

　　· 올글은 숭년이다.
　　　(올가을은 흉년이다.)
　　· 남한이서 질 노픈 산은 한락산이다.
　　　(남한에서 제일 높은 산은 한라산이다.)

　△ 체언(자음)+인다 [이다]

　　· 떡은 밥 대신인다.
　　　(떡은 밥 대신이다.)
　　· ᄉᆞ방에 너러진 게 돌멩인다.
　　　(사방에 널려 있는 것이 돌멩이다.)

　△ 체언(모음)+ㄴ다 [다/이다]

　　· 나는 날부떠 재주는 게 애긴(기ㄴ)다.

(낳는 날부터 재우는 것이 아기다/이다.)
- 은하수가 미린낸(내ㄴ)다.
  (은하수가 미린내다/이다.)

❷ **어간+ㅁ/음/기+이다/인다**

이 형태를 취하는 서술격조사 '이다'와 '인다'는 용언의 어간에 붙는 명사형전성어미 '-ㅁ'·'-음'·'-기' 다음에 붙는다. 이때의 '인다'는 '-기' 다음에 '이'가 탈락된 'ㄴ다'가 되기도 한다.

△ 어간+ㅁ/음+이다/인다 [이다]
- 부모이 걱정은 주식덜찌리 두툼이다.
  (부모의 걱정은 자식들끼리 다툼이다.)
- 그 사름 걸음은 둘음이 반인다.
  (그 사람 걸음은 달음이 반이다.)

△ 어간+기+ㄴ다 [다/이다]
- 옛날은 쉬운 게 각시 언긴(기ㄴ)다.
  (옛날은 쉬운 것이 마누라 얻기다/이다.)
- 어뜩ᄒᆞ민 재산 풀아먹긴(기ㄴ)다.
  (걸핏하면 재산 팔아먹기다/이다.)

또 이외에도 아래 예와 같이, 서술격조사 '이다'에 해당하는 '어'·'이어'·'여'도 있다. 이때 주의해야 할 것은 '어'가 ㅣ모음으로 끝나는 체언에 연결될 경우 ㅣ모음동화에 의해 '여'로 소리가 나더라도 표기는 '어'로 적어야 한다. 그와 마찬가지로 '이어'인 경우도 말할 때 '이여'로 소리가 나더라도 표기는 '이어'로 해야 한다. '여'는 ㅣ모음 이외로 끝나는 말 다음에는 '여'가 붙는다. 다만 '이어'의 축약형일 경우면 '여'가 쓰인다.

△ 체언(ㅣ모음)+어 [다/이다]

- ᄀᆞ뭄에 지드리는 건 비어.
  (가뭄에 기다리는 것은 비다/이다.)
- 검은색 눌짐싱은 가냐귀어.
  (검은색 날짐승은 까마귀다/이다.)

△ 체언(ㅣ모음제외)+여 [다/이다]

- 그 말 ᄒᆞᆫ 건 나여.
  (그 말한 것은 나다/이다.)
- 웆 중에 잘나는 건 토(도)광 캐(개)여.
  (윷 중에 잘나는 것은 도와 개다/이다.)
- 가인 일시키민 잘ᄒᆞᆯ 거여.
  (걔는 일시키면 잘할 거다/것이다.)

△ 체언(자음)+이어/여 [이다]

- 창고망 막을 사돈도 사돈이어/여.)
  (창구멍 막을 사돈도 사돈이다.)
- 늙엉 부모 빙 수발ᄒᆞ는 건 ᄄᆞᆯ이어/여.
  (늙어서 부모 병 수발하는 것은 딸이다.)

(3) 목적격조사

이 목적격조사는 체언과 용언의 명사형에 붙어서, 그 다음에 오는 타동사의 목적의 대상이 됨을 나타내는 조사이다. 그 대표적인 것으로 많이 쓰이는 '을/를'인데, 자음받침이 있는 말 다음이면 '을', 받침이 없으면 '를'이 붙는다. 그런데 이들 두 개의 목적격조사가 현대국어에서는 그대로 붙는 경우가 통례지만, 제주어는 구어체의 특성상 거의가 생략/탈락되거나 축약된다.

△ 체언(자음)+을 [을] (×는 생략표시)

· 짐승덜도 물× 먹나.
  (짐승들도 물을 먹는다.)
· 난 그런 일× 못혼다.
  (나는 그런 일을 못한다.)

△ 체언(모음)+를 [를] (#는 축약표시)

· 아무도 널# 몰른다.
  (아무도 너를 모른다.)
· 싯 중에 흐날# 골리라.
  (셋 중에 하나를 고르라.)

△ 어간+기+를 [를] (×는 생략표시)

· 가인 놀기× 좋앙 혼다.
  (걔는 놀기를 좋아서 한다.)
· 아무도 가기× 실펑 혼다.
  (아무도 가기를 싫어서 한다.)

△ 어간+기+를 [를] (#는 축약표시)

· 놈 놀리길# 잘혼다
  (남 놀리기를 잘한다.)
· 술 먹길# 잘혼다.
  (술 먹기를 잘한다.)

(4) 보어격조사

이 보어격조사는 체언 아래 붙어서 그 체언이 보어임을 드러내는 조사인데, 그 대표적인 것으로 '이/가'를 비롯해서 '(으)로/만/보담(보다)' 등이 있다. 그 쓰이는 조건은 '이/가'인 경우 자음받침이 있는 말 다음에는 '이'가 붙고, 받침이 없는 말 다음에 '가'가 붙는 것은 주격조사와 같으나,

그 기능이 다르다. 즉 주격조사로서 '이/가'는 서술어의 주체가 되는 주어에 붙지만, 보어격조사로 쓰일 때는 주어와 서술어만으로 뜻이 불완전해지는 '뒈다(되다)/아니다/삼다/낫다'와 같은 서술어 앞에 놓이는 체언에 붙어서, 그 체언을 보어가 되도록 한다. 특히 이들 보어격조사 중 '이/가'는 실제 말하기 때 생략되는 것이 예사이다.

    △ 체언(자음)+이+아니다/아니어 [~<u>이</u> 아니다] (×는 생략표시)
     · 그건 춤말× 아니다.
      (그것은 참말<u>이</u> 아니다.)
     · 저놈은 사름× 아니어.
      (저놈은 사람<u>이</u> 아니다.)

    △ 체언(모음)+가+뒈다 [~<u>가</u> 되다] (×는 생략표시)
     · 맨주기도 굴개비× 뒌다.
      (올챙이도 개구리<u>가</u> 된다.)
     · 자릿도새기가 에미도새기× 뒌다.
      (애돼지가 어미돼지<u>가</u> 된다.)

    △ 체언+(으)로/보단+삼나/낫나 [~<u>로</u> 삼는다/~<u>보다</u> 낫다]
     · 초신은 나록찝<u>으로</u> 삼나.
      (짚신은 볏짚<u>으로</u> 삼는다.)
     · 목둥인 큰아돌<u>보단</u> 낫나.
      (지팡이는 큰아들<u>보다는</u> 낫다.)

(5) 관형격조사

    이 관형격조사는 체언에 붙어서, 그 체언을 관형어의 구실을 하게 만든다. 즉 체언과 체언의 관계를 나타내는 현대국어의 '의'가 그것인데, 제주어인 경우는 그 발음구분이 명확치 않아 '이'로 소리 나는데다가 대화현장에서는 거의 생략되는 경우가 많다. 또한 소속의 무리를 드러내는 현대국어의 접미사 '-네'도 관형격조사의 구실을 한다.

△ 체언+이+체언 [의] (×는 생략표시)

· 똘은 놈이 집 산천에 낳나.
  (딸은 남의 집 산천에 낳는다.)
· 사름× 행실은 올발라사 흔다.
  (사람의 행실은 올발라야 한다.)

△ 체언+네+체언 [의]

· 느네 집인 아무도 엇어라.
  (너의 집에는 아무도 없더라.)
· 주인네 아이덜은 싸무랍나.
  (주인의 아이들은 사납다.)

(6) 부사격조사

이 부사격조사는 체언 아래 붙어서, 그 말을 부사어로 만드는 구실을 하는데, 그 형태가 격조사 중에 제일 다양하다. 그 주류를 이루고 있는 것을 간추려보면, '처소격(處所格)·여격(與格)·유래격(由來格)·향진격(向進格)·도구격(道具格)·자격격(資格格)·원인격(原因格)·동반격(同伴格)·비교격(比較格)·변성격(變成格)·한정격(限定格)·운위격(云謂格)·호격(呼格)' 등등 그 기능에 따라 적절한 격의 명칭을 다양하게 붙일 수 있다. 특수조사인 보조사들이 이에 해당한다.

❶ 처소격조사

이들 처소격조사는 주로 어느 곳을 나타내는 구실을 하는 조사로서, 현대국어의 '서·에·에서·한테/에게'에 해당하는 '서·이서/에서·

이/에·안티/신디'가 주류를 이루고 있다. '서'는 주로 모음으로 끝나는 말 다음에 붙고, '이서/에서'는 자음받침 있는 말에 붙는다. 실제 말을 할 때는 옛 분들일수록 '에/에서'보다는 '이/이서'를 선호했다.

△ 체언(모음)+서 [서]
· 물 한 듸서 물 못 굴린다.
  (말 많은 데서 말 못 고른다.)
· 난 그 집 올래서 놀앗저.
  (나는 그 집 골목서 놀았다.)

△ 체언(자음)+이/에·이서/에서 [에/에서]
· 숭년에도 바당이/에 가민 먹을 거 싯나.
  (흉년에도 바다에 가면 먹을 것 있다.)
· 는 어느 무슬이서/에서 살암디?
  (너는 어느 마을에서 살고 있느냐?)

△ 체언+안티/신디 [한테/에게]
· 돈은 나안티 싯저.
  (돈은 나한테/에게 있다.)
· 금송애기는 아무신디도 엇나?
  (금송아지는 아무에게/한테도 없다.)

또한 아래와 같이 'ㅅ' 받침 명사에 붙는 '듸/디'·'듸서/디서'가 있는데, 사람에 따라 '듸'로 발음하기도 하고 '디'로 발음하기도 한다. 필자인 경우는 장소를 나타내는 의존명사만 '듸'로 하고 그 이외는 '디'로 표기하고 있다.

△ 체언(ㅅ받침)+디 [에]
· 보리밧디 검질 짓엇어라.
  (보리밭에 잡초 우거졌더라.)

· 국솟디 물 꿰엄시냐?

  (국솥에 물 끓고 있느냐?)

· 담배쌈지 머리맛디 싯저.

  (담배쌈지 머리맡에 있다.)

△ 체언(ㅅ받침)+디서 [에서]

· 나록은 논밧디서 큰다.

  (벼는 논밭에서 자란다.)

· 싸우컬랑 집 밧갓디서 싸우라.

  (싸우겠거든 집 바깥에서 싸워라.)

❷ 여격조사

이들 여격조사는 체언 다음에 붙어서 그 체언으로 하여금 무엇을 주고받는 자리에 있게 하는 조사이다. 그 대표적인 것이 앞의 '처소격조사'에도 쓰였던 현대국어의 '한테/에게'에 해당하는 '안티/신디'가 그것이다.[43]

△ 체언+안티 [한테/에게]

· 죽을 때라사 느한티 주켄 굴아라.

  (죽을 때라야 너한테/에게 주겠다고 말하더라.)

· 무사 이 책을 나안티 주쿠과?

  (왜 이 책을 나한테/에게 주겠습니까?)

△ 체언+신디 [한테/에게]

· 어느 제 그 사름신디 매깁데가?

  (어느 때 그 사람한테/에게 맡깁디까?)

· 훈장 똥은 개신디 줘도 안 넉나.

---

43) 존대형의 '께'도 해당되지만, 제주어의 경어법 중 '께'가 붙는 경우는 극히 드물다. 오직 지체가 높은 관리나 학덕이 있는 선비층에서 주로 쓰일 뿐, 일반 서민층의 민중어로는 좀처럼 쓰지 않았으므로 다루지 않았다.

(훈장 똥은 개한테/에게 줘도 안 먹는다.)

❸ 유래격조사

이들 유래격조사는 어느 기점/출발점에서 분리·이탈을 드러내는 탈격(奪格)의 구실을 한다. 그 대표적인 것으로, 위에서 다룬 처소격조사 '서/이서(에서)'와 '안티/신디(한테)/에게'에 조사 '서'가 붙은 '안티서/신디서(한테서/에게서)'를 비롯해서 '부떠/부떰(부터)·로부떠/로부떰(로부터)'등이 그것이다. 여기서 유념할 것은 '서/이서'가 처소격조사와 구분이다. 처소격은 어느 장소나 소속을 나타내는데 한정 되지만, 유래격이 될 경우는 아래 예시와 같이 무엇이 어느 것에서 비롯돼서 어떻게 됨을 나태는 서술부(敍述部)로 이어 주는 구실을 한다.

△ 체언+서/이서 [서/에서]
· 는 어디서 왓이니?
　(너는 어디서/에서 왔느냐?)
· 난 집이서 오는 중이우다.
　(나는 집에서 오는 중입니다.)

△ 체언+안티서/신디서 [한테서/에게서]
· 이건 누게안티서 받앗이니?
　(이것은 누구한테서/에게서 받았느냐?)
· 이 핀진 아돌신디서 온 거우꽈?
　(이 편지는 아들한테서/에게서 온 것입니까?)

△ 체언+부떠/부텀·로부떠/로부떰 [부터·로부터]
· 오늘부떠/부떰 비 온덴 홉데다.
　(오늘부터 비 온다고 합디다.)
· 밤 열 시로부떠/로부떰 아칙 오숫 시꼬장 직흐엿수다.

(밤 열 시로부터 아침 여섯 시까지 지켰습니다.)

❹ 향진격조사

이들 향진격조사는 어디로 향하여 나가는 뜻을 드러내는데, 그 대
표적인 것이 현대국어의 '로/으로'에 해당하는 '레'·'더(드)레'를 비롯해서,
처소격 '안티/신디'에 조사 '레'가 붙은 '안티레/신디레(한테로/에게로)'와
'끄장(까지)'[44]이 주류를 이루고 있다.

△ 체언+레/더(드)레 [로/으로]
· 어디레 가젠 ᄒ염수강?
(어디로 가려고 하고 있습니까?)
· 헛질 걷지 말앙 집더(드)레 곧장 오라.
(헛길 걷지 말고 집으로 곧장 오라.)

△ 체언+안티레/신디레 [한테로/에게로]
· 아시안티레 가지 말앙 성안티레 가라.
(아우한테로/에게로 가지 말고 형한테로/에게로 가라.)
· 그 사름신디레 가느니, 나신디레 오는 게 낫나.
(그 사람한테로/에게로 가느니, 나한테로/에게로 오는 것이 낫다.)

△ 체언+끄장 [까지]
· 발 엇은 말이 철리끄장 간다.
(발 없는 말이 천리까지 간다.)
· 느네 집 앞끄장 큰 질 난덴 골아라.
(너희 집 앞까지 큰 길이 난다고 말하더라.)

---

44) 이 '끄장(까지)'은 한정격조사일 수도 있지만, 여기서는 한정의 뜻이 아닌, 어디로 향해
서 움직였다는 것이므로 향진격으로 다뤘다.

❺ 도구격조사

이들 도구격조사는 일의 방법이나 수단을 드러내는 구실을 하는 조사이다. 그 대표적인 것이, 현대국어의 '로/로써/으로써'에 해당하는 '로/으로'인데, 자음받침으로 끝나는 체언 다음이면 '으로'가 붙고, 모음받침으로 끝나면 '로'가 붙는다.

    △ 체언+로 [로/로써]
- 풀은 눌로 비어사 혼다.
  (풀은 날로/로써 베어야 한다.)
- 책은 종이로 멩근다.
  (책은 종이로/로써 만든다.)

    △ 체언+으로 [으로/으로써]
- 콩으로 메줄 숨넹 ᄒ여도 고정 안 듣나.
  (콩으로/으로써 메주를 삶는다고 하여도 곧이 안 듣는다.)
- 옛날엔 지다린 덧으로 잡앗저.
  (옛날에는 오소리는 덫으로/으로써 잡았다.)

❻ 자격격조사

이 자격격조사는 주로 사람의 신분이나 능력을 드러내는 구실을 하는 조사인데, 현대국어와 같은 '로/로서'·'으로/으로서'가 그것이다. 모음으로 끝나는 체언 다음이면 '로/로서'가 붙고, 자음받침으로 끝나는 체언 다음이면 '으로/으로서'가 붙는다. 단 'ㄹ'받침 말 다음에는 '로/로서'가 붙는다.

    △ 체언(모음)+로/로서 [로/로서]
- 웃어룬안티 아이로서 홀 말이 아니어.
  (웃어른한테 아이로서 할 말이 아니다.)
- 추라리 똘로 태어낫이민 좋앗일 걸.

(차라리 딸로 태이났으면 좋았을 걸.)

△ 체언(자음)+으로/으로서 [으로/으로서]

· 그 어룬은 우리 무슬 촌장으로 모지램이 엇다.
(그 어른은 우리 마을 촌장으로 모자람이 없다.)
· 소돈 ᄌᆞ식으로서 마땅이 ᄒᆞ여사 혼다.
(효도는 자식으로서 마땅히 하여야 한다.)

❼ 원인격조사

이들 원인격조사는 체언 아래 붙어서 어떤 일이 일어나게 되는 까닭을 나타내는 구실을 하는 조사이다. 그 대표적인 것이 '로/으로'와 '에'이다.

△ 체언+로/으로 [로/로서]

· 그 집안은 ᄌᆞ식덜로 ᄒᆞ연 망ᄒᆞ엿젠 혼다.
(그 집안은 자식들로 해서 망하였다고 한다.)
· 빙으로 죽은 지 오랫저.
(병으로 죽은 지 오랬다.)

△ 체언+에 [에] 45)

· 는 나 따(때)문에 사는 중이나 알라.
(너는 나 때문에 사는 줄이나 알라.)
· 큰 낭이 태풍에 거꺼져 불엇저.
(큰 나무가 태풍에 꺾어져 버렸다.)

❽ 동반격조사

이 동반격조사는 체언 아래 붙어서 행동을 함께 하는 구실을 하는

---

45) '에'는 처소를 나타내는 구실을 하면 처소격조사가 되고, 원인을 나타내는 구실을 하면
원인격조사가 된다.

조사이다. 그 대표적인 것이 '왕/광'·'ᄒ고/ᄒ곡'·'영/이영'·'랑/이랑'·
'도'가 주류를 이루고 있다. 그 쓰이는 조건은 '왕/광'인 경우 앞의 '동반격
조사'와 같고, '영'은 모음으로 끝나는 체언에, '이영'은 자음받침으로 끝나
는 체언 붙어서 현대국어의 '와/과/하고'가 된다. 또 '랑/이랑' 중 '랑'은 모
음으로 끝나는 체언에 붙어서 현대국어의 '와/하고'가 되고, '이랑'은 자음
받침으로 끝나는 체언에 붙어서 현대국어의 '과/하고'가 된다.

여기서 주의할 것은 '열거격조사'·'공동격조사'와 같을 수 있다는 점이
다. 그러나 아래 예시와 같이 동반격조사는 그 기능이 나열·공통의 성격
이 아닌, 동작의 주체와 함께 하는 동반의 뜻을 나타내고 있다는 점에서
차이가 있다.

> △ 체언+왕/광 [와/과/하고]
>
> · 난 느왕/광 ᄀ찌 살키어.
>   (나는 너와 같이 살겠다.)
> · 꼿광 나빈 ᄒ곳으로 간다.
>   (꽃과 나비는 한곳으로 간다.)
> · 무사 는 나왕/광 부텅 가젱만 ᄒ염시게?
>   (왜 너는 나하고 붙어서 가려고만 하고 있느냐야?)

위 '왕/광'인 경우 '왕'은 주로 자음받침이 없는 체언 다음에 붙고, '광'은
자음받침의 유무에 상관없이 두루 붙는다.

> △ 체언+ᄒ고/ᄒ곡 [하고]
>
> · 가인 나ᄒ고 부텅 뎅긴다.
>   (그 아이는 나하고 붙어서 다닌다.)
> · 컹 어룬 뒈도 부모ᄒ곡 ᄀ치 산다.
>   (커서 어른이 돼도 부모하고 같이 산다.)

△ 체언+영/이영 [와/과/하고]

· 늙신이도 아이영 논다.
  (늙은이도 아이와/하고 논다.)
· 놈이영 흐디 어울릴 중 알아사 흔다.
  (남과/하고 함께 어울릴 줄 알아야 한다.)

△ 체언+랑/이랑 [와/과/하고]

· 나왕 는 불꽝 물이어.
  (나와/하고 너는 불과 물이다.)
· 매빈 누님이랑 ᄀ치 갑서양.
  (매부는 누님과/하고 같이 가십시오네.)

△ 체언+도 [도]

· 나도 ᄀ치 가마.
  (나도 같이 가마.)
· 식구덜도 다 둘안 떠낫저.
  (식구들도 다 데려서 떠났다.)

❾ **비교격조사**

이들 비교격조사는 체언 다음에 붙어서 그것과 다른 것을 서로 비교하여 견주는 구실을 하는 조사이다. 그 대표적인 것이 '추룩'·'ᄀ치/ᄀ찌'·'보단'·'만/만이'이다.

△ 체언+추룩 [처럼]

· 도새기추룩 먹기만 흔다.
  (돼지처럼 먹기만 한다.)
· 저추룩 개차바니질홀 중사 누게 알앗이냐?
  (저처럼 개구쟁이질할 줄이야 누가 알았느냐?)

△ 체언+ㄱ찌/ㄱ치 [같이]

· 느ㄱ찌 미련ᄒ 놈은 시상천지에 엇나.
　(너같이 미련한 놈은 세상천지에 없다.)
· 오분재기/오분작도 전북ㄱ치 생겻저.
　(떡조개도 전복같이 생겼다.)

△ 체언+보단 [보다/보다는]

· 성보단 아시가 더 ᄋ망진다.
　(형보다/보다는 아우가 더 똘똘하다.)
· 북향집보단 남양집이 살지 좋나.
　(북향집보다/보다는 남향집이 살기 좋다.)

△ 체언+만/만이 [만/만큼]

· 사름도 개만 못홀 때가 한다.
　(사람도 개만 못할 때가 많다.)
· 몸씨가 느만이 곤 사름도 두문다.
　(맘씨가 너만큼 고운 사람도 드물다.)

❿ 변성격조사

　이들 변성격조사는 체언 아래 붙어서 무엇이 다른 것으로 되거나 변하는 것을 나타내는 조사이다. 그 대표적인 것이 '이/가'·'로/으로'인데, '이'와 '가'인 경우는 원래 주격조사이지만 보어격조사와 변성격조사로도 쓰인다. 즉 무엇이 다른 것으로 변해서 돼 버림을 나타내는 구실을 한다. 또 '로/으로'인 경우도 도구격조사와 유래격조사로 씌었지만, 아래 예시와 같이 변성격조사로 쓰이기도 한다.

△ 체언+이/가 [이/가]

· 아이가 크민 어룬이 뒌다.

(아이가 크면 어른이 된다.)

· 꽃이 올매가 뒌다.

(꽃이 열매가 된다.)

△ 체언+로/으로 [로/으로] 46)

· 송애기가 밧갈쉐로 벤흔다.

(송아지가 황소로 변한다.)

· 냇물이 얼음으로 굳어진다.

(냇물이 얼음으로 굳어진다.)

⓫ 한정격조사

이 한정격조사는 체언 아래 붙어서 그 말을 한정시켜 제한하는 구실을 하는 조사이다. 그 대표적인 것이 '만'·'도'·'ᄁ장/ᄁ장만(까지/까지만)'인데, 비교격조사로 쓰일 때의 '만'과 동반격조사로 쓰일 때의 '도'와 다른 점은 비교와 동반의 뜻이 아닌, 그 대상을 한정하여 제한시키고 있다는 데 있다. 특히 '도'는 그 다음에 이어지는 말이 끝날 때는 긍정적인 말에도 붙지만, 대개는 부정이나 금지의 뜻을 가진 말로 이어진다. 'ᄁ장만'인 경우는 향진격에서 다룬 'ᄁ장(까지)'에 '만'이 붙음으로써 한정해서 제한하는 뜻이 강해진다.

△ 체언+만 [만]

· 돈이랑 차비만 앗앙 오라.

(돈은 차비만 가져서 오라.)

· 그 놈은 지 말만 말이엥 혼다.

---

46) 여기서 '로/로서'가 자격격조사나 원인격조사와 다른 것은, 그 말이 자격이나 원인이 아닌, 다른 것으로 형태를 바꿔서 변함을 나타낸다는 점이다. 이런 현상은 어느 한 조사의 기능이 한정돼 있는 것이 아니고, 그 쓰이는 곳에 따라 동형이역(同形異役)의 구실을 할 수 있기 때문이다.

(그 놈은 자기 말만 말이라고 한다.)

△ 체언+도 [도]

· 그딘 느도 가민 안 뒌다.
(거기는 너도 가면 안 된다.)
· ᄀᆞ 수술ᄒᆞᆫ 땐 물도 먹으민 안 뒌다.
(갓 수술한 때는 물도 먹으면 안 된다.)

△ ᄭᆞ장/ᄭᆞ장만 [까지/까지만]

· 땅 ᄀᆞ뻡은 펭당 백만 원ᄭᆞ장 올른뎅 ᄀᆞᆯ아라.
(땅 값은 평당 백만 원까지 오른다고 말하더라.)
· 저디 바래지는 혹교ᄭᆞ장만 가건 돌아오라이.
(저기 보이는 학교까지만 가거든 돌아오라야.)

⓬ 운위격조사

이 운위격조사(云謂格助詞)는 체언 아래 붙어서 그것을 무엇이라고 일러서 말하는 구실을 하는 조사이다. 그 대표적인 것이 현대국어의 인용격조사인 '라고/이라고'에 해당하는 '엥/이엥' · '엔/이엔'과 '렝/이렝' · '렌/이렌'이 그 대표적인 것이다. 그 쓰이는 조건은 '엥'과 '엔', '렝'과 '렌'은 말하는 사람의 어투에 따라 어느 것이나 임의적으로 쓸 수 있는데, 모음으로 끝나는 체언 다음에는 '엥/엔' · '렝/렌'이 붙고, 자음받침으로 끝나는 체언 다음에는 '이엥/이엔' · '이렝/이렌'이 붙는다.

여기서 주의할 것은, 이들 조사들이 용언의 어간에 붙을 경우는 연결어미가 돼서 시제의 제약을 받기도 한다. 그에 대한 구체적인 용례는 '하권'의 <제6장 형태론>에서 다뤘다.

△ 체언(모음)+엥/엔 [라고]

· 머리 진 사름만 보민 여ᄌᆞ엥 ᄒᆞᆫ다.

(머리 긴 사람만 보면 여자라고 한다.)
· 공꺼엔 흥민 눈도 벌겅 코도 벌겅혼다.
(공짜라고 하면 눈도 벌겋고 코도 벌겋다.)

△ 체언(자음)+이엥/이엔 [이라고]
· 꿩을 독이엥 곤나.
(꿩을 닭이라고 말한다.)
· 씨/쓰난 씨어멍이엔 곤나.
(쓰니까 시어머니라고 말한다.)

△ 체언(모음)+렝/렌 [라고]
· 노리렝 흔 짐생은 지 오곰만 믿나.
(누루라고 한 짐승은 제 오금만 믿는다.)
· 제줏말로 꿩빙애길 줄레렌 곤나.
(제주어로 꺼병이를 줄레라고 말한다.)

△ 체언(자음)+이렝/이렌 [이라고]
· 저영 흐여도 사름이렝 흐여지카?
(저렇게 하여도 사람이라고 하여질까?)
· 귀빠진 날이 오늘이렌 흐여라.
(꿰빠진 날이 오늘이라고 하더라.)

(7) 호격조사

이 호격조사는 신이나 사람, 사물 따위에 붙어서 부름이나 호소의
구실을 하는 조사이다. 현대국어에서 쓰이는 '아/야'와 '여/이여'를 그대로
사용하지만, 실제 대화현장에서는 '아/야'가 주류를 이루고 있다. 그 쓰임
의 조건은 모음으로 끝나는 체언 다음에는 '야'를, 자음받침으로 끝나는 체
언 다음에는 '아'가 붙는다.

△ 체언[자음]+아 [아]

· 삼성할마님<u>아</u>, 이 애길 궤양 키와 줍서.
(삼승할머님<u>아</u> 이 아기를 곱게 키워 주십시오,)
· 둘<u>아</u> 둘<u>아</u> 붉은 둘<u>아</u> 이태백이 놀단 둘<u>아</u>.
(달<u>아</u> 달<u>아</u> 밝은 달<u>아</u> 이태백이 놀던 달<u>아</u>.)

△ 체언[모음]+야 [야]

· 얘<u>야</u>, 우리 집 잘 봐 도라이.
(얘<u>야</u>, 우리 집 잘 봐 주려무나야.)
· 요놈이 쉐<u>야</u>, 흔저 걸으라.
(요놈이 소<u>야</u>, 어서 걸어라.)

△ 체언[모음/자음]+여/이여

· 동포<u>여</u>, 만세를 불르게.
(동포<u>여</u>, 만세를 부르자.)
· 젊은이덜<u>이여</u>, 심을 내라.
(젊은이들<u>이여</u>, 힘을 내라.)

2) 접속조사

이들 접속조사는 체언과 체언을 같은 자격으로 연결시켜 주는 구실을 하는 조사인데, 그 대표적인 것이 '왕/광'·'영/이영'·'ᄒ고/ᄒ곡'·'멍/이멍'·'랑/이랑'·'도' 등등이다. 그 붙는 조건은 '왕'는 모음으로 끝나는 체언 다음에, '광'은 조건 없이 체언 다음에 붙는 것이 원칙이지만, '왕' 대신 '광'이 쓰이기도 한다.47) 'ᄒ고'와 'ᄒ곡'은 말하는 사람의 선호도에 따라 어느 것이

---

47) 동반격조사로 쓰였던 '왕/광'·'영/이영'·'ᄒ고/ᄒ곡'·'랑/이랑'·'도'는 그들 조사가 붙는 말이 동작의 주체와 함께 하는 동반의 뜻을 나타낸다. 그러나 접속조사로 쓰일 경우는 앞뒤에 나열돼 있는 체언들을 접속시켜 뒤로 연결하는 구실을 하므로 접속조사라고 한 것이다.

나 붙는다. '영'인 경우는 '왕/광'과 'ᄒ고/ᄒ곡'이 쓰이는 곳이면 두루 붙는데, 모음으로 끝나는 체언 다음에 붙고, 자음받침 체언 다음에는 '이영'이 붙는다. '멍/이멍'·'랑/이랑'인 경우도 모음으로 끝나는 체언 다음에는 '멍'·'랭'을, 자음받침 체언 다음에는 '이멍'·'렝'이 붙는다. 또 '도'는 자음받침 유무에 상관없이 두루 붙는다.

여기서 눈여겨볼 것은 이들 접속조사들은 공동적 성격을 띤 체언들이 나열되고 있다는 점에서 격조사인 공동격 내지 열거격으로 다룰 수도 있다.[48]

△ 체언+왕/광 [와/과]
· 집이 질루는 중승은 쉐왕(광) 도새기왕(광) 고넹이왕(광) 어느 것도 다 아깝나.
(집에 기르는 짐승은 소와 돼지와 고양이와 어느 것도 다 아깝다.)
· 집광 밧광 ᄆ쉴 다 귀곳추아사 부잿소릴 듣나.
(집과 밭과 우마를 다 갖추어야 부자라는 말을 듣는다.)

△ 체언+ᄒ고/ᄒ곡 [하고]
· 그딘 나ᄒ고 느ᄒ고 또 몰른 사름 대ᄋ숫 멩을 더 셔낫저.
(거기는 나하고 너하고 또 모른 사람 대여섯 명은 더 있었다.)
· 종이ᄒ곡 붓ᄒ곡 베리ᄒ곡 먹을 합ᄒ영 문방수우엥 ᄀ나.
(종이하고 붓하고 벼루하고 먹을 합해서 문방사우라고 말한다.)

△ 체언+영/이영 [와/과/하고]
· 나영 느영 아시영 누이영 셈이 다 각각일 수밧게.
(나와/하고 너와/하고 아우와/하고 누이와/하고 셈이 다 각각일 수밖에.)
· 밥이영 국이영 떡이영 ᄆ딱 쓸어 먹엇어라.

---

48) 부사격조사에서 동반격조사만 다루고 공동격조사와 열거격조사를 제외한 것은 접속격조사와 중복을 피해서다.

(밥과/하고 국과/하고 떡과/하고 모두/죄다 쓸어 먹었더라.)

△ 체언+멍/이멍 [며/이며]

· 고등에멍 각제기멍 성훈 게 엇어라.

(고등어며 전갱이며 성한 것이 없더라.)

· 뒤지멍 곡슥이멍 그릇이멍 솟이멍 다 타불엇구낭.

(뒤주며 곡식이며 그릇이며 솥이며 다 타버렸구나.)

△ 체언+랑/이랑 [랑/하고]

· 느랑 나랑은 매날 만나게겐.

(너랑/하고 나랑/하고는 매날 만나자꾸나야.)

· 밧이랑 ᄆ쉬랑 집이랑 다 사사키어.

(밭이랑/하고 우마랑/하고 집이랑/하고 다 사야겠다.)

△ 체언+도 [도]

· 집도 밧도 다 풀아먹엇저.

(집도 밭도 다 팔아먹었다.)

· 장맛빈 닐도 모리도 글피도 계속 온뎅 ᄀᆞᆯ아라.

(장맛비는 내일도 모레도 글피도 계속 온다고 말하더라.)

3) 보조사

이 보조조사는 앞의 '부사격조사'와 같은 것으로서, 특수조사라고도 한다. 그 쓰이는 곳은 체언·부사·활용어미 등에 붙어서 문법적인 기능보다 그 의미에 비중이 주어지는 조사이다. 그래서 보조사는 어느 하나의 고정된 격조사로 쓰이는 것이 아니라, 다른 성격의 격조사의 구실도 하고, 여러 형태의 조사나 어미들과 겹쳐 쓰이기도 한다. 그만큼 그 용례가 다양해서 일일이 다 열거해서 예시할 수 없으므로, 여기서는 체언 다음에 붙는 '는/은'·'만'·'도'가 <주격/목적격/여격>으로 쓰이는 경우와 보조사 '꺼

장'이 <향진격/한정격/동반격>의 구실을 하는 조사에 한정키로 한다. 또 부사·연결어미 다음에 덧붙어서 그 뜻을 더 강조하기도 한다.

△ 체언+는/은 [주격:가/이]
· 소나이는 술을 잘 먹나.
  (사나이가 술을 잘 먹는다.)
· 질곳디 핀 국화꼿은 다 유울저.
  (길가에 핀 구화꽃이 다 시들었다.)

△ 체언+도 [주격:가/이]
· 그런 정도사 나도 맨들마.
  (그런 정도야 내가 만들마.)
· 어떠난 영 브름도 거세니?
  (어째서 이렇게 바람이 거세냐?)

△ 체언+만 [주격:가/이]
· 빈 수렌 소리만 요란흔다.
  (빈 수레는 소리가 요란하다.)
· 돌빗만 유뻴나게 붉다.
  (달빛이 유별나게 밝다.)

△ 체언+는/은 [목적격:를/을]
· 짐승이 새끼는 더 애낀다.
  (짐승이 새끼를 더 아낀다.]
· 노인이 부인은 더 생각흔다.
  (노인이 부인을 더 생각한다.)

△ 체언+도 [목적격:를/을]
· 늄뼈만 말앙 감저도 フ치 묻으라.
  (무만 말고 고구마를 같이 묻어라.)

·사름은 이웃도 돌봐사 흔다.
(사람은 이웃을 돌봐야 한다.)

△ 체언+만 [목적격:를/을]

·무신 일이 시민 나만 불른다.
(무슨 일이 있으면 나를 부른다.)

·그 시름은 너미 욕심만 부린다.
(그 사람은 너무 욕심을 부린다.)

△ 체언+는/은 [여격:에게/한테]

·나가 너는 책을 주키어.
(내가 너에게/한테 책을 주겠다.)

·조상음덕이 후손은 부재를 멩글앗주.
(조상음덕이 후손에게/한테 부자를 만들었다.)

△ 체언+도 [여격:에게/한테]

·그 사름은 나도 일쑥을 곡숙으로 주어라.
(그 사람은 나에게/한테 일쑥을 곡식으로 주더라.)

·그 날은 노랠 느도 꼭 불르게꾸리 흐마.
(그 날은 노래를 너에게/한테 꼭 부르게끔 하겠다.)

△ 체언+만 [여격:에게/한테]

·성은 맨날 나만 부름씰 시킨다.
(형은 만날 나에게/한테 심부름을 시킨다.)

·밥은 느만 먹게시리 흐키어.
(밥은 너에게/한테 먹게끔 하겠다.)

△ 체언+꼬장 [까지/마저/조차/도]

·향진격(꼬장:까지): 난 우리 집꼬장 걸으키어.
(나는 우리 집까지 걷겠다.)

· 동반격(꼬장:마저): 가이만 아니라, 느꼬장 돌앙 가키어.
　　　　　　　　　(그 아이만 아니라, 너마저 데리고 가겠다.)
· 공동격(꼬장:조차): 부모도 경흥주만 즈식덜꼬장 그 모냥인다.
　　　　　　　　　(부모도 그렇지만, 자식들조차 그 모양이다.)
· 강조격(꼬장:도): 그 아인 지레도 크주만 돈돈흐기꼬장 흔다.
　　　　　　　　　(그 아이는 키도 크지만 튼튼하기도 하다.)

△ 부사+는/은/만/도/꼬장 [는/은/만/도/까지]

· 걷는 거보단 차로 가민 뿔리는 간다.
　(걷는 거보다 차로 가면 빨리는 간다.)
· 쳇돗이 다 돼가난 어글락어글락은 걸엄저.
　(첫돌이 다 돼가니 엉금엉금은 걷고 있다.)
· 엇엉 못 먹주 주민 잘만 먹나.
　(없어서 못 먹지 주면 잘만 먹는다.)
· 가인 어멍 엇이도 산다.
　(걔는 어머니 없이도 산다.)
· 영 멀리꼬장 완 놀암구나이.
　(이렇게 멀리까지 와서 놀고 있구나야.)

△ 어미+는/은/만/도/꼬장 [는/만/도/까지]

· 그딘 절대로 가선(서는) 안 뒌다.
　(거기는 절대로 가서는 안 된다.)
· 그걸 호영은 무신걸 홀다?
　(그것을 하여서는 무엇을 하겠냐?)
· 나 곧걸랑 들어만 보라.
　(나 말하거든 들어만 보라.)
· 미와도 홀 수 엇다.
　(미워도 할 수 없다.)
· 집이 가게꼬장 내불지 말라.
　(집에 가게까지 내버리지 말라.)

5. 동 사

동사라고 함은 사물의 움직임인 동작과 작용을 나타내는 품사이다. 이들 중에는 그 기능에 따라 여러 개로 분류할 수 있으나, 여기서는 '자동사/타동사'·'사동사/피동사'·'규칙동사/불규칙동사'·'불구동사'·'조동사'에 한정키로 한다.

1) 자동사

자동사(自動詞)는 그 작용력이 주어에만 미치는 동사인데, 서술어로 쓰일 경우는 목적어를 취하지 않는다. 그것들을 일일이 다 열거할 수 없으므로, 편의상 현대국어의 '눕다'·'붙다'·'앉다'인 '누다/눅다'·'부트다/부뜨다' '앚다' 세 개만 예시키로 한다.

> △ 누다/눅다 [臥:눕다]
> ·느랑 그 옆이 누라.
> (너는 그 옆에 누워라.)
> ·뿔리 지픈 낭은 브름에 안 눅나.
> (뿌리 깊은 나무는 바람에 안 눕는다.)

현대국어 '눕다'위 제주어는 '누다/눅다' 두 개가 있는데, '눅다'로 쓸 때는 ㄱ-불규칙동사가 된다.

> △ 부트다/부뜨다 [붙다]
> ·엿이 손에 부튼다.
> (엿이 손에 붙는다.)
> ·과거시엄에 부뜬다.
> (과거시험에 붙는다.)

△ 앚다 [앉다]
- 생이가 땅바닥에 <u>앚다</u>.
  (새가 땅바닥에 <u>앉다</u>.)
- 기러긴 낭 우이 안 <u>앚나</u>.
  (기러기는 나무 위에 안 <u>앉는다</u>.)

▶ 궤다(괴다), 늙다, 닳다, 망ᄒ다(망하다), 벤ᄒ다/빈ᄒ다(변하다), 삭다, 얼다, 주끄다(짖다), 치돋다(치닫다), 타다[燃], 피다, 화나다…

2) 타동사

타동사는 자동사와 상대적인 것으로, 그 동작이 주어에만 한정하지 않고, 다른 말에 영향을 미쳐서 동작의 대상이 되는 목적어를 가지는 동사이다. 이들 역시 일일이 다 열거할 수 없으므로, 편의상 현대국어의 '갈다[磨]'·'삶다'·'섞다'인 '궐다'·'솖다'·'서끄다' 세 개만 예시키로 한다.

△ 궐다 [磨:갈다]
- 혼자서 ᄀ레를 <u>궐다</u>.
  (혼자서 맷돌을 갈다.)
- 신돌에 칼을 <u>궐다</u>.
  (숫돌에 칼을 <u>갈다</u>.)

△ 솖다 [삶다]
- 솟디서 궤길 <u>솖다</u>.
  (솥에서 고기를 <u>삶다</u>.)
- 지실을 잘 <u>솖다</u>.
  (감자를 잘 <u>삶다</u>.)

△ 서끄다 [섞다]
- 흑에 모살을 <u>서끄다</u>.

(흙에 모래를 <u>섞다</u>.)
· 흙은 것에 존 걸 <u>서끄다</u>.
(굵은 것에 잔 것을 <u>섞다</u>.)

▶ 끌다, 놓다, 동이다, ᄆ치다(마치다), 박다, 으끄다(엮다), 잇다, 줍다,
춤다(참다), 캐다, 틀다, 푸다, 허뎃이다(흩뜨리다) …

3) 자 · 타동사

동사 중에는 꼭 같은 것이, 그 쓰이는 곳에 따라 자동사도 되고 타동
사도 되는 것이 많다. 아래 예시한 '곧다' · '눌다'와 같이 목적어가 없어도
되는 자동사로도 쓰이고, 목적어가 있어야 하는 타동사로도 쓰이는 경우가
그것이다.

△ 곧다 [말하다]
· 자동사: 느 ᄒ고픈 대로 훌터 <u>굴으라</u>.
(너 하고픈 대로 자꾸 <u>말하라</u>.)
· 타동사: 그인 엿말을 잘 <u>곧나</u>.
(그이는 옛이야기를 잘 <u>말한다</u>.)

△ 눌다 [날다]
· 자동사: 제비생인 ᄲᆞ르게 <u>눈다</u>.
(제비는 빠르게 <u>난다</u>.)
· 타동사: 쒜로 뒌 비앵기가 하늘을 <u>눈다</u>.
(쇠로 된 비행기가 하늘을 <u>난다</u>.)

▶ 기다, ᄂ리다(내리다), 돌다, 맞다, 뻗다, 쑤시다, 움직이다, 작벨ᄒ다
(작별하다), 치밀다, 통ᄒ다(통하다), 합ᄒ다(합하다) …

4) 사동사

사동사(使動詞)라고 함은 상대방으로 하여금 어떤 동작이나 행동을 하도록 시키는 구실을 하는 사역동사를 말한다. 그 주류를 이루고 있는 것은, 사동형접미사 '-이/-기/-리/-히/-우/-구/-추'가 [49] 붙어서 된 동사들이 이에 속한다. 그런데 제주어는 이들 외에 '-기/-히'에 해당하는 사동형접미사 '-지'가 더 있다. 이들 중 '-이/-기/-리/-히/-구/-우/-추'·'-지' 다음에 다시 '-우'가 덧붙은 겹사동형접미사 '-이우/-기우/-리우/-히우/-구우/-우우/-추우'·'-지우'가 쓰이기도 하는데, 그 뜻은 마찬가지다. 단 '-우우'인 경우 '-우'가 중복되므로 하나는 생략 내지 탈락된다.

△ 어간+이/기/리/히+다 [-이다/-기다/-리다/-히다]
· 애기안티 밥을 멕이다.
  (아기안테 밥을 먹이다.)
· 입은 옷을 벳기다.
  (입은 옷을 벗기다.)
· 연을 노피 눌리다.
  (연을 높이 날리다.)
· 놈이 속을 썩히다.
  (남의 속을 썩히다.)

▶ 녹이다, 속이다, 넹기다(넘기다), 몰리다(말리다), 익히다 …

△ 어간+우/구/추+다 [-우다/-구다/-추다]
· 화리에 숫불을 피우다.
  (화로에 숯불을 피우다.)
· 늦은 듸를 우로 솟구다.

---

49) 이들 사동형접미사는 예전의 '사동보조어간'에 해당한다.

(낮은 데를 위로 <u>솟구다.</u>)
· 시간을 뒤로 <u>늦추다.</u>
(시간을 뒤로 <u>늦추다.</u>)

▶ 비우다, 돋구다, 맞추다 …

△ 어간+지+다 [-기다]
· ᄌᆞ미지게 사름을 <u>웃지다.</u>
(재미있게 사람을 <u>웃기다.</u>)
· 해언 <u>굶지다.</u>
(종일 <u>굶기다.</u>)

▶ 곱지다(숨기다), 빗지다(빗기다), 싯지다(씻기다) …

△ 어간+지+다 [-히다]
· 나 앞이 <u>앚지다.</u>
(내 앞에 <u>앉히다.</u>)
· 애길 요 우이 <u>눅지다.</u>
(아길 요 위에 <u>눕히다.</u>)

▶ 눅지다(눕히다), 업지다(업히다), 입지다(입히다) 좁지다(좁히다) …

△ 어간+이우/기우/리우/히우+다 [-이다/-기다/-리다/-히다]
· ᄂᆞ물을 소곰에 <u>절이우다.</u>
(나물을 소금에 <u>절이다.</u>)
· 상을 머리우로 <u>넹기우다.</u>
(상을 머리위로 <u>넘기다.</u>)
· 목숨만은 <u>살리우다.</u>
(목숨만은 <u>살리다.</u>)
· 목을 뒤터레 <u>젯히우다.</u>
(목을 뒤로 <u>젖히다.</u>)

▶ 들이우다(들이다), 벗기우다(벗기다), 물리우다(물리다), 붉히우다(붉히다) …

△ 어간+구우/추우+다 [−구다/−추다]
· 노프게 <u>돋구우다</u>.
  (높게 <u>돋구다</u>.)
· 몸을 <u>늦추우다</u>.
  (몸을 <u>낮추다</u>)

▶ 돋구우다(돋구다), 솟구우다(솟구다), 갖추우다(갖추다), 맞추우다(맞추다)…

△ 어간+지우+다 [−기다]
· 아이 머리를 <u>빗지우다</u>.
  (아이 머리를 <u>빗기다</u>.)
· 즈미지게 <u>웃지우다</u>.
  (재미있게 <u>웃기다</u>.)

▶ 곰지우다(감기다), 싯지우다(씻기다) …

△ 어간+지우+다 [−히다]
· 새 옷을 <u>입지우다</u>.
  (새 옷을 <u>입히다</u>.)
· 너비를 더 <u>좁지우다</u>.
  (넓이를 더 <u>좁히다</u>.)

▶ 눅지우라(눕히다), 앚지우다(앉히다), 업지우다(업히다) …

또 특이한 것은 아래 예시와 같이 '−리우다'와 같은 기능을 가진 '−립다'가 붙어서 현대국어의 '−리다'가 되는 동사가 있다. 이에 대해서는 <제3장 어휘론>의 '이형동이어'에도 다뤄지고 있다.

△ 어간+리+ㅂ다 [-리다]

· 손에 심은 생일 눌립다=눌리우다.
  (손에 잡은 새를 날리다.)
· 지쁜 소식을 스방에 알립다=아리우다.
  (기쁜 소식을 사방에 알리다.)

▶ 걸립다=걸리우다(걸리다), ᄂᆞ립다=ᄂᆞ리우다(내리다), 살립다=살
  리우다(살리다), 몰립다=몰리우다(말리다), 조랍다=졸리우다(졸
  리다)

5) 피동사

피동사(被動詞)라 함은 목적어의 위치에 있어야 할 말이 주어가 되어
서 남의 동작을 받게 되는 것을 드러내는 동사이다. 이들은 주로 자동사/
능동사의 어간에 피동형접미사 '-이/-기/-리/-히'가 붙는다. 또 이들 피
동접미사 중 '-기/-히' 대신 '-지'가 쓰이는 경우도 있다.

△ 어간+이/기/리/히+다 [-이다/-기다/-리다/-히다]

· 마당에 눈이 쌩이다.
  (마당에 눈이 쌓이다.)
· 자꾸만 눈이 ᄀᆞᆷ기다.
  (자꾸만 눈이 감기다.)
· 대문에 문페가 둘리다.
  (대문에 문패가 달리다.)
· 독이 식안티 잡아 멕히다.
  (닭이 삵한테 잡아 먹히다.)

▶ 쮀이다(쪼이다), 줌기다(잠기다), 들리다, 맥히다(막히다) …

△ 어간+지+다 [-기다/히다]⁵⁰⁾

　· 거미줄이 몸에 <u>감지다</u>.
　　(거미줄이 몸에 <u>감기다</u>.)
　· 애기가 등에 <u>업지다</u>.
　　(아기가 등에 <u>업히다</u>.)

▶ 안지다(안기다), 업지다(업히다) …

6) 규칙동사

규칙동사라고 함은 어간에 어미가 붙어서 활용할 때 그 어간의 형태가 변하지 않는 동사이다. 이를테면 아래와 같이 원형/기본형의 어간에 어미 '-아(어)/-게/-지/-고/-으난' 따위 등 어떤 어미가 붙어도 그 어간의 형태가 변하지 않는다.

원형	어간	어미	활용	비고
앚다	앚	-아/-게/-지 /-고/-으난	앚아/앚게/앚지 /앚고/앚으난	어간 '앚' 불변
(앉다)	(앉)	(-아/-게/-지 /-고/-으니)	(앉아/앉게/앉지 /앉고/앉으니)	
익다	익	-어/-게/-지 /-고/-으난	익어/익게/익지 /익고/익으난	어간 '익' 불변
(읽다)	(읽)	(-어/-게/-지 /-고/-으니)	(읽어/읽게/읽지 /읽고/읽으니)	

▶ 녹다, 돋다, 묻다[埋], 믿다, 막다, 벗다, 익다[熟], 젖다, 춫다(찾다)…

---

50) 현대국어의 피동형접미사 '-기/-히'에 해당하는 '-지'가 붙을 수 있는 피동사는 실제 사용하는 사례가 드물어서 그 예시도 몇 개에 그쳤다.

7) 불규칙동사

불규칙동사라 함은 어간에 어미가 붙어서 활용을 할 때 그 어간의 형태가 불규칙하게 변하는 동사이다. 즉 규칙동사와는 달리 원형/기본형의 어간에 어미 '-앙/-안(아서)'·'-엉/-언(어서)'·'-난(니)' 따위가 붙을 때 그 어간이 변하거나 어미가 변한다. 그 대표적인 것이, 아래 (1)은 어간의 끝소리가 변하는 경우이고, (2)는 어간의 끝소리가 탈락되는 경우이다. 또 (3)과 같이 그 어간은 그대로인데 어미가 변하는 경우가 있고, (4)와 같이 어간과 어미가 함께 변하는 것이 있다.

(1) 어간 끝소리 변화

어간의 끝소리가 변하는 경우는, 'ㄷ/ㅂ' 받침으로 된 동사가 주류를 이루고 있다. 이런 동사를 일컬어 'ㄷ-불규칙동사/ㄷ-변칙동사'·'ㅂ-불규칙동사/ㅂ-변칙동사'라고 한다.

❶ ㄷ-불규칙동사

ㄷ-불규칙동사라고 함은 동사의 어간 끝음절 자음받침 'ㄷ' 다음에 어미 '-아/-어'·'-앙/-안(아서)/-엉-언(어서)'·'-으난(으니)'·'으민(으면)' 따위가 붙으면, 어간의 'ㄷ'이 'ㄹ'로 바뀌는 동사이다.

원형	어간	어미	활용	비고
돋대[走]	돋	-아/-앙(안)	둘아/둘앙(안)	돋→둘
		/-으난/-으민	/둘으난/둘으민	
(닫다)	(닫)	(-아/-아서	(달아/달아서	
		/-으니까/-으면)	/달으니까/달으면)	
묻대[問]	묻	-어/-엉(언)	물어/물엉(언)	묻→물
		/-으난/-으민	/물으난/물으민	

(묻다)	(묻)	(-어/-어서	(물어/물어서
		/-으니까/-으면)	/물으니까/물으면)

▶ 걷다(말하다), 걷다[步], 깨듣다(깨닫다), 듣다 …

❷ ㅂ-불규칙동사

ㅂ-불규칙동사라고 함은 동사의 어간 끝음절 자음받침 'ㅂ' 다음에 모음으로 시작되거나 'ㄴ'·'ㅁ'으로 시작되는 어미 '-아/-어'·'-앙(안)/-엉(언)'·'-난'·'-민' 따위가 붙으면, 어간의 'ㅂ'이 '오/우'로 변하는 동사이다.

원형	어간	어미	활용	비고
돕다	돕	-아/-앙(안)	도와/도왕(완)	ㅂ→오/우
		/-난/-민	/도우난/도우민	
(돕다)	(돕)	(-아/-아서)	(도와/도와서	
		/-니까/-면)	/도우니까/도우면)	
굽다	굽	-어/-엉(언)	구워/구웡(원)	ㅂ→우
		/-난/-민	/구우난/구우민	
(굽다)	(굽)	(-어/-어서)	(구워/구워서	
		/-니까/-면)	/구우니까/구우면)	

▶ 눕다, 빕다(붓다),[51] 줍다(집다) …

(2) 어간 끝소리 탈락

동사의 어간 끝음절 자음받침 'ㄱ/ㄹ/ㅅ/ㅎ'과 '으/우' 다음에 어미

---

51) '빕다'는 액체 따위를 그릇이나 바닥에 쏟는다는 뜻을 가진 현대국어의 ㅅ-불규칙동사 '붓다'에 해당한다. 그러나 제주어는 그 기본형이 '빕다'이므로 ㅂ-불규칙동사이다.

'-아/-어'·'-앙(안)/-엉(언)'·'-난'·'-민' 따위가 붙으면 언간의 'ㄱ/ㄹ/ㅅ/ㅎ'과 '으/우'가 탈락된다. 이런 동사를 'ㄱ-불규칙동사'·'ㄹ-불규칙동사'·'ㅅ-불규칙동사'·'ㅎ-불규칙동사'·'으-불규칙동사'·'우-불규칙동사'라고 한다. 여기서 눈여겨볼 것은 제주어에는 현대국어에 없는 ㄱ-불규칙동사가 있다는 점이다.

❶ ㄱ-불규칙동사

이 ㄱ-불규칙동사는 현대국어에 없는 것으로서, '눕다[臥]'에 해당하는 불규칙동사 '눅다'인 경우만 적용된다. 즉 어간 '눅'에 어미 '-어'·'-엉/-언'·'-난'·'-민' 따위가 붙을 때 어간의 'ㄱ'이 탈락된다. 현대국어에는 ㄱ-불규칙동사가 없다.

원형	어간	어미	활용	비고
눅다	눅	-어/-엉(언)	누어/누엉(언)	눅→ㄱ 탈락
		/-난/-민	/누난/누민	
(눕다)	(눕)	(-어/-어서	(누워/누워서	
		/-니까/-면)	/누니까/누면)	

❷ ㄹ-불규칙동사

ㄹ-불규칙동사고 함은 어간의 끝음절 자음받침 'ㄹ' 다음에 어미 '-니/-난'이 붙으면, 어간의 'ㄹ'이 탈락되는 동사이다. 그렇지만 학교문법에서는 단순한 소리의 탈락으로 보고 불규칙동사로 다루지 않는다.

원형	어간	어미	활용	비고
돌다[懸]	돌	-니/-난	ᄃ니/ᄃ난	돌→ㄹ 탈락
(달다)	(달)	(-니/-니까)	(다니/다니까)	

불다 (불다)	불 (불)	-니/-난 (-니/-니까)	부니/부난 (부니/부니까)	불→ㄹ 탈락

▸갈다, 굴다, 놀다(날다), 돌다, 말다, 쓸다, 알다, 졸다, 풀다(팔다), 헐다 …

위에서 다룬 ㄹ-불규칙동사에 특별히 추가시켜야 할 동사 '더불다'가 있다. 이 '더불다'는 현대국어에서는 불구동사인 불완전자동사로 돼 있다. 그러나 제주어에서는 ㄹ-불규칙동사이다. 그 이유는 자음으로 시작되는 어미 '-게/-고/-지/-니/-난'이 붙을 때 'ㄴ'으로 시작되는 '-니/-난' 앞에서 어간 '더불'의 'ㄹ'이 탈락되기 때문인데, '더불고/더룰게/더불지/더부니/더부난'의 밑줄 친 '부니/부난'이 그것이다.[52)]

❸ ㅅ-불규칙동사[53)]

ㅅ-불규칙동사라고 함은 어간의 끝음절 자음받침 'ㅅ' 다음에 모음이나 'ㄴ/ㅁ'으로 시작되는 어미 '-어'·'-엉/-언'·'-난'·'-민' 따위가 붙으면, 어간의 'ㅅ'이 탈락되는 동사이다. 제주어에는 '싯다'·'짓다'가 그 대표적인 것이다. 여기서 주의할 것은 아래 예시와 같이 '싯다(있다)'는 그 어간 '싯(있)'에 '-어'·'-엉(언)과 'ㄴ/ㅁ'으로 시작되는 어미가 붙으면 '시어'·'시엉(언)'·'시난'·'시민'이 되므로 ㅅ-불규칙동사가 된다. '짓다'인 경우도 마찬가지이다. "밥을 짓다."·"글을 짓다"에서는 '지어'·'지엉(언)'·'지난'·'지민'이 되므로 ㅅ-불규칙동사가 되지만, "집을 짓다."라고 할 때는 '짓엉(언)/짓으난/짓으민(짓어서/짓으니까/짓으면)'이 되므로 규칙동사가 된다.

52) '더불다'는 현대국어에서 어미활용이 완전하지 못한 불구동사인 불완전자동사로서, 조사 '와/과' 다음에 '더불어(더불+어)'의 꼴로만 활용되므로 불구동사로 다루고 있다.

53) ㅅ-불규칙동사는 현대국어에 없다. 하지만 제주어에는 '싯다(있다)'·'짓다[炊事/作文]'는 ㅅ-불규칙동사이다.

원형	어간	어미	활용	비고
싯다	싯	-어/-엉(언)	시어/시엉(언)	싯→ㅅ탈락
		/-난/-민	/시난/시민	
(있다)	(있)	(-어/-어서	(있어//있어서	
		/-니까/-면)	/있으니까/있으면)	
짓대[造]	짓	-어/-엉(언)	지어/지엉(언)	짓→ㅅ탈락
		/-난/-민	/지난/지민	
(짓다)	(짓)	(-어/-어서	(지어/지어서	
		/-니까/-면)	/지(으)니까/지(으)면)	

❹ ㅎ-불규칙동사

ㅎ-불규칙동사고 함은 어간의 끝음절 자음받침 'ㅎ' 다음에 어미 '-니/-난/-민' 따위가 붙으면 어간의 'ㅎ'이 탈락되는 동사이다. 이들은 아래 예시한 '낳다/놓다'가 그에 해당한다.

원형	어간	어미	활용	비고
낳다	낳	-니/-난/-민	나니/나니까/나민	낳→ㅎ탈락
(낳다)	(낳)	(-니/-니까/-면)	(나니/나니까/나민)	
놓다	놓	-니/-난/-민	노니/노난/노민	놓→ㅎ탈락
(놓다)	(놓)	(-니/-니까/-면)	(노니/노니까/노면)	

❺ 으-불규칙동사

으-불규칙동사라고 함은 어간의 끝소리 'ㅡ' 다음에 어미 '-아'·'-앙(안)/-엉(언)'이 붙으면 어간의 'ㅡ'가 탈락되는 동사이다. 학교문법에서는 규칙적인 음운탈락으로 보고, 정칙동사로 처리하는 것으로 돼 있지만, 실제는 모음으로 시작되는 어미 '-아/-어'·'-앙/-언' 앞에서 'ㅡ'가 '아/어'로 변하므로 불규칙동사로 다뤘다.

원형	어간	어미	활용	비고
가끄다	가끄	-아/-앙(안)	가까/가깡(깐)	가끄→으 탈락
(깎다)	(깎)	(-아/-아서)	(깎아/까아서)	
쓰다	쓰	-어/-엉(언)	써/썽(썬)	쓰→으 탈락
(쓰다)	(쓰)	(-어/-어서)	(써/써서)	

▶ 끄다, 뜨다, 트다, 늡드다(날뛰다), 부트다(붙다) …

위 '가끄다'의 현대국어 '깎다'는 불규칙동사가 아니지만, 제주어는 '으-불규칙동사'이다. 왜냐하면 그 원형/기본형이 '가끄다'이기 때문이다. 아울러 현대국어의 '낚다/닦다/묶다/볶다/섞다/엮다'의 제주어 원형은 '나끄다/다끄다/무끄다/보끄다/서끄다/보끄다/으끄다'이고, '덮다/맡다/붙다/엎다'도 '더프다/마트다/부트다/어프다'이다. 또한 '핥다/훑다'는 '할트다/홀트다'이므로 으-불규칙동사이다.

❻ 우-불규칙동사

우-불규칙동사는 어간의 끝소리 'ㅜ' 다음에 어미 '-어'·'-엉/-언'이 붙으면 어간의 'ㅜ'가 탈락되는 동사이다. 이에 해당하는 것은 현대국어와 같이 아래 '푸다' 외에는 없는 것 같다.

원형	어간	어미	활용	비고
푸다	푸	-어/-엉(언)	퍼/펑(펀)	푸→우 탈락
(푸다)	(푸)	(-어/-어서)	(퍼/퍼서)	

(3) 어미가 변화

불규칙동사 가운데는 그 어간에 붙는 어미가 변하는 경우가 있다.

다음의 '거라-불규칙동사' · '너라-불규칙동사' · '러-불규칙동사' · '여-
불규칙동사'가 그것이다.

❶ 거라-불규칙동사

거라-불규칙동사라고 함은 어간에 붙는 명령형어미 '-아라/-어
라'가 '-거라'로 바뀌는 활용형식을 취하는 동사이다. 이에 해당하는 것은
'잇다(있다)'와 '가다' 또는 '가다'가 붙어서 된 동사들이다. 실제 대화에서는
'-거라'보다 '-라'를 많이 쓴다. 54)

원형	어간	어미	활용	비고
가다	가	-아라	가거라	-아라→거라
(가다)	(가)	(-아라)	(가거라)	
잇다	잇	-어라	잇거라	-어라→거라
(있다)	(있)	(-어라)	(있거라)	

▶ ᄀᆞ져가다(가져가다), 기어가다, 자다, 일어나다, ᄃᆡᆼ겨가다(다녀가다), ᄃᆞ려가
다(데려가다), 들어가다 …

❷ 너라-불규칙동사

너라-불규칙동사라고 함은 어간에 붙는 명령형어미 '-아라'가 '-
너라'로 바뀌는 활용형식을 취하는 동사이다. 이에 해당하는 것은 '오다'가
붙는 어휘들이다.

---

54) '거라-불규칙활용형'을 쓰기도 하지만, 그보다는 명령형인 '-라'가 붙는 어형을 선호했
다. 즉 'ᄀᆞ져가다(가져가다)', '기어가다'인 경우 'ᄀᆞ져가거라(가져가거라)'보다 'ᄀᆞ져가
라(가져가라)'를, '기어가거라'보다 '기어가라'를 쓰는 것을 선호했다.

원형	어간	어미	활용	비고
오다	오	-아라	오너라	-아라→너라
(오다)	(오)	(-아라)	(오너라)	
돌아오다	돌아오	-아라	돌아오너라	-라아→너라
(데려오다)	(데려오)	(-아라)	(데려오너라)	

▶ ㄱ져오다(가져오다), 나오다, 들어오다, 돌아오다(데려오다), ᄃ녀오다/댕겨오다(다녀오다) …

이들 너라-불규칙동사는 제주어인 경우 실제 대화현장에서는 '-너라'보다는 어간 '오'에 '-라'가 붙거나 '-아라'가 합쳐진 형태를 선호했다. 즉 '돌아오라'·'돌아와(오아)라'의 '오라'·'와라'가 그것이다.

❸ 러-불규칙동사

러-불규칙동사라고 함은 어간에 끝음절 '르' 다음에 붙는 어미 '-어'·'-엉/-언'이 '-러'·'-렁/-런'으로 바뀌는 동사이다. 이런 불규칙동사는 현대국어와 같이, 어떤 장소나 시간에 닿는다는 뜻을 가진 '이르다[至]' 하나뿐이다.

원형	어간	어미	활용	비고
이르다	이르	-어/-엉(언)	이르러/이르렁(런)	어/엉→러/렁(런)
(이르다)	(이르)	(-어/-어서)	(이르러/이르러서)	

❹ 여-불규칙동사

여-불규칙동사라고 함은 'ᄒ다'와 접미사 '-ᄒ다'가 붙어서 된 동사의 어간 'ᄒ' 다음에 연결어미 '-아'·'-앙/-안'과 명령형종결어미 '-아라'가 붙어야 할 때, 그들 '-아'·'-앙/-안'·'-아라'가 '-여'·'-영/-

연'·'-여라'로 바뀌는 동사이다.

원형	어간	어미	활용	비고
ᄒᆞ다	ᄒᆞ	-아/-앙(안)	ᄒᆞ여/ᄒᆞ영(연)	아/앙(안)/아라
		/-아라)	/ᄒᆞ여라	→여/영(연)/여라
(하다)	(하)	(-아/-아서	(하여/하여서	
		/-아라)	/하여라)	
말ᄒᆞ다	말ᄒᆞ	-아/-앙(안)	말ᄒᆞ여/말ᄒᆞ영(연)	아/앙(안)/아라
		/-아라	/말ᄒᆞ여라	→여/영(연)/여라
(말하다)	(말하)	(-아/-아서	(말하여/말하여서	
		/-아라)	/말하여라)	

▶ 근ᄒᆞ다(간하다), 광절(질)ᄒᆞ다(광질하다), 노ᄒᆞ다(노하다), 다리외질ᄒᆞ다(다
리미질하다), 바농질ᄒᆞ다(바느질하다), 일ᄒᆞ다(일하다), 절ᄒᆞ다(절하다) …

(4) 어간과 어미가 변화

불규칙동사 가운데는 어간과 어미가 다 같이 변하는 것이 있다. 아
래 예시한 르-불규칙동사가 그에 해당한다.

❶ 르-불규칙동사

르-불규칙동사라고 함은 어간의 끝음절의 '르' 다음에 어미 '-아/-
어'·'-앙(안)/-엉(언)'가 붙으면, 그 어간의 '르'와 어미 '-아/-어'·'-앙
(안)/-엉(언)'이 어우러져서 'ㄹㄹ'인 '르라/르러'·'르랑(란)/르렁(런)'으
로 바뀌는 동사이다.

원형	어간	어미	활용	비고
모르다	모르	-아/-앙/-안	몰라/몰랑/몰란	모르→몰라/몰랑/몰란
(모르다)	(모르)	(-아/-아서)	(몰라/몰라서)	

구르다	구르	-어/-엉/-언	굴러/굴렁/굴런	구르→굴러/굴렁/굴런
(구르다)	(구르)	(-어/-어서)	(굴러/굴러서)	

▶ 가르다, 누르다, 도르다(무르다), ㅁ르다(마르다), ㅂ르다(바르다), 서르다/설르다(마치다/치우다), 쫄르다/쯔르다(자르다) …

위에 열거한 르-불규칙동사에 해당하는 동사들은 어간의 끝음절 '르' 앞의 모음에 'ㄹ'이 첨가 돼서 그 어간이 '르르'로 된 것도 원형/기본형으로 쓰인다. 즉 '갈르다/굴르다/갈르다/눌르다/돌르다/몰르다/볼르다/설르다/쫄르다…' 따위가 그것이다. 이들에 관한 것은 <제3장 어휘론>의 '동어이기어(同語異記語)'[55]에서 동사와 형용사로 구분해서 다루어져 있다.

8) 불구동사

불구동사(不具動詞)라고 함은 활용이 완전하지 못한 동사이다. 그 대표적인 것이 '이르다/말하다'의 뜻을 가진 'ㄱ로다[曰:가로다]'와 남에게 무엇을 하여 주기를 청하는 현대국어의 '달라·다오'의 뜻으로만 쓰이는 '달다'이다. 이들의 활용형태를 보면, 'ㄱ로다'에는 그 어간 'ㄱ로'에 어미 '-뒈/-사뒈'가 붙고, '달다'는 그 어간 '달'에 명령형어미 '-라'가 붙은 '달라'의 옛말 '도라'에 한정돼 있다. 여기서 유념할 것은 현대국어의 불구동사 '더불다'는 앞의 르-불규칙동사에서 밝힌 대로 제주어에서는 변칙동사이다.

원형	어간	어미	활용	비고
가로다	가로	-뒈/-사뒈	가로뒈/가로사뒈	'뒈/사뒈'만 사용

---

[55] 동어이기어(同語異記語)는 꼭 같은 뜻을 가진 말이 다르게 표기되는 단어를 말한다. 그러니 이들 동사는 기본형/원형이 둘이다. 즉 본문에 열거한 것 말고도 '나르다/날르다[運搬]', '버르다/벌르다[破: 깨다]', '도르다/돌르다(무르다)'… 따위가 그것이다. 이런 경우는 동사만이 아닌, 모든 품사의 어휘에 나타나는 현상이다.

(가로다)	(가로)	(되/사되)	(가로되/가로사되)	
도다	도	-라	도라	'도라'만 사용
(달다)	(달)	(-라)	(달라)	

또 이 밖에 현대국어의 '밟다'의 제주어 '붑다'인 경우도 자음으로 된 어미 '-게/-고(곡)/-지'가 붙을 때만 '붑게/붑고(곡)/붑지'로는 활용되고, 모음으로 시작되는 어미가 붙을 때는 활용 할 수 없으므로 불구동사에 해당한다.

9) 보조동사 [56)](#)

보조동사라고 함은 말을 할 때나 문장을 작성할 때 보조적으로 사용하는 동사를 말한다. 즉 독립적인 뜻은 희박하면서도 본서술어로 쓰인 동사 다음에 붙어서 그 본서술어의 내용을 뒷받침해서 도와주는 구실을 하는 동사이다. 그 대표적인 것으로 부정의 뜻을 가진 '안ᄒ다(안하다)'·'못ᄒ다(못하다)'와 '내다'·'불다(버리다)'… 따위가 그것이다. 그 붙는 조건은 '안ᄒ다/못ᄒ다'의 경우만 부정이나 금지를 나타내는 어미 '-지' 다음에 붙고, 그 이외는 어미 '-아/-어' 다음에 붙는다.

△ 어간+지+안ᄒ다/못ᄒ다 [-지 안하다/못하다]

· 가인 아무 거나 먹지 안흔다.
 (걔는 아무 것이나 먹지 안한다.)
· 난 들은 것도 잘 도시리지 못흔다.
 (나는 들은 것도 잘 말하지 못한다.)

△ 어간+아/어+내다/불다 [-아/-어 내다/버리다]

· 양성어간: 자인 아픈 걸 잘 춤아 낸다.
  (쟤는 아픈 것을 잘 참아 낸다.)

---

56) '보조동사'는 '안ᄒ다(안하다)'·'못ᄒ다(못하다)'를 제외하고는 그 윗말에 붙여 써도 되고 띄어 써도 된다. 여기서는 본동사와 구분하기 위해 띄어 썼다.

얼핏ᄒᆞ민 집 나가 분다.

(걸핏하면 집을 나가 버린다.)

· 음성어간: 요샌 일ᄒᆞ노렝 죽어 낸다.

(요새는 일하노라고 죽어 낸다.)

ᄒᆞ저 안 먹으민 식어 분다.

(빨리 안 먹으면 식어 버린다.)

▶ 거리다, 대다, 두다, 지다, 주다 …

6. 형용사

　형용사는 사물의 상태나 성질이 어떻다는 것을 나타내는 품사이다. 그 기능은 동사와 같이 활용하면서 말을 하거나 문장을 작성할 때 주로 체언·동사 앞에 놓여서 그 체언과 동사를 꾸며주는 부속성분인 수식어와 주성분인 서술어로 쓰인다. 또 이들 형용사는 활용형태에 따른 '규칙형용사'·'불규칙형용사'와 그 기능에 따른 '의존형용사'로 구분된다.

　특히 눈여겨볼 것은 국어문법에서 현재를 나타내는 형용사의 어간에 종결어미 '-ㄴ다/-는다'가 쓰지 않는 것으로 돼 있다. 하지만 제주어에서는 쓰이고 있다. 그에 관한 것은 아래 4)에서 다루기로 한다.

1) 규칙형용사

　　규칙형용사라고 함은 불규칙형용사와 상대적인 것으로서, 그 어간에 어떤 어미가 붙어도 어간이 변하지 않고 일정하게 규칙적으로 활용되는 형용사를 말한다. 이를테면 어미 '-아/-어'·'-앙(안)/-엉(언)'·'-난'·'-민' 등 모음이나 자음으로 시작되는 어떤 어미가 붙어도 어간이 변하

지 않는다. 단 'ㅏ'로 끝나는 어간 다음의 어미 '-아'와 '-앙/-안'의 '-아'
는 생략/탈락되고, 형태소 '-ㅇ/-ㄴ'은 앞말의 끝소리로 붙어서 축약형
이 된다.

원형	어간	어미	활용	비고
짜다	짜	-아/-앙/	짜(짜아)/짱(짜앙)/	짜앙＝짱
		-난/-민	짜난/짜민	
(짜다)	(짜)	(-아/-아서/	(짜/짜서/	
		-니까/-면)	짜니까/짜면)	
엇다	엇	-어/-엉(언)/	엇어/엇엉(언)/	어간불변
		-으난/-으민	엇으난/엇으민	
(없다)	(없)	(-어/-어서/	(없어/없어서/	
		-으니까/-으면)	없으니까/없으면)	

▶ 검다, 낫다, 궂다, 재다(빠르다), 족다(작다), 붉다, 붉다(밝다), 묽다(맑다), 더
디다(느리다), …

2) 불규칙형용사

불규칙형용사라고 함은 활용할 때 어간과 어미가 불규칙하게 달라지
는 것을 말한다. 그 실제를 보면, 아래 (1)(2)(3)(4)와 같이 '어간의 끝소리
가 변하는 것'·'어간의 끝소리가 탈락되는 것'·'어미가 변하 것'·'어간과
어미가 변한 것' 등으로 구분된다.

(1) 어간의 끝소리 변화

형용사가 활용할 때 그 어간 끝음절의 자음받침이 변하는 경우는
아래 예시와 같이, ㅂ-불규칙형용사에 한정돼 있다.

❶ ㅂ-불규칙형용사

ㅂ-불규칙형용사는 어간 끝음절 자음받침 'ㅂ' 다음에 모음으로 시작되거나 'ㄴ'·'ㅁ'으로 시작되는 어미 '-아/-어'·'-앙(안)/-엉(언)'·'-난'·'-민' 따위가 붙으면, 어간의 'ㅂ'이 '-와'·'-왕(완)/-웡(원)'·'-우난'·'-우민'으로 변하는 형용사이다.

원형	어간	어미	활용	비고
곱다	곱	-아/-앙(안)/ -난/-민	<u>고와/고왕(완)/</u> <u>고우난/고우민</u>	'곱'의 ㅂ→오/우
(곱다)	(곱)	(-아/-아서/ -니까/-면)	(고와/고와서/ 고우니까/고우면)	
밉다	밉	-어/-엉(언)/ -난/-민	미워/미웡(원)/ 미우난/미우민	'밉'의 ㅂ→우
(밉다)	(밉)	(-어/-어서/ -니까/-면)	(미워/미워서/ 미우니까/미우면)	

▶ 개볍다(가볍다), 덜(더)럽다, 맵다, 불(부)럽다, 쉽다, 새롭다, 어렵다, 춥다 …

(2) 어간의 끝소리 탈락

형용사가 활용할 때 어간 끝음절 자음받침 'ㄹ/ㅅ/ㅎ'이나 모음 '으'가 탈락하는 경우가 있다. 아래 예시한 ㄹ-불규칙형용사·ㅅ-불규칙형용사·ㅎ-불규칙형용사·으-불규칙형용사가 그것이다.

❶ ㄹ-불규칙형용사

ㄹ-불규칙형용사라고 함은 어간의 끝음절 자음받침 'ㄹ' 다음에 어미 '-니/-난'·'-ㅂ니다' 따위가 붙으면, 어간의 'ㄹ'이 탈락되는 형용사이다. 학교문법에서는 규칙형용사로 다루고 있지만, 실제는 'ㄴ'과 'ㅂ'으로

된 어미 앞에서 'ㄹ'이 탈락되므로 불규칙으로 처리했다.

원형	어간	어미	활용	비고
질다	질	-난/-ㅂ니다	지난/집니다	질→ㄹ탈락
(길다)	(길)	(-니까/-ㅂ니다)	(기니까/깁니다)	
줄다	줄	-난/-ㅂ니다	ㅈ난/줍니다	줄→ㄹ탈락
(잘다)	(잘)	(-니까/-ㅂ니다)	(자니까/잡니다)	

▶ ᄀᆞ늘다/ᄀᆞ늘다(가늘다), 거칠다, 돌다[甘:달다], 멀다, 서툴다, ㅈ들다(근심
하다) …

❷ ㅅ-불규칙형용사

ㅅ-불규칙형용사이라고 함은 어간의 끝음절 받침 'ㅅ' 다음에 현대
국어의 '-어'·'-어서'·'-으니까'·'-으면'에 해당하는 '-어'·'-엉/-
언'·'-으난'·'-으민' 따위가 붙으면, 어간의 'ㅅ'이 탈락되는 형용사이다.

원형	어간	어미	활용	비고
낫다	낫	-아/-앙(안)	낫아/낫앙(안)	규칙
		/-으난/-으민	/낫으난/낫으민	
〃	〃	〃	나아/앙(안)	불규칙
		〃	/나으난/나으민	
(낫다)	(낫)	(-아/-아서	(나아/나아서	불규칙
		/-으니까/-으면)	/나으니/나으면)	

이 '낫다'는 현대국어에서 유일의 ㅅ-불규칙형용사로 돼 있다. 하지만 제
주어에서는 불규칙과 규칙 둘 다 적용된다. 즉 모음으로 시작되는 어미 '-
아'·'-앙(안)'·'-으난'·'-으민' 따위가 붙었을 때 규칙활용인 '낫아/낫
앙(안)/낫으난/낫으민'과 불규칙활용인 '나아/나앙(안)/나으난/나으민'을
다 쓴다. 그 선호도는 화자의 구술습성인 어투에 따라 좌우된다.

❸ **ㅎ-불규칙형용사**

ㅎ-불규칙형용사라고 함은 어간의 끝음절 자음받침 'ㅎ' 다음에 'ㄴ/ㅁ'으로 시작되는 어미 '-니/-난'·'-민' 따위가 붙으면 어간의 'ㅎ'이 탈락되는 형용사인데, '좋다'가 그것이다.

원형	어미	어미	활용	비고
좋다	좋	-니/-난/-민	조니/조난/조민	좋→ㅎ탈락
(좋다)	(좋)	(-니/-니까/-면)	(조니/조니까/조면)	

❹ **으-불규칙형용사**

으-불규칙형용사라고 함은 어간의 끝음절 'ㅡ' 다음에 어미 '-아/-어'·'-앙(안)/-엉(언)'이 붙으면, 어간의 'ㅡ'가 탈락되는 형용사이다. 학교문법에서는 규칙형용사로 다루고 있지만, 실제는 어미 '-아/-어'·'-앙(안)/-엉(언)'가 붙으면 'ㅡ'가 탈락되므로 불규칙형용사로 처리했다.

원형	어간	어미	활용	비고
아프다	아프	-아/-앙	아파/아팡	프→ㅍ 탈락
(아프다)	(아프)	(-아/-아서)	(아/아파서)	
크다	크	-어/-엉	커/컹	크→ㅋ 탈락
(크다)	(크)	(-어/-어서)	(커/커서)	

▶ 노프다(높다), 실프다(싫다), 야트다/야프다(얕다), 지트다(짙다), 지프다(깊다), 시프다(싶다) …

(3) 어미가 변화

불규칙형용사 중에는 그 어간에 붙는 어미가 변하는 활용형태가 있다. 다음 러-불규칙형용사·여-불규칙형용사가 그것이다.

❶ 러-불규칙형용사

러-불규칙형용사라고 함은 어간의 끝음절 '르'에 어미 '-어'·'-엉(언)'이 붙을 경우, '르'의 'ㅡ'가 탈락돼서 '-러'·'-렁(런)'으로 변하는 형용사이다. 여기에 속하는 것은 현대국어에서는 색깔을 아타내는 '푸르다'·'누르다' 둘뿐으로 돼 있지만, 제주어는 '누르다'의 '누르러'는 실제 말할 때 좀처럼 잘 쓰이지 않는다. 왜냐하면 '누르다'의 제주어는 '누리다'이고, '푸르다'는 '푸리다'가 기본형이기 때문이다. 어쩌다 '푸르다'가 활용어로 쓰이는 경우가 있는데, 그것은 표준어의 영향을 받으면서 아래 예시와 같이 어간 '푸르' 다음에 어미 '-어'가 '러'로 변한 '푸르러'가 간헐적으로 사용될 뿐이다.

원형	어간	어미	활용	비고
푸르다	푸르	-어/-엉/(언)	푸르러/푸르렁(런)	르→러/렁(런)
(푸르다)	(푸르)	(-어/-어서)	(푸르러/푸르러서)	

❷ 여-불규칙형용사

여-불규칙형용사라고 함은 접미사 '-ㅎ다'가 붙어서 된 형용사의 어간 'ㅎ' 다음에 붙어야 할 어미 '-아/-앙(안)'가 '-여/-영(연)'로 변하는 형용사이다. 'ㅎ다'로 끝나는 용언에는 모음으로 시작되는 어미가 붙을 경우는 '-여/-영(연)'으로 한정돼 있어 언제나 '여-불규칙'이 된다.

원형	어간	어미	활용	비고
둘콤ㅎ다	둘콤ㅎ	-아/-앙	둘콤ㅎ여/둘콤ㅎ영	아/앙→여/여서
(달콤하다)	(달콤하)	(-아/-아서)	(달콤하여/달콤하여서)	
ㅋ쿨ㅎ다	ㅋ쿨ㅎ	-아/-앙	ㅋ쿨ㅎ여/ㅋ쿨ㅎ영	아/앙→여/여서
(깨끗하다)	(깨끗하)	(-아/-아서)	(깨끗하여/깨끗하여서)	

▶ 가난ᄒ다(가난하다), 납작ᄒ다(납작하다), 돈돈ᄒ다(단단하다), ᄆ문ᄒ다(맘
만하다), 버런ᄒ다(난잡하다), 수랑ᄒ다(길쭉하다) …

(4) 어간과 어미가 변화

불규칙형용사 중에 그 어간에 모음으로 시작하는 어미가 붙을 때
어간과 어미가 다 변하는 것이 있다. 아래 예시한 '르–불규칙형용사'가 그
것이다.

❶ 르–불규칙형용사

르–불규칙형용사라고 함은 어간의 끝음절 '르' 다음에 어미 '–아'·
'–앙(안)/–엉(언)'이 붙으면, 어간의 '르'와 어미 '아'·'–앙(안)/–엉(언)'이
서로 어우러져서 'ㄹㄹ'인 'ㄹ라'·'ㄹ랑(란)/ㄹ렁(런)'으로 변하는 형용사
이다.

원형	어간	어미	활용	비고
다르다	다르	–아/–앙(안)	달라/달랑(란)	다르아/앙(안)
				→달라/달랑(란)
(다르다)	(다르)	(–아/–어서)	(달라/달라서)	
너르다	너르	–어/–엉(언)	널러/널렁(런)	너르어/엉(언)
				→널러/널렁(런)
(너르다)	(너르)	(–어/–어서)	(널러/널러서)	

▶ 고르다/골르다[擇], 바르다/발르다[正], 부르다/불르다[飽], 쯔르다/쫄르다
[短], 무르다/물르다[軟弱] …

3) 의존형용사

의존형용사라고 함은 그 자체로서는 완전한 뜻을 제대로 나타내지 못

하고 앞에 놓이는 용언을 돕는 구실을 하는 보조형용사이다. 그 의미기능
은 주로 시인·부정·추측·소망을 나타내는 '흐다'·'안흐다/못흐다'·
'듯흐다/부다'·'프다/시프다' 등이 그 대표적인 것이다.

> △ 시인: 흐다 [하다]
> · 흑교에 댕기는 것이 좋기는 흐다.
>   (학교에 다니는 것이 좋기는 하다.)
> · 자이 걸음걸인 뿔르기도 흐다.
>   (쟤 걸음걸이는 빠르기도 하다.)
> · 야인 너미 어질기만 흐다.
>   (얜 너무 어질기만 하다.)

위 '흐다'는 명사형어미 '-기'에 붙는 보조사 '는/도/만' 다음에 놓인다.

> △ 부정: 안흐다/못흐다 [안하다/못하다]
> · 가인 밉지 안흐다.
>   (그 아이는 밉지 안하다.)
> · 그 밧딘 눕뻬가 훍지 못흐다.
>   (그 밭에는 무가 굵지 못하다.)

위 '안흐다/못흐다'는 용언의 어간에 붙어 금지나 부정을 나타내는 어미
'-지' 다음에 놓이는 것이 통례이다.

> △ 추측: 듯흐다/부다 [듯하다/보다]
> · 닐은 가기가 어려울 듯흐다.
>   (내일은 가기가 어려울 듯하다.)
> · 집인 아무도 엇인가 부다.
>   (그 집에는 아무도 없는가 보다.)

△ 소망: 프다/시프다 [싶다]

· 난 어디던 돌아댕기고 <u>프다/시프다</u>.
(나는 어디든 돌아다니고 <u>싶다</u>.)
· 나도 잘 먹곡 잘살고 <u>프다/시프다</u>.
(나도 잘 먹고 잘살고 <u>싶다</u>.)

위 '프다/시프다'는 용언의 어간에 붙는 어미 '-고' 다음이면, 본서술어 다음에 보조서술어로 쓰인다.

4) 형용사어간에 '-ㄴ다/-나'의 사용

국어문법에는 현재의 사실을 나타내는 어말어미 '-ㄴ다'는 동사에 쓰이고 형용사에는 쓰이지 않는 것으로 돼 있다. 하지만 제주어에는 형용사어간에 붙는 평서형종결어미로 곧잘 쓰이고 있다. 그 쓰이는 조건은 모음으로 끝나는 형용사의 어간이면 '-ㄴ다'가 붙어서 현대국어의 '-다'가 되고, 자음받침으로 끝나는 어간이면 '-나'가 붙어서 현대국어의 '-다'가 된다.[57]

△ 형용사어간(모음)+ㄴ다 [-다]

· 맨 맞이민 아픈(프ㄴ)다.
(매는 맞으면 아프다.)
· 느네 쉐보단 우리 쉐가 더 흰(희ㄴ)다.
(너희 소보다는 우리소가 더 희다.)

△ 형용사어간(자음)+나 [-다]

· 경 ᄒ여사 좋<u>나</u>
(그렇게 하여야 좋<u>다</u>.)

---

57) 제주어의 평서형종결어미 '-나'는 동사어간에 붙을 때는 현재의 사실을 나타내는 현대국어의 '-는다'가 된다. 이에 관한 것은 '하권'의 <제6장 형태론> '평서형종결어미'의 '비존대형'에 구체적으로 예시돼 있다.

· 오래 묵으민 맛이 궂<u>나</u>.
(오래 묵으면 맛이 궂<u>다</u>.)

7. 관형사

관형사는 체언 앞에 붙어서 그 체언의 어떤 것임을 나타내는 품사이다. 그 기능에 따라 '지시관형사'·'수량관형사'·'성상관형사'로 구분되는데, 이들은 모두 조사와 어미를 취할 수 없는 고정된 형태를 취한다. 그러니 그 문법적인 기능은 부속성분에 해당하는 관형어인 수식언이 된다.

1) 지시관형사

지시관형사라고 함은 말 그대로 어떤 대상을 지적하는 기능을 가진 관형사이다. 아래 예시한 것이 그 대표적인 것이다. 이들은 지시대명사의 '근칭'·'중칭'·'원칭'과 같지만,[58] 그 기능이 수식어로 한정돼 있다.

△ 이/요 [이/요]
· <u>이</u> 사름은 누게고?
(<u>이</u> 사람은 누구냐?)
· <u>요</u> 말랑 아무신디도 ᄀᆞᆮ지 말라.
(<u>요</u> 말은 아무한테도 말하지 마라.)

△ 그/고 [그/고]
· <u>그</u> 아방에 <u>그</u> 아둘이어.
(<u>그</u> 아버지에 <u>그</u> 아들이다.)

---

58) 지시대명사인 경우는 조사를 취할 수 있으므로 부속성분인 수식어는 물론이고 주성분인 주어·목적어·보어·서술어로 쓸 수 있음이 지시관형사와 다른 점이다.

· 고 느숙은 아깝구낭!
(고 녀석은 귀엽구나!)

△ 저/조 [저/조]
· 저 무슬 일름은 뭣고?
(저 마을 이름은 뭐냐?)
· 조 아이랑 ᄒ쑬만 주라.
(저 아이랑 조금만 주라.)

위 '조'는 상대를 얕잡아서 귀엽게 이르는 지시관형사이지만, 실제는 잘 쓰이지 않고, '저'를 즐겨 쓴다.

△ 전/선 [前:전/現:현]
· 그건 전 목ᄉ 때 멩근 법이라.
(그건 전 목사 때 만든 법이다.)
· 선 목ᄉ가 전 목ᄉ만 못ᄒ여.
(현 목사가 전 목사만 못하다.)

▶ 이런/요런, 그런/고런, 저런/조런, 모(某), 귀(貴) …

2) 수량관형사

수량관형사라고 함은 사물의 수나 양을 나타내는 관형사인데, 아래 예시와 같이 그 나타내는 수량이 한 가지 뜻으로만 된 단일관형사와 두 가지 이상의 수량을 나타내는 뜻으로 된 복합관형사로 구분할 수 있다. 여기서 주의할 것은 수사와 구분인데, 수사로 쓰일 때는 그 다음에 조사가 붙지만, 관형사로 쓰일 경우는 조사가 붙지 않고, 그 뒤에 오는 체언을 한정해서 수식한다. 그 구분은 <수사>의 각주 42)에 예시돼 있다.

(1) 단일형

△ ᄒᆞᆫ/두 [한/두]

· ᄒᆞᆫ 곳이 펜안ᄒᆞ민 열 곳이 펜안ᄒᆞ다.
(한 곳이 편안하면 열 곳이 편안하다.)
· 두 번은 못ᄒᆞᆫ다.
(두 번은 못한다.)

△ 싀/석 [세/석]

· 싀 술 적 버릇 ᄋᆞ든ꞁ장 간다.
(세 살 적 버릇 여든까지 간다.)
· 올ᄀᆞ슬 곡숙은 석 섬뿐이어.
(올가을 곡식은 석 섬뿐이다.)

△ 늬/녁 [네/넉]

· 이제 늬 밤만 자민 멩질이어.
(이제 네 밤만 자면 명절이다.)
· 펜지 와난 지가 녁 둘이 넘엇저.
(편지 와난/왔던 지가 넉 달이 넘었다.)

△ 다슷/닷/댓 [다섯/닷/댓]

· 그 딘 다슷 멩만 셔도 뒌다.
(그 곳은 다섯 명만 있어도 된다.)
· 열 냥짜리 닷 냥도 받나.
(열 냥짜리 닷 냥도 받는다.)
· 그 ᄆᆞ슬은 댓 가위밧긔 엇다.
(그 마을은 댓 가호밖에 없다.)

△ ᄋᆞ슷/ᄋᆞᆺ [여섯/엿]

· ᄋᆞ슷 손까락을 육손이엥 ᄒᆞᆫ다.
(여섯 손가락을 육손이라고 한다.

· 그 그릇엔 옷 뒈 든다.

(그 그릇에는 엿 되가 든다.)

△ 일곱/으듭 [일곱/여덟]

· 북두칠성은 벨/빌이 일곱 개여.

(북두칠성은 별이 일곱 개이다.)

· 아칙 으듭 신 진시에 해당흔다.

(아침 여덟 시는 진시(辰時)에 해당한다.)

△ 아옵/열 [아홉/열]

· 지럭시가 아옵 발은 더 뒌다.

(길이가 아홉 발은 더 된다.)

· 열 놈 먹을 거 흔 놈은 못 먹나.

(열 사람 먹을 거 한 사람은 못 먹는다.)

▶ 수무(스무), 서른, 마은(마흔), 쉰, 예쉰(예순), 이(일)른(일흔), 으든
(여든), 아은(아흔), 백, 천, 만, 억, 조 …

△ 쳇/쳇채(차) [첫/첫째]

· 쳇 독 울 시간이 인신다.

(첫 닭 울 시간이 인시(寅時)이다.)

· 첫채(차) 똘ㄱ라 큰똘이엥 흔다.

(첫째 딸더러 큰딸이라고 한다.)

△ 둘채(차)/싯채(차) [둘째/셋째]

· 저디 신 둘채(차) 번 게 우리 집이어.

(저기 있는 둘째 번 것이 우리 집이다.)

· 스성제 중 싯채(차) 아둘을 말잿아둘이엥 곧나.

(사형제 중 셋째 아들을 맏잿아들이라고 한다/말한다.)

△ 닛채(차)/댓채((차) [넷째/댓째]

· 그 집이선 <u>닛채(차)</u> 번 손지가 질 잘산다.
  (그 집에서는 <u>넷째</u> 번 손자가 제일 잘산다.)
· 그중에선 지레가 흔 <u>댓채(차)</u> 번은 뒐 걸.
  (그중에서는 키가 한 <u>댓째</u> 번은 될 걸.)

△ ᄋᆞᆺ채(차)/일곱채(차) [여섯째/일곱째]

· 흑교에서 <u>ᄋᆞᆺ채(차)</u> 번 시간 끗나건 곧 오라.
  (학교에서 <u>여섯째</u> 번 시간 끝나거든 곧 오너라.)
· 앞이서 <u>일곱채(차)</u> 번 책상에 앚이라.
  (앞에서 <u>일곱째</u> 번 책상에 앉아라.)

△ ᄋᆞ덥채(차)/아옵채(차) [여덟째/아홉째]

· 저디 산 <u>ᄋᆞ덥채(차)</u> 번 사름은 누게고?
  (저기 선 <u>여덟째</u> 번 사람은 누구냐?)
· 가인 열 멩 중 <u>아옵채(차)</u> 번 ᄌᆞ식이엔 ᄀᆞᆯ아라.
  (그 아이는 <u>아홉째</u> 번 자식이라고 말하더라.)

△ 열채(차) [열째]

· 그 해 <u>열채(차)</u> 번 둘이 시월이어.)
  (그 해 <u>열째</u> 번 달이 시월이다.)
· 들어가는 디서 <u>열채(차)</u> 번 낭 아래 곱졋저.
  (들어가는 데서 <u>열째</u> 번 나무 아래 숨겼다.)

▶ 수무채(차)(스무째), 서(설)른채(차)(서른째), 마은채(차)(마흔째), 쉰
  채(차)(쉰째), 예쉰(순))채(차)(예순째), 이(일)른채(차)(일흔째), ᄋᆞ
  든채(차)(여든째), 아옵채(차)(아흔째), 백채(차)(백째), 천채(차)(천
  째), 만채(차)(만째), 억채(차)(억째) …

△ 멧/ᄋᆞ라 [몇/여러]

· 그디 <u>멧</u> 시에 갈 걸로 뒈엇이니?

(거기 몇 시에 갈 것으로 되었느냐?)
· 그 스태에 <u>오라</u> 멩 죽엇수다.
(그 사태에 <u>여러</u> 명 죽었습니다.)

△ 멧멧 [몇몇]
· 모든 일엔 <u>멧멧</u> 사름이 반대ㅎ메.
(모든 일에는 <u>몇몇</u> 사람이 반대한다.)
· 느 건 <u>멧멧</u> 개밧게 궂인 게 엇어라.
(네 것은 <u>몇몇</u> 개밖에 온전한 것이 없더라.)

위 '멧멧(몇몇)'은 현대국어 '몇'이 겹쳐진 복합관형사지만, 편의상 단일관형사에서 다뤘다. 또 수량을 나타내는 말에 현대국어의 접미사 '-째'에 해당하는 '-채/-차'가 붙어서 관형사가 될 경우는 그 뒤에 횟수나 순서를 나타내는 '번(番)'이 붙는 것이 통례이다.

(2) 복합형

△ 흔두 [한두]
· 웬만흔 집은 무쉬가 <u>흔두</u> 무린 셔낫저.
(웬만한 집은 우마가 <u>한두</u> 마리는 있었다.)
· 그 일은 <u>흔두</u> 시간으론 못흔다.
(그 일은 <u>한두</u> 시간으로는 못한다.)

△ 두싁/두서너 [두세/두서너]
· 이디랑 <u>두싁</u> 멩만 보내라.
(여기랑 <u>두세</u> 명만 보내라.)
· 그 올렌 집이 <u>두서너</u> 가위뿐이어.
(그 골목은 집이 <u>두서너</u> 채뿐이다.)

△ 서너/서너너댓 [서너/서너너덧]

· 밧이엔 흔 건 제우 <u>서너</u> 말지기뿐이어.

　(밭이라고 한 것은 겨우 <u>서너</u> 마지기뿐이다.)

· 놈삐 <u>서너너댓</u> 개만 매엉 오라.

　(무 <u>서너너덧</u> 개만 매어서 오너라.)

△ 너댓/너닷 [네댓]

· 나보단 <u>너댓</u> 술은 더 위우다.

　(나보다는 <u>네댓</u> 살은 더 위입니다.)

· 널배기가 <u>너닷</u> 뽐은 뒈커라라.

　(넓이가 <u>네댓</u> 뼘은 되겠더라.)

△ 대ᄋ숫/대옷 [대여섯/대엿]

· 그딘 <u>대ᄋ숫</u> 멩만 가라게.

　(거기는 <u>대여섯</u> 명만 가거라야.)

· 굴갱이 <u>대옷</u> 갠 셔사 흔다.

　(호미 <u>대엿</u> 개는 있어야 한다.)

△ 예슬곱/예실곱 [예닐곱]

· 이젠 <u>예슬곱</u> 술은 뒛일 거여.

　(이제는 <u>예닐곱</u> 살은 되었을 거야.)

· 그 밧딘 보리 <u>예실곱</u> 섬은 난다.

　(구 밭에는 보리 <u>예닐곱</u> 섬은 난다.)

▶ 열두서너(열두서너), 열서너늬(열서너네), 열너댓(열네댓), 열대ᄋ숫/
열대ᄋ숫(열대여섯), 열예슬(실)곱(열예닐곱), 수무흔두(스무한두), 서
(설)른두서너(서른두서너), 마은서너(마흔서너), 쉰너댓(쉰너덧), 예쉰
(순)ᄋ숫(예순여섯), 예쉰(순)대ᄋ숫(예순대여섯), 이(일)른예실(슬)
곱(이른예닐곱) …

△ 혼두채(차)/두서너채(차) [한두째/두서너째]

· 아마 그 올래에서 혼두채(차) 번 집일 거여.
  (아마 그 골목에서 한두째 집일 거야.)
· 이스 완 두서너채(차) 번 날쯤이랏주.
  (이사 와서 두서너째 번 날쯤이었지.)

△ 너댓채(차)/대오숫채(차) [너더댓째/대여섯째]

· 아마도 흐루에 글 너댓채(차) 번밧긔 못 씸실 거여.
  (아마도 하루에 글 너더댓째 번밖에 못 쓰고 있을 거야.)
· 대오숫채(차) 번끄진 곤장을 쳐도 끄딱도 안흐여라.
  (대여섯째 번까지는 곤장을 쳐도 까딱도 안하더라.)

△ 예슬(실)곱채(차)/열흔두채(차) [예닐곱째/열한두째]

· 울릉돈 예슬(실)곱채(차) 번 큰 섬이엥 흐다.
  (울릉도는 예닐곱째 번 큰 섬이라고 한다.)
· 우리 나란 이 시상이서 열흔두채(차) 번 부재엥 곧나.
  (우리 나라는 이 세상에서 열한두째 번 부자라고 말한다.)

▶ 열두서너채(차)(열두서너째), 열서너늬채(차)(열서너네째), 열너댓채
  (차)(열너더댓째), 열대오숫채(차)/열대오채(차)(열대여섯째), 열예슬
  (실)곱채(차)(열예닐곱째), 수무흔두채(차)(스무한두째), 서(설)른두
  서너채(차)(서른두서너째), 마은서너채(차)(마흔서너째), 쉰너댓채
  (차)(쉰너더댓째), 예쉰(순)오숫채(차)/예쉰(순)대오채(차)(예순대여
  섯째), 이(일)른예실(슬)곱채(차)(이른예닐곱째) …

△ 혼두남은/두서남은 [한두남은/두세남은]

· 웬만흔 집은 므쉬가 혼두남은 므린 셔낫저.
  (웬만한 집은 우마가 한두남은 마리는 있었다.)
· 슯은 감즈 두서남은 개만 그경 오라.
  (삶은 고구마 두세남은 개만 가져서 오너라.)

△ 오남은/수무남은 [여남은/스무남은]

·오남은 멩이 모다들언 일ᄒ염서라.
(여남은 명이 모여들어서 일하고 있더라.)
·앞으로도 수무남은 놈역은 더 든다.
(앞르로도 스므남은 사람의 일력은 더 든다.)

△ 서르남은/마으남은 [서른남은/마흔남은]

·그 된 낭이 서르남은 쿼밧긔 엇다.
(그 곳은 나무가 서르남은 그루밖에 없다.)
·아멩 안 뒈도 마으남은 핸 뒛이키어.
(아무리 안 되도 마흔남은 해는 되었겠다.)

△ 쉬남은/예수(쉬)남은 [쉰남은/예순남은]

·옛날은 쉬남은 술 넘으민 늙은이 행세ᄒ엿저.
(옛날은 쉬남은 살 넘으면 늙은이 행세하였다.)
·예수(쉬)남은 술에 죽엇이민 경 밍 쭐른 것도 아니어.
(예수남은 살에 죽었으면 그렇게 명 짧은 것도 아니다.)

▶예실(슬)곱남은(예닐곱남은), 열두ᄉ귝남은(열두세남은), 이(일)르남은
(일흐남은), 이른ᄉ귝남은(이른세남은), 오드남은(여드남은), 아으남은
(아흐남은), 백남은, 천남은…

3) 성상관형사

이들 성상관형사(性狀冠形詞)는 사물의 성질이나 상태를 나타내는 관
형사이다. 그 대표적인 것이 아래 예시한 것들이 주류를 이루는데, 여기서
주의할 것은 접두사와 구분이 모호하다는 점이다. 문법적으로는 접두사일
경우, 체언의 머리에 붙여 써서 파생어를 만드는 어소(語素)가 되고, 관형
사일 경우는 체언과 띄어 써서 독립된 품사가 된다.

△ 새/헌 [새/헌]

· <u>새</u> 옷 입언 나사난 곱다.
   (<u>새</u> 옷 입고 나서니까 곱다.)
· 목싯집이 <u>헌</u> 대문 든다.
   (목숫집에 <u>헌</u> 문 단다.)

△ 단/흔 [單:단/한]

· ᄌᆞ식은 <u>단</u> ᄒᆞ나밧긔 엇다.
   (자식은 <u>단</u> 하나밖에 없다.)
· 그 집인 <u>흔</u> 사름만 산다.
   (그 집에는 <u>한</u> 사람만 산다.)

△ 벨/벨벨 [別/別別:별/별별]

· 그것 웨엔 <u>벨</u> 방밥이 엇다.
   (그것 외에는 <u>별</u> 방법이 없다.)
· 시(싀)상엔 <u>벨벨</u> 사름이 다 싯나.
   (세상에는 <u>별별</u> 사람이 다 있다.)

△ 엿/옛 [古:옛]

· <u>엿/옛</u> 사름덜은 가난ᄒᆞ여도 고정ᄒᆞ게 살앗저.
   (<u>옛</u> 사람들은 가난하여도 고정하게 살았다.)
· 지금은 <u>옛</u> 인심 ᄎᆞ자보기 어렵나.
   (지금은 <u>옛</u> 인심을 찾아보기 어렵다.)

△ 진진/먼먼 [긴긴/먼먼]

· <u>진진</u> 담배통, ᄍᆞ른ᄍᆞ른 담배통.
   (<u>긴긴</u> 담배통, 짤디짜른 담배통.)
· 어느 <u>먼먼</u> 옛날에 잇어낫젠 ᄒᆞ여라.
   (어느 <u>먼먼</u> 옛날에 있었다고 하더라.)

▶ 각(各), 매(每), 순(純), 양(兩), 맨, 온, 헌헌 …

8. 부 사

부사는 용언인 동사·형용사나 부사의 앞에 놓여서 그들을 한정해서 꾸미는 구실을 하는 품사이다. 그 특징은 활용을 하지 않지만, 보조사인 특수조사가 붙을 수가 있다. 또 그 기능에 따라 '지시부사(指示副詞)'·'성상부사(性相副詞)'·'부정부사(否定副詞)'·'접속부사(接續副詞)'·'상징부사(象徵副詞)'로 나뉜다. 특히 제주어는 이들 부사 중 상징어인 의성어와 의태어는 다양해서 현대국어로 대역하지 못하는 것들이 많다. 그에 대해서는 <제3장 어휘론>에서도 다뤄지고 있다.

1) 지시부사

지시부사라고 함은 특정한 대상을 지적해서 가리키는 부사인데, 장소나 시간에 관련된 것이 주류를 이루고 있다. 그 대표적인 것을 골라보면 아래 예시와 같이 처소와 때를 지적하는 것이 대부분이다.

△ 이레/요레 [이리/요리]
· 가이 이레 오렝 ᄒᆞ라.
  (걔 이리 오라고 하여라.)
· 그디 말앙 요레 앚심게.
  (거기 말고 요리 앉게나.)

△ 그레/고레 [그리]
· 그레 가게 말라.
  (그리 가게 마라.)
· 고레랑 가게 ᄒᆞ라.
  (그리랑 가게 하라.)

△ 저레/조레 [저리]

· 느랑 <u>저레</u> 강 녕 자라.
  (너는 <u>저리</u> 가서 뉘 자거라.)

· 이건 <u>조레</u> 보내불게.
  (이것은 <u>저리</u> 보내버리자.)

△ ᄀᆞᆺ사(새)/인칙 [아까]

· <u>ᄀᆞᆺ사(새)</u> 들은 말 잊어불지 말라.
  (<u>아까</u> 들은 말 잊어버리지 마라.)

· 가인 <u>인칙</u>부떠 지드럼저.
  (걔는 <u>아까</u>부터 기다리고 있다.)

  ▶ ᄀᆞ자(여태), 아직, 이제, ᄀᆞᆺ(갓)/곧 …

위의 '이레/요레'는 즐겨 쓰이지만, '그레·저레'의 작은말에 해당하는 '고레'·'조레'는 실제 잘 사용하지 않는다.

2) 성상부사

성상부사라고 함은 사물의 성질이나 상태를, 그 뜻의 의도에 따라서 '어떻게' 되거나 하라는 방식으로 그 뒤에 오는 용언을 수식하는 부사를 일컫는다.

△ 거자/건줌 [거의]

· 지금쯤은 <u>거자</u> 갓일 거여.
  (지금쯤은 <u>거의</u> 갔을 것이다.)

· 일 <u>건줌</u> ᄆᆞ까감저.
  (일 <u>거의</u> 마쳐 가고 있다.)

△ 경/영 [그렇게/이렇게]
· 물이 경 그리와(워)냐?
  (물이 그렇게 먹고 싶다냐?)
· 나 ᄒ는 일은 무사 영 안 뒘신고겐?
  (내가 하는 일은 왜 이렇게 안 되고 있을ᄁᆞ야?)

△ 경정 [그럭저럭/그렇게–저렇게]
· 난 경정 지냄저.
  (나는 그럭저럭 지내고 있다.)
· 본 대로 들은 대로 경정 ᄒᆞ우덴 굴앗주.
  (본 대로 들은 대로 그렇게–저렇게 합니다고 말했지.)

△ 영정 [이럭저럭/이렇게–저렇게]
· 영정 ᄒᆞ멍 뒈는 냥 살암십주.
  (이럭저럭 하면서 되는 대로 살고 있습니다.)
· 가이안티 들으난 영정 굴아라.
  (개한테 들으니까 이렇게–저렇게 말하더라.)

△ ᄆᆞᆫ/ᄆᆞᆫ딱/ᄆᆞ딱 [모두/죄다]
· 그 집안 식구덜 ᄆᆞᆫ 모염서라.
  (그 집안 식구들 모두 모이고 있더라.)
· 시민 신 대로 ᄆᆞᆫ딱/ᄆᆞ딱 들렁 오라.
  (있으면 있는 대로 죄다 들러서 오너라.)

△ 역불 [부러/일부러]
· 말렌 흔 짓은 역불 더흔다.
  (말라고 한 짓은 부러 더한다.)
· 느 만나젠 역불 왓이네게.
  (너 만나려고 일부러 왔다야.)

△ 지깍 [꽉/빼꼭히]

· 혹교마당엔 사름으로 지깍 찿저.
(학교마당에는 사람으로 꽉 찼다.)

· 저 밧딘 낭을 지깍 싱것인게.
(저 밭에는 나무를 빼옥히 심었네.)

△ 으세기/으셍이, 으스레기/으스렝이 [슬그머니]

· 촞단 보난 으세기 완 삿인게.
(찾다가 보니 슬그머니 와서 서있네.)

· 어디 간 놀단 으셍이 들어왓어라.
(어디 가서 놀다가 슬그머니 들어왔더라.)

· 욕 들어지카부덴 밤중이사 으스레기/으스렝이 들어완 잠저.
(욕 들어질까보아서 슬그머니 들어와서 자고 있다.)

△ 흐다 [아예/제발]

· 흐다 그런 생각이랑 마심.
(아예 그런 생각이랑 마시게.)

· 성제덜찌리랑 흐다 드투지 말라
(형제들끼리는 제발 다투지 말라.)

△ 혼저 [어서/빨리]

· 잘 왓수다. 혼저 옵서.
(잘 왔습니다. 어서 오십시오.)

· 혼저 걸으라게, 날 어둑엄시네.
(빨리 걸어라야, 날 어둡고 있다.)

▶ 게메(글세/그러기에), 고들베(꾸준히), 느시/온(전혀/도저이), 대군대
군(꼬지꼬지), 듬뿍(담뿍), 무사(왜), 비룽이(빤히), 볼써(벌써), 술쩍
이(살짝이/살짝), 아멩(아무리), 으썩(슬쩍), 지때기(자꾸), 주주(자
주), 졸바로(제대로), 추라리(차라리), 쿰쿰이(꼼꼼이), 톤톤(탄탄),
풍당(풍덩), 흐쑬(조금), 흔지네(늘/자주) …

3) 부정부사

부정부사라고 함은 용언인 동사와 형용사의 앞에 놓여서 그 뜻을 부정하는 구실을 하는 부사이다. 이에 해당하는 것은 '못'과 '안'이다.

  △ 못 [못]
   · <u>못</u> 먹나 <u>못</u> 먹나 ᄒ멍 거죽ᄁ장 다 먹나.
   (<u>못</u> 먹는다 <u>못</u> 먹는다 하면서 껍질까지 다 먹는다.)
   · 첫 ᄉ랑은 <u>못</u> 잊나.
   (첫 사랑은 <u>못</u> 잊는다.)

  △ 안/아니 [안/아니]
   · 사름 엇은 집인 <u>안</u> 들어간다.
   (사람 없는 집에는 <u>안</u> 들어간다.)
   · 오고라진 개꼴랭이 <u>아니</u> 페와진다.
   (오고라진 개꼬리 <u>아니</u> 펴진다.)

4) 접속부사

접속부사라고 함은 앞의 말을 뒤로 연결시켜주는 구실을 하는 부사이다. 영어문법에서 접속사로 취급하는 것은 모두 이에 해당한다. 특히 제주어는 말을 길게 끌지 않는 말하기의 특성을 살린 구술형태를 취하므로, 말과 말 사이를 잇는 접속어의 비중이 크지 않다. 그나마 아래 예시한 것들은 곧잘 쓰인다.

  △ 게곡/게고 [그리고]
   · 그건 앗아도 좋다. <u>게곡</u> 이건 저디 잘 놔두라.
   (그건 가져도 좋다. <u>그리고</u> 이건 저기 잘 놔둬라.)
   · 느왕(광) 나, <u>게고</u> 자이덜은 가차운 방상/궨당이어.
   (너와 나, <u>그리고</u> 저 아이들은 가까운 친족이다.)

　　△ 경호곡/경호고 [그러하고/그러고]

　　　·일이랑 잘호라. 경호곡 품/쿰이랑 하영 받으라.
　　　 (일이랑 잘하라. 그러하고/그러고 품삯은 많이 받아라.)
　　　·두 개썩만 앗으라. 경호고 나도 호나만 도라.
　　　 (두 개씩만 가지라. 그러하고/그러고 나도 하나만 달라.)

　　△ 그런디/근디 [그런데]

　　　·못 존디게 구난 뜨렷주만, 그런디 그게 아니어.
　　　 (못 견디게 구니 때렸지만, 그런데 그것이 아니다.)
　　　·어룬은 다 죽엇저. 근디 아이만 살앗저.
　　　 (어른은 다 죽었다. 그런데 아이만 살았다.)

　　△ 게민/게난 [그러면/그러니까]

　　　·는 장이 감샤, 게민 나도 끄찌 가키어.
　　　 (너는 장에 가고 있나, 그러면 나도 같이 가겠다.
　　　·가이도 안 가켕 골아라, 게난 느도 가지 말라.
　　　 (그 아이도 안 가겠다고 말하더라, 그러니까 너도 가지 말라.)

　　▶ 그러곡(그러고), 경호나(그러하나), 경호니(그러하니), 또/또시(또/다
　　　시), 황츠(況且)/호물며(하물며) …

　　위의 '게곡/게고'·'그러곡/그려고'·'경호곡/경호고'의 '곡'과 '고'는 둘
다 쓰지만, 옛 분들은 '고'보다 '곡'을 즐겨 썼다. 또 '경호곡(고)'의 '경'은
'기엉'이 준 꼴인데, 실제 말할 때는 지역에 따라 단모음화한 '겡'으로 발음
해서 표기하는 경우도 있다. 그러나 올바른 발음과 표기는 '경'이라야 한다.

5) 상징부사

　　상징부사라고 함은 소리와 모양을 나타내는 상징어인 태어(態語)로
된 부사를 통틀어 일컫는다. 이들은 아래 (1)(2)와 같이 의성부사와 의태부

사로 나뉜다.

(1) 의성부사

의성부사라고 함은 소리의 모양을 나타내는 의성어(擬聲語)인데 거의가 같은 말의 중첩 반복되는 첩어(疊語)로 돼 있다. 이들은 실제 대화현장에서 말하는 사람의 습관과 억양에 다라 강약조절이 가능하다. 그만큼 다양해서 표준어로 대역할 수 없는 것들도 많지만, 주석(註釋)을 달지 않고는 이해하기가 어려운 것들이 꽤 많다. 여기서는 가급적 현대국어로 대역할 수 있는 것에 한정하되, 간혹 그에 마땅한 대역어가 없는 것은 제주어를 그대로 살렸다. 더 구체적인 것은 <제3장 어휘론>의 '태어(態語)'에서 다루기로 한다. 어휘간의 부등호 < 표시는 큰말/센말을 나타낸 것이다.

△ 콜강콜강<글강글강 [갈강갈강<글겅글겅]
· 쥉이 쌔무는 소리가 <u>콜강콜강</u> 들렴저.
  (쥐 쏘는 소리가 <u>갈강갈강</u> 들리고 있다.)
· 문착이 브름에 흔들련 <u>글강글강</u> 소리 남저.
  (문짝이 바람에 흔들려서 <u>글겅글겅</u> 소리 나고 있다.)

△ 돌각돌각<돌칵돌칵 [달각달각<달칵달칵]
· 저건 <u>돌각돌각</u> 그릇 다데기는 소리어.
  (저건 <u>달각달각</u> 그릇 부딪치는 소리다.)
· 자갈밧을 걸을 땐 <u>돌칵돌칵</u> 소리 난다.
  (자갈밭을 걸을 때는 <u>달칵달칵</u> 소리 난다.)

△ 앵앵<잉잉 [앵앵<잉잉]
· 무사 자인 <u>앵앵</u> 울엄시니?
  (왜 쟤는 <u>앵앵</u> 울고 있나?)
· 요놈은 늘 <u>잉잉</u> 우는 게 일이라.

(요놈은 늘 <u>잉잉</u> 우는 것이 일이다.)

△ 조랑조랑/조롱조롱 [졸졸]

· 고소리에서 술 ᄂ리는 소리가 <u>조랑조랑</u> 남저.
(소줏고리에서 술 내리는 소리가 <u>졸졸</u> 나고 있다.)
· 오래 ᄀ물민 산물도 <u>조랑조랑</u> 족게 ᄂ린다.
(오래 가물면 샘물도 <u>졸졸</u> 적게 내린다.)

△ 포릉포릉<포르릉포르릉 [파득파득<파드득파드득]
푸룽푸룽<푸루룽푸루룽 [푸둥푸둥<푸드덕푸드덕]

· 꿩빙애기가 <u>포릉포릉</u> 눌기 시작ᄒ엿저.
(꺼병이가 <u>파득파득</u> 날기 시작하였다.)
· 생이가 <u>포르릉포르릉</u> 눌암저.
(새가 <u>파드득파드득</u> 날고 있다.)
· 생인 <u>푸룽푸룽</u> ᄂ다.
(새는 <u>푸덕푸덕</u> 난다.)
· 꿩은 <u>푸루룽푸루룽</u> ᄂ는 소리가 큰다.
(꿩은 <u>푸드덕푸드덕</u> 나는 소리가 크다.)

▶ 맹꽁맹꽁, 강악강악<깡악깡악(깽깽), 댕댕<땡땡, ㅂ슬락ㅂ슬락<부슬락부슬락(바스락바스락<부스럭부스럭), 중앙중앙<중알중알(중얼중얼), 중은중은<중얼중얼(중얼중얼), 콜롱콜롱<쿨룽쿨룽(콜록콜록<콜록콜록), 톨랑톨랑<툴랑툴랑(통탕통탕<퉁탕퉁탕), 홀강홀강<홀강강홀강(할근할근) …

위 '조랑조랑<조롱조롱'은 물이 적고 약하게 흐르는 소리를 나타내는 의성부사인데, 현대국어의 '졸졸'로밖에 대역이 안 된다. 따지고 보면 '졸졸'보다 그 소리가 더 실감 있게 묘사돼 있다. 또한 '<u>포릉포릉<포르릉포르릉</u>'·'푸룽푸룽<푸루룽푸루룽' 역시 현대국어로 대역할 때 '파득파득<파드득파드득'·'푸덕푸덕<푸드덕푸드덕'으로 했지만 실감 있는 어감과 뉘앙스가

살아나지 않는다. 이 말은 날짐승이 앉았다가 날아갈 때 곁에서 그 날갯소리를 들을 수 있는 조류에 한정돼 있다. 게다가 밑줄 친 말 중 '프'의 모음 'ㆍ'를 'ㅏ'로 하면 '파릉파릉<파르릉파르릉'이 되는데, 그렇게 되면 제주어 본연의 곰살가운 어감이 반감돼 버린다. 이런 현상은 제주어 전반에 걸쳐 나타나는 것인데, 기존의 표준어로 옮길 수 없는 것이 부지기수이다.

(2) 의태부사

의태부사라고 함은 사물의 모양이나 동작·짓을 나타내는 의태어(擬態語)인데, 그 형태가 매우 다양해서 앞의 의성어와 함께 제주어가 갖는 특성으로 꼽힌다. 다 열거할 수 없으므로 그 성향을 알 수 있는 것 몇 개만 예시하고, 나머지는 <제3장 어휘론>의 '태어'에서 더 다루기로 한다. 어휘 간의 < 표시는 큰말/센말을 나타내는 것이다.

> △ 눌짝눌짝<늘짝늘짝 [날짱날짱<늘쩡늘쩡]
> · 자인 <u>눌짝눌짝</u> 뭉케당 보민 날 저문다.
>   (쟤는 <u>날짱날짱</u> 꾸물대다가 보면 날 저문다.)
> · 무사 경 <u>늘짝늘짝</u> 걸엄시니?
>   (왜 그렇게 <u>늘쩡늘쩡</u> 걷고 있느냐?)
>
> △ 빙빙<삥삥<핑핑 [빙빙<삥삥<핑핑]
> · 소로기가 공중이서 <u>빙빙</u> 돌암저.
>   (솔개가 공중에서 <u>빙빙</u> 돌고 있다.)
> · 돌아난 듸만 자꾸 <u>삥삥</u> 돌암서라.
>   (돌았던 데만 자꾸 <u>삥삥</u> 돌고 있더라.)
> · 술 먹으민 정신이 <u>핑핑</u> 돈다.
>   (술 먹으면 정신이 <u>핑핑</u> 돈다.)

△ 돌돌<똘똘<툴툴 [돌돌<똘똘<툴툴]

· 멍석 <u>돌돌</u> 물앙 세우라.
  (멍석 <u>돌돌</u> 말아서 세워라.)

· 밧문센 <u>똘똘</u> 싼 잘 놔뒷저.
  (밭문서는 <u>똘똘</u> 싸서 잘 놔두었다.)

· 애긴 무사 손을 <u>툴툴</u> 무꺼시니?
  (아기는 왜 손을 <u>똘똘</u> 묶었느냐?)

△ 알록달록<얼룩덜룩 [알록달록<얼룩덜룩]

· 단풍이 <u>알록달록</u> 곱게 물들엇저.
  (단풍이 <u>알록달록</u> 곱게 물들었다.)

· 어떠난 흰옷이 <u>얼룩덜룩</u> 색칠ᄒᆞ여것이니?
  (어째서 흰옷이 <u>얼룩덜룩</u> 색칠하여졌느냐?)

△ 판도롱판도롱<펀두룽펀두룽 [말똥말똥<멀뚱멀뚱]

· 눈만 <u>판도롱판도롱</u> 어떵 홀 걸 몰람저.
  (눈만 <u>말똥말똥</u> 어떻게 할 것을 모르고 있다.)

· 정신은 <u>펀두룽펀두룽</u> 멀쩡ᄒᆞ연게겐.
  (정신은 <u>멀뚱멀뚱</u> 말짱하던데야.)

▶ ᄀᆞ닥ᄀᆞ닥<거닥거닥(가들가들<거들거들), 납작납작/넙적넙적(납작납
작/넓적넓적), 물랑물랑<몰랑몰랑<무랑무랑<밀랑밀랑(말랑마랑
<물렁물렁), ᄇ들락ᄇ들락<보들락보들락<부들락부들락(바동바동),
술착술착<슬착슬착(살짝살짝<슬쩍슬쩍), 알랑알랑<얼랑얼랑(야들
야<이들이들), 조작조작<주작주작(우쭉우쭉), 차울락차울락<처울
락처울락(쩔뚝쩔뚝), 톨락톨락<톨락톨락<털럭털럭<툴럭툴럭(탈싹
탈싹<털썩털썩), 프릿프릿<포릿포릿<푸릿푸릿(파릇파릇<푸릇푸릇),
홀들흔들<흔들흔들(한들한들<흔들흔들) …

위 '빙빙<삥삥<핑핑'은 국어문법에서 상대되거나 비슷한 음운이 서로

관계해서 갈라지는 삼지적(三肢的) 상관속(相關束)에 따른 조어형태(造語形態)이다. 즉 예사소리[平音] 'ㅂ'보다는 된소리[硬音] 'ㅃ'이, 된소리 'ㅃ'보다 거센소리[激音] 'ㅍ'이 강도가 더해진 'ㅂ<ㅃ<ㅍ'의 관계가 발달돼 있다. 그와 같은 부류의 '돌돌<똘똘<톨톨'인 경우는 현대국어에는 'ㄷ<ㄸ'만 적용되는 '돌돌<똘똘<뚤뚤'만 있고, 첫소리 자음의 거센소리로 된 '톨톨'은 없다.

9. 감탄사

감탄사라고 함은 감동과 찬탄의 놀라움을 나타내는 품사이다. 그 쓰임은 단독으로 말과 글의 앞에 놓여서 독립언의 구실을 하는 것이 원칙인데, 이따금 맨 뒤에 놓이기도 한다. 그 대표적인 것을 간추려보면, 말할 때 정황과 내용에 따른 '느낌·부름·응답·발어사' 따위가 주류를 이루고 있다. 여기서 주의할 것은 부름을 나타내는 호칭일 경우, 그 이름에 호격조사가 붙는 것도 감탄사가 될 수 있다. 끝에는 강세첨사/구술첨사 '게/겐'·'야'·'이'가 붙어서 그 어조를 더 강하게 만든다.

아래 제시한 것들은 대표적인 것을 간추린 것일 뿐, 국어사전에 없는 것들이 많아서 다 열거할 수가 없다. 부등호 < 표는 의미의 강도를 나타낸 것이다.

1) 느낌/한탄

이들 느낌과 한탄의 감탄사는 희로애락을 중심으로 놀라움 따위를 나타내는 것이 주류를 이루고 있다. 그 대부분은 현대국어와 같거나 엇비슷한 것들이지만, 그 중에는 현대국어로 대역이 자유롭지 못한 것이 있다.

△ 아 [아]
- <u>아</u>, 세월도 쁘르다/뽈르다.
  (<u>아</u>, 세월도 빠르다.)
- <u>아</u>, 볼써 경 뒛구나/뒛구낭!
  (<u>아</u>, 벌써 그렇게 됐구나!)

△ 아고<아고게<아고겐 [아이고<아이고야]
- <u>아고</u>, 그게 아닌디.
  (<u>아이고</u>, 그것이 아닌데.)
- <u>아고게</u>, 난 어떵 흐코?
  (<u>아이고야</u>, 나는 어떻게 할까?)
- <u>아고겐</u>, 그게 무신 말고겐.
  (<u>아이고야</u>, 그게 무슨 말이냐야.)

△ 아고야<아고야게<아고야겐 [에구머니<에구머니나]
- <u>아고야</u>, 오래도 걸엇저.
  (<u>에구머니</u>, 오래도 걸었다.)
- <u>아고야게</u>, 잘도 불쌍흐다이.
  (<u>에구머니나</u>, 잘도 불쌍하다야.)
- <u>아고야겐</u>, 어떵흐난 경 뒈어불엇이니겐?
  (<u>에구머니나</u>, 어떠니까 그렇게 되어버렸냐야?)

△ 아이고<아이고게<아이고겐 [아이고<아이고야]
- <u>아이고</u>, 아프다게.
  (<u>아이고</u>, 아프다야.)
- <u>아이고게</u>, 경 흐민 안 된다.
  (<u>아이고야</u>, 그렇게 하면 안 된다.)
- <u>아이고겐</u>, 이젠 그 집안 다 망흐엿구낭!
  (<u>아이고야</u>, 이젠 그 집안 다 망하였구나!)

△ 아이고야＜아이고야게＜아이고야겐 [에구머니＜에구머니나]

· <u>아이고야</u>, 그게 무신 말고?
  (<u>에구머니</u>, 그게 무슨 일이냐?)
· <u>아이고야게</u>, 경ㄲ장 ᄒ여냐?
  (<u>에구머니나</u>, 그렇게까지 하더냐?)
· <u>아이고야겐</u>, 절국은 죽엇구나!
  (<u>에구머니나</u>, 결국은 죽었구나!)

△ 아야＜아야야 [아야＜아야야]

· <u>아야</u>, 돈 오꼿 일러불어라.
  (<u>아야</u>, 돈 그만 잃어버렸다.)
· <u>아야야</u>, 큰일 낫저.
  (<u>아야야</u>, 큰일 났다.)

△ 에게＜에게게＜에게겐 [에계＜에계계]

· <u>에게</u>, 제우 이거뿐이라.
  (<u>에계</u>, 겨우 이것뿐이야.)
· <u>에게게</u>, 이건 못 쓰키어.
  (<u>에계계</u>, 이건 못 쓰겠다.)
· <u>에게겐</u>, 이젠 다 틀렷저.
  (<u>에계계</u>, 이제는 다 틀렸다.)

△ 얼씨구＜얼씨구나 – 절씨구나 [얼씨구＜얼씨구나 – 절씨구나]

· <u>얼씨구</u>, 저 ᄒ는 꼴 보라.
  (<u>얼씨구</u>, 저 하는 꼴 보라.)
· <u>얼씨구나 – 절씨구나</u>, 아니 놀진 못ᄒ리라.
  (<u>얼씨구나 – 절씨구나</u>, 아니 놀지는 못하리라.)

감탄사 '얼씨구'는 단독으로는 쓰여도, '절씨구'는 주로 '얼씨구' 다음에 이어져서 쓰이는데, 흥을 돋우는 노랫말에 잘 쓰인다. 때로는 못마땅한 짓거리를 할 때 나무라서 비꼬는 소리로도 쓰인다.

△ 아따<아따가라 [아따<아서라야]
· 아따, 그만 흔 일에 노흐여냐?
  (아따, 그만 한 일에 노하더냐?)
· 아따가라, 그만흔 일에 비쓸우지 말게.
  (아서라야, 그만한 일에 노여워하지 말게.)

△ 에라/에이 [에라/에이]
· 에라, 뒐 대로 돼라.
  (에라, 될 대로 돼라.)
· 에이, 시상 돌아가는 꼬락사니 흐곤.
  (에이, 세상 돌아가는 꼬락서니 하고는.)

△ 원원 [해도해도]
· 원원, 저런 몽니다리가 시카?
  (원원, 저런 몽니쟁이가 있을까?)
· 저런 잡놈이 어디 셔, 원원게!
  (저런 잡놈이 어디 있나, 원원!)

위 '원원'은 지나친 행태에 대한 나무람과 원망이 뜻으로 쓰이는데, 현대 국어로 대역하려면 적절한 말이 없으므로, 그 정황에 따른 어조를 살릴 수밖에 없다. 편의상 '해도해도'의 뜻이 담긴 '원원'을 그대로 했다.

△ 허<허허 [허<허허]
· 허, 그거 안 뒛저.
  (허, 그거 안 됐네.)

· <u>허허</u>, 너놈이 날 이겨지카부덴?

  (<u>허허</u>, 네놈이 나를 이겨질까보냐?)

△ 어춤/허춤 [어참/허참]

· <u>어춤</u>, 어이가 엇다.

  (<u>어참</u>, 어이가 없다.)

· <u>허춤</u>, 누게가 경 뒐 중 알앗어?

  (<u>허참</u>, 누가 그렇게 될 줄 알았나?)

△ 호이/후 [호이/후]

· 아이고, 숨브뜨다 <u>후</u>!

  (아이고, 숨차다 <u>후</u>!)

· 이디 앚앙 흐끔 쉬엉 가게, <u>호이</u>!

  (여기 앉아서 조금 쉬어서 가자, <u>호이</u>!)

▶ 아이가 –아이가, 아이고–아이고, 아떠불라/어떠불라(아 –뜨거워), 에
  따/에따가라(아따/아서라야), 어마/어마나, 오마떵어리/어마떵흐리
  (아 –어쩌면 좋아), 저런 …

2) 부름/호명

이들 부름/호명은 주로 상대방을 향해서 부르는 말이다. 그 대표적인
것으로, 직접 이름으로 부르는 경우와 그 대용어로 쓰이는 아호·별명으로
부르는 경우가 있는데, 그런 말은 감탄사로 취급하는 것이 통례이다. 그것
도 이름이나 호칭을 나타내는 말의 끝음절이 자음받침으로 끝나면 호격조
사 '아'가 붙고, 모음으로 끝나면 '야'가 붙는다. 또 그 끝에 강세첨사/구술
첨사 '게/겐'이 붙어서 보조사 '야'가 덧붙은 효과를 나타낸다.

△ 개똥아<개똥아게<개똥아겐 [개똥아<개똥아야]

· <u>개똥아</u>, 그디서 무신거 흐염시?

(개똥아, 거기서 무었을 하고 있느냐?)

· 개똥아게, 나 부름씨 좀 흐라.

(개똥아야, 내 시부름 좀 하여라.)

· 개똥아겐, 무사 불러도 대답 안흐염나?

(개똥아야, 왜 불러도 대답 안하고 있느냐?)

△ 메노(누)리야<메노(누)리야게<메노리야겐 [며느리야<며느리
야야]

· 메느리야, 오늘랑 집안일 도우라.

(며느리야, 오늘랑 집안일 도우라.)

· 메노리야게, 무사 경 용심냄시니?

(며느리야야, 왜 그렇게 화내고 있느냐?)

· 메노리야겐, 이 씨아방 말도 들어보라.

(며느리야야, 이 시아비 말도 들어보라.)

△ 야<야게<야겐 [얘<얘야]

· 야, 제발 그딘 가지 말라게.

(얘, 제발 거기는 가지 마라.)

· 야게, 제발 경 흐지 말아도라이.

(얘야, 제발 그렇게 하지 말아다오.)

· 야겐, 이거부떠 몬저 흐게겐.

(얘야, 이것부터 먼저 하자꾸나야.)

△ 야야<야야게<야야겐 [얘야]

· 야야, 이제랑 그만 놀라.

(얘야, 이제는 그만 놀라.)

· 야야게, 조고마니 먹으라.

(얘야, 자그마니 먹어라.)

· 야야겐, 그건 경흐민 안 뒈는 거여.

(얘야, 그건 그렇게 그러면 안 되는 거다.)

  △ 양<양게 [이봐요<이봐요네] 59)

  · <u>양</u>, 이디 와 봅서.
  (<u>이봐요/이보세요</u>, 여기 와 보세요.)
  · <u>양게</u>, 저디 누게 완 촛암수게겐.
  (<u>이봐요네/이보세요네</u>, 저기 누가 와서 찾고 있습니다요.)

  △ 저양<저양게 [저요<저요네]

  · <u>저양</u>, 나 말ᄒ커메 좀 들어봅서.
  (<u>저요</u>, 저가 말하겠으니 좀 들어보십시오.)
  · 경도 ᄒ주마는 <u>저양게</u>, 이런 것도 셧수다게.
  (그렇기도 하지만 <u>저요네</u>, 이런 것도 있었습니다요.)

  ▶ 신이여, 애기야, 이봐/이보게, 여보, 여보게, 막둥아, 샛년아(둘째년
  아), 도둑놈아(도둑놈아), 뚜럼아(바보야), 돌아돌아(달아달아), 새야
  새야 파랑새야…

  위의 예시와 같이 '양'은 아랫사람이 윗사람을 부를 때 호칭 대신 말머리
인 어두에 놓이는데, 특히 여인네가 남정네를 부를 때 '여보' 대용어로 잘
쓰였다. 또 아래 3)과 같이 윗사람이 부를 때 대답하는 말로도 쓰인다.

3) 응답/반응

  이 응답의 감탄사는 누가 부르거나 무슨 일의 반응을 나타내는 말들
이 주축을 이루고 있다. 여기서 '양/양게'는 앞에서 다룬 부름·호칭과 같
지만, 전연 다른 현대국어의 대답하는 '네/예'에 해당하는 말이다. 강세첨

---

59) 이 경우의 호칭 삼아 쓰는 '양'은 단독으로 쓰거나 그 다음에 강세첨사/구술첨사 '게'가
  붙은 '양+게'에 한정돼 있다. 그 외는 부를 때 대답과 말을 꺼내는 발어사(發語辭)로
  쓰거나 종결어미 다음에 붙어서 그 말하고자 하는 의도의 어세를 강하게 하는 강세첨사
  로 쓰인다. 공통점은 비존형에는 안 쓰고 존대형에만 쓴다.

사 '게/겐'이 붙기도 한다.

　　△ 양<양게<양겐 [네<네게][60]

　　　・양, 무사 불럼수과?
　　　　(네, 왜 부릅니까?)
　　　・양게, 혼 번만 불러도 들엄수다.
　　　　(네게, 한 번만 불러도 듣고 있습니다.)
　　　・양겐, 자꾸 성가시게 으라 번 불르지 맙서게.
　　　　(네게, 자꾸 성가시게 여러 번 부르지 마십시오네.)

　　△ 기어<기어게<기어겐 [그래<그래라야]

　　　・기어, 곧(ᄌ) 가마.
　　　　(그래, 곧 가마/갈게.)
　　　・기어게, 자꾸 귀찬ᄒ게 보께지 말라.
　　　　(그래라야, 자꾸 귀찮게 보채지 마라.)
　　　・이제랑 집이 가카마씀(씸)? 기어겐.
　　　　(이제랑 집에 갈까요? 그래라야.)

　　△ ᄀ<ᄀᄀ [그렇지<그렇지-그렇지]

　　　・영 매민 뒈크라. ᄀ, 경 꽉 졸라매민 뒈어.
　　　　(이렇게 매면 되겠나. 그렇지, 그렇게 꽉 졸라매면 되네.)
　　　・ᄀᄀ, 바로 경 ᄒ민 뒌다.
　　　　(그렇지-그렇지, 바로 그렇게 하면 된다.)

　　△ 장군/멍군・장군아/멍군아 [장군/멍군・장군아/멍군아]

　　　・장군, 장 받으라. 멍군!
　　　　(장군, 장군 받아라. 멍군!)

---

60) 이 경우의 '양<양게<양겐'은 대답할 때 쓰는 현대국어의 '네/예'에 해당하는데, 강세첨
　　사/구술첨사 '게/겐'이 붙으면 알아듣는데 왜 자꾸 부르고 있느냐고 하는 숨은 의도가
　　담긴다. 부를 때 쓰는 '양<양게'와 구분해야 한다.

· <u>장군</u>아, 에따 <u>멍군</u>아!

(<u>장군</u>아, 에따 <u>멍군</u>아!)

△ 으<ᄋ게<ᄋ겐 [그래<그래야]

· <u>으</u>, 꼭 가키어.

(<u>그래</u>, 꼭 가겠다.)

· <u>으게</u>, 잘 알아들엇저.

(<u>그래야</u>, 잘 알아들었다.)

· 나도 ᄀ찌 가카양? <u>으겐</u>.

(나도 같이 갈까요? <u>그래야</u>)

▶ 게메(글세), 아니, 아니어, 애애, 예<예게<예겐(예<예요), 응<응게
<응겐, 좋아<좋아게<좋아겐(좋다<좋다야) …

위 '장군'·'멍군'은 장기(將棋)를 두며 승부를 겨룰 때 주고받는 소리로
서, '장군'은 상대를 향해서 부르는 호령에 해당하지만, '멍군'은 그 호령에
응답하는 소리다. 때에 따라서는 더 흥을 돋우기 위해 '장이아군아'를 부르
면 '멍이어군아'하고 맞대응하기도 한다. 특히 '으<ᄋ게<ᄋ겐'과 'ᄀ<ᄀ게
<ᄀ겐'은 승낙이나 수긍의 뜻을 나타내지만, 그 쓰임은 다르다. 즉 '으<ᄋ
게<ᄋ겐'은 알았다는 것을 점층적으로 나태는 대답이고, 'ᄀ<ᄀᄀ'는 무슨
일의 접근 점에 대한 만족도를 점층적으로 드러내는 긍정적 반응을 나타내
는 감탄사이다.

4) 발어사

이들 발어사(發語辭)로 쓰이는 감탄사인 경우, 무슨 말을 할 때 그 말
의 첫 머리에 나타나는데, 말하는 사람의 습성에 따라 달라진다. 만약 말하
는 상대가 존대어를 붙여야 할 사람이면 '저양<저양게<저양겐'의 형태를
취해서 현대구어의 '저–말입니다요'에 해당하는 '저네(예)<저네(예)게'가

되고, 낮춰도 될 사람이면 '저이<저이게<저이겐'의 형태를 취해서 현대국
어의 '저-말이야'에 해당하는 '저야<저야게'가 된다.

　　△ 저양<저양게<저양겐 61) [저요<저요네]
　　· 저양, 그게 아니라마씸(씀).
　　　(저요, 그것이 아닙니다요.)
　　· 저양게, 나 말 좀 들어봅서.
　　　(저요네, 제 말 좀 들어보십시오.)
　　· 저양겐, 흔번 더 지피 생각ᄒ영 절(절)정ᄒ주.
　　　(저요네, 한번 더 깊이 생각해서 결정합시다.)

　　△ 저이<저이게<저이겐 [저야<저야게]
　　· 저이, 아멩 ᄒ여도 안 뒙저.
　　　(저야, 아무리 하여도 안 되고 있다.)
　　· 저이게, 가이신디랑 비밀로 ᄒ여사메.
　　　(저야게, 걔한테는 비밀로 하여야 하네.)
　　· 저이겐, 기왕이 말이 낫이난 ᄒ주마는이.
　　　(저야게, 기왕에 말이 났으니까 하지마는야.

　　△ 에<에또 [에<에또]
　　· 에, 나로 말홀 거 ᄀ트민,
　　　(에, 나로 말할 것 같으면,)
　　· 에또, 흔ᄆ디만 더ᄒ민,
　　　(에또, 한마디만 더하면,)

　　△ 거시기<거시기게<거시기겐 [그-뭐야/그-뭐야게]
　　· 거시기, 것ᄀ라 뭐엥 흔다마는.

---

61) 이 경우의 '양<양게<양겐'은 '부름'·'대답'을 나타낼 때와 구분이 돼야 한다. 각주 58)
　　과 59) 참조

(거-뭐야, 그거더러 뭐라고 한다만.)

· <u>거시기</u>게, 어제 ᄒ켄 ᄒ 건 어떵 뒏?

(<u>거-뭐야</u>게, 어제 하겠다고 한 것은 어떻게 됐나?)

· <u>거시기</u>겐, 가이가 ᄀᆞᆯ앗젠 ᄒ 말 다시 도시려보라.

(<u>거-뭐야</u>게, 걔가 말했다고 한 말 다시 되뇌어보라.)

△ 유(維)

· <u>유</u>[62]세차 경인ᄉᆞ월 신ᄉᆞ삭 십오일을미 효자○○ 감소고우

(維歲次 庚寅四月 辛巳朔 十五日乙未 孝子○○ 敢昭告于)

　위의 '유(維)'는 제례 때 읽는 유교식 축문의 첫 머리글자인데, 이 역시 말을 꺼내는 관용어인 발어사(發語辭)에 해당하는 감탄사이다.

---

[62] 해석하는 사람에 따라 다를 수 있지만, '유(維)'는 '이제'·'바야흐로' ⋯ 등등 적절히 축문의 취지에 부합하는 말머리인 발어사(發語辭)로 해석할 수 있다.

제3장

어 휘 론

제주어의 어휘형태는 외래어를 제외하고는 거의가 국어형성의 의미구조와 맥을 같이하고 있다. 그렇다고 모든 어휘형성의 원리를 하나하나 적용시킨 어휘론(語彙論)을 총체적으로 망라하는 데는 역부족일 수밖에 없다. 오직 의미구조(意味構造)·조어구조(造語構造)의 모습을 부분적으로나마 엿볼 수 있는 제주도 토속어(土俗語)와 중세국어인 고어(古語)에 관련된 어휘들을 엮어내는 것에 한정했다. 그것도 의미형성의 어원을 파고들어 그 정체를 밝히기보다 소멸됐거나 소멸위기를 맞은 어휘들을 떠올려보는데 중점을 두었다. 그러다가 보니 외래어인 몽골어의 일부는 제주어로 돼 버린 지 오래된 것들이 있는 반면에, 일본어의 잔재도 상당수가 잔존하고 있어 제주어로 착각하고 있는 실정이다.

1. 의미구조

의미구조라고 은 그 낱말의 뜻을 이루고 있는 내용의 구조형태를 말한다. 여기에는 아래 1)처럼 외형적으로는 꼭 같은 음절로 돼 있지만, 실제 뜻은 다른 '동형이의어(同形異義語)'가 있고, 2)처럼 외형적으로는 다른 음절로 돼 있지만, 실제 뜻은 같은 '이형동의어(異形同義語)'가 있다. 그에 해당하는 대표적인 어휘들을 체언류·용언류·수식언류에서 골라보기로 한다. 또한 3)과 같이 꼭 같은 형태의 용언인데, 그 어간이 '르'(간혹 '리'인 때도 있음)인 경우는 바로 그 앞의 음절 끝소리는 'ㄹ'이 첨가돼서 'ㄹㄹ'로도 표기되는 '동어이기어(同語異記語)'가 있어서, 한 개의 용언에 기본형/원형이 둘을 가진 것이 있다. 또 4)와 같이 동형이의어 중에는 꼭 같은 어형이지만 품사가 서로 다른 '동어이품사(同語異品詞)'가 있다.

1) 동형이의어

이들 동형이의어(同形異義語)는 체언과 용언이 대부분이고, 수식언은 많지 않다. 그에 대한 체언류는 단음절어(單音節語)와 다음절어(多音節語)로 구분했고, 용언류는 동사·형용사로 구분했다. 수식언인 경우는 상징어(象徵語)인, 태어(態語)에 한정했다. 예시한 해당 어휘 사이의 ≠ 표시는 서로 뜻이 다름을 나타낸 것이다.

(1) 체언류

　　＜단음절어＞

　　· 갓[笠子]: 갓 장시 헌 갓 쓴다.
　　　　　　　　(갓 장사 헌 갓 쓴다.)
　　　갓[芥菜]: 갯ᄂ물을 갓이엥 곧나.
　　　　　　　　(갓나물을 갓이라고 말한다.)
　　· 내[川]: 비 올 때 내 넘지 말라.
　　　　　　　(비 올 때 내 넘지/건너지 마라.)
　　　내[煙]: 안 짇은 굴묵에 내 나랴.
　　　　　　　(아니 땐 아궁이에 내/연기 나랴.)
　　　내[臭]: 사농갠 내 잘 마튼다.
　　　　　　　(사냥개는 내/냄새 잘 맡는다.)

▶ 개(狗:개) ≠ 개(浦:개), 것(것/거) ≠ 것(밥), 강(江) ≠ 강(걸이/호크), 골(骨/腦:뇌) ≠ 골(엿기름) ≠ 골(고을), 굿(굿/굿하다) ≠ 굿(구덩이), 궤(반닫이) ≠ 궤(石窟:석굴) ≠ 궤(지렛대), 깍(끝/꼴찌) ≠ 깍(신총), 꿰(참깨) ≠ 꿰(謀:꾀), 곰(資料:감) ≠ 곰(境界:경계), 넉(魂:넋/혼) ≠ 녁(四:넉/네), 놈(者:놈/사람) ≠ 놈(他人:남), 늬(齒:이) ≠ 늬(蝨:이) ≠ 늬(뉘), 담(垣:담) ≠ 담(痰:담), 궤기(魚/肉:고기) ≠ 궤기(지게 물받이), 둘(月:달) ≠ 둘(들메끈/신들메), 닷(닻) ≠ 닷(五:닷/댓), 독(缸:항아리/독) ≠ 독(毒:독) ≠ 독(膝:무릎), 돗(生日:돌) ≠ 돗(돼지), 메(山:산) ≠ 메(젯밥) ≠ 메(떡메), 모(모서리) ≠ 모(윷놀아의 모), 뭇(陸:뭍) ≠ 뭇(묶음/다발), 미(해삼) ≠ 미(억새의 삘기), 밋(肛:똥구멍) ≠ 밋(底:밑), 몸(心:마음) ≠ 몸(모자반), 밧(田:밭) ≠ 밧(外:밖), 벵(病:병) ≠ 벵(瓶:병), 배(腹:배) ≠ 배(船:배) ≠ 배(마포:삼배) ≠ 배(梨:배) ≠ 배(참바/밧줄), 빗(債:빚) ≠ 빗(光:빛) ≠ 빗(梳:빗), 상(床:소반) ≠ 상(賞:상) ≠ 상(喪:상) ≠ 상(象:장기의 상), 성(城:성) ≠ 성(姓:성씨) ≠ 성(兄:형) ≠ 성(肌:살), 새(茅:띠) ≠ 새(間:사이), 셈(算:셈) ≠ 셈(질투), 솔(솔/옷솔) ≠ 솔(松:소나무) ≠ 솔(毛:털), 솜(綿:솜) ≠ 솜(말똥성게), 순(荀:순) ≠ 순(巡:순을 돌다), 술(酒:술) ≠ 술(줄/낚싯줄) ≠ 술(숟가락), 숫(炭:숯) ≠ 숫(옻), 숭(凶:흉) ≠ 숭(胸:가슴/뱃살), 쉬(서캐) ≠ 쉬(애벌레/쉬파리의 알) ≠ 쉬(떡고물/소), 알(卵:알) ≠ 알(下:아래), 절(寺:절간) ≠ 절(波:물결/결) ≠ 절(절/인사) ≠ 절(결:일정한 바탕의 상태나 무늬), 좀(좀벌레) ≠ 좀(줌:한 줌/두 줌), 줄(繩:줄/끈) ≠ 줄(鑢:줄) ≠ 줄(橘:귤), 질(路:길) ≠ 질(質:질) ≠ 질(제일), 짐(海苔:김) ≠ 짐(荷物:짐) ≠ 짐(김/수증기) ≠ 짐(김/홧김에), 착(便:쪽/편) ≠ 착(偶:짝), 체(체:가루를 치는 도구)그럴듯이 하는 것) ≠ 체(滯:먹은 것이 걸리는 것), 췌(燭:초/양초) ≠ 췌(醋:초/식초), 쿱(손톱) ≠ 쿱(脂肪:기름), 토(吐:토) ≠ 토(도:윷놀이의 도) ≠ 토(토씨), 특(頷:턱) ≠ 특(턱:문턱) ≠ 특(턱:한턱 내다), 품(價:삯/값) ≠ 품(幅:너비) ≠ 품(가슴) ≠ 품(인품의 준말), 흔(限:한) ≠ 흔(때/시기) …

<다음절어>

· 서리[霜]: 상강 넘으민 산에 <u>서리</u> 느린다.
　　　　(상강 넘으면 산에 <u>서리</u> 내린다.)
　서리[椽]: 그 낭은 <u>서리</u>론 너미 술지다.
　　　　(그 나무는 <u>서까래</u>로는 너무 굵다.)
· <u>으름[夏]</u>: <u>으름</u> 발창 사을 지저우민 누엉 먹나.
　　　　(<u>여름</u> 발바닥 사흘 뜨거우면 누어서 먹는다.)
　으름[果]: 누운 낭에 <u>으름</u> 안 으다.
　　　　(누운 나무에 <u>열매</u> 안 연다.)
· 상고지[天弓]: 들에 <u>상고지</u> 삿저.
　　　　(들에 <u>무지게</u> 섰다.)
　상고지[莎草]: 쉐터럭광 <u>상고진</u> 모냥이 엇비슷흔다.
　　　　(방동사니와 <u>사초/골사초</u>는 모양이 엇비슷하다.)

▶ 가지(茄子:가지)≠가지(바리뚜껑)≠가지(枝:가지)≠가지(檐:처마),
개발(狗足:개발)≠개발(헛발질), 고장(지역/곳)≠고장(花:꽃)≠고장
(故障:고장), 굴메(그림자)≠굴메(鞦韆:추천/그네), 노가리(朱木:주
목)≠노가리(허풍/허풍떪), 두께(뚜껑)≠두께(厚:두께), 둥치(밑동:나
무의 밑동)≠둥치(덩치:몸의 덩치), 물메(水山:수산/물메)≠물메(메/
해머hammer), 밥개(밥풀대기)≠밥개(갯강구), 밥통(밥통:밥을 담는
통)≠밥통(바보/멍청이), 보제기(보자기)≠보제기(漁夫:어부), 복통
(腹痛:복통/배앓이)≠복통(禍:화/부아), 빗살(빗발/빗줄기)≠빗살(빛
살), 소개(綿:솜)≠소개(紹介:소개), 술주시(술지게미)≠술주시(술꾼),
자리(자리돔)≠자리(席:자리)≠자리(雙:쌍/돼지 한 쌍), 장판(壯版:
장판/기름종이 방바닥)≠장판(장이 선 곳), 정지(부엌)≠정지(停止:정
지), 젯물(乳液:젖물)≠젯물(양잿물의 준말), 파종(播種:파종/씨를 뿌
림)≠파종(破腫:종기를 쨈), 아지망(아주머니)≠아지망(兄嫂:형수),
푸성귀(나물)≠푸성귀(풀), 흔참(한참)≠흔참(五里)…

(2) 용언류

<동사>

· 몰르다[乾]: 젖인 옷이 ㅂ름에 몰르다.
　　　　　　　(젖은 옷이 바람에 <u>마르다</u>.)
　몰르다[裁]: 옷곰을 ㄱ새로 몰르다.
　　　　　　　(옷감을 가위로 <u>마르다</u>.)
· 을다[開]: 창문을 활짝 을다.
　　　　　　(창문을 활짝 <u>열다</u>.)
　을다[結實]: 감낭에 감이 주랑주랑 을다.
　　　　　　　(감나무에 감이 주렁주렁 <u>열다</u>.)

▶ 걸르다(거르다/건너뛰다) ≠ 걸르다(거르다/술을 거르다), ㄱ리치다(가르치다: 글을 가르치다) ≠ ㄱ리치다(가리키다: 손까락으로 가리키다), 굴기다(갈기다: 오춤을 갈기다) ≠ 굴기다(갈기다/치다: 뺨을 갈기다/치다), 까지다(깨지다) ≠ 까지다(내려앉다), 꾸다(꾸다: 꿈을 꾸다) ≠ 꾸다(꾸다: 돈을 꾸다), 눌다(쌓다) ≠ 눌다(눋다: 밥이 누렇게 눋다), 둘리다(走: 달리다) ≠ 둘리다(달리다: 열매가 달리다), 뚤르다(뚫다) ≠ 뚤르다(따르다), 밀다(밀다: 때를 밀다) ≠ 밀다(밀다: 밖으로 밀다), 묻다(묻다: 땅에 묻다) ≠ 묻다(묻다: 말을 묻다), 물다(물다: 이빨로 물다) ≠ 물다(물다/갚다: 빚을 물다/갚다), 몰다(말다: 덕석을 말다) ≠ 몰다(몰다: 소를 몰다), 미치다(狂: 미치다) ≠ 미치다(追越: 따라잡다), 붓다(붓다: 얼굴이 붓다) ≠ 붓다(붓다: 물을 붓다), 볼르다(밟다) ≠ 볼르다(바르다: 창을 바르다), 속다(欺: 속다) ≠ 속다(勞: 수고하다), 울다(泣: 울다) ≠ 울다(爲: 위하다), 졸르다(조르다: 놀자고 조르다) ≠ 졸르다(조르다: 허리를 조르다) ≠ 졸르다(조리다: 반찬을 조리다), 줍다(縫: 깁다) ≠ 줍다(拾: 줍다), 찌다(끼다: 반지를 끼다) ≠ 찌다(끼다: 안개가 끼다), 치다(기르다) ≠ 치다(치다/때리다/두드리다) ≠ 치다(그리다) ≠ 치다(치다: 체로 치다) ≠ 치다(찌다: 감자를 찌다), 카다(타다: 불-타다) ≠ 카다(타다: 물-타다), 트다(트다: 물꼬를 트다) ≠ 트다(트다: 살같이 트다) ≠ 트다(뜨다: 해가 뜨다)

≠트다(뜨다:눈을 뜨다) ≠트다(누룩이 뜨다) ≠트다(뜨다:배가 물위에 뜨다) ≠트다(뜨다:눈이 뜨다), 톧다(뜯다:손톱을 뜯다) ≠톧다(시비하다) ≠톧다(입질하다)…

＜형용사＞

· 족다[小]: 자인 지레가 나보단 족다.
  (재는 키가 나보단 작다.)
  족다[少]: 먹을 밥이 너미 족다.
  (먹을 밥이 너무 적다.)
· 둘랑둘랑ᄒ다: 집이 갈 예비가 둘랑둘랑ᄒ다.
  (집에 갈 여비가 달랑달랑하다.)
  둘랑둘랑ᄒ다: 겁이 난 가슴이 둘랑둘랑ᄒ다.
  (겁이 나서 가슴이 달랑달랑하다.)

▶ 고르다/골르다(均:고르다) ≠고르다/골르다(곯다), 곱다(曲:굽다) ≠곱다(麗:곱다) ≠곱다(隱:숨다), 나쁘다(나쁘다) ≠나쁘다(부족하다), 늧다(낮다) ≠늧다(나쁘다), ᄇ뜨다(涸:잦다) ≠ᄇ뜨다(인색하다), 심심ᄒ다(심심하다:맛이 심심하다) ≠심심ᄒ다(심심하다:일이 없어 심심하다), 질다(長:길다) ≠질다(濕:질다/밥이 너무 질다), 줓다(涸:잦다) ≠줓다(頻:잦다), 차다(鹹:짜다) ≠차다(차갑다), 펀찍ᄒ다(온전하다) ≠펀찍ᄒ다(아무것도 없다), 홀싹ᄒ다(헐렁하다) ≠홀싹ᄒ다(물렁하다) …

(3) 수식언류

＜부사＞

· 거랑거랑(너덜너덜): 옷이 거랑거랑 헐엇저.
  (옷이 너덜너덜 헐었다.)
  거랑거랑(주렁주렁): 횃대에 옷을 거랑거랑 걸엇저.
  (횃대에 옷을 주렁주렁 걸었다.)

· 혼저(어서): 속앗수다. 혼저 옵서.
　　　　(수고했습니다. 어서 오십시오.)
　혼저(빨리): 시간 늦이쿠다. 혼저 갑주겐.
　　　　(시간 늦겠습니다, 빨리 갑시다요.)

▶ 영(이렇게)≠영(도무지/전혀), 쭉(쭉:술을 쭉 들이켜다.)≠쭉(줄곧:나는 줄곧 이렇게 산다), 똑(꼭/반드시)≠똑(똑:똑 소리가 나다.), 홈치(전여/전혀)≠홈치(함께), 과랑과랑(쨍쨍:햇볕이 쨍쨍 나다)≠과랑과랑(콸콸/쿨콸:냇물이 콸콸/쿨콸 흐르다), 붕붕(벌이 붕붕 날아다닌다.)≠붕붕(붕붕:왜 붕붕 볼멘소리야.), 와랑와랑(활활:불이 활활 붙다)≠와랑와랑(우렁우렁:소리가 우렁우렁 들린다), 움막움막(오목오목:길바닥이 오목오목 패이다)≠움막움막(넓죽넓죽:주는 대로 넓죽넓죽 받아 먹다) …

2) 이형동의어

　이들 이형동의어(異形同義語)는 동형이의어(同形異義語)와 상대적인 것이다. 하지만 그 어휘의 짜임은 동형이의어와 같이 체언과 용언이 대부분이고, 수식언은 많지 않다. 그에 대한 구체적인 것은 체언류는 하나로 묶고, 용언류는 동사·형용사로 구분키로 한다. 수식언류인 경우는 부사에 한정키로 한다. 예시한 해당 어휘 사이의 ＝ 표시는 서로 뜻이 같음을 나타낸 것이다.

(1) 체언류

· 곤죽(쌀죽): 곤쏠로 쑤난 곤죽이엥 흔다.
　　　　(쌀로 쑤니까 곤죽(고운죽)이라고 한다.)
　흰죽(쌀죽): 죽이 희난 흰죽엔 곤나.
　　　　(죽이 희니까 흰죽이라고 말한다.)
· 모슴(마음): 느 모슴은 어떠니?

(네 마음은 어떠냐?)

  ᄆᆞ음(마음): 나 ᄆᆞ음대로 ᄒᆞ키어.

     (내 마음대로 하겠다.)

· 돗(돼지): 간 보난 돗 추렴ᄒᆞ염십디다.

     (가서 보니 돼지 추렴하고 있습디다.)

  도새기(돼지): 튀어나는 도새긴 못 질룬다.

      (튀어나는 돼지는 못 기른다.)

· 지(자기): 지가 낸 법에 지가 매 맞나.

     (자기가 낸 법에 자기가 매 맞는다.)

  이녁(자기): 이녁 코도 못 쓸멍 놈이 쓸젱 혼다.

     (자기 코도 못 쓸면서 남의 코 쓸려고 한다.)

· 고냥(구멍): 고냥에 든 배염 지럭시 몰른다.

     (구멍에 든 뱀 길이 모른다.)

  고망(구멍): 쥥이고망에도 벳 들 날 싯나.

     (쥐구멍에도 볕 들 날 있다.)

  궁기(구멍): 밥 들어갈 궁긴(기ᄂ) 다 싯나.

     (밥 들어 갈 구멍은 다 있다.)

  구녁(구멍): 구녁은 뚤르닥지 큰다.

     (구멍은 뚫을수록 커진다.)

▶ 거지:동녕바치=게와시, 근심:시름=탈기, 꼬리:꼴랑지=꼴랭이=꽁지, 가을:ᄀᆞ슬=ᄀᆞ을, 나중:낭중=내중=냉중, 낯:ᄂᆞᆽ=양지, 놀래기:코생이=고멩이, 동생:아시=아우, 마루:마리=상방, 마을:ᄆᆞ슬=ᄆᆞ을, 머리:데가리=데멩이, 모가지:모게기=야게기, 모자반:ᄆᆞᆷ=몰망, 무당개구리:배붉은굴개비=하막, 무덤:봉분=산, 문어:문(뭉)게=물꾸럭, 변소:뒷간=칙간=통시, 부부:내웨=두갓=두갓이/두가시, 부엌:정지=조왕, 시기:개심=개움=시알, 오른편:ᄂᆞ단펜=오른펜, 올챙이:멘주기=멘주애기=강베록, 이마:이멩이=임뎅이, 잠자리:밤부리=밥주리, 장구벌레:장골(콜)레비=고노리, 매미:재열=잴, 전복:거펑=생복=빗=핏, 종기:베(비)접=허물, 종달새:비(삐)죽생이

=종주(지)리생이, 죽젓개:남죽=베수기, 지팡이:주렁=복둥(동)이, 짐승:중성=짐성=짐생, 청개구리:풀굴개비=오줌굴개비, 팔목:홀목 =풀따시, 호주머니:게와(왈)=보곰지 …

(2) 용언류

<동사>

· 거시다(건드리다): ㄱ만이 신 아일 <u>거시다</u>.
　　　　　　　　　(가만히 있는 아이를 <u>건드리다</u>.)
　거찌다(건드리다): 역불로 <u>거찌다</u>.
　　　　　　　　　(일부러 <u>건드리다</u>.)
· 드리다(쫓다): 곡슥밧디 생일(이를) <u>드리다</u>.
　　　　　　　(곡식밭에 새를 <u>쫓다</u>.)
　다둘리다(쫓다): 도독놈을 <u>다둘리다</u>.
　　　　　　　　(도둑놈을 <u>쫓다</u>.)

▶ 가지다:ㄱ지다=ㅇ지다, 눕다:눅다=누다, 뒹굴다:둥굴다=궁글다, 무르다:돌르다=물르다, 비비다:부비다=보비다, 있다:잇다=이시다 =싯다, 접질리다:ㄱ무끄다=굄트다, 줍다:줏다=봉그다, 편들다:펜 벡ㅎ다=페녁ㅎ다 …

이 외에도 아래와 같이, '어간ㅐ/ㅔ+우다'·'어간ㅣ+우다'·'어간르+리 우다'로 된 것과 '어간ㅐ/ㅔ+ㅂ다'·'어간ㅣ+ㅂ다'·'어간르+립다'로 된 동 사도 '이형동의어'에 해당한다.

△ 어간ㅐ/ㅔ+우다=어간ㅐ/ㅔ+ㅂ다 [ㅐ/ㅔ우다]
· 개우다(토하다): 체ㅎ연 <u>개우다</u>.
　　　　　　　　(체해서 <u>개우다</u>.)
　갭다(토하다): 먹은 걸 다 <u>갭다</u>.
　　　　　　　(먹은 것을 다 <u>개우다</u>.)

· 세우다(세우다): 지둥을 <u>세우다</u>.
　　　　　　　(기둥을 <u>세우다</u>.)
세다(세우다): 비석을 <u>세다</u>.
　　　　　　(비석을 <u>세우다</u>.)

▶ 내우다:내우다=냅다, 메우다:메우다=멥다, 에우다:에우다=엡다,
　재우다:재우다=잽다, 채우다:채우다=챕다, 태우다[燒]:캐우다=캡
　다, 태우다[乘]:태우다=탭다, 펴다:페우다=펩다 …

△ 어간 ㅣ+우다=어간 ㅣ+ㅂ다 [ㅣ우다]

· 비우다: 집을 <u>비우다</u>.
　　　　(집을 <u>비우다</u>.)
빕다: 술잔을 <u>빕다</u>.
　　(술잔을 <u>비우다</u>.)

▶ 지우다:지우다=집다, 치우다:치우다=칩다, 키우다:키우다=킵다,
　틔우다:티우다=팁다, 피우다:피우다=핍다 …

△ 어간+리우다=어간+립다 [리다]

· 눌리우다(날리다): 연을 <u>눌리우다</u>.
　　　　　　　　(연을 <u>날리다</u>.)
눌립다(날리다): 종이비앵(영)길 <u>눌립다</u>.
　　　　　　　(종이비향기를 <u>날리다</u>.)

▶ 가리다[擇]:굴리우다=굴립다, 걸리다[步]:걸리우다=걸립다, 늘리
　다:늘리우다=늘립다, 달리다[懸]:둘리우다=둘립다, 말리다[乾]:몰
　리우다=몰립다, 헐리다:헐리우다=헐립다 …

<형용사>

· 궂다(나쁘다): 는 좋아도 난 <u>궂다</u>.

(너는 좋아도 나는 <u>나쁘다</u>.)
늦다(나쁘다): 그건 이 물건보단 질이 <u>늦다</u>.
                (그건 이 물건보다는 질이 <u>나쁘다</u>.)
· 질쭉ᄒ다(길쭉하다): 등어리가 <u>질쭉ᄒ다</u>.
                (등허리가 <u>길쭉하다</u>.)
수랑ᄒ다(길쭉하다): 모냥새가 너미 <u>수랑ᄒ다</u>.
                (모양새가 너무 <u>길쭉하다</u>.)
수룸ᄒ다(길쭉하다): 이것이 더 <u>수룸ᄒ다</u>.
                (이것이 더 <u>길쭉하다</u>.)
술랑ᄒ다(길쭉하다): 것보단 이게 더 <u>술랑ᄒ다</u>.
                (그것보다는 이것이 더 <u>길쭉하다</u>)
쭐랑ᄒ다(길쭉하다): 몸핀 ᄀ늘곡 지레만 <u>쭐랑ᄒ다</u>.
                (몸피는 가늘고 키만 <u>길쭉하다</u>.)

▶ 곧다:과짝ᄒ다＝구짝ᄒ다, 노르스름하다:노리스롱ᄒ다＝노리ᄁ롱
ᄒ다, 없다:엇다＝읏다, 연약하다:ᄀ냥ᄒ다＝약상ᄒ다, 태연하다:펀
두룽ᄒ다＝펜도롱ᄒ다 …

(3) 수식언류

· ᄂ시(도저히/전혀): ᄒ젠 ᄒ엿주만 <u>ᄂ시</u> 안 뒈커라라.
                (하려고 하였지만 <u>도저히</u> 안 되겠더라.)
영/영영(도저히/전혀): 그런 ᄌ석은 <u>영/영영</u> 못 쓸 놈이어.
                (그런 자식은 <u>도저히/전혀</u> 못 쓸 놈이다.)
온(도저히/전연): 난 소린 <u>온</u> 홀 중 몰른다.
                (나는 소리/노래는 <u>도무지/전혀</u> 할 줄 모른다.)

▶ 모두:모다＝몬＝ᄆ딱, 퍽:워낙＝원체＝하도, 조금/좀:ᄒ끔＝ᄒ꼼＝
ᄒ쏠, 아까:이칙＝인칙＝ᄀᆺ사, 흔들흔들:홍글홍글＝궁글궁글 …

3) 동어이기어

이들 동어이기어(同語異記語)라고 함은 같은 형태와 같은 뜻의 말이 다르게 표기되는 것을 일컫는다. 사실 이 동어이기어는 조어구조(造語構造)에 해당하지만, 앞에서 다룬 '이형동의어'와 같은 맥락으로 보고, '단모음+르+다'가 '단모음+ㄹ+르+다'의 형태를 취하는 용언에 한정했다. 즉 용언의 어간의 끝음절이 '르'일 경우, 바로 그 앞 어두음(語頭音)이 단모음일 때 'ㄹ'이 첨가돼서 'ㄹㄹ'인 '르르'가 됨으로써, 같은 단어가 두 개의 원형/기본형을 갖는 게 그것이다. 그럴 경우 아래 예시와 같이 'ㄹㄹ'로 된 '단모음+ㄹ+르+다'가 제주어의 특성을 살린 원형이다.

<동사>
△ 단모음+르다 = 단모음+ㄹ+르다 [르르다]
ㅏ+르다 = ㅏ+ㄹ+르다: 가르다 = 갈르다, 나르다 = 날르다, 사르다 = 살르다, 아르다(앓다) = 알르다, 하르다(핥다) = 할르다)
ㅓ+르다 = ㅓ+ㄹ+르다: 거르다 = 걸르다, 버르다 = 벌르다(깨다/쪼개다), 서르다 = 설르다(치우다), 어르다 = 얼르다(얼씬대다)
ㅗ+르다 = ㅗ+ㄹ+르다: 고르다 = 골르다, 도르다 = 돌르다(무르다), 모르다 = 몰르다, 오르다 = 올르다, 조르다 = 졸르다, 쪼르다 = 쫄르다(조르다)
ㅜ+르다 = ㅜ+ㄹ+르다: 구르다 = 굴르다, 두르다 = 둘르다, 무르다 = 물르다, 부르다 = 불르다, 우르다 = 울르다(외치다), 웨우르다 = 웨울르다(외치다)
ㅡ+르다 = ㅡ+ㄹ+르다: 드르다 = 들르다(들다), 크르다 = 클르다(풀다), 흐르다 = 홀르다
ㅣ+르다 = ㅣ+ㄹ+르다: 시르다 = 실르다(싣다), 이르다 = 일르다(잃다), 지르다 = 질르다, 찌르다 = 찔르다

　　・+르다 = ・+르+르다: ᄀ르다 = 굴르다(고이다/괴다), 뜨르다(따르다)
　　　　　　　　= 뚤르다, 므르다 = 몰르다, 브르다 = 볼르다
　　　　　　　　(付着:바르다/踏:밟다), 쯔르다 = 쫄르다(切:자
　　　　　　　　르다), 줍아트르다 = 줍아톨르다(꼬집다)
　　ᅦ+르다 = ᅦ+르+르다: 메르다 = 멜르다(壓:누르다/壞:망가뜨리다), 베
　　　　　　　　르다 = 벨르다(벼르다)

　　<형용사>
　　　△ 단모음+르다 = 단모음+르+르+다 [르르다]
　　　　ㅏ+르다 = ㅏ+르+르다: 다르다 = 달르다, 바르다 = 발르다
　　　　ㅓ+르다 = ㅓ+르+르다: 너르다 = 널르다
　　　　ㅗ+르다 = ㅗ+르+르다: 고르다 = 골르다(굻다)
　　　　ㅡ+르다 = ㅡ+르+르다: 그르다 = 글르다
　　　　ㅣ+르다 = ㅣ+르+르다: 이르다 = 일르다
　　　　・+르다 = ・+르+르다: 빠르다 = 빨르다(빨르다), 쯔르다 = 쫄르다(짧다)

　다만 이들 ‘르’가 어간 끝음절이 색깔을 나타내는 형용사 ‘푸르
다’·‘누르다’ 등은 ‘풀르다’·‘눌르다’로 쓰지 않고, ‘푸리다’·‘누리다’로만 쓰인다.

4) 동어이품사

　이들 동어이품사(同語異品詞)는 어형이 똑 같지만 그 뜻과 기능이 다
른 품사로 쓰이는 어휘를 일컫는다. 그 대표적인 것이 동사로도 쓰이고 형
용사로도 쓰이는 어휘가 그것이다.

　　<달다>
　　・동사: 지등에 문패를 달다.
　　　　　(기둥에 문패를 달다.)
　　・형용사: 요샌 입맛이 달다.
　　　　　　(요새는 입맛이 달다.)

<쫄르다>
· 동사: 호미로 낭을 <u>쫄르다</u>.
    (낫으로 나무를 <u>자르다</u>.)
· 형용사: 친이 너미 <u>쫄르다</u>.
    (끈이 너무 <u>짧다</u>.)

▶ 곱다(隱:숨다)/곱다(麗:곱다), 두리다(狂:미치다)/두리다(幼다:어리다), 뜨다(浮:뜨다)/뜨다(離:뜨다)/뜨다(緩:느리다), 물르다(무르다:산 물건을 무르다)/물르다(무르다:밥이 무르다), 쓰다(用:쓰다)/쓰다(書:쓰다)/쓰다(苦:쓰다), 질다(긷다)/질다(길다), 줄다(織:겯다)/줄다(小:잘다)

2. 조어구조

여기서 말하는 조어구조(造語構造)라고 함은 단어의 짜임새를 말하는 것으로서, 단일어와 합성어인 복합어·파생어·태어가 주축을 이루고 있다.

1) 단일어

단일어는 그 어휘의 뜻을 분리할 수 없는, 오직 하나의 뜻만으로 이뤄진 단어이다. 여기에는 한 개의 음절로 된 단음절어(單音節語)도 있고, 두 개 이상의 음절이 합해서 된 다음절어(多音節語)가 있다. 아래 예시한 것들은 그 어형이 현대국어와 같은 것은 제외하고, 제주어와 고어에 해당하는 것 중 대표적인 것을 간추려서 체언·수식언·용언으로 구분해서 열거한 것이다.

여기서 유념할 것은 두 개 이상의 한자가 합해서 된 다음절의 한자어인 경우이다. 그 어휘의 한자는 개별적으로 보면 뜻글자이므로 독립적 의미가 있지만, 대부분 다른 한자와 결합해야 한 낱말이 이뤄진다. 이런 한자어는 단일어로 다뤘다.

(1) 단음절어

△ 체언

- 명사: 쒜[鐵:쇠], 알[下:아래], 줄[橘:귤], 질[路:길], 둑[鷄:닭], 몸[모
  자반], 벨/빌[星:별], 숭[凶:흉], 쉐[牛:소], 촐[牧草:꼴], 콕[匏:
  박], 팡[臺],[63] 항[缸:항아리], 툭[頷:턱], 혹/흑[土:흙] …
- 대명사: 느[汝:너], 지(자기), 뉘(누구) …
- 수사: 둘, 싓(셋), 닛(넷), 열 …

△ 수식언

- 관형사: 벨(別:별), 쳇(첫), 똔(딴), 흔(한), 싀(세), 늬(네), 읏(엿)
- 부사: 곳(곧), 북/빅(방구소리 모양), 경(그렇게), 영(이렇게), 경(저렇
  게), 질(제일), 힉(히히) …

(2) 다음절어

△ 체언

- 명사: 아방(아버지), 어멍(어머니), 할망(할머니), 상방(마루), 이문(대
  문), 아칙(아침), 저냑(저녁), 징심(점심), 물찌(무수기), 춤대(낚
  싯대), 시리(시루), 구덕(바구니), 각지(호롱), 술칵(관솔), 골개비
  (개구리), 놀개기(날개), 소로기(솔개), 도새기(돼지), 돌생기(돌
  멩이), 귀마리(발목), 다리웨(다리미) …
- 대명사: 이녁(자기), 느숙(녀석), 당신, 와이(요아이), 아모가이(아무
  개), 이디(여기), 저거(저것) …

---

63) '팡'은 물건을 내려놓고 쉬기 위해 만들어진 대(臺)를 총칭하는데, 대개 돌로 만들어져
있다. 이를테면 짐을 부려놓고 쉬면 '짐팡/쉼팡'이 되고, '물허벅'을 부려놓으면 '물팡'이
된다. 또 말을 타고내리는 용도로 된 것을 '물팡', 뒷간의 부춛돌이면 '디딜팡'이라 한다.

· 수사: 다섯(다섯), ᄋᆞᆺ(여섯), ᄋᆞ듭(여덟)64), 아옵(아홉), 이른(일흔),
  ᄋᆞ든(여든), 아은(아흔) …

△ 용언

· 동사: ᄀᆞᆮ다(말하다), ᄀᆞ리다(가리다), 눅다(눕다), 답다(쌓다), 털다(떨
  다), 덜레다(減:덜다), 두리다(狂:미치다), ᄆᆞ끄다(마치다), 보미
  다(녹슬다), 버물다(더러워지다), 부트다(着附:붙다), 앚다(앉
  다), 자울다/지울다(기울다), 자리다(결리다/결박하다), 추리다
  (치르다/지불하다), 푸더지다(넘어지다), 헐리우다(헐리다) …

· 형용사: 가찹다(가깝다), 거실다(거칠다), 나쁘다(모자라다), 노프다
  (高:높다), 늦다(나쁘다), ᄂᆞ잡다/ᄂᆞ찹다(낮다), 두리다(幼:
  어리다), ᄄᆞ나다(다르다), 똣다(따습다), 시프다/프다(싶다),
  실프다(싫다), 볼다(맑다/잔잔하다), 얼다(춥다), 엇다/읏다
  (없다), 줄다(여위다), ᄍᆞ르다/쫄르다(짧다) …

△ 수식언

· 관형사: 무신(무슨), 수무(스무), 마은(마흔), 이른/일른(일흔), ᄋᆞ든
  (여든), 아은(아흔), 멧멧(몇몇), ᄋᆞ라(여러) …
· 부 사: 무사(왜), ᄆᆞᆫ딱(모조리), 거씬(얼른), 벨로(별로), ᄂᆞ시(전연/전
  혀), 홉치(전연/도저히/함께), 역불/부러(일부러/짐짓), 요레(요
  리), 이레(이리), 아멩(아무리), 혼저(어서/빨리), ᄒᆞ끔/ᄒᆞ꼼/ᄒᆞ
  쓸(조금/약간), 대걸룽(대강), 진듯이(지긋이), 빙그랭이(빙긋
  이), 죽장(줄곧), 게민(그러면), 게므로(그런들/아무런들), 축엇
  이/축웃이(틀림없이) …

---

64) 현대국어 '여덟'의 제주어는 'ᄋᆞ듭'이다. 근간 '여답/요답/여달/야달/야답' 따위로 표기하
  는 경우가 있는데, 그것은 표준어와 호남지역의 영향을 받은 잘못된 것이고, 원래의
  제주어가 아니다.

2) 합성어

합성어라고 함은 두 개 이상의 실질형태소인 실사(實辭)가 결합해서
어휘를 형성하는 복합어를 말한다. 아래 열거한 '유속복합어(類屬複合語)/
주종복합어(主從複合語)'·'대등복합어(對等複合語)/병렬복합어(並列複合
語)'·'융합복합어(融合複合語)/혼융복합어(混融複合語)'가 그에 해당한다.
그 외에 파생어(派生語)도 합성어에서 다룰 수 있지만, 별도의 항목으로
구분해서 다루기로 한다.

(1) 유속복합어/주종복합어

이들 유속복합어/주종복합어는 그들 어휘를 구성하는 실사인 두
단어 중 앞의 것은 종속적인 것이 되고, 뒤의 것이 주체어가 되는 합성어이
다. 실사 사이의 → 표시는 뒷말이 그 주체가 되는 중심어(中心語)임을 나
타낸 것이다. 그 대표적인 것으로 '관형어+체언'·'체언+체언'의 구조로 된
것을 꼽을 수 있다.

　　△ 관형어+체언>관형어→체언

　　　진+꽁지/꼴렝이(긴꼬리)>진→꽁지/꼴렝이, 돈줌(단잠)>돈→줌, ᄆ
　　　른/몰른+지침(마른기침)>ᄆ른/몰른→지침, ᄇ른+바구리(바른바구
　　　니)>ᄇ른→바구리, 붉은+빗(붉은빛)>붉은→빗, 식은+밥(식은밥)>
　　　식은→밥, 쯔른/쭐른+소리(짧은소리)>쯔른/쭐른→소리, 헌+신착(헌
　　　신짝)>헌→신착 …

　　△ 체언+체언>체언→체언

　　　멜+국(멸치국)>멜→국/쿡, 춤+말(참말)>춤→말, 물+박새기(물바가
　　　지)>물→박새기, ᄀ슬+그르(곡식그루)>ᄀ슬→그루, 가죽+보선(가죽
　　　버선)>가죽→보선, 담배+쏨지(담배쌈지)>담배→쏨지, 애깃+구덕(아
　　　깃구덕/요람)>애기→구덕, 똠+두드레기(땀두드러기/땀띠)>똠→두

드레기, 영등+할망(영등할머니)>영등→할망, 돌+하르방(돌하르방/돌
할아버지)>돌→하르방 …

(2) 대등복합어/병렬복합어

이들 대등복합어/병렬복합어는 그들 어휘를 구성하는 실사인 두
단어 중 앞의 단어나 뒤의 단어가 주종의 관계가 아닌, 대등한 자격을
갖는 합성어이다. 실사 사이의 = 표시는 앞 뒷말이 대등함을 나타낸 것
이다. 그 대표적인 것으로 '체언+체언'·'어근+어근'의 구조로 된 것을
꼽을 수 있다.

△ 체언+체언>체언=체언

우+알(위아래)>우=알, 안+팟(안팎)>안=팟, 콩+풋(콩팥)>콩=풋, 손+
발(손발)>손=발, 중이+적삼(중의적삼)>중이=적삼, 서방+각시(부
부)>서방=각시, 삼강+오륜(三綱五倫:삼강오륜)>삼강=오륜, 어중이
+떠중이(어중이떠중이)>어중이=떠중이, 소방+천지(四方天地:사방
천지)>사방=천지, 동+서+남+북(동서남북)>동=서=남=북 …

△ 어근+어근>어근=어근

ᄀ물+ᄀ물(가물가물)>ᄀ물=ᄀ물, 돌랑+돌랑(달랑달랑)>돌랑=돌랑,
물싹+물싹(물씬물씬)>물싹=물싹, 빙삭+빙삭(빙긋빙긋)>빙삭=빙삭,
꼽질락+꼽질락(꿈지럭꿈지럭)>꼽질락=꼽질락, 울긋+불긋(울긋불긋)>
울긋=불긋 …

(3) 융합복합어/혼융복합어

이들 융합복합어/혼융복합어는 그들 어휘를 구성하는 실사인 두
개 이상의 단어가 혼합돼서 제삼의 뜻을 가진 말로 변하는 합성어이다. 실
사 사이의 ∽ 표시는 앞의 단어와 뒤의 단어가 혼합해서 융합/혼융됐음을

나타낸 것이다.

> △ 체언+체언>체언⌒체언
>
> 개+깝(헐값)>개⌒깝, 고래+비(暴雨:폭우)>고래⌒비, 밤+낮(늘/만
> 날)>밤⌒낮, 눗+싸움(여드름)>눗⌒싸움, 도로기+공론(謀議:모
> 의)>도로기⌒공론, 두불+ᄌᆞ식(손자)>두불⌒ᄌᆞ식, 춘추(나이/연
> 세)>춘⌒추 …

> △ 체언+동사: 체언⌒동사
>
> ᄆᆞ슬+가다(외출하다)>ᄆᆞ슬⌒가다, 꽃+나다(불나다)>꽃⌒나다, 손
> +보다(손찌검하다/때리다)>손⌒보다, 놈이+위+돼다(임신되다)>놈
> 이위⌒돼다, 몸+가르다/갈르다(해산하다/출산하다)>몸⌒가르다/갈
> 르다 …

3) 파생어

파생어(派生語)라고 함은 실질형태소인 실사로 된 단어의 앞이나 중간, 뒷부분에 접사가 붙어서 또 다른 말로 만들어진 어휘를 말한다. 즉 접두사(接頭辭)·접요사(接腰辭)·접미사(接尾辭)가 붙어서 된 단어들이 그것이다.

(1) 접두사+실사

이들 형태의 파생어는 체언과 용언 앞에 접두사가 붙어서 형성된 어휘이다. 여기서 주의할 것은 접두사 하나만으로는 그 정체가 불분명해서 반드시 그 뒷말과 어울려야 그 의미가 분명하게 드러난다. 아래 예시는 그 대표적인 것을 몇 개만 간추린 것이고, 밑줄 친 것은 접두사임을 나타낸 것이다.

△ 접두사+체언

곳마은(갓마흔), 군마슴(군마음), 굴룬걸음(군걸음), 느리스랑(내리사
랑), 치스랑(치사랑), 눌베락(날벼락), 눌숭키(날채소), 생궤기(생고
기), 당손지(당손자), 성손지(친손자), 맨술(맨살), 민오롬(민오름), 벨
사름(별사람), 웨바농코(외바늘귀), 웨삼춘(외삼촌), 존부름씨(잔심부
름), 출흑/출밥(찰흙/찰밥), 풋고치(풋고추), 홀아방(홀아비) …

△ 접두사+동사

군소리ᄒ다(군소리하다), 굴룬오몽ᄒ다(군활동하다), 늦뒈다(늦되다),
느리긋다(내리긋다), 뒈가프다(되갚다), 물(몰)매맞다(몰매맞다), 빗사
다(빗서다), 엇줄다(엇걸다), 짓눌르다(짓누르다), 치돋다/치숟다(치닫
다/치솟다), 처부수시다(처부수다), 푸대접ᄒ다(푸대접하다), 헛지침
ᄒ다(헛기침하다) …

△ 접두사+형용사

시꺼멍ᄒ다/시퍼렁ᄒ다(시꺼멓다/시퍼렇다), 새까망ᄒ다(새까맣다),
샛노랑ᄒ다(샛노랗다), 곳노랑ᄒ다(짓노랗다), 짓뻘겅ᄒ다(짓뻘겋다)
…

(2) 실사+접요사+실사

이들 <실사+접요사+실사>의 형태로 된 파생어는 모음으로 끝나
는 체언 다음에 다시 체언이 덧붙어서 합성어가 될 때, 그 두 체언 사이에
접요사/삽요사(接腰辭/揷腰辭)에 해당하는 'ㅅ/ㅂ'이 껴들어서 형성된 어
휘이다. 여기서 주의할 것은 한자어 끼리 결합할 때는 'ㅅ'이 붙지 않고,
아래 예시와 같이 <비한자어+비한자어>·<한자어+비한자어>·<비한
자어+한자어>일 경우만 사이 'ㅅ'이 붙는다. 'ㅂ'인 경우도 두 체언이 결합
할 때 모음으로 끝나는 앞의 체언에 덧붙는데, 아래 예시와 같이 몇 어휘에
한정돼 있다. 밑줄 친 것은 접요사/삽요사인 사이 'ㅅ'과 'ㅂ'이 껴 있음을

나타낸 것이다. 이들에 대한 것은 <제1장 음운론>의 (8) '자음첨가' 중
'ㅅ'·'ㅂ' 첨가에서도 다룬 바 있다. 사실 이들 형태의 어휘들은 두 단어가
합해서 된 것이므로 합성어의 유속복합에 해당하지만, 접사와 관련된 것이
므로 편의상 파생어에 껴 넣었다.

△ 비한자어(고유어)+ㅅ+비한자어(고유어)

ㄱㅅ질>ㄱ질(갓길), 가운듸ㅅ소리>가운뒷소리(가운뎃소리), 내ㅅ
물>냇물(냇물), 대ㅅ가쟁이>댓가쟁이(댓가지), 보리ㅅㄱ를>보릿ㄱ
를(보릿가루), 새ㅅ질>샛질(샛길), 시리ㅅ떡>시릿떡(시룻떡), 쑴지ㅅ
돈>쑴짓돈(쌈짓돈), 질ㄱㅅ밧>질ㄱ밧(길갓밭) …

△ 한자어+ㅅ+비한자어(고유어)

동지ㅅ둘>동짓둘(冬至:동짓달), 보ㅅ짐>봇짐(褓:봇짐), 서ㅅ가름>
섯가름(西洞:섯마을/섯동네), 제ㅅ날>제삿날(忌祭日:제삿날), 쳐가
(개)ㅅ집>쳐갓(갯)집(妻家:처갓집), 태ㅅ줄>탯줄(胎:탯줄), 후ㅅ날>
훗날(後日:훗날), 흑교ㅅ집>흑곳집(학굣집) …

△ 비한자어(고유어)+한자어

다리ㅅ빙>릿빙(다릿병), ㄱ래ㅅ방석>ㄱ렛방석(맷방석), 우ㅅ전방>
웃전방(윗전방), 알래ㅅ동세>아랫동세(아랫동서), 궤기ㅅ점>궤깃점
(고깃점), 배ㅅ사공>뱃사공 …

△ 실사+ㅂ+실사

메ㅂ쌀>멥쌀(秔米/粳米:멥쌀), 메ㅂ쌀밥>멥쌀밥(粳米飯:멥쌀밥), 조
ㅂ쌀>좁쌀(粟米:좁쌀), ㅈㅂ쌀>ㅈ쌀(싸라기),[65] 춧ㅂ쌀>챱쌀(糯米:
찹쌀), 해ㅂ쌀>햅쌀(新米:햅쌀), 이ㅂ때>입때(여태), 저ㅂ때>접때
(疇日:접때)…

---

65) '좁쌀'은 '좀쌀'이라고도 한다.

(3) 실사+접미사

이들 <실사+접미사>의 형태로 된 파생어는 체언과 용언의 어근/
어간에 접미사가 붙어서 형성된 어휘다. 여기서 주의할 것은 접미사 하나
만으로는 그 의미와 기능이 뚜렷하지 않아서, 반드시 그 앞의 체언이나 용
언의 어근/어간과 결합해야 그 정체가 분명하게 드러난다. 즉 그들 접미사
의 형태에 따라 본딧말[原語]과 다른 뜻을 가진 파생어인 '명사·동사·형
용사·부사로 바뀐다. 밑줄 친 것은 접미사이다.

△ 체언+접미사→명사

· 체언+씨/님: 고씨(高氏), 양씨(梁氏), 부씨(夫氏), 길동씨, 부모님,
성님(형님), 누님, 장군님, 선비님, 선셍님(선생님), 임
금님 …

· 체언+댁/가(宅/家): ᄉ뜻댁(사뜻댁), 참봉댁(參奉宅), 조부모댁, 웨가
댁(외가댁), 처가댁(妻家宅), 제수댁(弟嫂宅), 문
장가/문필가(文章家/文筆家), 멩문가(名門家:명
문가), 도술가(道術家), 침술가(鍼術家) …

· 체언+댁/집: 정의댁/저읏집(旌義宅/旌義집), 대정댁/대정집(大靜宅/
大靜집), 목포집(木浦宅/木浦집), 밧깃댁/육짓집(밖읏댁
/육짓집) 66) …

· 체언+덜(들): 애기덜(아기들), 우리덜(우리들), 벗덜(벗들), 벵정덜(兵
丁:병정들), 쉐덜(소들), 몰덜(말들), 버렝이덜(벌레들),
밧덜(밭들), 오름(롬)덜(岳:오름들), 낭(남)덜(나무들), 곡
숙덜(곡식들) …

· 체언+꾸레기(꾸러기): 빗꾸레기(빚꾸러기), 심술꾸레기(심술꾸러기),
욕심꾸레기(욕심꾸러기), 장난꾸레기(장난꾸
러기), 줌꾸레기(잠꾸러기) …

· 체언+꾼(꾼): 구경꾼, 건달꾼, 노롬꾼(노름꾼), 상뒤꾼(상두꾼), 상시꾼

---

66) '댁/집'은 사람을 가리키는 접미사인 경우는 주로 여인네를 나타내는 경우에 주로 쓰인다.

(장사꾼), 역시꾼(일꾼), 짐꾼, 홍성꾼(홍정꾼) …

· 체언+다리(뱅이/쟁이/꾼/둥이): 가난다리(가난뱅이), 간세다리(게으름뱅이), 게음다리(시기꾼), 야기엄다리[67], 억지다리(억지꾼), 욕심다리(욕심쟁이), 용다리(風人:문둥이) …

· 체언+바치[68](꾼/쟁이): 꿩바치(꿩포수/꿩사냥꾼), 사농바치(사냥꾼), 소곰바치(소금쟁이), 점바치(점쟁이), 총바치(포수/총쟁이), 침바치(鍼醫:침장이) …

· 체언+백이(박이): 웨눈백이(외눈박이), 점백이(점박이), 덧늬백이(덧니박이), 웨톨백이(외톨박이) …

· 체언+뱅이(뱅이): 가난뱅이, 건달뱅이, 주정뱅이 …

· 체언+쌔기(싸개/보): 똥쌔기(똥싸개), 오줌쌔기(오줌싸개), 털북쌔기(털보) …

· 체언+쟁이(쟁이/장이/꾼): 도독쟁이(도둑놈), 멋쟁이, 빗쟁이(빚쟁이), 소도리쟁이(말전주꾼), 쁜쟁이(깍쟁이/자린고비), 사농쟁이(사냥꾼), 불미쟁이/철쟁이(대장장이), 돌챙(쟁)이(石手장이) …

· 체언+주시[69](꾸러기): 맷주시(매꾸러기), 좀주시(잠꾸러기), 욕주시(욕꾸러기/욕감태기), 빗주시(빚꾸러기/빚쟁이) …

· 체언+쿠시(둥이/꾸러기)[70]: 물쿠시(미련둥이), 매쿠시(매꾸러기), 좀쿠시(잠꾸러기/잠보) …

· 체언+푸대(보/고래): 밥푸대(밥보), 국푸대(국보/국고래), 술푸대(술보/술고래), 매푸대(맷보) …

---

67) '야기엄다리'는 음식에 탐닉하는 사람을 얕잡아서 일컫는 말.

68) '바치'는 기술자/전문가에 해당하는 장이[匠人]을 말하는 중세국어인데, 제주어에서는 어떤 속성에 붙매인 사람을 얕잡아서 말하는 접미사 '–쟁이'와 혼용해서 쓰인다.

69) '주시'는 원래 찌꺼기를 일컫는 말인데, 여기서는 하는 행동거지가 시원치 않거나 못마땅한 사람을 나무랄 때 그 대상이 되는 말에 붙는 접미사이다.

70) '쿠시'는 처신이 시원치 못한 사람을 얕잡아서 일컬을 때 붙여지는데, 그 대역어는 '둥이/꾸러기…' 따위의 뜻으로 쓰인다.

· 체언+쉬(꾼/쟁이): 겁쉬(겁쟁이), 억쉬(억지꾼), 허풍쉬(허풍쟁이/허풍
선이) …

· 체언+이: 굴묵이(느티나무), 사옥이(볏나무), 샘이(泉:샘), 송충이(松
蟲), 청총이(靑驄馬), 가북이, 동전이71), 코선이72) …

· 체언+ㅇ이: 생이(鳥:새), 겡이/깅이(蟹:게), 기겡이(機械:기계), 두껭
이(蓋:뚜껑), 막댕이(杖:막대), 이맹이(이마), 조갱이(貝:
조개), 쥉이(鼠:쥐), 콧댕이(鼻:콧대) …

· 체언+찌리(끼리): 가네찌리(걔네끼리), 느네덜찌리(너희들끼리), 성제
찌리(형제끼리), 우리찌리(우리끼리), 이녁네찌리
(자기네끼리), 지네덜찌리(제들끼리) …

· 체언+태(쟁이/둥이/보): 벌태(개구쟁이), 누렁태(느림보), 누렁태(느림
보), ᄌ곰태(간지럼둥이) …

△ 체언+접미사→동사

· 체언+나다: 겁나다, 넉나다(혼나다), 불나다, 빗나다(빛나다), 빙나다
(병나다), 짐나다(김나다), 성나다(화나다), 흠나다 …

· 체언+지다: 느려지다(넘어지다), 등지다, 밋지다(밑지다), 빗지다(빚지
다), 특지다(턱지다) …

· 체언+치다: 등치다, 떡치다, 판치다, 눌치다(날치다) …

· 체언+ᄒ다: 거념ᄒ다(관리하다), 낙심ᄒ다(낙심하다), 도착ᄒ다(도착
하다), 생각ᄒ다(생각하다), 장난ᄒ다(장난하다), 통곡ᄒ
다(통곡하다), 호령ᄒ다(호령하다) …

△ 체언+접미사→형용사

· 체언+답다: 귓것답다(잡귀답다), 꼿답다(꽃답다), ᄆ쉬답다(牛馬:마소
답다), 짐성답다(짐승답다), 하르방답다(할아버지답다) …

---

71) '동전이'는 목에 띠를 두른 것처럼 털이 나 있는 개의 이름이다. 마치 목에 둘린 털
무늬가 한복 저고리의 동전처럼 생겼다고 해서 붙여진 것이다.
72) '코선이'는 이마에서 콧잔등까지 선을 그어놓은 것처럼 흰털이 나 있는 개에게 붙여진
이름이다.

· 체언+스럽다: 구체스럽다(창피스럽다), 스랑스럽다(사랑스럽다), 어룬스럽다(어른스럽다), 주상스럽다(자상스럽다), 후웨스럽다(후회스럽다) …

· 체언+지다: 지름지다(기름지다), 술지다(살지다/두껍다), 다귀지다(多氣:다기지다), 멋지다, 주미지다(재미지다) …

· 체언+ᄒ다: 노랑ᄒ다(노랗다), 빨강ᄒ다(빨갛다), 퍼렁ᄒ다(퍼렇다), 선ᄒ다(善:선하다), 악ᄒ다(惡:악하다), 약ᄒ다(弱:약하다), 정광ᄒ다(亭亭:정정하다), 퀘왈ᄒ다(쾌활하다) …

· 체언+엇다: ᄀ엇다(가없다), 끗엇다(끝없다), 멋엇다(멋없다), 시름엇다(시름없다), 상관엇다(상관없다), 흔엇다(한없다) …

△ 채언+접미사 →부사

· 체언+이: 간간이, 칸칸이, 날날이(나날이), 낫낫이(낱낱이), 둘둘이(다달이), 일일이, 오랏이(여럿이), 겹겹이/접접이(겹겹이), 줄줄이, 푼푼이 …

△ 어근+접미사 →명사

· 어근+생이: 눈곱생이(실눈이), 촐람생이(촐랑이) …

· 어근+쉬: 먹쉬(먹보), 욕쉬(약둥이) …

· 어근+이: 넙이(넓이), 놀이, 맞벌이, 멍텅이(멍청이), 젯멕이(젖먹이), 질이(길이), 노피(높이)[73], 지피(깊이)[74] …

· 어근/어간+기: 크기, 흙기(굵기), 둘리기(달리기) …

· 어근/어간+ㅁ: 나무램(나무래다+ㅁ), 삶(살다+ㅁ), 수눎/수눔(수눌다+ㅁ), 슬픔(슬프다+ㅁ), 배고픔(배고프다+ㅁ), 드툼(드

---

73) '노피'는 '노프다'의 어간 '노프'에 명사화접미사 '-이'가 붙어서 된 것이다. 제주어는 현대국어의 기본형 '높다'는 으-불규칙형용사인 '노프다'이므로, 어간 '노프'에 접미사 '-이'가 붙어서 된 전성명사이다.

74) '지피'도 '지프다'의 어간 '지프'에 명사화접미사 '-이'가 붙어서 된 것이다. 제주어는 현대국어의 기본형 '깊다'는 으-불규칙형용사인 '지프다'이므로, 어간 '지프'에 접미사 '-이'가 붙어서 된 전성명사이다.

투다+ㅁ), <u>부름</u>(부르다+ㅁ) …

- 어근+음: 걸<u>음</u>, 놀<u>음</u>, 물<u>음</u>, 얼<u>음</u>, 졸<u>음</u>…
- 어근+붕이 75): 숫<u>붕이</u>(숫보기/숫사람), 두루<u>붕이</u>(철부지), 털어<u>붕이</u>
    (빈털털이) …

△ 어근/어간+접미사 →동사

- 어근/어간+치다: 느리<u>치다</u>(내리치다), 마주<u>치다</u>, 물리<u>치다</u>, 박<u>치다</u>…
- 어근/아간+트리다(뜨리다): 넘어<u>트리다</u>(넘어뜨리다), 망가<u>트리다</u>(망
    가뜨리다), 부러<u>트리다</u>(부러뜨리다), 털어
    <u>트리다</u>(떨어뜨리다), 헐어<u>트리다</u>(헐어뜨
    리다)76) …
- 어근/어간+거리다: 굴강<u>거리다</u>(갈강거리다), 둘랑<u>거리다</u>(달랑거리
    다), 삔찍<u>거리다</u>(빤짝거리다), 우물랑<u>거리다</u>(우물
    거리다), 찰랑<u>거리다</u>, 홀짝<u>거리다</u> …
- 어근/어간+대다: 굴강<u>대다</u>(갈강대다), 둘랑<u>대다</u>(달랑대다), 삔찍<u>대다</u>
    (빤짝대다), 우물랑<u>대다</u>(우물대다), 찰랑<u>대다</u>, 홀짝
    <u>대다</u> …
- 어근/어간+ㅎ다: 까불까불<u>ㅎ다</u>(까불까불하다), 너울너울<u>ㅎ다</u>(너울너
    울하다), 삔찍삔찍<u>ㅎ다</u>(빤짝빤짝하다), 미어<u>ㅎ다</u>(미
    워하다) …
- 어근/어간+지다: 밋<u>지다</u>(밑지다), 갈라<u>지다</u>(뒤집어지다/갈라지다), 벌
    러<u>지다</u>(쪼개지다/깨지다), 페와<u>지다</u>(펴지다), 자자<u>지
    다</u>(젖혀지다), 커<u>지다</u>, 털어<u>지다</u>(떨어지다) …

△ 어근/어간+접미사 →형용사

- 어근/어건+ㅎ다: 느슨<u>ㅎ다</u>(느슨하다), 딱딱<u>ㅎ다</u>(딱딱하다), 존존<u>ㅎ다</u>
    (자잘하다), 물싹<u>ㅎ다</u>(물씬하다), 비슷비슷<u>ㅎ다</u>(비슷

---

75) '-붕이'는 됨됨이가 칠칠하지 못한 사람을 얕잡아 일컫는 말.
76) 제주에는 접미사 '-뜨리다'·'-트리다' 둘 중 어느 것을 써도 되는데, '-트리다'를 선
    호한다.

비슷하다) …

· 어근/어건+지다: ᄋ망지다(똘똘하다), ᄋ무지다(야무지다), 톨아지다
(비틀어지다/틀어지다), 놀락지다(하찮다), 다구지다
/다귀지다(다기지다), ᄇ랑지다(활달하다), 맬랑지
다(물렁하다) …

· 어근/어간+롱(룽)ᄒ다: ᄀ느롱ᄒ다(가느스름하다), 거무룽ᄒ다(거무
스름하다), 노리롱ᄒ다(노르스름하다), 불구룽
ᄒ다(불그스름하다), 푸리롱ᄒ다(푸르스름하
다) …

△ 어근/어간+접미사→부사
· 어근/어간+이: 곰곰이, 납작이, 느직이, 멀찍이, 반뜻이(반듯이), 빙색
이(빙긋이), 삿삿이(샅샅이), 수북이, 일찍이, 콤콤이
(꼼꼼이), 흙직이(굵직이) …
· 어근/어간+이(히): ᄀ득이(가득히), 넉넉이(넉넉히), 둔돈이(단단히),
ᄆ믄이(만만히), 부지런이(부지런히), 시원이(시원
히), 한걸이(한가히), 춘춘이(천천히), 튼튼이(탄탄
히), 홀쭉이(홀쭉히) …

  위의 예시와 같이 현대국어의 부사화접미사인 '-히'는 제주어에서는 '-
이'가 쓰인다. 그 이유는 실제 말하기에서 'ᄒ' 받침은 발음되지 않고 'ᄋ'인
영(零: zero)이 되는 것과 같은 맥락이다.

4) 태어

  태어라고 함은 같은 음의 형태소가 겹치는 첩어(疊語)로서, 사물의 소
리나 모양·짓을 흉내 내는 상징어(象徵語)들이다. 즉 의태어(擬態語)와
의성어(擬聲語)가 주축을 이루고 있는데, 이들은 이미 <제2장 품사론>의
'부사'에서 그 일부를 다룬 바 있다. 여기서는 어휘의 의미구조와 관련된

음상(音相)에 의한 태어의 다양성을 부각시키는 데 역점을 두고 '완전첩어'
와 '준첩어'로 양분했다.

(1) 완전첩어

완전첩어라고 함은 똑같은 음절로 된 어소끼리 겹쳐서 두 번 반복
해서 된 상징어(象徵語)를 말한다. 그것도 모음만 달라지는 것이 있고, 자
음만 달라지는 것이 있다. 그러나 그들 원 뜻만은 아래 예시와 같이 변하지
않고 어감만 달라진다.

[모음관련 첩어]

△ ㆍ+ㆍ<ㅓ+ㅓ
- 의태어: 돌돌<덜덜(달달<덜덜), 복복<벅벅(박박<벅벅), 볼볼<벌
벌(발발<벌벌), 뽓뽓<뻣뻣(뺏뺏<뻣뻣), 톨톨<털털(탈탈<털
털), 콤콤<컴컴(캄캄<컴컴), 폴폴<펄펄(팔팔<펄펄) …
- 의성어: ㅇ옹<엉엉(앙앙<엉엉), 졸졸<철철(찰찰<철철)

△ ㆍ+ㅏ<ㅡ+ㅏ
- 의태어: ㄱ닥ㄱ닥<그닥그닥(가닥가닥<거덕거덕), ㄴ랏ㄴ랏<느랏
느랏(나른나른<느른느른), 돌랑돌랑<들랑들랑(달랑달랑
<덜렁덜렁), 술짝술짝<슬짝슬짝(살짝살짝<슬쩍슬쩍), ㅇ상
ㅇ상)<으상으상(살금살금<슬금슬금), 졸강졸강<즐강즐강
(잘강잘강<질강질강), 홀랑홀랑<흘랑흘랑(말랑말랑<물렁
물렁) …
- 의성어: 굴강굴강)<글강글강(갈강갈강<글겅글겅), 돌각돌각<들각들
가(달각달각<덜걱덜걱), 홀강홀강<흘강흘강(할근할근<흘근
흘근), 홍악홍악<홍악홍악(응아응아<응애응애) …

△ ㆍ+ㅡ<ㅓ+ㅡ

- 의태어: ᄀᆞ들ᄀᆞ들<거들거들(가들가들<거들거들), ᄃᆞ글ᄃᆞ글<더글더글 77)(아장아장<어정어정), ᄇᆞ들ᄇᆞ들<버들버들(바들바들<버들버들), 올믓올믓<얼믓얼믓(아른아른<어른어른), ᄐᆞ들ᄐᆞ들<터들터들(오돌토돌<우툴두툴) …
- 의성어: 빤득빤득<뻐득뻐득(빠득빠득<뻐득뻐득), 슬근슬근<설근설근(살근살근<슬근슬근), ᄑᆞ득ᄑᆞ득<퍼득퍼득(파득파득<퍼덕퍼덕) …

△ ㅏ+ㅏ<ㅓ+ㅓ

- 의태어: 납작납작<넙적넙적(납작납작<넓적넓적), 발랑발랑<벌렁벌렁(발랑발랑<벌렁벌렁), 살랑살랑<설렁설렁(살랑살랑<설렁설렁), 알랑알랑<얼렁얼렁(알랑알랑<얼렁얼렁), 탈싹탈싹<털썩털썩(탈싹탈싹<털썩털썩), 팔랑팔랑<펄렁펄렁(팔랑팔랑<펄렁펄렁) …
- 의성어: 달각달각<덜걱덕걱(달각달각<덜걱덜걱), 짜랑짜랑<쩌렁쩌렁(짜랑짜랑<쩌렁쩌렁), 찰랑찰랑<철렁철렁(찰랑차랑<철렁철렁), 할강할강<헐겅헐겅(할근할근<헐근헐근) …

△ ㅏ+ㅗ<ㅓ+ㅜ

- 의태어: 나올나올<너울너울(나울나울<너울너울), 바롱바롱<버룽버룽(빠끔빠끔<뻐끔뻐끔), 아롱아롱<어룽어룽(아롱아롱<어룽어룽), 알록알록<얼룩얼룩(알록달록<얼룩얼룩), 자올자올<저울저울(잘똑잘똑<절뚝절뚝), 팔롱팔롱<펄룽펄룽(말똥말똥<멀뚱멀뚱) …
- 의성어: 아옹아옹<어웅어웅(아웅아웅<어웅어웅), 까옥까옥(까옥까옥) …

---

77) 'ᄃᆞ글ᄃᆞ글<더글더글'은 걸음마를 시작한 어린애가 걷는 모습인 표준어 '아장아장<어정어정>에 해당하는 것 외에 물체가 굴러다니는 소리의 모습도 된다.

△ ㅏ+ㅜ<ㅓ+ㅜ
- 의태어: 가뭇가뭇<거뭇거뭇(가뭇가뭇<거뭇거뭇), 나풀나풀<너풀너풀(나풀나풀<너풀너풀), 다복다복<더북더북(디복다복<더북더북), 아웃아웃<어웃어웃(발름발름<벌름벌름), 알룽알룽<얼룽얼룽(아롱아롱<어룽어룽), 자울자울<저울저울(잘록잘록<절룩절룩), 타불타불<터불터불(타닥타닥<터덕터덕) …
- 의성어: 아웅아웅<어웅어웅(아웅아웅<어웅어웅), 까욱까욱(까욱까욱)…

△ ㅗ+ㅗ<ㅜ+ㅜ
- 의태어: 동골동골<둥굴둥굴(동글동글<둥글둥글), 몽콜몽콜<뭉쿨뭉쿨(몽클몽클<뭉클뭉클), 뽀족뽀족<뿌죽뿌죽(뾰족뾰족<삐죽삐죽), 소골소골<수굴수굴(고본고본<고분고분),78) 오목오목<우묵우묵(오목오목<우묵우묵), 조롱조롱<주룽주룽(조랑조랑<주렁주렁), 토록토록<투룩투룩(똑똑<뚝뚝) …
- 의성어: 졸졸<줄줄(졸졸<줄줄), 촐촐<출출(촐촐<출출), 콜록콜록<쿨룩쿨룩(콜록콜록<콜룩콜룩), 코롱코롱<쿠룽쿠룽(콜콜<쿨쿨), 홀쪽홀쪽<훌쭉훌쭉(홀짝홀짝<훌쭉훌쭉) …

위의 예시는 대표적인 몇 개에 지날 뿐, 그 사례를 다 제시하지 못했다. 그처럼 태어를 형성하고 있는 어소 중에 모음의 형태에 따라 음상이 달라지는데, 이들은 현대국어의 어휘와 같거나 표준어로 대역할 수 있는 것 중 일부에 불과하다.

---

78) '소골속골<수굴수굴'은 어감의 강약에 따른 음상으로 보면 부등호 < 로 나타낸 것과 같이, 양성모음 'ㅗ'로 된 어휘는 밝고 작은 느낌을 주는 데 반해서, 음성모음 'ㅜ'로 된 어휘는 어둡고 큰 느낌을 준다. 그런데 제주어 '수굴수굴'은 대역어 현대국어의 '고분고분'에 해당하지만, '소골소골'에 해당하는 현대국어의 적절한 어휘는 '고본고본'으로 대역할 수밖에 없다.

[자음관련 첩어]

△ ㄱ+ㄱ<ㄲ+ㄲ
- 의태어: 고깃고깃<꼬깃꼬깃(고깃고깃<꼬깃꼬깃), 공골공골<꿍꼴꿍
  꼴(흔들흔들), 궁글궁글<꿍끌꿍끌(흔들흔들) …
- 의성어: 갈갈<깔깔(갈갈<깔깔), 객객<깩깩(객객<깩깩), 궥궥<꿱꿱
  (꿱꿱), 고고댁<꼬꼬댁(고고댁<꼬꼬댁) …

△ ㄷ+ㄷ<ㄸ+ㄸ
- 의태어: 돌돌<똘똘(돌돌<똘똘), 둘둘<뚤뚤(둘둘<뚤뚤) …
- 의성어: 독독<똑똑(독독<똑똑), 둑둑<뚝뚝(둑둑<뚝뚝), 독닥독닥<
  똑딱똑딱(독닥독닥<똑딱똑딱), 둑닥둑닥<뚝딱뚝딱(둑닥둑닥
  <뚝딱뚝딱) …

△ ㅂ+ㅂ<ㅃ+ㅃ
- 의태어: 박박<빡빡(박박<빡빡), 밧밧<빳빳(빳빳), 벗벗<뻣뻣(뻣뻣),
  방방<빵빵(방방<빵빵), 빈빈<삔삔(빈둥빈둥<삔둥삔둥), 빙
  빙<삥삥(빙빙<삥삥) …
- 의성어: 붕붕<뿡뿡(붕붕<뿡뿡) …

△ ㅈ+ㅈ<ㅉ+ㅉ
- 의태어: 죽죽<쭉쭉(죽죽<쭉쭉), 직직<찍찍(직직<찍찍), 질질<찔찔
  (질질<찔찔), 조작조작<쪼짝쪼짝(조작조작), 주작주작<쭈짝
  쭈짝(주적주적>쭈쩍쭈쩍) …
- 의성어: 잘잘<짤짤(잘잘<짤짤), 졸졸<쫄쫄(졸졸<쫄쫄), 줄줄<쭐쭐
  (줄줄<쭐쭐), 질질<찔찔(질질<찔찔), 조질조질<쪼질쪼질(종
  알종알<쫑알쫑알) …

  이 밖에 서로 다른 평음인 'ㄱ/ㄷ/ㅂ/ㅈ'이 각기 그 계열의 경음과 격음
으로 연결돼는 삼지적(三肢的) 상관속(相關束)인 'ㄱ/ㄲ/ㅋ→ㄱ<ㄲ<ㅋ'·

'ㄷ/ㄸ/ㅌ→ㄷ<ㄸ<ㅌ'·'ㅂ/ㅃ/ㅍ→ㅂ<ㅃ<ㅍ'·'ㅈ/ㅉ/ㅊ→ㅈ<ㅉ<ㅊ'
이 됨으로써, 같은 의미의 말인데도 어감이 차가 달라지는 음상이 나타난
다. 그러니 그 의미의 강도가 평음보다는 경음이, 경음보다는 격음으로 된
것이 더하다. 아래 예시가 그것인데 ( ) 속의 대역어 중 국어사전에 다뤄
지지 않는 것은 제주어를 그대로 살렸다.

△ ㄱ<ㄲ<ㅋ
- 의태어: 갈갈<깔깔<칼칼(갈갈<깔깔<칼칼), 감감<깜깜<캄캄(감감
  <깜깜<캄캄), 곰곰<꼼꼼<콤콤(곰곰<꼼꼼<콤콤), 길길<낄
  낄<킬킬(길길<낄낄, 킬킬), 고들고들<꼬들꼬들<코들코들
  (고들고들<꼬들꼬들<코들코들) …
- 의성어: 객객<깩깩<캑캑(객객<깩깩<캑캑), 겅겅<껑껑<컹컹(겅겅
  <껑껑<컹컹), 굴각굴각<꿀깍꿀깍<쿨칵쿨칵(굴격굴격<꿀
  꺽꿀꺽<쿨컥쿨컥), 굴각굴각<꿀깍꿀깍<쿨칵쿨칵(굴격굴격
  <꿀꺽꿀꺽<쿨컥쿨컥) …

▶ <u>감감</u>ᄒ다<<u>깜깜</u>ᄒ다<<u>캄캄</u>ᄒ다(감감하다<깜깜하다<캄캄하다), 시<u>거</u>
  멍ᄒ다<시<u>꺼</u>멍ᄒ다<시<u>커</u>멍ᄒ다(시거멍다<시꺼멍다<시커멍다), 고
  <u>시</u>롱ᄒ다<<u>꼬</u>시롱ᄒ다<<u>코</u>시롱ᄒ다(고소하다) 79) …

△ ㄷ<ㄸ<ㅌ
- 의태어: 돌돌<똘똘<톨톨(돌돌<똘똘<톨톨), <u>두룩두룩<뚜룩뚜룩</u>
  <u><투룩투룩</u>(두둑<뚜뚝<투툭), <u>더들더들<떠들떠들<터들터</u>
  들(더덜더덜<떠덜떠덜<터덜터덜) …
- 의성어: 당당<땅땅<탕탕(당당<땅땅<탕탕), 독독<똑똑<톡톡(독독
  <똑똑<톡톡), 둑닥둑닥<뚝딱뚝딱<툭탁툭탁(둑닥둑닥<뚝

---

79) '고<u>시</u>롱ᄒ다<<u>꼬</u>시롱ᄒ다<<u>코</u>시롱ᄒ다'의 밑줄 친 부분에 해당하는 현대어는 '<u>꼬</u>소하다/
<u>코</u>소하다'는 없으므로 '고소하다'로만 어역했다.

딱뚝딱<툭탁툭탁), 돌그락(랑)돌그락(랑)<똘그락(랑)똘그락
(랑)<톨그락(랑)톨그락(랑)<달그락(랑)달그락(랑)<딸그락
(랑)딸그락(랑)<탈그락(랑)탈그락(랑) …

▶ 돈돈ㅎ다<똔똔ㅎ다<톤톤ㅎ다(단단하다<딴딴하다<탄탄하다), 다들
다들ㅎ다<따들따들ㅎ다<타들타들ㅎ다(우툴두툴하다: 다들다들하다
<따들따들하다<타들타들하다) …

△ ㅂ<ㅃ<ㅍ

• 의태어: 뱅뱅<뺑뺑<팽팽(뱅뱅<뺑뺑<팽팽), 빙빙<삥삥<핑핑(빙빙
<삥삥<핑핑), 빈빈<삔삔<핀핀(빈둥빈둥<삔둥삔둥<핀둥핀
둥), 빙글빙글<삥글삥글<핑글핑글(빙글빙글<삥글삥글<핑
글핑글) …

• 의성어: 박박<빡빡<팍팍(박박<빡빡<팍팍), 붕붕<뿡뿡<풍풍(붕붕
<뿡뿡<풍풍), 브드득브드득<쁘드득쁘드득<프드득프드득
(바드득바드득<빠드득빠드득<파드득파드득), 밴들밴들<뺀
들뺀들<팬들팬들(밴들밴들<뺀들뺀들<팬들팬들) …

▶ ᄀ들락ᄀ들락ㅎ다<ᄭ들락ᄭ들락ㅎ다<ᄏ들락ᄏ들락ㅎ다(가드럭가
드럭ㅎ다<꺼드럭꺼드럭ㅎ다) [80], 번직번직ㅎ다<뻔직뻔직ㅎ다<펀직
펀직ㅎ다(번적번적하다<뻔적뻔적하다<펀적펀적하다) …

△ ㅈ<ㅉ<ㅊ

• 의태어: 질질<찔찔<칠칠(질질<찔찔<칠칠), 지락지락<찌락찌락
<치락치락(주렁주렁/주저리주저리), 슬작슬작<슬짝슬짝
<슬착슬착(살짝쌀짝), 졸랑졸랑<쫄랑쫄랑<촐랑촐랑(졸랑
졸랑<쫄랑쫄랑<촐랑촐랑) …

• 의성어: 잘잘<짤짤<찰찰(잘잘<짤짤<찰찰), 졸졸<쫄쫄<촐촐(졸졸

---

80) 'ᄀ들락ᄀ들락ㅎ다<ᄭ들락ᄭ들락ㅎ다<ᄏ들락ᄏ들락ㅎ다'의 밑줄 친 'ᄏ들락ᄏ들락'에
해당하는 현대국어는 국어사전에 없고 '가드락가드락<까드락까드락'만 있다.

<쫄쫄<촐촐), 줄줄<쭐쭐<출출(줄줄<쭐쭐<출출) …

▶ 자울락거리다<짜울락거리다<차울락거리다(질뚝거리다<쩔뚝거리
다), 신닥진닥ᄒ다<찐닥찐닥ᄒ다<친닥친닥ᄒ다(진득진득하다<찐
득찐득하다)

(2) 준첩어

이들 준첩어는 앞에서 다룬 '완전첩어'처럼 한 어휘 속에 모음이나
자음이 일정하게 정해져 있지 않고 다른 음절이 껴 있다. 즉 아래 예시와
같이, 같은 어소의 반복이 아닌 서로 다른 어소가 껴들고 있다.

△ 의태부사

아롱고롱/아리롱고리롱(어질어질), 울딱불딱(울뚝불뚝), 얼트락달
트락/울트락불트락(울툭불툭), 얼랑둘랑(얼렁뚱땅), 얼벙덤벙(엄벙
덤벙) …

△ 의성부사

와상바상<와쌍바쌍(와상바상<와쌍바쌍),[81] 왈가닥달가닥<왈카닥
달카닥(왈가닥달가닥<왈카닥달카닥), 왈그랑달그랑/왈그락달그락(왈
강달강), 왈탕발탕(왈탕발탕)[82] …

△ 합성부사

그레저레(그리저리), 그디저디(거기저기), 의레저레(이리저리), 의디
저디(여기저기), 기영저영/경정(그렇게저렇게/그럭저럭), 요영저영(요
렇게저렇게), 가멍오멍/오멍가멍(가며오며/오며가며), 들멍나멍(들며

---

81) 표준어의 와삭거리는 소리를 나타내는 완전첩어 '와삭와삭'과 같지만, 그 어감과 뉘앙스
가 다르므로 표준어로 대역할 알맞은 어휘가 없어 제주어를 그대로 살렸다.
82) '왈탕발탕'은 물이 끓거나 목욕·물장구를 칠 때 물에 부딪혀서 나는 소리이다. 대역할
표준어가 국어사전에 없어서 그대로 살렸는데, 국어사전에 수록돼야 할 어휘이다.

나며), <u>어</u>펏닥뒈쌋닥(엎었다뒤집었다), <u>어</u>치락<u>뒤</u>치락(엎치락뒤치락),
<u>왓</u>닥<u>갓</u>닥(왔다갔다), <u>울</u>엇닥<u>웃</u>엇닥(울었다웃었다), <u>홍</u>창망창(홍청망
청) …

이상의 '완전첩어'와 '준첩어'에서 보는 것과 같이 제주어에 쓰이는 태어
인 의태어와 의성어는 이채롭고 다양해서 일일이 다 열거할 수가 없다. 더
구나 현대국어의 적절한 대역어를 찾는 것이 여간 어려운 게 아니어서 주
석을 달아 설명해야 그 뜻을 제대로 알 수가 있다. 이를테면 아래와 같은
경우도 그에 속한다.

> △ ᄋᆞᆼ당ᄋᆞᆼ당<옹당옹당<웅당웅당 [앙알앙알<옹알옹알<웅얼웅얼]
> ·ᄋᆞᆼ당ᄋᆞᆼ당 존소리 말라.
> (앙알앙알 잔소리 마라.)
> ·자인 옹당옹당 안홀 때가 엇나.
> (쟤는 옹알옹알 안할 때가 없다.)
> ·무싱 게 못 마땅ᄒᆞ연 웅당웅당 저 모냥고?
> (무슨 것이 못 마땅해서 웅얼웅얼 저 모양이냐?)

위 밑줄 친 의성부사인 태어는 뭣이 못마땅해서 입속말로 불만을 중얼거
리는 현대국어의 '구시렁구시렁'에 해당한다. 하지만 그 본래의 뜻은 같으
면서 어감의 다르다. 그 정도를 부등호 < 로 표시하면 'ᄋᆞᆼ당ᄋᆞᆼ당<옹당옹
당<웅당웅당'이 된다. 편의상 대역을 '앙알앙알/옹알옹알/웅얼웅얼'로 했
지만, 만족한 어역(語譯)이 못 된다. 이들은 다시 'ᄋᆞᆼ은ᄋᆞᆼ은/ᄋᆞᆼ을ᄋᆞᆼ을/ᄋᆞᆼ을
랑ᄋᆞᆼ을랑'·'ᄋᆞᆼ장ᄋᆞᆼ장/옹장옹장/웅장웅장' 등과 같이 이형동의어(異形同義
語)로도 쓰이므로, 이들 어휘가 가지고 있는 뉘앙스가 각기 달라서 그 차이
를 설명하기가 여간 어렵지 않다.

△ 붕붕<붕당붕당<붕을랑붕을랑<풍을랑풍을랑 [앙앙<앙알앙알
<엉얼엉얼<웅얼웅얼]

· 무사 경 붕붕<붕딩붕당<붕을랑붕을랑<풍을랑풍을랑 놈 ᄌ둘뢈시
니?
(왜 그렇게 앙알앙알<웅얼웅얼 남을 괴롭히고 있냐?)
· 일홀 때마다 붕붕<붕당붕당<붕을랑붕을랑<풍을랑풍을랑 그 모냥
고게?
(일할 때마다 앙알앙알<웅얼웅얼 그 모양이냐야?)

위 '붕붕<붕당붕당<붕을랑붕을랑<풍을랑풍을랑'은 'ᅌᅌ<ᅌ은ᅌ은<ᅌ
을랑ᅌ을랑'과 'ᅌ당ᅌ당<웅당웅당<옹당옹당'의 이형동의어(異形同義語)
에 해당한다. 그렇지만 그 불만을 나타내는 강도의 뉘앙스가 부등호로 표시
한 < 에 따라 다르다. 즉 'ᅌᅌ<ᅌ은ᅌ은<ᅌ을랑ᅌ을랑'과 'ᅌ당ᅌ당<웅당
웅당<옹당옹당'은 같은 불만의 표시지만, 그들은 어딘지 얄밉고 짓궂게 양
냥거리는 볼멘소리이다. 그에 비해서 '붕붕<붕당붕당<붕을랑붕을랑<풍을
랑풍을랑'은 같은 뜻이면서도 그 어감의 선이 굵고 억양의 강도가 높다.

△ 중중<중앙중앙 · 중은중은<중을랑중을랑 [중중<중얼중얼]
· 무신 거엔 혼자 중중<중앙중앙 굴암시니?
(무슨 거라고 혼자 중얼중얼 말하고 있냐?)
· 두린 사름추룩 지 혼차 중은중은<중을랑중을랑 말흔다.
(미친 사람처럼 제 혼자 중얼중얼 말한다.)

△ ᄋ글ᄋ글<으글으글 · ᄋ글락ᄋ글락<으글락으글락 · 아글아글
<어글어글 · 오글오글<우굴우굴 · 아글락아글락<어글락어글
락 [아장아장<어정어정 · 아기작아기적<어기적어기적]
· 애기가 ᄋ글ᄋ글<으글으글 걷기 시작ᄒ염저.
(아기가 아장아장 걷기 시작하고 있다.)

· 애기가 <u>으글락으글락</u><<u>으글락으글락</u> 걸엄저.
  (아기가 <u>아기작아기작</u><<u>어기적어기적</u> 걷고 있다.)
· 애기가 <u>아글아글</u><<u>어글어글</u> 걸엄서라.
  (아기가 <u>아장아장/어정어정</u> 걷고 있더라.)
· 애기가 <u>오글오글</u><<u>우굴우굴</u> 걸엄구낭.
  (아기가 <u>아장아장</u><<u>어정어정</u> 걷고 있구나.)
· 애기가 <u>아글락아글락</u><<u>어글락어글락</u> 걸엄시냐?
  (아기가 <u>아기작아기작</u><<u>어기작어기작</u> 걷고 있느냐?)

위 예시한 것은 어린애가 걷기 시작하는 모습인 '아장아장<아기작아기
작<어기적어기적'에 해당하는 의태부사다. 하지만 그들의 형태는 서로 다
르면서도 그 본연의 뜻이 같은 이형동의어(異形同義語)로서, 음상의 차가
크다. 현대국어로 옮길 때 알맞은 대역어가 마뜩하지 않아 장황한 설명을
덧붙여야 그 숨은 뜻을 이해할 수가 있다.

특히 주목할 만한 것은 의태어 중에 '매끈매끈ᄒ다(매끈매끈하다)'의 '**매
끈매끈**'에 관련된 어휘가 무려 96개이다. 그 중 아래 (1)의 '모음의 음상'의
것 24개 어휘는 (2)의 '자음의 음상'과 중복되는 것이 있으므로, 그 중복되
는 것을 제외해도 72개이다. 즉 '**매끈매끈**'을 어근으로 하는 1개의 어휘가
아래 예시와 같이 모음에 의한 음상관련 첩어 24개와 자음에 의한 음상관
련 첩어 72개의 어휘군(語彙群)이 그것이다.

[모음의 음상]

△ · +ㅡ 〈ㅐ+ㅡ 〈ㅜ+ㅡ 〈ㅣ+ㅡ (24개)

<u>ᄆ</u>들<u>ᄆ</u>들<<u>맨</u>들<u>맨</u>들<<u>문</u>들<u>문</u>들<<u>민</u>들<u>민</u>들
<u>ᄆ</u>들락<u>ᄆ</u>들락<<u>맨</u>들락<u>맨</u>들락<<u>문</u>들락<u>문</u>들락<<u>민</u>들락<u>민</u>들락
<u>ᄆ</u>즐<u>ᄆ</u>즐<<u>맨</u>즐<u>맨</u>즐<<u>문</u>즐<u>문</u>즐<<u>민</u>즐<u>민</u>즐
<u>ᄆ</u>즐락<u>ᄆ</u>즐락<<u>맨</u>즐락<u>맨</u>즐락<<u>문</u>즐락<u>문</u>즐락<<u>민</u>즐락<u>민</u>즐락
<u>ᄆ</u>질<u>ᄆ</u>질<<u>맨</u>질<u>맨</u>질<<u>문</u>질<u>문</u>질<<u>민</u>질<u>민</u>질

ᄆᆞ질락ᄆᆞ질락<맨질락맨질락<문질락문질락<민질락민질락

[자음의 음상]

△ ㄷ<ㄸ<ㅌ (24개)

ᄆᆞ들ᄆᆞ들<ᄆᆞ뜰ᄆᆞ뜰<ᄆᆞ틀ᄆᆞ틀
ᄆᆞ들락ᄆᆞ들락<ᄆᆞ뜰락ᄆᆞ뜰락<ᄆᆞ틀락ᄆᆞ틀락
맨들맨들<맨뜰매뜰<맨틀맨틀
맨들락맨들락<맨뜰락맨뜰락<맨틀락맨틀락
문들문들<문뜰문뜰<문틀문틀
문들락문들락<문뜰락문들락<문틀락문틀락
민들민들<민뜰민뜰<민틀민틀
민들락미들락<민뜰락민뜰락<민틀락민틀락

△ ㅈ<ㅉ<ㅊ (48개)

ᄆᆞ즐ᄆᆞ즐<ᄆᆞ쫄ᄆᆞ쫄<ᄆᆞ츨ᄆᆞ츨
ᄆᆞ즐락ᄆᆞ즐락<ᄆᆞ쫄락ᄆᆞ쫄락<ᄆᆞ츨락ᄆᆞ츨락
ᄆᆞ질ᄆᆞ질<ᄆᆞ찔ᄆᆞ찔<ᄆᆞ칠ᄆᆞ칠
ᄆᆞ질락ᄆᆞ질락<ᄆᆞ찔락ᄆᆞ찔락<ᄆᆞ칠락ᄆᆞ칠락
맨즐매즐<맨쫄맨쫄<맨츨맨츨
맨즐락맨즐락<맨쫄락맨쫄락<맨츨락맨츨락
맨질맨질<맨찔맨찔<맨칠맨칠
맨질락맨질락<맨찔락맨찔락<맨칠락맨칠락
문즐문즐<문쫄문쫄<문츨문츨
문즐락문즐락<문쫄락문쫄락<문츨락문츨락
문질문질<문찔문찔<문칠문칠
문질락문질락<문찔락문찔락<문칠락문칠락
민즐민즐<민쫄민쫄<민츨민츨
민즐락민즐락<민쫄락민쫄락<민츨락민츨락
민질민질<민찔민찔<민칠민칠
민질락민질락<민찔락민찔락<민칠락민칠락

3. 고 어

제주어의 특징 가운데 하나가 고어(古語)가 많이 보존돼 있을 뿐만 아니라, 그 변천과정에 이뤄진 어휘들도 꽤 많다. 그 대표적인 신라시대의 '향가'83)와 고려시대의 『계림유사』84)에 수록된 고어들의 일부가 제주어에 보존돼 있다. 그러고 보면 제주어에는 조선시대는 물론이고 고려시대와 삼국시대로 올려 잡을 수 있는 희귀한 말과 궁중용어(宮中用語)도 남아 있다. 아래 제시한 것은 제주어로 사용됐던 고어들이 어떤 모습으로 남아 있는지를 가늠해볼 수 있게끔, 명사 · 동사 · 형용사별로 간추려본 것이다. 어휘 사이의 > 표시는 그 말이 변천을 표시한 것이다.

1) 명 사

△ ᄀ/ᄀᆺ[邊:가], 갓/갓이/가시[妻:아내], 납[猿:원숭이], 노[繩:노끈/새끼], 눔[他人:남], 닙[分:푼/흔푼], 눌[刀:날], ᄎᆞᆽ[顔:낯/얼굴], 둘[月:달], 돗[豚:돼지], 듸[處/所:곳/데], 뫼(뭬)/메[山:산], 물[馬:말], 몸/ᄆᆞ슴/ᄆᆞ음[心:맘/마음], 밧/밖[外:밖], 밧/왓[田:밭], 술[肌:살], 술[歲:살/낫살], 숫/숫기[繩:쌔끼/쌔끼줄], 쑬[米:쌀], 잣[城:성], 줌[睡:잠], 적[時적/때], 춤[唾:침], 튁[頷:턱], 풀[臂:팔], 픗[豆:팥], 거플

---

83) 신라시대 헌강왕 때 처용(處容)이 지은 8구체로 된 '처용가(處容歌)'의 5구에 있는 '脚烏伊[가로리]'와 진평왕 때 융천사(融天師)가 지은 10구체로 된 '혜성가(彗星歌)'의 5구에 있는 '岳音[오롬]'이 그것인데, 이에 대한 것은 본문에 다뤄져 있다. 이들에 대한 해석은 양주동(梁柱東)의 『고가연구』(박문서관, 1942)와 김완진(金完鎭)의 『향가해독법연구』(서울대학교 출판부, 1982)를 참고했다.

84) 중국 송나라 손목(孫穆)이 지은 백과서(百科書)인데, 여기에는 고려방언 350여 개가 수록돼 있다. 그 중에 제주어로 쓰이는 어휘가 한자어 그대로거나 한자의 음과 뜻을 빌어서 표기한 차자(借字)로 된 체언류 70여 개와 동사 2개가 눈에 띈다. 그 가운데서 체언인 '戌沒' · '活' · '薩' · '泥根沒' · '時根沒'을, 동사인 '都囉' · '烏囉'을 발췌해서 본문에서 다뤘다. 이들 출전은 강신항(姜信沆)의 『계림유사 「고려방언」 연구』(성균관대학교 출판부, 1991)에 수록된 원문을 자료로 했다.

[皮:껍질], ᄀ로[橫:가로], ᄀ랑비[細雨:가랑비], ᄀ르[粉:가루], ᄀ새
[剪:가위], 거웃[毛/鬚:털/수염], 놀애[翼:날개], 놀래[歌:노래], 누기
[濕氣:습기], ᄃ리[橋:다리], ᄃ래[軟棗:다래], 둘빗[달빛], 다슴어미
[庶母/繼母:의붓어머니], ᄆ르[宗:마루], 몽아지[駒:망아지], 멀위[山
葡萄:머루], 바치[匠人:장이], 보선[襪:버선], 비ᄌ[榧子:비자], 비듬
([浮皮:비듬], ᄉ랑[愛:사랑], 아늠/아놈[圍:아름], 어버시[父母/親:
어버이], 여름/ᄋ름[果/夏:열매/여름], 월라ᄆ[花馬:얼룩말], ᄌ미[滋
味:재미], ᄌ부[子婦:자부/며느리], 존일(잔일), 장ᄎ[將次:장차], 제
ᄉ[祭祀:제사], 출(ᄎ)조[糯粟:차조], 출밥[糯飯:찰밥], 춤새[雀:참새],
ᄎ나록[糯羅祿/糯稻:차나락/찰벼], 콩ᄀ르[豆粉:콩가루], 터럭[毛:
털], 포리[蠅:파리], 풋줌/선줌[풋잠/선잠], ᄒ나[一:하나], ᄒ로[一日:
하루], 하늘[天:하늘], ᄒ듸[한데], 혼ᄉ[婚事:혼사] …

△ ᄀ술>ᄀ슬>ᄀ슬>가슬>가을＝ᄀ올>ᄀ을>가을, ᄀ숨>ᄀ솜>ᄀ
슴>감[材料]＝ᄀ옴>ᄀ음>감, ᄆ숨>ᄆ솜>ᄆ슴>마음>ᄆ옴>ᄆ
음>마음, ᄆ술>ᄆ슬>ᄆ슬>마을＝ᄆ올>ᄆ을>마을, ᄃ롬질>ᄃ름
질>다름질, ᄇ롬>ᄇ름>바람, 사룸>사름>사람, 불휘>불위>불리>
뿔리>뿌리, ᄒ고뎌>ᄒ고져>ᄒ고저>하고자 …

또 아래 고어(古語)들 중 ‘오롬(름)’・‘메’・‘갱’은 표준어세대들도 두루
쓰는 통용어가 돼 버렸지만 나머지는 70대 이상의 토박이 노년층의 말에
서 찾아볼 수 있다. 특히 아래 설명을 곁들인 것들은 15세기국어에서부터
삼국시대로 올려 잡을 수 있는 희귀한 어휘들 중에 일부이다.

△ 오롬(름)[岳/山:오롬/산], 어시/어이[母/父母:어미/어버이], 두갓/두
갓이/두가시[夫婦:가시버시], 것[水剌:수라/밥], 메[祭飯:젯밥], 갱
[羹:메탕/국], 서답[洗踏:빨래], 칙(측)간[厠間):뒷간], 가달[脚:가랑
이], 심방[巫堂:무당], 셕/석[彎/靶:고삐/혁], ᄉᆾ/ᄉᆾ기[繩:새끼], 남기
[南記[木:나무], 활[弓:활], 살[矢:살/화살], 수물[二十:수물], 니근몰
[熟水/熱水:익은물/더운물], 시근몰[冷水:식은물/냉수] …

오롬(름): 신라 진평왕 때 승려 융천사가 지었다는 향가십구체가인 <혜성가(彗星歌)> 다섯째 구에 있는 "三花矣岳音見賜烏尸聞古"의 향찰식 표기 '岳音'에서 비롯된 말이다. 그 고증은 양주동의 『고가연구』와 김완진의 『향가해독법연구』에서 '岳'의 뜻 '오ᄅᆞ(로)'와 '音'의 한자음 끝소리 '음'의 'ㅁ'을 따서 이뤄진 '오로+ㅁ=오롬'으로 해석하고 있다. 그러니 신라시대 쓰던 고어임을 알 수 있다.

어시/어이: 『시용향악보』에 수록된 고려가요 <사모곡(思母曲)>을 속칭 '엇노리'라고 해서 "아바님도 어싀어신마ᄅᆞᄂᆞᆫ"이나, 『악장가사』에 수록된 고려가요 <사모곡>의 "아바님도 어이어신마ᄅᆞᄂᆞᆫ"에 나타나 있는 것을 보면, 고려시대에 두루 쓰였던 언어임을 알 수가 있다. 그 변천과정은 어머니의 어원인 '엇[母]'에 명사화접미사 '이'가 붙은 것이, 시간이 지나면서 '엇+이>어시/어싀>어이>어미/어버이'로 변하게 된 것이다. 그뿐만 아니라 실제 제주어에 '엇이/어시'가 농기구의 명칭과 속담에 그대로 남아 있다. 곡식의 이삭을 두드려서 떨어내는 '도리깨'의 손잡이를 '도깨엇이/도깨어시'라고 하고, 바닥에 닿아서 타작의 기능을 하는 두 가닥의 기다란 막대기인 '도리깻열'을 '도깨아둘'이라고 한다. 여기서 '엇이/어시'와 '아둘'은 어머니와 아들의 관계임을 보여주는 사례이다. 또 제주속담 "엇이/어시 퀸 듸 새끼 퀸다.(어미 뛴/튄 데 새끼 뛴/튄다.)"의 '엇이/어시'도 곧 '어미[母]'를 나타내는 말이다.

두갓/두갓이/두가시: 이 말은 한 쌍을 나타내는 '두'와 '계집'·'아내'의 뜻을 가진 '갓'에 명사화접미사 '-이'가 결합된 중세국어이다. 그 뜻은 아내와 남편을 일컫는 '가시-버시'인 부부(夫婦)인데, '두가시'의 '가시'는 '두갓이'의 '갓이'를 소리나는 대로 적은 것이다. 둘 다 쓸 수 있다. 이를테면 장인을 '가시아방', 장모를 '가시어멍'의 '가시'는 '아내'이다.

메/갱: '메'는 궁중에서 제사를 지낼 때 올리던 '밥'이고 '갱(羹)'은 '국'을 성스럽게 일컫는 궁중제례용어(宮中祭禮用語)이다. 현재는 일반 사갓집에서마저 기제사나 명절 때 제상에 올리는 밥과 국을 으레

'메·갱'이라고 해서 보편화된 용어가 돼버렸다.

것: 궁중의 지체가 높은 사람, 특히 임금님이 먹는 밥인 '수라(水刺)'
에 해당한다. 그 실례로 조선시대 명온공주(明溫公主)가 그 오라버니
인 익종(翼宗)에게 올린 내간(內簡)에 다음과 같이 씌어 있다. 여기서
첫 머리의 '낮 것'은 점심밥인 낮밥, 곧 '점심수라'인 것이다.
"… 낮**것** 잡스오시고 안녕이 디내오기옵ᄂ니잇가. 이 글은 쇼인이 지
어스오니, 감ᄒ오시고 엇더ᄒ온고 보아 주오심 바라옵ᄂ이다.…"

서답/칙간: 이들은 한자로 된 고어이다. 조선시대 궁중에서 임금님의
옷을 세탁하는 곳은 육처소(六處所) 중에 '세답방(洗踏房)'이 도맡는
다. 바로 그 '세답'이 '세'가 전이돼서 '서'가 됐을 뿐이다. '칙간'인 경우
도 임금님의 전용화장실을 일컫는 '측간(厠間)/측소(厠所)'의 '측'이
'칙'으로 발음돼서 일반화된 것이다.

가달: 신라 49대 헌강왕 때 처용이 지었다는 설화와 함께 전해지고 있
는 향가팔구체가인 <처용가(處容歌)>에 '가랑이'에 해당하는 '가롤'
이란 말이 있다.

--- 전 략 ---
드러사 자리 보곤 (入良沙侵矣見昆)
<u>가ᄅ리</u> 네희어라 (脚烏伊四是良羅)
--- 후 략 ---

여기서 '가ᄅ리'는 '가롤+이'를 소리 나는 대로 표기한 것이다. 우리말
에 'ㄷ'음과 'ㄹ'음은 서로 교체되는 경우가 있다. 즉 '가롤'의 '롤'에서
첫소리 'ㄹ'이 'ㄷ'으로 변해서 '가둘>가달'이 된 것이다. 이를테면 댓
가지나 끈으로 엮거나 얽어서 만든 '구럭'의 제주어는 '구덕'인데, 이것
도 '구럭>구덕'이 된 것이다. 또 연결어미 '-이더니>-이러니'·'-러
니>-더니' 등 'ㄷ'과 'ㄹ'이 엇바뀌는 현상을 흔히 볼 수 있다.

심방: 이 말은 무당(巫堂)을 일컫는 고어이다. 남광우의 『고어사전』에

보면 '굿'에 대한 용례로서『월인석보』의 "어미 平生에 심방굿쑌 즐길
씨"가 인용되고 있는 것으로 보아 예로부터 무속신앙을 주재하는 사
람을 '심방'이라 했음을 알 수 있다.

셕/석: 이 말은 우마(牛馬)를 매거나 끌고 다니는 줄[繩]을 말하는데
'말혁'의 준말인 '혁(革)'이라고도 한다.『훈몽자회』의 '동중본'에 '轡:
셕비/靶:셕파'라고 했고, 남광우의『고어사전』에『번역소학』7:21의
"乘樸馬布裹鞍轡:사나오온 무룰 트고 뵈로 기르마와 셕슬 뽈디니라."
고 한 대목에 있는 '셕'이 그것이다. '셕'이 '석'으로 된 것은 중모음 'ㅕ'
가 단모음 'ㅓ'로 변한 중세국어이다.

숫/숫기: 이 말은 '새끼줄'을 뜻하는데, 위의『고어사전』에 보면『무원
록(無冤錄)』2:21의 "將繩索:노히나 숫츨 가져"의 '숫'이라 했고,『청
구영언』의 고시조 "원숫기를 눈길게 쬬와"의 '숫기'는 중세국어인 고어
임을 알 수 있다.

남기: 이 말은『계림유사』에 '木曰南記'라고 해서 현대국어의 '나무
[木]'에 해당하는 제주어 '남/남기'를 훈민정음이 만들어지기 전이므로
한자의 음을 빌어서 표기한 것이다.

활/살: 이 말은『계림유사』에 '弓曰活'·'箭曰薩'이라고 돼 있다. 이
것은 순우리말인 '활'을 한자 '活(살활)'의 음을 빌어서 표기한 것이고,
'살'은 한자 '箭(살전/살촉전)'의 훈(訓:뜻)을 빌려서 적은 차자표기(借
字表記)이다. 그 용례의 하나는 탐라의 개국신화와 연관된 '사시장올
악(射矢長兀岳)'을 속칭 '살 쏜 장올악'[85]이라 한 '살'이 그것이다.

니근몰: 이 말은『계림유사』에 '熱水曰泥根沒'이라 돼 있다. 여기서
'니근몰(泥根沒)'은 따습게 데워진 물인 온수(溫水)를 일컫는 순우리

---

85) 탐라국(耽羅國)의 시조인 고을나(高乙那)·양을나(良乙那)·부을나(夫乙那)가 벽랑
국 삼공주를 맞아 혼인한 후 생활 근거지를 정하기 위해 한라산 북녘에 있는 '장올악[장
오리오름]'에 올라서 활을 쏘았다는 것을 '살쏜장올악[射矢長兀岳]'이라 했다. 그 화살
이 맞은 돌은 '살맞은돌[射石]'이라 하여 지방문화제 기념물 제4호로 지정돼 있다.

말 '니근몰/닉은물'을 한자음을 빌어서 표기한 것이다.[86]

시근몰: 『계림유사』에 '冷水曰時根沒'이라 돼 있다. 이 말 역시 위 '니근몰(泥根沒)'의 상대어인, 뜨겁지 않은 물인 냉수를 일컫는 순우리말 '시근물/식은물'을 한자음을 빌어서 표기한 것이다.[87]

2) 동 사

△ ᄀ리다[割:자르다/베다/끊다], ᄀ리치다[敎:가르치/指:다가리키다], ᄀ믈(물)다[旱:가물다], ᄀᆯ다[磨:갈다], ᄀᆷ다[沐:감다], ᄀᆽ다[切/斷:자르다], 거리다[뜨다:건져 올리다], 궤다[愛:괴다/사랑하다/아끼다], ᄂ리다[내리다], 눌다[날다], ᄃ투다[鬪:다투다], ᄃᆞᆮ다[走:닫다], 돌다[懸:달다], ᄃᆞᆷ다/ᄃᆞᆷ그다(담그다), 돌려들다(달려들다), ᄃᆞᆼ기다/ᄃᆞ리다(당기다), 다돌다(다다르다), 멕이다(먹이다), ᄆᆞ디(티)다(마디다), ᄆᆞ르다[裁/乾:마르다], ᄆᆞᆫ지다(만지다), ᄆᆞᆯ다[卷:말다/멍석을 말다], ᄇᆞ르다[塗:바르다], ᄇᆞ사지다[碎:부서지다], ᄇᆞᆰ히다(밝히다), ᄇᆞᆸ다/ᄇᆞᆯ르다[踏:밟다], ᄉᆞ랑ᄒᆞ다(사랑하다), 술다[燒:사르다], ᄉᆞᆲ다[烹:삶다], 에우다[削除:지우다], 위ᄒᆞ다(위하다), 우르다[叫:외치다/부루짖다], ᄌᆞᆷ기다[潛:잠기다], ᄌᆞᆷ자다(잠자다), ᄌᆞᆾ다[㶕:잦다], ᄎᆞ리다(차리다), ᄎᆞᆷ다(참다), ᄎᆞᆽ다(찾다), ᄑᆞᆯ다(팔다), 하위엄ᄒᆞ다[欠:하품하다],[88] ᄒᆞ다[爲:하다], **베기다**(우기다), **오라, 도라** …

---

86) 『계림유사』에 보면, 표준어 '물(水)'은 '수왈몰(水曰沒)'이라 했는데, 이 '몰(沒)'은 현대 국어의 '물(水)'의 옛말 '몰'을 표기하기 위해 한자의 음을 빌린 것이다. 그와 같은 맥락에서 '열수왈니근몰(熱水曰泥根沒)'의 '니근몰(泥根沒)'은 국어 '익다'의 옛말 '닉다'의 관형사형 '닉은'을 소리 나는 대로 적은 '니근'에 '물'의 옛말 '몰'이 결합해서 된 합성어를 한자의 음을 빌어서 표기한 것이 '니근몰(泥根沒)'이다.

87) 『계림유사』 '냉수왈시근몰(冷水曰時根沒)'의 '시근몰(時根沒)'은 국어 '식다'의 관형사형 '식은'을 소리 나는 대로 적은 '시근'에 '물'의 옛말 '몰'이 결합해서 된 합성어를 한자의 음을 빌어서 표기한 것이 '시근몰(時根沒)'이다.

88) 『훈몽자회』에 보면, 한자 '欠'을 '하외욤 홈'이라 했다. 그 뜻 '하외욤'에 접미사 '-ᄒᆞ다'가 붙어서 된 '하외욤ᄒᆞ다'가 제주어 '하위엄(염)ᄒᆞ다'로 된 것이다. 이 옛 어휘가 표준어 '하품하다'로 된 것이다.

베기다: 이 동사는 고집스럽게 제 뜻을 내세운다는 '우기다'의 고어 '벼기다'는 말이다. 바로 그 '벼기다'의 '벼'가 '베'로 발음된 것일 뿐인데, 이 말은 고려가요인 '정과정(鄭瓜亭)'에 나오는 "넉시라도 님은 흔 ᄃᆡ 녀져라 아으 <u>벼기더시니</u> 뉘러시니잇가"에서 찾아볼 수 있다. 밑줄 친 '벼기더시니'는 현대국어의 '우기시던 이(분)'에 해당한다.

오라: 이 말은 『계림유사』 '來曰烏囉'의 '오라(烏囉)'는 옛말 '오다[來]'의 명령형 '오라'를 한자의 음을 빌려서 표기한 것이다.

도라: 이 말은 『계림유사』 '凡呼取物皆曰都囉'의 '도라(都囉)'는 무엇을 가지려고 원할 때 쓰는 현대국어의 불구동사 '달다'의 명령·의도형에 해당하는 '도라'를 한자의 음을 빌어서 표기한 것이다.

△ ᄀᆞ로막다>가로막다, ᄀᆞᄅᆞ치다>ᄀᆞ르치다>가르치다, ᄀᆞ리희다>ᄀᆞ리다>가리다, 믈리우다>믈뤼다>말리다[乾], 알리우다>알뤼다>알리다, ᄇᆞᄅᆞ다>ᄇᆞ르다>바르다[塗], ᄇᆞ사디다>ᄇᆞ사지다>부서지다, ᄌᆞᆷᄀᆞ다>ᄌᆞᆷ그다>잠그다, ᄒᆞ고뎌ᄒᆞ다>ᄒᆞ고져ᄒᆞ다>하고져하다>하고자하다 …

3) 형용사

△ ᄀᆞ득ᄒᆞ다(가득하다), ᄀᆞ만ᄒᆞ다(가만하다), 거북ᄒᆞ다(거북하다), ᄂᆞ즉(직)ᄒᆞ다(나직하다), 눗다(낮다), 눗설다(낯설다), 너흘(을)다(널다/씹다), 넙죽ᄒᆞ다(넓적하다), 돈돈ᄒᆞ다(단단하다), 둘다[甘:달다], 둣다(따스하다), ᄆᆞᆫᄆᆞᆫᄒᆞ다(만만하다), ᄆᆞ지다/ᄆᆞ직다(만지다), 말지못ᄒᆞ다(마지못하다), ᄆᆞᆰ다(맑다), ᄇᆞ둧ᄒᆞ다(바듯하다), ᄇᆞᆰ다(밝다), 술지다(살지다), 아시럽다(아깝다), ᄌᆞ세ᄒᆞ다(자세하다), ᄌᆞᆷᄌᆞᆷᄒᆞ다(잠잠하다), ᄌᆞᆽ다[頻:잦다/조밀하다], 줄다(잘다), 초라ᄒᆞ다(초라하다), 홀긋홀긋ᄒᆞ다(할깃하깃하다), 하다(많다) …

△ 못ᄒᆞ다>못하다, ᄀᆞ눌다>ᄀᆞ늘다>가늘다, ᄀᆞᄐᆞ다>ᄀᆞ트다>가트다>같다, ᄀᆞ렵다>ᄀᆞ렵다>가렵다, ᄆᆞ렵다/ᄆᆞ렵다>마렵다, ᄆᆞ슴다>ᄆᆞ슴

다/ᄆ섭다>무섭다, ᄇ돗ᄒ다>ᄇ듯ᄒ다>바듯하다(바듯하다) …

4. 고문헌 제주어

여기서 말하는 고문헌이라 함은 중국 송나라 손목의 『계림유사(鷄林類事)』와 조선 영·정조 때 이의봉(李義鳳)의 사서(辭書)인 『동한역어(東韓譯語)』를 말한다. 이들 문헌에는 제주어와 관련된 언어들이 수록돼 있는데, 아래 제시한 어휘들은 그 대표적인 것이다.

1) 『계림유사』[89]

아래 제시한 『계림유사』의 고려방언 350여 어휘 가운데는 제주어와 관련이 있는 70여 개가 한자음을 빌려서 사음(寫音)돼 있다. 이들 중에는 한자어 그대인 것도 있고, 순 우리말인 중세국어와 또 그와 엇비슷한 어휘들이 눈에 띈다. 이를테면 '동·서·남·북(東·西·南·北), 년·춘·하·추·동(年·春·夏·秋·冬)' … 따위는 그때나 지금이나 다름이 없는 한자어 그대로이고, '두왈말(斗曰抹)'의 '말(抹)'은 고유어 '말[斗]'을 '말[抹: 바를말]'이라는 한자음을 빌려서 적은 차자표기(借字表記)이다. 또 고유어 '밋(밑)'과 '아래'라는 것을 '하왈저(下曰底)'라고 한 '저(底:밑저)'는 '밋(밑)'이라는 음을 가진 한자가 없기 때문에 그 뜻인 '밋(밑)'을 나타내는 '저(底)'를 빌려 쓴 차자표기로 볼 수 있다. 그러고 보면 제주어에는 삼국시대를 거쳐 고려시대에 쓰이던 언어가 상당수가 보전되고 있음을 추정할 수 있다. 아래 <고려어>에 밑줄을 친 것은 한자 그대로이거나 차자표기임을 나타내기 위한 필자가 한 것이다.

---

89) 『계림유사』의 원문은 강신항의 『계림유사 「고려방언」 연구』, 성균관대학교 출판부, 2010. 1~31쪽에 첨부된 것을 참고했다.

△ 한자어

<제주어/고어>	<고려어>
천동(天動:천둥)	雷曰天動
천(千:천)	千曰千
만(萬:만)	萬曰萬
년·춘·하·추·동(年·春·夏·秋·冬)	年·春·夏·秋·冬
동·서·남·북(東·西·南·北)	東·西·南·北
적(赤:적)	赤曰赤
흑(黑:흑)	黑曰黑
청(靑:청)	靑曰靑
수(繡:수)	繡曰繡
학(鶴:학/두루미)	鶴曰鶴
양(羊:양)	羊曰羊
차(茶:차)	茶曰茶
동(銅:구리)	銅曰銅
차술(茶匙:차술/차순가락)	茶匙曰茶戌
장도(長刀:장도/장도칼)	劍曰長刀

△ 고유어

<제주어/고어>	<고려어>
열(十:열)	十曰噎
온(百:백)	百曰醞
메(山:메)	山曰每
돌(石:돌)	石曰突
대(竹:대)	竹曰帶
감(柿:감)	柿曰坎
암(雌:암/암놈/암컷)	雌曰暗
춤새(雀:새/참새)	雀曰賽
쉐(牛:소/쇠)90)	牛曰燒

물(馬:말)	馬曰<u>末</u>
게/깅이(蟹:게)	蟹曰<u>慨</u>
손(客:손/손님)	客曰<u>孫</u>
발(足:발)	足曰<u>撥</u>
손(手:손)	手曰<u>遜</u>
고기/궤기(魚肉:고기)	魚肉皆曰<u>姑記</u>
구슬(珠:구슬)	株曰<u>區戌</u>
배(布:배)	布曰<u>背</u>
모시(苧:모시)	苧曰<u>毛施</u>
모시배(苧布:모시배)	苧布曰<u>毛施背</u>
띠(帶:허리띠)	帶曰<u>腰帶</u>
말(斗:말)	斗曰<u>抹</u>
밋(底:밑)	下曰<u>底</u>
활(弓:활)	弓曰<u>活</u>
살(箭:살/살촉)	箭曰<u>薩</u>
마(麻:삼)	麻曰<u>麻/三</u>
니/늬(齒:니/이)	齒曰<u>你</u>
술(匙:술/숟갈)	匙曰<u>戌</u>

△　유사어[91)]

<제주어/고어>	<고려어>
일급(七:일곱)	七曰<u>一急</u>
아호(九:아홉)	九曰<u>鴉好</u>
수물(二十:스물)	二十曰<u>戌沒</u>
아훈(九十:아혼)	九十曰<u>鴉訓</u>

---

90) 제주어에서 '소/쇠'를 '쉐'로 표기한 것은, '내/ㅚ'는 'ㅔ'로 소리 나므로 그 발음을 따라 적어야 된다는 필자의 제주어표기법 제21항에 따르기 때문이다.

91) '유사어'도 실제로는 중세국어의 원형일 수도 있다. 한편『계림유사』의 저자인 손목(孫穆)은 중국의 송나라 출신이므로 고려어를 얼마나 속속들이 자상히 알 수 있었을까다. 또 한자로 옮길 때 정확성을 생각하면 오류도 있었을 것으로 봐야 한다.

오날(今日:오늘)	今日日烏捺
남기(木:나무)	木日南記
몰(水:물)	水日沒
세(鐵:쇠)	鐵日歲
귀(耳:귀)	耳日愧
군(軍:군/군병)	兵日軍
가회(犬:개)	犬日家狶
우몰(井:우물)	井日烏沒
타마귀(鴉:까마귀)	鴉日打馬鬼
소감(鹽:소금)	鹽日蘇甘
피로(硯:벼루)	硯日皮盧
복(鼓:북)	鼓日濮
토권(頭巾:두건)	頭巾日土捲

2) 『동한역어』[92]

상고시대부터 18세기까지의 우리말을 수록한 『동한역어(東韓譯語)』
에 실린 1450의 단어와 어구 가운데 250여 가지를 간추린 심재기의 『국어
어휘론』에 '고유어'와 '한자어'로 구분해서 다룬 어휘 중 제주어로 흔히 쓰
이는 25개를 골라낸 것이다.

△ 한자어

방축(防築), 권당(眷黨),[93] 한량(閑良), 백정(白丁), 별감(別監),[94] 거
동(擧動), 야단(惹端), 처분(處分), 편지(片紙),[95] 차례(茶禮),[96] 중의

---

92) 『동한역어』의 어휘는 『국어어휘론』, 심재기, 민속원. 2000. 85~99쪽에 수록돼 있는
   것을 필자가 골라서 인용한 것이다.
93) '권당(眷黨)'은 '궨당'으로 쓰임.
94) '별감(別監)'은 '벨감'으로 쓰임.
95) '편지(片紙)'는 '펜지/펀지'로 쓰임.
96) '차례(茶禮)'는 '츳례'로도 쓰임.

(中衣), 세답(洗踏),[97] 장리(長利), 별리(別利),[98] 수박(水朴), 생선(生鮮), 국수(麯鬚),[99] 천엽(千葉), 탕건(湯巾),[100] 사돈(查頓),[101] 사공(沙工),[102] 소식(消息),[103] 기별(奇別)[104]

△ 제주어/고어

청(꿀), 간(짠맛의 정도), 번개, 울(울타리), 굿, 보션(버선),[105] 적삼, 눈섭(눈썹), 흙손,[106] 홍정, 몸살, 지기(落只),[107] 춤나모[108] 사치,[109] 춤외[110]

5. 호칭어

호칭어(呼稱語)라고 함은 이름[姓名] 대신에 달리 부를 때 쓰는 별칭(別稱)을 일컫는다. 여기서는 가족과 관련된 친인척의 직계존비속(直系尊卑屬)과 그 일부 방계의 평칭·존칭·비칭·서열호칭에 한정키로 한다.

---

97) '세답(洗踏)'은 '서답'으로 쓰임.

98) '별리(別利)'는 '벨리'로 쓰임.

99) '국수(麯鬚)'는 그대로도 쓰이지만 '국쉬/국시'로 쓰임.

100) '탕건(湯巾)'은 '탕간'으로 쓰이는데, 한자 '湯'은 '宕'이 쓰임.

101), 102), 103), 104)은 사전에 '査頓', '沙工', '消息', '奇別'로 돼 있기에 필자 임의대로 한자어에 껴 넣었음.

105) '버션'의 '션'은 제주어에서 단모음화된 '선'으로 쓰임.

106) '흙손'의 '흙'은 제주어에서 '훍'·'훅'으로 쓰임.

107) '지기'는 한자 '落只'로 표기한 것은 한자의 뜻과 음을 빌려서 쓴 이두 식 표기이다. 즉 토지의 면적을 나타내는 '볍씨 한 마지기 논밭을, '水田種一斗地 謂之一斗落只'이라 했고, '두 마지기 논밭'을 '謂之二斗落只地'라고 함이 그것이다.

108) '춤나모'의 제주어는 '춤남'·'춤낭'임.

109) '사치'는 검은 머리털 속에 흰 머리카락이 난 것을 일컫는 말.

110) '춤외'의 '외'는 제주어로 '웨'로 표기함.

1) 남성호칭

이들 남성호칭은 남녀 누구든 부르는 사람이 입장에서 그 상대가 남자일 때 붙이는 호칭이다. 그것도 예사말인 평칭(平稱), 높임말인 존칭(尊稱), 낮춤말인 비칭(卑稱)이 있다. 혼인한 남자인 경우는 처갓집 식구나 친족한테는 그 호칭 앞에 '처(妻)'를, 여자인 경우는 시가의 호칭 앞에 '시(媤)'를 붙인다. 또 그 외가인 경우는 '처'와 '시' 다음에 '웨(外:외)'를 붙이면 된다. 단 아내의 부모인 경우는 남녀구분 없이 앞에 '처'가 붙지만, 대부분 '가시'가 붙는 것이 통례이다. 또 존/비칭(尊/卑稱)인 경우 그 말 자체의 존비어가 없으면, 존칭에는 '-님'을 붙이고 비칭에는 '-놈'을 붙이는 게 통례이다.

> △ 평칭
> 하르방(祖/祖父:할아버지), 아방/아바지(父/父親:아버지), 아들(子:아들), 손지(孫子:손자), 성(兄:형), 아시(弟/同生:아우/동생), 오라방(오빠), 오래비(남동생), 아지방(남편의 형제/형제의 남편), 사우/사위(壻:사위), 매비(妹夫/妹兄:매부/매형), 삼춘(三寸:삼촌), 조캐(姪:조카), 고모부(姑母夫:고모부), 이모부(姨母夫:이모부)
>
> · 처가: 처하르방/가시하르방(妻祖父:처할아버지), 처아방/가시아방(妻父/聘父/丈人:장인어른), 처남(妻男:처남), 동세(同壻:동서), 처삼춘(妻叔:처삼촌), 처조캐(妻姪:처조카), 처웨하르방/가시웨하르방(妻外祖父:처외할아버지), 처웨삼춘(妻外三寸/妻外叔:처외삼촌/처외숙), 처웨조캐(妻外姪:처외조카), 처고모부(妻姑母夫:처고모부), 처이모부(妻姨母夫:처이모부)
>
> · 시가: 시하르방(媤祖父:시할아버지), 시아방(媤父:시아버지), 시아지방(시아주버니/시동생), 시삼춘(媤叔:시삼촌), 시조캐(媤姪:시조카), 시웨하르방(媤外祖父:시외할아버지), 시웨삼춘(媤外三寸/媤外叔:시외삼촌/시외숙), 시웨조캐(媤外姪:시외조카), 시

고모부(媤姑母夫:시고모부), 시이모부(媤姨母夫:시이모부)

· 외가: 웨하르방(外祖父:외할아버지), 처웨하르방/처웨가시하르방(妻
外祖父:처외할아버지), 시웨하르방(媤外祖父:시외할아버지),
웨삼춘(外三寸/外叔:외삼촌/외숙), 처웨삼춘(妻外三寸/妻外
叔:처외삼촌), 시웨삼춘(媤妻外三寸/媤外叔:시외삼촌), 웨조캐
(外姪:외조카), 처웨조캐(妻外姪:처외조카), 시웨조캐(媤外姪:
시외카), 처웨고모부(妻外姑母夫:처외고모부), 처이모부(妻姨母
夫:처고모부), 시고모부(媤姑母夫:시고모부), 시이모부(媤姨母
夫:시이모부)

△ 존칭

하르바지/하르바님/하르뱀(할아버지/할아버님), 아바지/아바님/아뱀
(아버지/아버님), 아지바님/아지뱀(아주버님), 아돌님(아드님), 손지
님(손자님), 성님(형님), 오라바님/오라뱀(오라버님), 매비님(매부님),
사우님/사위님(사위님), 삼춘님(삼촌님), 초캐님(조카님), 고모부님
(고모부님), 이모부님(이모부님)

· 처가: 처하르바지/처하르바님/처할르뱀(처할아버지/처할아버님), 가
시아바지/가시아바님(가시아버지/가시아버님/장인어른), 성님
(손윗처남/손윗동서일 때), 처삼춘님(처삼촌님), 처웨삼춘님(처
외삼촌님), 처조캐님(처조카님), 처고모부님, 처이모부님

· 시가: 시하르바지/시하르바님/시할르뱀(시할아버지/시할아버님), 시
아바지/시아바님(시아버지/시아버님), 성님(손윗처남/손윗동서
일 때), 시아지바님(남편의 형제), 시삼춘님(시삼촌님), 시조캐님
(시조카님), 시고모부님(시고모부), 시이모부님(시이모부)

· 외가: 웨하르바지/웨하르바님/웨할르뱀(외할아버지/외할아버님), 처
웨하르바지/처웨하르바님/처웨할르뱀(처외할아버지/처외할아
버님), 시웨하르바지/시웨하르바님/시웨하르뱀(시외할아버지/
시외할아버님), 웨삼춘님(외삼촌님), 처웨삼춘님(처외삼촌님),
시웨웨삼춘님(시외삼촌님), 웨조캐님(외조카님), 처웨조캐님(처

외조카님), 시웨조캐님(시외조카님)

△ 비칭

하르방/하래비(할아비), 아방/애비(아비), 서방놈/남펜놈(서방놈/남편놈), 아들놈(아들놈), 손지놈(손자놈), 성놈(형놈), 아시놈(아우놈/동생놈), 오라방놈(오빠놈), 오래비놈(오라비놈), 아지방놈(남편의 형제/형제의 남편), 사위놈/사우놈(사위놈), 매비놈(매부놈), 동세놈(동서놈), 조캐놈(조카놈), 고모부놈(고모부놈), 이모부놈(이모부놈)

• 처가: 처하르방/처하래비(처할아비), 가시아방/가시애비(처아비/가시아비), 처남놈(처남놈), 동세놈(동서놈), 처삼춘놈(처삼촌놈), 처조캐놈(처조카놈), 처고모부놈(처고모부놈), 처이모부놈(처이모부놈), 처고모부놈(처고모부놈), 처이모부놈(처이모부놈)
• 시가: 시하르방/시하래비(시할아비), 시아방/시애비(시아비), 시아지방놈(시아주비놈), 시삼춘놈(시삼촌놈), 시조캐놈(시조카놈), 시고모부놈(시고모부놈), 시이모부놈(시이모부놈)
• 외가: 웨하르방/웨하래비(외할아비), 처웨하르방/처웨하래비(처외할아비), 시웨하르방/시웨하래비(시외할아비), 웨삼춘놈(외삼촌놈), 처웨삼춘(처외삼촌), 시웨삼춘놈(시외삼촌놈), 웨조캐놈(웨조카놈), 처웨조캐놈(처외조카놈), 시웨조캐놈(시외조카놈), 시웨고모부놈(시외고모부놈), 시웨이모부놈(시외이모부놈)

여기서 주의할 것은 본인을 직접 상대해서 부를 때는 구분해야 할 경우가 아니면, '처'·'시'는 붙이지 않아도 된다. 또한 비어 중 '하르방/하래비(祖父:할아비)'·'아방/애비(父:아비)' 그 자체가 비어이므로 '놈'이 붙지 않아도 되지만 붙일 경우는 더 욕된 상말이 된다.

2) 여성호칭

이들 여성호칭은 남녀 누구든 부르는 사람이 입장에서 그 상대가 여자일 때 붙이는 호칭이다. 그것도 예사말인 평칭(平稱), 높임말인 존칭(尊稱), 낮춤말인 비칭(卑稱)이 있다. 혼인한 남자인 경우는 호칭 앞에 '처-'를 붙이고, 여자인 경우는 '시(媤)-'를 붙인다. 또 외가인 경우는 '처-'와 '시-' 다음에 '웨(外:외)'를 붙이면 된다. 단 아내의 부모인 경우는 앞에 '처-'가 붙기도 하지하지만, 남자의 호칭에서와 같이 '가시'가 붙는 것이 통례이다. 또 비칭인 경우는 그 말 자체의 비어가 있는 것도 있지만, 그렇지 않는 것은 끝에 멸시의 뜻으로 쓰이는 '년'을 붙인다.

△ 평칭

할망(祖母:할머니), 어멍(母/母親:어머니), 각씨(각시/아내), 똘(女:딸), 누이(姉妹:누이), 아지망(兄嫂/妻兄/妻弟:형수/처형/처제), 메노(누)리(婦/子婦:며느리), 똘손지(孫女:손녀), 예펜삼춘(女三寸/叔母:여삼촌), 예펜조캐(女姪:여조카), 고모(姑母:고모), 이모(姨母:이모)

· 처가: 처할망/가시할망(妻祖母:처할머니), 가시어멍(妻母/聘母/丈母:처모/장모), 처아지망(妻兄弟:처형제), 처예펜삼춘(妻女三寸/妻叔母:처여삼촌/처숙모), 처예펜조캐(妻女姪:처조카딸), 처고모(妻姑母:처고모), 처이모(妻姨母:처이모)

· 시가: 시할망(시할머니), 시어멍(시어머니), 시누이(시누이), 성님(媤兄:시형의 총칭), 시예펜삼춘(媤女三寸/媤叔母:시여삼촌/시숙모), 시예펜조캐(媤女姪:시여조카), 시고모(媤姑母:시고모), 시이모(媤姨母:시이모)

· 외가: 웨할망(外祖母:외할머니), 처웨할망(妻外祖母:처외할머니), 시웨할망(媤外祖母:시외할머니), 웨예펜삼춘(外女三寸/外叔母:외여삼촌/외숙모), 처웨예펜삼춘(妻外女三寸/妻外叔母:처외여삼촌/처외숙모), 시웨예펜삼춘(媤外女三寸/媤外叔母:시외여삼촌/시외숙모), 웨예펜조캐(外姪女:외여조카), 처웨예펜조캐(妻外姪女:처외여조카), 시웨예펜조캐(媤外姪女:시외여조카)

△ 존칭

할마니/할마님/할맴(할머니/할머님), 어머니/어머님/어멤(어머니/어머님), 안사름/집사름(內子:안사람/집사람/아내), 똘님/뜨님(따님), 누님(누님), 아지마님(형수님/처형님), 메노님(며느님), 똘님(따님), 예펜삼춘님(숙모님/여삼촌님), 고모님(고모님), 고모님(고모님), 이모님(이모님)

· 처가: 처할마니/처할마님/처할맴(처할머니/처할머님), 가시어머니/가시어머님/가시어맴(가시어머니/가시어머님/장모님), 성님(형님: 윗동서일 때), 처아지마님(처남부인/처언니), 처예펜삼춘님(처여삼촌님/처여숙모님), 처예펜조캐님(처여조카님), 처고모님(처고모님), 처이모님(처이모부)

· 시가: 시할마니/시할마님/시할맴(시할머니/시할머님), 시어머니/시어머님/시어맴(시어머니/시어머님), 시성님(형님: 윗시누이/윗동서일 때), 시삼춘님(시삼촌님), 시예펜조캐님(시여조카님), 시고모님(시고모님), 시이모님(시이모님)

· 외가: 웨할마니/웨할마님/웨할맴(외할머니/외할머님), 처웨할마니/처웨할마님/처웨할맴(처외할머니/처외춘님(외여삼촌님/외숙모님), 처웨삼춘님(처외여삼촌님/처외숙모님), 시웨예펜삼춘님(시외여삼촌님/시외숙모님), 웨예펜조캐님(외여조카님), 처웨예펜조캐님(처외여조카님), 시웨예펜조캐님(시외여조카님)

△ 비칭

할망/할미(할미), 어멍/애미(어미), 각시, 똘년(딸년), 똘손지년(손녀딸년), 누이년(누이년), 아시년(동생년), 아지망년(형수/제수 포함), 예펜삼춘년(여삼촌년/숙모년), 예펜조캐년(여조카년/조카딸년), 동세년(동서년), 고모년(고모년), 이모년(이모년)

· 처가: 처할망/처할미/가시할망/가시할미(처할미/가시할미), 가시어멍/가시애미(처어미/가시어미), 처아지망년(처여형제 총칭), 처

　　　　예펜삼춘년(처여삼촌년/처숙모년), 처예펜조캐년(처여조카년),
　　　　처고모년(처고모년), 처이모년(처이모년)
　　· 시가: 시할망/시할미(시할미), 시어멍/시애미처(시어미), 시누이년
　　　　(시누이년), 시예펜삼춘년(시여삼촌년/시숙모년), 시예펜조캐
　　　　년(시여조카년), 시고모년(시고모년), 시이모년(처이모년)
　　· 외가: 웨할망/웨할미(외할미), 처웨할망/처웨할미(처외할미), 시웨할
　　　　망/시웨할미(시외할미), 웨예펜삼춘년(외여삼촌년/외숙모년),
　　　　처웨예펜삼춘년(처외여삼촌년/처외숙모년), 시웨예펜삼춘년
　　　　(시외여삼촌년/시외숙모년), 웨예펜조캐년(외여조카년), 처웨
　　　　예펜조캐년(처외여조카년), 시웨예펜조캐년(시외여조카년), 시
　　　　고모년(시고모년), 시이모년(시이모년)

　△ 남녀공통
　　하르방, 할망, 아방, 어멍, 성(형), 아시(아우/동생), 삼춘(삼촌), 메노
　　(누)리(며느리), 조캐(조카), 동세(同壻:동서), 고모, 이모

　이 밖에 아래와 같이 혈연과 직결된 자기의 조부모와 부모일 경우는 호
칭 앞에 '성-/친-/당-'111) 등의 접두사를 붙인다. 혈연과 무관한 계모(繼
母)·계부(繼父)·의붓자식일 경우는 호칭 앞에 '다슴(심)'이 붙는다.

　　· 성하르방/친하르방/당하르방(성할아버지/친할아버지/당할아버지)
　　　성할망/친할망/당항방(성할머니/친할머니/당할머니)
　　· 성아방/친아방/당아방(성아버지/친아버지/당아버지)
　　　성어멍/친어멍/당어멍(성어머니/친어먼/당어머니)
　　· 다슴(심)아방(의붓아버지), 다슴(심)어멍(의붓어머니)
　　　다슴(심)아돌(의붓아들), 다슴(심)똘(의붓딸)

────────────
111) '성-/친-/당-'은 한자 '姓/親/當'에 해당하는 접두사이다. 즉 '성(姓)'은 성씨가 같음
　　을, '친(親)'은 혈통이 같음을, '당(當)'은 '성/친'을 아우르는 말로서 같은 혈통인 직계
　　권속(眷屬)의 호칭 앞에 붙는다. 국어사전에는 '친어머니/친아버지/친동생…'과 같이
　　'친-'에 붙는 말은 있지만, '당-/성-'의 붙은 말은 없는 데, 수록돼야 할 것이다.

[주의] 제주어의 '하르방·할망·아방·어멍'은 보통명사로서 평칭이나 비칭으로 두루 쓰이지만, 직접 상대해서 말할 때는 '하르바지/하르바님/하르뱀'·'할마니/할마님/할맴'·'아바지/아바님/아뱀'·'어머니/어머님/어멤'이라고 존칭을 써야 한다. 아래 예시의 밑줄 친 것과 같이 평칭·비칭·존칭을 구분해서 쓰지 않고, 존칭을 써야 할 곳에 평칭이나 비칭을 쓰면 불경을 저지르는 잘못된 말이 된다.

- 평칭: 우리 <u>하르방</u>광 <u>할망</u>은 이른 술이 넘엇저.
  (우리 <u>할아버지</u>와 <u>할머니</u>는 이른 살이 넘었다.)
  어느 <u>아방</u> <u>어멍</u>이 ᄌ식 믜(미)느니?
  (어느 <u>아버지</u> <u>어머니</u>가 자식 미워하냐?)
- 비칭: 지금 <u>하르방</u>광 <u>할망</u>이 ᄒ는 짓이 뭐꽝?
  (지금 <u>할아비</u>와 <u>할미</u>가 하는 짓이 뭣입니까?)
  그간 <u>아방</u> <u>어멍</u> 잘 지냅데가?
  (그간 <u>아비</u> <u>어미</u> 잘 지냅디까?)
- 존칭: 난 <u>하르바지/하르바님/하르뱀</u>이영 <u>할마니/할마님/할맴</u>이영 ᄀ치 사는 게 좋아마씸(씀).
  (나는 할아버님하고 할머님하고 같이 사는 것이 좋습니다요.)
  오늘부떤 <u>아바지/아바님/아뱀</u> <u>어머니/어머님/어멤</u> 말 잘 들으쿠다게양.
  (오늘부터는 <u>아버지/아버님</u> <u>어머니/어머님</u> 마씀 잘 듣겠습니다요네.)

3) 항렬호칭

가족이나 친척의 서열을 나타내는 항렬호칭(行列呼稱)은 남녀 구분 없이 태어난 순서에 따라 해당 어두(語頭)에 '큰·샛·말잿·족은'을 붙인다. 이를테면 아버지의 형제분이 2명이면 '큰아방(伯父:큰아버지)-족은아방(季父:작은아버지)'이라 하고, 3명이면 '큰아방[伯父:큰아버지/맏아버지]-샛 아방[仲父:샛아버지/둘째아버지]-족은아방[季父:작은아버지/막내아버지]'라고 부른다. 또 4형제인 경우는 '큰성[伯兄:큰형/맏형]-샛성[仲兄:샛형/둘째형]- 말잿성[셋째형]-족은성[작은형]'이라 하고, 5형제인 경우는 '큰성-샛성-큰 말잿성-족은말잿성-족은성'이라 하고, 6형제인 경우는 '큰성-샛성-큰말 잿성-샛말잿성-족은말잿성-족은성'이라고 부른다. 7형제일 경우는 '큰 성'·'샛성'은 그대로 두고 '말잿성'에만 '첫채(차)말잿성-둘채(차)말잿성 방-싓채(차)말잿성-닛채(차)성'이라고 한 다음에 마지막 7번째 막내를 '족은성'이라고 한다.

　이와 같이 사람 수효에 따라 남녀 구분 없이 호칭이 달라진다. 즉 7명 이상일 때는 '큰-샛-첫채(차)말잿-둘채(차)말잿-싀채(차)말잿-닛채(차) 말잿-다숫채(차)…' 다음에 제일 막내에 '족은'을 붙인다. 아래 예시는 필 자 임의로 선정한 것이다.

△ 2명: 큰+호칭-족은+호칭

　· 조부모: 큰하르방-족은하르방(큰할아버지-작은할아버지)
　　　　　큰할망-족은할망(큰할머니-작은할머니)
　· 처조부모: 처큰하르방/큰가시하르방-처족은하르방/족은가시하르
　　　　　방(처큰할아버지-처작은할아버지)
　　　　　처큰할망/큰가시할망-처족은할망/족은가시할망(처큰할
　　　　　머니-처작은할머니)
　· 시조부모: 큰시하르방-족은시하르방(큰시할아버지-작은시할아버지)
　　　　　큰시할망-족은시할망(큰시할머니-작은시할머니)
　· 부모: 큰아방-족은아방(큰아버지-작은아버지)
　　　　　큰어멍-족은어멍(큰어머니-작은어머니)
　· 처부모: 큰가시아방-족은가시아방(처큰아버지-처작은아버지)
　　　　　큰가시어멍-족은가시어멍(처큰어머니-처작은어머니)
　· 시부모: 큰시아방-족은시아방(큰시아버지-작은시아버지)

　　　　　큰시어멍–족은시어멍(큰시어머니–작은시어머니)
　　·아들부부: 큰아둘–족은아둘(큰아들–작은아들)
　　　　　　　큰메노리–작은메노리(큰며느리–작은며느리)
　　·남매: 큰성–족은성(큰형–작은형)
　　　　　큰아시–족은아시(큰아우/큰동생–작은아우/작은동생)
　　　　　큰누이–족은누이(큰누이–작은누이)
　　　　　큰오라방–족은오라방(큰오빠–작은오빠)
　　·처남: 큰처남–족은처남(큰처남/작은처남)
　　　　　큰처남각시–족은처남각시(큰처남부인–작은처남부인)
　　·사위: 큰사위/큰사우–족은사위/족은사우(큰사위/작은사위)
　　·동서: 큰동세–족은동세(큰동서–작은동서)
　　·외손: 큰웨손지–족은웨손지(큰외손자–작은외손자)
　　　　　큰웨손녀–족은웨손녀(큰외손녀–작은외손녀)

△ 3명: 큰+호칭–샛+호칭–족은+호칭
　·조부모: 큰하르방–샛하르방–족은하르방
　　　　　(큰할아버지–둘째할아버지–작은할아버지)
　　　　　큰할망–샛할망–족은할망
　　　　　(큰할머니/둘째할머니/작은할머니)
　·부모: 큰아방–샛아방–족은아방
　　　　(큰아버지(伯父)–둘째아버지(仲父)–작은아버지(季父)
　　　　큰어멍–샛어멍–족은어멍
　　　　(큰어마니伯母)–둘째어머니(仲母)–작은어머니(季母)
　·형/형수: 큰성–샛성–족은성
　　　　　(큰형–둘째형–작은형)
　　　　　큰아지망–샛아지망–족은아지망
　　　　　(큰아주머니–둘째아주머니–작은아주머니)
　·매부/누이: 큰매비–샛매비–족은매비
　　　　　　(큰매부–둘째매부–작은매부)
　　　　　큰누이–샛누이–족은누이

　　　　　　(큰누나-둘째누나-작은누나)
　　　· 자녀: 큰놈/큰아둘-샛놈/샛아둘-족은놈/족은아둘
　　　　　　(큰아들-둘째아들-작은아들)
　　　　　　큰년/큰똘-샛년/샛똘-족은년/조은똘
　　　　　　(큰딸-둘째딸-작은딸)

　　△ 4명: 큰+호칭-샛+호칭-말잿+호칭-족은+허칭
　　· 처조부모: 큰가시하르방-샛가시하르방-말잿가시하르방-족은가시
　　　　　　하르방(처큰할아버지-둘째처할아버지-셋째처할아버지
　　　　　　-처작은할아버지)
　　　　　　큰가시할망-샛가시할망-말잿가기할망-족은말잿가시할
　　　　　　망(처큰할머니-둘째처할머니-셋째처할머니-처작은할
　　　　　　머니)
　　· 처부모: 큰가시아방-샛가시아방-말잿가시아방-족은가시아방
　　　　　　(큰장인-둘째장인-셋째장인-작은장인)
　　　　　　큰가시어멍-샛가시어멍-말잿가시어멍-족은가시어멍
　　　　　　(큰장모-둘째장모-셋째장모-작은장모)
　　· 처형제: 큰처남-샛처남-말잿처남-족은처남
　　　　　　(큰처남-둘째처남-셋째처남-작은처남)
　　　　　　큰처아지망-샛처아지망-말잿처아지망-족은처아지망(큰
　　　　　　처아주머니-둘째처아주머니-넷째처아주머니-작은처아주
　　　　　　머니)

　　△ 5명: 큰+호칭-샛+호칭-큰말잿잭+호칭-족은말잿+호칭
　　　-족은+호칭
　　· 시조부모: 큰시하르방-샛시하르방-큰말잿시하르방-족은말잿시하
　　　　　　르방-족은르방
　　　　　　(큰시할아버지-둘째시할아버지-셋째시할아버지-넷째
　　　　　　시할아버지-작은시할아버지)
　　　　　　큰시할망-샛시할망-큰말잿시할망-족은말잿시할망-족

　　　　은시할망

　　　　(큰시할머니–둘째시할머니–셋째시할머니–넷째시할머
　　　　니–작은시할머니)
　・시부모: 큰시아방–샛시아방–큰말잿시아방–족은말잿시아방–족은
　　　　시아방
　　　　(큰시아버지–둘째시아버지–셋째시아버지–넷째시아버지–
　　　　작은시아버지)
　　　　큰시어멍–샛시어멍–큰잿말잿시어멍–족은말잿시어멍–족
　　　　은시어멍
　　　　(큰시어머니–둘째시어머니–셋째시어머니–넷째시어머니–
　　　　작은시어머니)
　・시형제: 큰시아지방–샛시아비방–큰잿시아지방–족은말잿시아지방
　　　　–족은시아지방
　　　　(큰시아주버니–둘째시아주버니–셋째시아주버니–넷째시
　　　　아주버니–작은시아주버니)
　　　　큰시누이–샛시누이–큰말잿시누니–족은말잿시누니–존은
　　　　시누이
　　　　(큰시누이–둘째시누니–셋째시누이–넷째시누이–작은시
　　　　누이)

△ 6명: 큰+호칭–샛+호칭–큰말잿+호칭–샛말잿+호칭–족은말잿
　　　+호칭–족은+호칭
　・손자: 큰손지–샛손지–큰말잿손지–샛말잿손지–족은말잿손지–족
　　　　은손지
　　　　(큰손자–둘째손자–셋째손자–넷째손자–다섯째손자–작은손자)
　　　　큰성손지–샛성손지–큰말잿성손지–샛말잿성손지–족은말잿
　　　　성손지–족은성손지
　　　　(큰친손자–둘째친손자–셋째친손자–넷째친손자–다삿째친손
　　　　자–작은친손자)
　・손녀: 큰똘손지–샛똘손지–큰말잿똘손지–샛말잿똘손지–족은말잿

똘손지-족은똘손지

(큰손녀-둘째손녀-셋째손녀-넷째손녀-다섯째손녀-작은손녀)

큰웨똘손지-샛웨똘손지-큰말잿웨똘손지-샛말잿웨똘손지-

족은말잿웨똘손지-족은웨똘손지

(큰외손녀-둘째외손녀-셋째외손녀-넷째외손녀-다섯째외손

녀-작은외손녀)

6. 토속어

제주어는 네 개 이상의 언어로 혼합돼 있다고 할 수 있다. 현대국어인 표준어·고어·사투리·외래어 등이 그것인데, 여기서 말하는 토속어(土俗語)는 주로 속칭(俗稱)과 사투리에 해당하는 제주도 고유의 토박이말을 뜻한다. 그렇지만 이들 토속어에는 표준어와 고어가 뒤섞인 것도 상당수가 있다. 아래 (1)~(7)은 <제2장 품사론>에서 누락된 어휘들 중 '대명사/수사/조사'를 제외한 '명사/동사/형용사/관형사/부사/감탄사'만 추출한 것이다. 그렇다고 이들 어휘들이 다 제주어에만 쓰이는 것이 아니고, 그 가운데는 육지부의 타지역어(他地域語)도 있을 수 있다.[112]

1) 명사 어휘

이름을 나타내는 제주어의 명사의 어휘는 사전이 아닌 이상, 그들 전부를 꿰어 낼 수가 없다. 여기서는 '인체부위'·'식생활'·'의생활'·'주거생활'·'동물'·'식물'·'기상'·'수량단위'·'통과의례'에 대한 것에 한정해서 선별적으로 제시했는데, 표준어와 같은 것도 있다

---

112) 여기 제시돼 있는 토속어의 어휘들은 필자가 출생해서 지금까지 생활해온 구-제주시권에서 통용되던 것들이다. 그러다보니 같은 제주어지만 다른 지역에서 쓰는 명칭이나 어형(語形)이 다른 것이 있는데, 이런 어휘들도 함께 다루려고 노력했다.

(1) 신체부위 명칭

△ 상체부위 어휘

가메[腦天/囟文/頂門:정수리], 머리꺼럭[頭髮:머리털/머리카락], 더멩이/더갱이[頭上:머리/대가리], 버새기[禿頭:대머리], 뒷더멩이[後頭:뒷머리/뒤통수], 임댕이/이멩이(이마), 양지[樣子:얼굴], 귀암지/귀뚱/귀뚱배기/삐암[頰:뺨/따귀/귀때기], 귓고망/귓구먹/귓고냥(귓구멍), 귓바위(귓바퀴), 눈깍[目眥/眼眥:눈초리], 더께눈(거적눈), 눈바위(눈둘레), 콧존둥이[鼻後:콧등/콧잔등], 아구리(아가리), 입바위/웃입바위/알입바위[口脣]:입술/윗입술/아랫입술], 웃하늘[口蓋:입천장], 툭[頜:턱], 아귀툭(아귀턱), 거웃/쉬염[鬚髥:수염], 녹대쉬염(구레나룻), 콧쉬염(콧수염), 툭쉬염(턱수염), 걸늬[犬齒:송곳니], 늿바디(잇바디), 늿굽[齒槽:잇굽], 늬엄/웃늬엄/알늬엄[齒莖/齒齦:잇몸/윗잇몸/아랫잇몸], 세[舌:혀], 셋바닥[舌面:혓바닥], 목고망/목구녕[咽喉/喉門:목구멍], 목젯[口蓋垂/懸壅/懸壅垂:목젖], 야개/야개기[頸:목/모가지], 모감지(멱살), 뒷야개/뒷야개기(뒷목/뒷모가지), 목고대[食道:밥줄], 젯(젖), 젯통(乳房:젖통), 오목가슴(命門/心坎:명치), 둑지/웃둑지[肩:어깨], ㄴ단둑지(右肩:오른어깨), 웬둑지[左肩:왼어깨], ㄴ단손[右手:오른손], ㄴ단풀[右腕:오른팔], 웬손[左手:왼손], 웬풀[左腕:왼팔], ㅈ깽이/ㅈ드랭이(腋窩:겨드랑이), 풀[上肢:팔], 홀목(손목), 상손까락[長指:가운뎃손가락], 손쿱[指爪:손톱], 배똥/배또롱(배꼽), 배똥줄(배꼽줄), 욮구리(옆구리), 윗배/웃배[上腹:윗배], 알배[下腹:아랫배] …

위에 열거한 머리와 안면부분의 명칭들은 점잖지 못한 비어가 꽤 많은데, 그것은 다 밝히지 않았다. 이를테면 '머리'를 '더가리/대구리/대멩이/대갈패기/대갈팍/대갈통/대굴팍/더망생이/대망생이'와 '뺨'을 '삐암대기/삐아망대기/볼태기/볼차지/귀차지'라고 하는가 하면, '입'을 '입뿌리/입주둥이/주둥이/주둥패기/주둥팍' 등 속어가 그것이다. 또 '눈'은 '눈퉁이/눈망둥이/눈망댕이

/눈까리'이라고도 하는데, 이와 같은 말은 품위가 없는 저속한 어휘들이다.

△ 하체부위 어휘

잠지/조롬/잠지꽉/조롬꽉[臀部:볼기/엉덩이/볼기짝], 똥고망/밋구멍
[肛門:똥구멍], 새끼똥고망/새끼또고망[尾骨部位:새끼똥구멍], 가달
(가랑이), 강알(사타구니), 두던이[恥丘:두덩], 불독새기[睾丸:불알],
불차지[陰囊:불], 조쟁이/좃(자지/좃), 보댕이/씹(보지/씹), 하문[下
門/陰門/女根:보지], 허벅다리[大腿:허벅지/넓적다리], 독무릅/독[膝
頭:무릎/도가니], 종에/정갱이/정강머리[脚/下腿/下肢:다리/정강이],
귀마리(말목), 쥐술(근육/장딴지), 심줄[靭帶:심줄/힘줄], 발등(발등),
발창(발바닥), 발뒤치기/뒤치기(발뒤꿈치/뒤꿈치), 발콥(발톱), 발까락
(발가락) …

△ 인체내부 어휘

욤통[心臟:염통], 지레[脾臟:지라], 멍얼[膵臟:이자]), 창지[腸子:창
자], 대창[胃臟:위), 즌배설/ᄀᆞ는배설/족은배설(小腸:잔배설/가는배
설), 흙은배설/큰배설(大腸:굵은배설), 막창지[盲腸:막창자], 창도롬
[直腸:곧은창자], 북부기[肺臟:허파], 간[肝臟:간], 간썹/간쑵[橫隔膜:
가로막], 쓸개/씰개[膽囊:쓸개], 콩풋/태두/태뒤[腎臟:콩팥], 오줌(좀)
봇/오줌(좀)깨[膀胱:오줌통], 애깃봇[胎盤:태반], 메역귀(藿耳:미역
귀) …

△ 경골부위 어휘

꽝/뻬[骨:뼈],[113] 꽝(뻬)ᄆᆞ작[骨節/關節:뼈마디], 머리꽝(뻬)[頭蓋骨:
머리뼈], 뒷머리꽝(뻬)[後頭骨:뒷머리뼈], 코꽝(뻬)[鼻骨:코뼈], 볼꽝
(뻬)[顴骨:볼뼈/광대뼈], 특꽝(뻬)/아귀꽝(뻬)[顎骨:턱뼈], 목꽝(뻬)[頸
骨:목뼈], 오목가슴꽝(뻬)[命門骨:명치뼈], 가슴꽝(뻬)[胸骨:가슴뼈],
둑지꽝(뻬)(肩骨:어깨뼈], 푸채꽝(뻬)[扇骨:부채뼈], 홀목꽝(뻬)[腕骨:

---

113) 표준어 '뼈[硬骨]'에 해당하는 제주어는 '꽝'과 '뻬'인데, 둘 중 어느 것을 쓰느냐의
   문제는 말하는 사람의 선택에 달린다.

손목꽝], 등꽝(뼈)[脊椎骨:등골뼈/척추], 욮구리꽝(뼈)/갈리꽝(뼈)[肋骨:옆구리뼈/갈비뼈], 허리꽝(뼈)[腰骨:허리뼈], 엉치꽝(뼈)/잠지꽝(뼈)/성문이꽝(뼈)[薦骨:꽝등뼈/엉치등뼈/엉덩이뼈], 종지꽝(뼈)/독무릅꽝(뼈)[膝骨/膝蓋骨:종지뼈/무릎뼈], 허벅지꽝(뼈)/허벅다리꽝(뼈)[大腿骨:허벅지뼈], 다리꽝(뼈)[腿骨:다리뼈], 정강이꽝(뼈)[下腿骨/脛骨:정강이뼈], 복숭개꽝(뼈)[距骨/踝骨:복숭아뼈/복사뼈], 귀마리꽝(뼈)[足根骨/跗骨:발목뼈], 손까락꽝(뼈)[指骨:손가락뼈], 발까락꽝(뼈)[趾骨:발가락뼈], 물강꽝(뼈)[軟骨:물렁뼈] …

(2) 의식주 명칭

의식주에 관한 명칭을 나타내는 어휘는 '식생활'·'의생활'·'주거생활'의 기본이 되는 생활필수품인 '음식류'·'의복류'·'민구류(民具類)'·'주택류' 등이 주류를 이루고 있다. 다만 이들을 의식주별로 구분해서 제시한 것들이 민속학적인 분류체제와 다를 수 있다. 덧붙여서 식생활과 불가분의 관계가 있는 '어잠용구(魚潛用具)'와 함께 조수간만(潮水干滿)에 대한 제주어 일람표도 제시했다. 아래 제시한 여러 분야의 어휘들은 표준어와 같은 것도 껴 있다.

❶ 식생활 어휘

이들 식생활에 관한 어휘는 먹고 살기 위해서 필요한 '음식류'·'토지/밭'·'도구'와 '무수기'의 명칭들이 주축을 이루고 있다.

△ 음식류
　・밥/범벅: 곤밥(쌀밥), 출밥(찰밥), 춤지름밥/지름밥(참기름밥/기름밥), 보리밥/술오리밥/것보리밥/줄오리밥/통보리밥(보리밥/쌀보리밥/겉보리밥/맥주보리밥/통보리밥), 조밥/조팝/흐린조밥/모인조밥(조밥/차조밥/메조밥), 대죽밥(수수밥), 줌쏠밥/

줍쏠밥(싸라기밥), 피밥,114) 반재기밥,115) 체밥(겨밥), 풋밥
(팥밥), 콩밥(콩밥), 감ᄌ(저)밥(고구마밥), 늡뻬밥(무밥), 속
밥(쑥밥), 톳밥/톨밥(톳밥),116) 모물범(펌)벅(메밀범벅), ᄂ
쟁이범벅(나깨범벅), 조범(펌)벅(조법벅), 보리(펌)범벅(보리
범벅), 밀범(펌)벅(밀범벅), 대죽범(펌)벅(수수범벅), 감ᄌ
(저)범벅(고구마범벅), 체범벅(겨범벅), 톨범벅(톳범벅), 속범
벅(쑥범벅), 개역/보리개역/콩개역(미숫가루/보리미숫가루/
콩미숫가루),117) 쉰다리118)

· 수제비/국수: ᄌ베기(수제비), 모물ᄌ베기/모멀ᄎ베기(메밀수제비),
밀ᄌ베기/밀ᄎ베기(밀수제비), 보리ᄌ베기/보리ᄎ베기
(보리수제비), 감ᄌ(저)ᄌ베기(고구마수제비), 칼구쉬/칼
국시(칼국수), 꿩모물국쉬/꿩모멀칼국시(꿩메밀국수/꿩
메밀칼국수), 멘(麵:면), 당멘(唐麵:당면)

· 떡/부침개: 곤떡(흰떡/송편), 침떡(시루떡), 조침떡(조시루떡), 설귀떡/
곤침떡(설기떡/백설기), 칭부치119), 보시떡(보시기떡),120)
사발떡(사발떡)121), 송애기떡(송아지떡)122), 송펜(송편),

---

114) '피밥'은 '피[稷]'로 지은 질이 낮은 밥이다. 이 '피'는 '기장[黍]'과 함께 벼과에 속하는
곡물로서 '조[粟]'보다도 질이 낮아 근간에는 가축 사료로 재배한다.

115) '반재기밥'은 흰쌀[白米]에 보리쌀이나 줍쌀 따위를 섞어서 지은 밥.

116) '톳밥/톨밥'은 바다 식물인 갈조류 모자반과의 해조(海藻)인 톳/톨에 곡물을 섞어서
지은 밥이다. 옛날 흉년이 들어 식량이 없을 때 일이고, 지금은 혈압을 낮추는 해초로
어촌의 소득원이 되고 있다.

117) '개역'은 주로 보리를 볶아서 맷돌에 갈아서 만든 미숫가루이다. 예전에 먹을거리가
변변치 못했을 때는 여름철 청량음식으로 즐겨 먹었는데, 요즘 사람들은 별로 선호하지
않는다.

118) '쉰다리'는 먹다 남은 보리밥이 쉬어서 못 먹게 됐을 때 '보리줌(줍)쏠(보리싸라기)'로
만든 누룩과 버무려서 물을 부어 만든 여름철 발효식음식이다.

119) '칭부치'는 '시룻떡'의 일종으로, 쌀이 귀할 때 백설기의 대용품으로 쌀가루 1/3 정도
차줍쌀가루 2/3전도 충지게 깔아서 찐 떡.

120) '보시떡'은 '보시기'에 떡가루를 담아서 압축시킨 다음 꺼내서 찐 떡.

121) '사발떡'은 '사발에' 떡가루를 담아서 압축시킨 다음 꺼내서 찐 떡.

상웨떡/ㅂ름떡[霜花餠:상화떡],123) 물떡124), 세미떡,125) 인절미/은절미(인절미), 절펜/절벤(切餠:절편), 골미떡,126) 벙것떡(벙거지떡), 돌래떡(도래떡), 기중(증)펜,127) 빙떡/전기(지)떡(煎餠:부꾸미),128) 오메기떡,129) 감ㅈ(저)떡(고구마떡), 속떡(쑥떡), 본속떡(풀솜나물떡), 지름떠(기름떡), 꿰떡(깻묵덩이), 줴기떡(지게미떡), 수웨/수에(순대), 둠비(두부), 전/전지(煎:전/부침개), 독새기전(鷄卵煎:달걀전), 간전((肝煎:간전), 마농전(마늘전), 녹디전(녹두전), 모몰(멀)ㄱ를(르)전(메밀가루전), 밀ㄱ를(르)전(밀가루전), 보리ㄱ를(르)전(보릿가루전), 누르미/누르미전130)

---

122) '송애기떡'은 '송아지똥'처럼 만든 동글동글한 떡.

123) '상웨떡/ㅂ름떡'은 고려가요인 '쌍화점(雙花店)'의 쌍화(雙花)=상화(霜花)에 떡이 덧붙은 것과 같다. 이 떡은 밀가루나 보릿가루에 발효제인 기주(起酒)를 붓고 반죽해서 마든 떡인데, 지금의 찐빵에 해당한다. 또 'ㅂ름떡'이라고 한 것은 바람이 들어가서 부푼 것처럼 생겼다고 해서 붙여진 이름이다.

124) '물떡'은 밀가루·보릿가루·메밀가루 등을 재료로 해서 속에 채소류를 소로 넣어서 만든 떡이다. 그 모양은 주 125)의 '세미떡'처럼 반달 모양으로 돼 있고, 크기는 한두 개만 먹으면 요깃거리가 될 정도로 큼직하다.

125) '세미떡'은 주 124)의 '물떡'의 1/5 정도로 작게 만든 반달 모양의 떡인데, 주로 제상에 올리기 위해 만들었다.

126) '골미떡'은 주로 흰쌀로 만들었는데, 길이 5cm 가로 2cm 정도의 크기에 가운데 두 개의 골을 내어서 양 끝을 둥그스름하게 만든 반막대형[半棒狀型]의 떡이다. 삼년상을 치르는 제상에만 올린다.

127) '기중(증)펜'은 발효되기 시작하는 새큼한 술국물인 기주(起酒)를 버무려서 일정시간 지난 다음 쪄낸, 지금이 카스텔라에 해당하는 떡이다.

128) '빙떡/전지떡'은 '보꾸미'에 해당하지만 속에 팥이나 무채를 넣어서 덕석처럼 둥글게 말아서 만든 떡이다.

129) '오메기떡'은 발효제가 없이 좁쌀가루를 물로 반죽해서 아무렇게나 꾹꾹 주물러서 둥으스름하게 만든 떡이다. 그 용도는 먹으려고도 만들지만 주로 토속농주(土俗農酒)를 빚기 위해 만들어지는데, 요즘 민속촌에서 관광객들에게 팔고 있는 '오메기술'의 재료가 그것이다.

130) '누르미/누르미전'는 달걀이 귀했을 때 노란 빛을 내기 위해 치자(梔子)의 액을 타서 지져낸 전(煎)인 부침개이다.

· 죽(粥): 곤죽(흰죽/쌀죽), 풋죽(팥죽), 녹디죽(녹두죽), 꿰죽(참깨죽), 콩죽(콩죽), 유죽(들깨죽), 모물(멀)죽/모물(멀)쭉/모물(멀)축(메밀죽), 좁쑬죽/좁쑬쭉/좁쑬축(좁쌀죽), 아강발죽/아강발쭉/아강발축(족발죽), 생성(선)죽(옥돔죽), 고등에죽(고등어죽), 각제기죽(정갱이죽), 뭉(문)게죽/물꾸럭죽(문어죽), 장이죽(장어죽), 깅이죽(게죽), 도새기새끼죽(돼지새끼죽), 메역귀죽(미역귀죽), 둑죽(닭죽), 솔죽(松實粥:소나무열매죽),131) 전복(북)죽(전복죽), 오분재기죽/오분작죽(떡조개죽), 조갱기죽(조개죽), 보말죽(고둥죽)

· 국(羹): 뒌장국/뒌장꾹/뒌장쿡(된장국), ᄂᆞ물국/ᄂᆞ물꾹/ᄂᆞ물쿡(나물국), 배치국/배치꾹/배치쿡(배추국), 눔삐국/눔삐꾹/눔삐쿡(무국)=ᄎᆞ마귀국/ᄎᆞ마귀꾹/ᄎᆞ마귀쿡(무국), 양애국/양애꾹/양애쿡(양하국), 양애(웨)간국/양애(웨)간꾹/야애(웨)간쿡(양하몽오리국), 들굽국/들굽꾹/들굽쿡(드릅국), 합순국/합순꾹/합순쿡,132) 난시국/난시꾹/난시쿡(냉잇국), 콩국/콩꾹/콩쿡(콩국), 호박국/호박꾹/호박쿡(호박국), 호박입국/호박입꾹/호박입쿡(호박잎국), 아욱국/아욱꾹/아욱쿡(아욱국), 궤기국/궤기꾹/궤기쿡(고깃국), 쉐궤기국/쉐궤기꾹/쉐궤기쿡(소고기국), 돗궤기국/돗궤기꾹/돗궤기쿡(돼지고기국), 몰궤(쿼)기국/몰궤(쿼)기꾹/몰궤(쿼)기쿡(말고기국), 둑궤기국/둑궤기꾹/둑궤기쿡(닭고기국), 개장국/개장꾹/개장쿡(개장국), 몸국/몸꾹/몸쿡(모자반국), 메역국/메역꾹/메역쿡(미역국), 생성국/생성꾹/생성쿡(생선국)=오톰이국/옥톰이꾹/옥톰이쿡(옥돔국), 돔국/돔꾹국/돔쿡(돔국), 고등에국/고등에꾹/고등에쿡(고등어국), 각재기국/각재기꾹/각재기쿡(정갱이국), 갈치국/갈치꾹/갈치쿡(갈칫국), 멜국/멜꾹/멜쿡(멸치국), 메역치국/메역치꾹/메역치쿡(쏠종갯국), 복쟁이국/복쟁

---

131) '솔죽'은 소나무열매의 씨껍질을 벗겨내고 '잣죽'처럼 쑨 죽.
132) '합순국'은 '합다리나무'의 연한 순으로 끓인 국.

이꾹/복쟁이국(복어국), 퀴국/퀴꾹/퀴쿡(성게국)=구살국/구
살꾹/구살쿡(성게국), 솜국/솜꾹/솜쿡(말똥성게국), 보말쿡/
보말꾹/보말쿡(고둥국), 냉국/냉꾹/냉쿡(냉국), 웨냉국/웨냉
꾹/웨냉쿡(오이냉국), 가지냉국/가지냉꾹/가지냉쿡(가지냉
국), 톳(톨)냉국/톳(톨)냉꾹/톳(톨)냉쿡(톳냉국), 청각냉국/청
각냉꾹/청각냉쿡(청각냉국), 메역냉국/메역냉꾹/메역냉쿡
(미역냉국), 숭늉/숭눙[133]

이들 '국'은 위에서처럼 <명사+국>의 형태를 취할 때는 '명사+국/꾹/쿡'이
되므로 '국/꾹/쿡' 중 어느 것이나 화자(話者)의 어투에 따라 두루 쓰인다.

- 회/횟국: 돗새끼훼(돼지새끼회), 쉐새끼훼(소새끼회), 새깃봇훼(새끼
  태반회), 횟간(날간), 지레(지라), 멍얼(이자), 태두/태뒤(공
  팥), 육훼(肉膾:육회), 자리훼(자리돔회), 멜훼(멸치회), 오톰
  이훼(옥돔회), 상이훼(상어회), 비께훼(수염상어회), 준다니
  훼(두툽상어회), 모도(두)리훼(모조리상어회), 은상이훼(은상
  어회), 저립훼(제방어회), 어랭이훼(용치놀래기회), 객주리훼
  (쥐치회), 구쟁기물훼(소라물회), 전복물훼(전복물회), 미물
  훼(해삼물회), 굼벗훼(군부회/딱지조개회)

이들 횟감은 썰어서 날째로 먹기도 하지만, 양념장에 묻혀서 먹거나 횟
국을 만들어 먹는 것이 상례이다. 다만 간·콩팥·지라는 생째로 썰어서
먹는 것을 선호했다.

- 반찬/젓갈: 출래(반찬), 지/지시(장아찌), 콩지(콩자반), 마농지(마늘장
  아찌), 눔뻬지(무장아찌), 반추지(파초장아찌), 즈피지/제

---

133) '숭늉/눙눙'은 국이 아니지만 편의상 껴 넣었다. 그 뜻은 누룽지가 낀 솥에 물을 부어
끓여 구수한 맛이 나는 물인데, 한자어로 숙랭(熟冷)·취탕(炊湯)이라 한다. 제주도에서
는 제사상에 올리는 물도 '숭늉/숭늉'이라고 한다.

피지(산초장아찌), 양에(웨)깐지(양하장아찌), 웨지(오이장
아찌), 고치지(고추장아찌), 깅이지(게장), 고등에젓(고등
어젓), 갈치젓(갈치젓), 자리젓(지리돔젓), 멜젓/멜첫(멸치
젓), 구셍이젓/알게미젓(아가미젓), 창지젓(창자젓), 구젱
기젓/구제기젓(소라젓), 오분재기젓(떡조개젓), 구살젓/퀴
젓(성게젓), 게우젓(전복내장젓)

· 조미료/기름: 소곰(소금), 꿰ᄀ르(루)/꿰ᄀ를(룰)(깻가루), 고치ᄀ르
(루)/고치ᄀ를(룰)(고추가루), 제피ᄀ르(루)/제피ᄀ를
(룰)(산초가루), 춤지름(참기름), ᄂ몰(멀)지름/ᄂ몰(멀)
찌름/ᄂ몰(멀)치름(나물기름), 갯ᄂ몰(멀)지/갯ᄂ몰
(멀)찌름/갯ᄂ몰(멀)치름(갓나물기름), 유지(치)름(들
깨기름), 강낭꿰지름(해바라기기름), 콩지름(콩기름), 피
만지지름(피마자기름), 돔박지름/돔박찌름/돔박치름
(동백기름), 돗지름/돗찌름/돗치름(되지기름), 쉐지름
(소기름), 물지(치)름(말기름), 오루지(치)름/지다리지
름(오소리기름)

△ 토지/밭

우영밧/우영팟(텃밭/터알), 츤흑왓/츤흑밧/츨흑왓(밧)(찰흙밭), 모살
왓/모살밧/(모래밭), 물왓/물밧(물밭), 작지왓/작지밧/자갈왓/자갈밧
(자갈밭), 빌래왓(돌밭), 장통왓/장통밧(장통밭), 칭왓/칭밧(층밭), 진
밧(長田 : 긴밭), 드룻밧/드룻팟(野田 : 들밭), 곳왓/곳밧,[134] 곳왓/곳
밧,[135] 당왓/당밧당팟(堂田 : 당밭),[136] 머들왓,[137] 돌좃인왓/돌좃인
밧,[138] 숨(숭)굴왓,[139] 글렁밧/굴렁팟(구렁밭), 곱은재왓,[140] 활대

---

134) '곳왓/곳밧'은 '곳[藪 : 숲]＋왓/밧[田:밭]'의 합성인 현대국어의 숲속에서 있는 밭인 '숲밭
[藪田/密林田]'에 해당한다.
135) '곳왓/곳밧'은 산과 들인 산야(山野)를 총칭하는 '고지'의 준말 '곳'에 '왓/밧[田: 밭]'이
합성된 '산전(山田)'·'야전(野田)'에 해당한다.
136) '당왓/당밧/당팟'은 지금의 무속신을 모시고 있는 신당(神堂)이 있는 밭을 일컫는 명칭.
137) '머들왓'은 바윗돌이 솟아 있는 밭을 일컫는 명칭.

왓,141) 언(은)물틈밧,142) 방애왓,143) 가름왓/가름팟,144) 올래왓/올
랫밧/오랫팟,145) 내창밧/내창팟,146) 둘랭이/드르갱이147)

위 밭에 대한 명칭은 각 마을마다 그 밭의 위치나 생김새의 내력에 따라
각 지역별로 다양하게 붙여져 있다. 지금도 노년층에 의해서 구전되고 있
으나, 개발에 따른 지형변화와 훼손으로 인해서 실물들이 없어져 버림과
동시에 그에 따른 특유의 속칭들도 사라져 버리고 있다.

△ 도구류

• 목기구/죽세품: 질메/쉐질메/물질메(길마/소길마/말길마), 등테(언
치), 도곰(길마받이), 오랑(鞅 : 뱃대끈), 쉐앗배/쉣
배,148) 등테(언치), 도깨(도리깨), 멍석(덕석), 굴체
(삼태기), 보리클(보릿틀), 지게(지게), 바지게(발채지
게), 지갯작쉬(지게작대기), 작쉬/작시(자대기), 글갱
이(갈퀴), 사다리/사닥다리(사다리), 산태,149) 멕(멱/

---

138) '돌좆인왓/돌좆인밧'은 크고 작은 들이 빽빽이 박혀 있는 밭을 일컫는 명칭.
139) '숨(숭)굴왓'은 물이 빠져나거나 스며들 구멍이 있는 밭을 일컫는 명칭.
140) '곱은재왓'은 마치 그 모양이 목수가 쓰는 자와 같이 'ㄱ자형'으로 굽으러진 밭을 일컫
는 명칭.
141) '활대왓'은 활[弓] 모양으로 휘어진 모양의 밭을 일컫는 명칭.
142) '언(은)물틈밧'은 그곳 어느 틈에서 찬물이 솟아나는 밭을 일컫는 명칭.
143) '방애왓'은 지세(地勢)가 흘러드는 물을 막는 다는 한자 '방애(防涯)'에 '왓(田)'이 합성
된 밭이나 지형을 일컫는 명칭.
144) '가름왓/가름팟'은 마을안의 가까운 곳에 있는 밭을 일컫는 명칭.
145) '올래왓/올랫밧/올랫팟'은 마을안길이나 집골목에 있는 밭을 일컫는 명칭.
146) '내창밧'은 냇가[川邊]에 있는 밭을 일컫는 명칭.
147) '둘랭이/드르갱이'는 한두 마지기 내외의 작은 밭을 일컫는 명칭.
148) 소나 말의 등에 길마를 지워서 짐을 실을 때 동여매는 긴 밧줄인데, 길마에 달린 밧줄
이므로 편의상 도구류에 껴 넣었다.
149) '산태'는 길쭉한 두 채 사이 한가운데 가로대를 서너 개 정도 박아서 앞뒤에 두 사람이
들고 물건을 나르도록 만든 운반도구.

멱서리), 망탱이(망태), 씨부개/부개기(씨망태), 약
도리/약돌기,150) 가멩이(가마니), 걸름착(거름망태/
거름멱), 남테,151) 섬피,152) 주쟁이(기),153) ᄂᆞ람지
(이엉), 남박/함박(나무양푼), 남박새기(나무바가지),
박새기/밥박새기/물박새기/ᄡᆞᆯ박새기(바가지/밥바가
지/물바가지/쌀바가지), 쿡박/쿡박새기(바가지), 도고
리(함지박), ᄀᆞ렛도고리(맷돌함지박), 낭줍시/낭젭시
(나무접시), 낭쟁반(나무쟁반), 낭줍음/낭젯가락(나무
젓가락), 대줍음/대젯가락(대젓가락), 말(斗:말), 귀
말[方斗:모말], 뒈(升:되), 홉(合:홉), 솔박/솔박새기
=좀팍/좀팍새기(나무바가지/손바가지),154) 뒈악새
기,155) 제통(수저통), 두지(뒤주), 설레/당그네(고무
래), 구그네/불그네,156) 곰박/곰팍,157) 남죽/베수기

---

150) '약도리/약돌기'는 노끈으로 구물처럼 엮어서 물건을 넣고 어깨에 메거나 지고 다니는
 작은 배낭의 대용품이다.
151) '남테'는 둥근 나무토막 둘레에 8cm 내외로 돌출되게 나무를 깎아 촘촘히 박아서 땅을
 다지도록 만든 농구인데, 사람도 끌지만 주로 소나 말이 끄는 게 상례이다. 그 용도는
 부박한 땅에 조·밭벼의 파종을 한 다음에 싹이 튼 종자의 뿌리가 땅에 활착이 잘
 되게 우마나 사람이 밟아주는 대용 도구로 쓰인다.
152) '섬피'는 잔가지가 빽빽이 달린 나뭇가지나 꽝꽝나무로 엮어서 만든 써레의 구실을
 하는 도구의 일종이다. 그 용도는 밭을 갈아서 뿌린 씨앗이 땅에 잘 묻히게끔 울퉁불퉁
 한 이랑의 흙을 골라주는 데 쓰이는데, 무겁지 않아서 주로 사람이 끈다.
153) '주쟁이(기)'는 가리 위에 둘러서 덮는 이엉의 구실을 하는 'ᄂᆞ람지'를 두른 다음 그
 맨 꼭대기에 씌우는 삿갓 모양으로 된 덮개이다. 그 재료는 띠로도 만들지만 억새를
 선호한다.
154) '솔박/솔박새기=좀팍/좀팍새기'는 그 대역어를 '나무바가지/손바가지'라고 한다. 그 중
 '손바가지'라고 한 것은 손에 들고 쓰는 나무바가지이기 때문이다. 그 모양과 용도는
 일정하지 않지만 유선형으로 움푹 파였고 곡식을 담고 푸는 데 쓰인다.
155) '뒈악새기'는 그 모양과 용도는 각주 154)의 '솔박'과 같지만 그 크기가 작아서 일반적
 으로 4홉들이 정도이다.
156) '구그네/불그네'는 방고래에 땔감을 밀어 넣거나 재를 꺼내기 위해 만든 고무래의 일
 종이다.
157) '곰박'은 바닥에 구멍이 여러 개 뚫린 국자 모양으로 만들어졌는데, 솥에 삶은 떡 따위

(죽젓개), 우금/낭우금(밥주걱/나무밥주걱), 푸는체
(키), 지름클(기름틀), 남방애(나무방아/나무절구),
방앳귀(절구공이), 둠비클(두부틀), 떡판/솔벤(펜)판/
절벤(펜)떡판(떡판/솔편판/절편판), 구덕/바구리(구
럭/바구니), 애기구덕(요람/아기바구니), 숭키구덕(나
물바구니/채소비구니), 서답구덕(빨랫바구니), 물구덕
(물바구니), 질구덕(짐구덕), 차롱/밥차롱/떡차롱/제
물차롱/적차롱(채롱/밥채롱/떡채롱/제물채롱/적채
롱), 동고령/동고량(대도시락), ᄀ는대구덕(가는대바
구니), ᄇ른바구리(바른바구니), 소쿠(코)리(소쿠리),
대체/흙은체(굵은체), ᄀ는체(가는체), 총체,158) 얼
멩이(어레미)

위 '등테(언치)·멍석·망태…' 등 짚으로 만든 것도 편의상 목기류에 넣
었다.

· 석기/철기: 돌화리(돌화로), 돌상돌(돌향로), ᄀ레(맷돌), 풀ᄀ레(풀맷
돌), 물ᄀ레(연자매), 돌방애(방아), 돌도고리(돌함지박), 돗
도고리(돼지밥통), 신돌(숫돌), 돌테,159) 잠대(쟁기), 쉐스
(시)랑(쇠스랑), 광이/궹이(괭이), 못광이/못궹이(곡괭이),
벤줄레(따비), 갈레죽(삽), 곰배(곰방메), 호미(낫), 굴갱이
(호미), 섭굴갱이(섶호미),160) 주그굴갱이(주걱호미),161)

를 건져내는 조리 도구의 일종이다.

158) '총체'는 말총으로 만든 구멍이 작은 체.

159) '돌테'는 각주 151)의 '남태'처럼 돌을 손질해서 만든 농구인데, 그 용도는 '남태'와
같다.

160) '섭굴갱이'는 풀을 매거나 흙을 파 해칠 때 땅에 닿는 일자형(一字型)으로 된 쇠붙이
볼의 섭이 1㎝ 정도의 폭으로 만들어진 호미이다. 그래서 표준어 대역을 '섶호미'로 했다.

161) '주그굴갱이'는 '섭굴갱이'와는 달리 풀을 매거나 흙을 파 해치는 쇠붙이의 볼이 넓죽
해서 마치 주걱처럼 만들어진 호미이다. 그래서 표준어 대역을 '주걱호미'로 했다.

낭푼(양푼), 놋사발, 놋대접, 놋쟁반, 놋잔, 놋잔대, 놋종재기(놋종지), 소가락(숟가락), 즙음/젯가락(젓가락), 적쒜(적쇠), 놋소까락(놋숟가락), 놋즙음(놋젓가락), 반상기, 가지깽이(놋사발뚜껑/바리뚜껑), 놋쟁반, 놋우금(놋밥주걱), 놋상돌(놋향로), 놋상압(놋향합), 솟(솥), 옹지리(옹달솟/옹솟), 말치/웨말때기(한말뒈기솥), 두말때기(두말뒈기솥), 가매솟(가마솥), 냄비/남비(鍋:냄비),162) 주전지(주전자), 빙철(煎版:부침개판)

위 'ㄱ레·풀ㄱ레·ᄆᆞᆯ방애'는 그릇이 아니지만, 편의상 석기에 넣었다.

· 도기(陶器): 망데기/쏠망데기/술망데기/멜첫망데기/짐치망데기/지망데기(중두리/쌀중두리/술중두리/멸젓중두리/김치중두리/짱아지등두리), 단지, 양읍단지(양염단지), 약단지(약단지), 팻단지(깻단지), 소곰단지(소금단지), 장단지(장단지), 청단지(꿀단지), 짐칫단지(김치단지), 약탕관, 장태(소래기), 자박지(자배기), 항(缸:항아리), 쏠항(쌀항아리), 장항(장항아리), 물항(물항아리), 술항(술항아리), 고소(수)리(소줏고리), 시리(시루), 허벅163), 물허벅, 술허벅, 오좀(줌)허벅, 감주벵/감주펭(甘酒瓶:감주병), 술벵/술펭(酒瓶:술병), 독사발(오지사발), 사기사발, 사기대접, 사기보시(사기보시기), 사기종지, 사기줍시/사기젭시(사기접시), 사기쟁반, 지새그릇(질그릇) …

△ 어잡도구

테우(槎船/筏船:떼배), 낙배/낙싯배(낚싯배), 주낫배(주낙배), 돗배(帆船:돛단배), 당선/멜당선(탐지선/멸치탐지선), 낚시(낚시), 뽕돌(봉돌),

---

162) '냄비[鍋]'는 일본어와 공통으로 쓰이는데, '남비'라고도 한다.
163) '허벅'은 물을 길어 나르기 위해 만든 부리가 좁고 몸통이 불룩하게 생긴 오지그릇.

소살/작살(작살), 대칼쒜,164) 구물/궤기구물/자리구물/멜구물(그물/
고기그물/자리돔그물/멸치그믈), 사둘,165) 국자사둘,166) 버국(浮漂:부
표), 베리/베릿줄(벼리/벼릿줄), 족바지(손그물), 주낫(延繩:주낙), 궤
기술/춤술(낚싯줄), 정술,167) 노술,168) 궤기(고깃지게물받이),169) 춤대
(낚싯대), 니껍통/이껍통(미끼통), 궤깃구덕(고깃바구니), 궤기-조래
기(고기-다래끼), 멜-고리(멸치-고리/멸치-바구니), 구살칼(성게칼),
깔구리/까꾸리(갈쿠리), 중(정)게호미(미역낫), 성게체/구살체/퀴체
(성게체), 왕눈/통눈,170) 족쒜눈,171) 눈곽(水鏡匣:안경갑(집), 빗
창,172) 도곰수건/물소중이(물옷)

위 '도곰수건/물소중이'는 의생활의 의복류로 분류해야 하지만, 줌녀/줌
수들이 물에 들어서 해산물을 채취할 때 입는 물옷이므로 편의상 용구에
편입시켰다. 아래 열거한 '무수기'와 '줌녀/줌수/줌네'는 도구류와 상관이
없는 것이지만, 어잠도구의 활용과 불가분이 관계에 있으므로 껴 넣었다.

---

164) '대칼쒜'는 모랫벌에 박혀서 서식하는 맛조개를 잡기 위해 만든 쒜갈쿠.
165) '사둘'은 자리돔을 떠올리는 둥그스름한 그물인데, 단단한 나무를 원형으로 휘어서
　　묶은 틀에 그물을 달아서 만든다.
166) '국자사둘'은 각주 165)의 '사둘'이 국자 모양으로 생겨서 붙여진 명칭이다.
167) '정술'은 밀랍(蜜蠟)으로 실처럼 만들어서 낚시를 묶는 줄의 명칭.
168) '노술'은 실을 꼬아서 만든 '노'와 실인 '술'이 합성된 말로서 '노술' 그 자체가 표준어이다.
169) '궤기'는 바다에서 잡은 물고기를 바구니에 담고 지게에 졌을 때 그 고기에서 빠져
　　나오는 물이 등에 묻지 않도록 지겟가지 까는 물받이 명칭. 유념할 것은 육류(肉
　　類)·어류(魚類)를 일컫는 표준어의 '고기'인 제주어 '궤기'와 동형이의어(同形異義語)
　　라는 점이다.
170) '왕눈/통눈'은 물질할 때 '줌녀/줌수'의 두 눈과 코가 다 에워지게 만들어진 물안경이
　　다. '왕눈'은 커다란 물 안경[水鏡]의 뜻이고, '통눈' 통(桶)처럼 생긴 물안경이라고 해서
　　붙여진 명칭.
171) '족쒜눈'은 물질할 때 쓰는 물안경[水鏡]의 테가 하나씩 분리시켜 만든 '작은 놋쇠안경'
　　이란 데서 붙여진 명칭.
172) '빗창'은 '줌녀/줌수'가 물질하러 바다에 들어갈 때 손목에 차고 가는 해산물채취도구
　　이다. 그 어원은 전복인 '빗'을 떼는 쇠로 만든 창(槍)이라는 데서 비롯된 것이다.

△ 무수기

이들 무수기는 조류의 간만의 차이에 의해 결정된다. 그 조류의 간만의 차이는 지역별로 약간 다르기도 하지만 거의가 같다. 아래 표는 『탐라문화』 제5호(제주대학교 탐라문화연구소, 1986.)에 게재된 것이다.

날짜 (음력)	가파도	중문리	용수리	오조리	창천리	우 도
1일	일곱물	일곱물	이곱물	오듭물	일곱물	오듭물
2일	오듭물	오듭물	오듭물	아웁물	오듭물	아웁물
3일	아웁물	아웁물	아웁물	열 물	아웁물	열 물
4일	열 물	열 물	열 물	열혼물	열 물	열혼물
5일	열혼물	열혼물	열혼물	열두물	열혼물	열두물
6일	막 물	막 물	열두물	막 물	열두물	막 물
7일	아끈조금	아끈쮀기	아끈쮀기	아끈쮀기	아끈쮀기	아끈쮀기
8일	한조금	한쮀기	한쮀기	한쮀기	한쮀기	한쮀기
9일	분 할	부 날	게무슴	흔 물	부 날	흔 물
10일	흔 물	흔 물	흔 물	두 물	흔 물	두 물
11일	두 물	두 물	두 물	서 물	두 물	싀 물
12일	싀 물	서 물	서 물	너 물	싀 물	늬 물
13일	늬 물	너 물	너 물	다섯물	늬 물	다섯물
14일	다섯물	다섯물	다섯물	오섯물	다섯물	오섯물
15일	오섯물	오섯물	오섯물	일곱물	일곱물	일곱물
16일	일곱물	일곱물	일곱물	오듭물	오듭물	오듭물
17일	오듭물	오듭물	오듭물	아웁물	아웁물	아웁물
18일	아웁물	아웁물	아웁물	열 물	열 물	열 물
19일	열 물	열 물	열 물	열혼물	열혼물	열혼물
20일	열혼물	열혼물	열혼물	열두물	열두물	열두물
21일	막 물	막 물	열두물	막 물	아끈쮀기	막 물
22일	아끈쮀기 (조근조금)	아끈쮀기	조 금	아끈쮀기	한쮀기	아끈조(쮀)기
23일	한조금	한쮀기	한조금 (한쮀기)	한쮀기	부 날	한조(쮀)기
24일	분 할	부 날	게무슴	흔 물	흔 물	흔 물
25일	흔 물	흔 물	흔 물	두 물	두 물	두 물
26일	두 물	두 물	두 물	서 물	싀 물	싀 물

27일	쇠 물	서 물	서 물	너 물	늬 물	늬 물
28일	*다슷물	*다슷물	*다슷물	**ㅇ슷물	ㅇ슷물	**ㅇ슷물
29일	ㅇ슷물	ㅇ슷물	ㅇ슷물	일곱물		일곱물

* 29일인 달은 29일을 'ㅇ슷물'로 하고 '다슷물'은 뺀다.
** 29일인 달은 29일을 '일곱물'로 하고 'ㅇ슷물'을 뺀다.

[참고] '부재기/보재기'와 '줌녀/줌수/줌네'에 대한 명칭 중 속칭 '부재기/보재기'는 어부(漁夫)들로서 고기잡이와 해산물을 채취하던 사람을 일컫는 한자어 포작인(鮑作人)과 맥락을 같이 하는 말이고, '줌녀/줌수/줌네'는 물질을 하는 여인네를 일컫는 한자어 '줌녀/줌수(潛女/潛嫂)'를 말한다. 한데 요즘은 '줌녀/줌수/줌네' 대신 일제어(日帝語)인 '해녀(海女: カマ)'를 마치 고유의 속칭인 토속어처럼 쓰이고 있다. 그 결과 일본의 착취에 항거하여 항일운동으로까지 번졌던 '줌녀/줌수'를 기리기 위해 구좌읍 '하도리'에 건립된 <濟州海女抗日運動紀念塔>마저 '해녀(海女)'라고 했으니 부끄러운 일이다. 또 그 옆의 <해녀박물관>도 마찬가지다. 이 상태라면 언젠가 유네스코 세계문화유산으로 등재될 경우, '해녀(海女)'라는 명칭으로 굳어져 버릴 것이 뻔하다. 그렇게 되면 선인들이 체취가 끈끈히 묻어 있는 제주도 특유의 민중어(民衆語)가 사라지는 것은 물론이고 일본의 '해녀(海女: アマ)'의 아류(亞流)임을 스스로 인정하는 것이 돼 버린다. 이 문제는 이미 1953년 제주도에서 논의한 결과 '해녀'가 아닌 '줌녀/줌수(潛女/潛嫂)'로 쓸 것으로 정해져 있는데도 지켜지지 않고 있는 실정이다.[173]

---

173) '줌녀/줌수'의 명칭을 중시하지 않은 이유인 즉, 이미 '해녀(海女)'로 알려져 있고, '줌녀'를 현대국어로 옮기면 '잠녀'가 되는데, 그렇게 되면 잡스러운 여인인 '잡녀(雜女)'로 오인하기 쉽다는 것이다. 또 일각에서는 외래어로 보면 된다는 것이다. 그것이 과연 타당한 말일까? 옛 분들이 즐겨 쓰던 민중어인 제주어가 엄연히 있는데. 더구나 안타까운 것은 잘잘못을 가리고 문화의 정체성을 일깨워야 할 공공기관이나 언론매체마저 '해녀'를 즐겨 쓰고 있으니 딱한 일이다. 더구나 제주도학을 전공하는 학자들 중에도

❷ 의생활 어휘

이들 의생활에 관한 것은 '의복류'·'착용류'·'휴대품'·'용구류'의 어휘들이 주축을 이루고 있다. 여기에 빠뜨린 상복(喪服)에 관한 것은 통과 의례에서 다뤄진다.

△ 의복

창옷(도포), 미녕적삼/미녕저고리(무명저고리/무명적삼), 미녕바지(무명바지), 미녕치매(무명치마), 광목저고리/광목적삼, 광목치매(광목치마), 광목바지, 시령목적삼/시령목저고리, 시령목치매, 멩지저고리/멩지적삼(명주저고리/명주적삼), 멩지치매(명주치마), 멩지바지(명주바지), 공단저고리/공단적삼,174) 공단치매(공단치마), 모빈단적삼/모빕단저고리,175) 모빈다치매(모빈단치마), 양단적삼/양단저고리,176) 양단치매(양단치마), 유동(둥)적삼/유동(둥)저고리,177) 유동치매(유동치마), 비로도(드)적삼/비로도(드)저고리, 비로도(드)치매(비로드치마)178), 겹저고리/겹적삼(겹저고리/겹적삼), 겹치매(겹치마), 겹바지/겹중의(겹바지/겹중위), 무지게(누비옷), 누비적삼/누비바지, 소개저고리/소개적삼(솜저고리/솜적삼), 소개바지/소개중이(솜바지/솜중의/핫바지), 홋바지(홑바지), 줌뱅이(잠방이), 소중이(기),179) 굴중의(홑바지), 속치매(속치마), 통치매(통치마), 깍치매(풀치마), 조께(조끼), 갖옷, 봇듸창옷(배내옷), 갈옷,180) 갈중이, 갈적삼, 후루매기/후루막(두

___

서슴없이 쓰고 있으면서 문화자존의 정체성을 논하고 일제청산을 곧잘 떠올린다, 비록 한마디 어휘에 불과하지만, 우리의 것을 아끼고 살리려는 노력이 없으면 제주문화의 동맥이고 뿌리인 제주어가 제대로 보전될 수 없다. 물론 옛 문헌 중에 해녀(海女)가 있지만, 그것은 그 사람의 자의적으로 기재한 것일 뿐, 어디까지나 제주인의 토박이말은 '줌녀/줌수/줌네'이다.

174)의 '공단', 175)의 '모빈단', 176)의 '양단', 177)의 '유동(둥)'은 비단의 일종이고, 178)의 '비로도(드)'는 영어의 벨벳(velvet)인 우단을 말함.

179) '소중이(기)'는 무명이나 광목 따위로 만든 여인의 속옷인데, 무릎 바로 위까지 가려지는 지금의 긴 팬티에 해당함.

180) '갈옷'은 무명이나 광목으로 만든 한복에 풋감물을 들여 갈색 빛이 나게 바랜 노동복.

루마기), 가죽두루믹(가죽두루마기), 가죽발레,[181] 목수건(목도리/목
수건), 토시[套袖], 죽(대)토시[竹套袖], 도렝이/도롱이(도롱이)

△ 용구

물마깨(빨랫방망이), 홍짓대(홍두깨), 서답줄(빨랫줄), 덩드렁,[182] 덩드
렁마깨(짚방망이), 바농(바늘), 바농상지(바늘상자), 골메/골미(골무),
궤(바닫이), 국쇄(우비칼/호미칼), 베클(베틀), 물레, 궤(櫃), 장롱(欌籠)

△ 모자/신발

모ᄌᆞ/사포(모자), 갓[笠子], 갓집/갓곽, 탕간[宕巾:탕건], 양태/갓양태,
관[冠:관], 망건(근)[網巾], ᄉᆞ모관대(紗帽冠帶:사모관대), 족도리(족
두리), 비녜/비녯대[簪:비녀/비녓대], 벌립/벙것(벙거지), 털벙것/털벌
립(털벙거지), 정당벌립/정동벌립,[183] 패랭이, 밀낭패랭이(밀짚패랭
이), 보리낭패랭이(보리짚패랭이), 사깟(삿갓), 감태/감티(감투), 가죽
감태(티)(가죽감투), 목수건(목도리), 도렝이/도롱이(도롱이), 남신(나
막신), 초신(짚신), 붓깍신,[184] 창신,[185] 갑씰신,[186] 징신(징신)[187], 보
선(버선), 질목(길목버선/헌버선), 가죽보선(가죽버선/갓버선), 목화(木
靴),[188] 테왈(설피), 발레(긴 가죽각반)

---

181) '가죽발레'는 무릎까지 덮어지게 만든 가죽옷.
182) '덩드렁'은 짚을 올려놓고 방망이로 부드럽게 두드리는 둥그스름하게 생긴 몽돌.
183) '정당벌립/정동벌립'은 댕댕이덩굴로 결어서 만든 벙거지.
184) '부깍신/붓깍신'은 '신총'을 따로 내어두었다가 껴 넣으면서 삼지 않고, 직접 신을 삼으
면서 그 삼는 짚으로 총을 비벼 엉성하게 삼은 짚신.
185) '창신'은 '당혜(唐鞋)'에 해당하는 가죽신인데, 여자가 신는 코고무신 비슷하게 돼 있지
만 뒤축이 높고 울이 낮게 만들어졌다.
186) '갑씰(실)신'은 가죽을 실처럼 비벼서 만든 갓실총으로 꿰맨 '갓실신'인데, 밑창은 두껍
고 딴딴한 가죽을 대고 그 양옆에 구멍들을 뚫어 갓실총을 붙여 만든다.
187) '징신'은 가죽신 바닥에 쇠로 된 징을 박아서 만든 신.
188) '목화'는 옛날 조정의 벼슬아치나 신랑의 예복인 사모관대를 할 때 신던 나무로 만든
신인데, 그 바닥은 나무나 가죽을 대고, 검은 빛이 나는 사슴가죽으로 신등과 목을 길게
만들었다.

△ 휴대품

전대(纏帶:전대), 약도리,[189] 동녕찰리(동냥자루), 주맹기/돈주맹이/
침통주맹기/약주멩기(주머니/돈주머니/침통주머니/약주머니), 침통
(鍼筒:침통), 파쉐(破鍼:파침/바소), 풍안(風眼:풍안/안경), 풍안집/풍
안곽/풍안갑(안경집), 두리중치(가죽주머니), 쏨지(쌈지), 담배쏨지(담
배쌈지), 남통(나무곰방대/나무담뱃대), 얼레기(月梳:얼레빗), 쳉빗(細
梳:참빗), 목둥이(지팡이), 부쉐(부시), 부돌(부싯돌), 불찍(火絨:부싯
깃), 불찍통(火絨桶:부싯깃통), 훼심/화심[190]

△ 용구

다리웨(다리미), 윤디(인두), 윤디판(인두판), 안반(다듬잇대/드듬잇
돌), 서답마께(다듬잇방망이), 물마께(빨랫방망이), 홍짓대(홍두께), 서
답줄(빨랫줄), 덩드렁,[191] 덩드렁마께(짚방망이), 바농(바늘), 바농상
지(바늘상자), 골메/골미(골무), 궤(櫃:반닫이), 장롱(欌籠), ᄀᆨ쉐(호비
칼), 베클(베틀), 물레, 씨아

❸ 주거생활 어휘

이 주거생활에 관한 것은 '시설물'과 '용구'에 대한 것이 대부분이
다. 그러다보니 식생활이나 의생활에 비해 어휘도 많지 않다.

△ 시설물

초집(草家:초가), 지에집(瓦家:와가/기와집), 안거리/안거레(안채), 밧
거리리/밧그레(바깥채), 모커리(문간채), 이문/이문간(대문/대문간),

---

189) '약도리'는 각주 149)에서 밝힌 대로 질긴 노끈으로 얽어서 지금의 작은 배낭처럼
만들어졌는데, 그 용도는 야외 나들이 때 '밥고령(령)'인 대로 만든 도시락과 간단한
소지품을 담기도 하고, 약초를 캐서 담아서 지고 다니는 간편한 운반도구이다.
190) '훼심/화심'은 주로 야외에 갈 때 불씨를 이용하기 위해 호밋자루 정도의 굵기로 억새
꽃을 둥글게 묶어서 만든 물건.
191) 각주 182) 참조.

구들/구둘(구들/방), 상방(마루/대청), 낭간(欄干:난간), 정지/조왕
(앙)(부엌), 솟덕(火㯆:덕돌), 공장(물건걸이), 챗방(茶房/饌房:찻방),
고팡(庫房:고방/광), 살레(살강), 막살이(오막살이), 혼칸(간)-집/단칸
(간)-집(한간-집/단칸-집), 두칸(간)-집/이칸(간)-집(두칸-집), 싀
칸(간)-집/삼칸(간)-집(세칸-집/삼칸-집), 늬칸(간)-집/亽칸(간)-
집(네칸-집/사칸-집), 오칸(간)-집(오칸-집), 쉐막/쉐왕(외양간), 물
막/물왕(마구간), 방애왕(방앗간), 불미왕(대장간), 독막/독망(닭집),
マᄉ(시)락막(까끄라기움막), 불치막,[192] 웻막(원두막), 통시(돼지우리
/뒷간), 돗막/돗집(돼지집), 울담(돌울타리), 눌왓(가리-터), 눌/곡숙눌
/촐눌/보릿낭눌(가리/곡식가리/꼴가리/보리짚가리), 지게문, 걸문,[193]
밀문(미닫이/미닫이문), 풍체(遮陽:차양), 안뒤(後庭:뒤꼍), 정문/징
문,[194] 정낭/징낭,[195] 징도,[196] 물팡,[197] 잇돌(섬돌), 디딜팡/드들팡
(부춧돌), 돌하르방/벅수머리/옹중석(翁仲石:돌하르방), 거욱/거욱대
(防邪塔:방사탑), **올래/올랫질**(골목/골목길), 한질(한길), 가름질(마
을길), 거릿질(거릿길), 소롯질(小路:소롯길/오솔길) …

  위 '올래/올랫질'인 경우는 넓고 큰 길인 '대로(道路)'가 아니고, 그 큰 길에
서 마을로 들어온 마을안길에서 집으로 통하는 자그만 '골목길'을 한정해서
일컫는 명칭이다. '한질(大路:한길)·가름질(마을길/동냇길)·거릿질(街路:거
릿길)·소롯질(小路:오솔길)·지름질(捷路/捷徑:지름길)은 '올래/올랫질(오
랫길)'이라고 않는다.[198]

---

192) '불치막'은 검불 따위로 불을 때고 나면 생기는 재를 모아서 쌓아두는 작은 막(幕).
193) '걸문'은 미닫이로 된 창문 앞쪽에 달아서 지게문처럼 걸어 잠그게 돼 있는 문.
194) '정문/징문'은 사각형으로 짠 나무틀 한가운데 우마가 빠져나가지 못하도록 가로대를
    두세 개 박아서 여닫게 된 문. 그 용도는 목장이나 밭 등 출입구에 설치하는데, 줄여서
    '정/징'이라고도 한다.
195) '정낭/징낭'은 대문 대신 양옆에 두세 개의 구멍을 뚫은 돌이나 나무기둥을 세워 그
    구멍에 껴서 가로 걸치는 나무. 줄여서 '정/징'이라고도 한다.
196) '정도/징도'는 '정문/징문이' 있는 통로.
197) '물팡'은 물을 긷고 나르는 물허벅을 부려서 돌려 놓아두는 돌로 된 편편한 돌대(石臺).

△ 용구

호롱이/호랭이,199) 뒤치기200), 톱, 도치(도끼), 자귀, 곱은자귀(자루가 굽으러진 자귀), 끌, 끌마깨(끌방망이), 망치, 대패, 곱은자(曲尺:곱자), 먹통, 장도리(배척), 못빼기(못뽑이), 거멀장(거멀못), 미호미/장호미,201) 화리/돌화리/쒜화리(화로/돌화로/쇠화로), 정동화리(청동화로), 불줍음/부제/불젯가락(火箸:부젓가락), 불집게(부집게), 불삽(火鍤:부삽), 구그네/불그네,202) 을쒜/을대(열쇠), 통쒜/줌을쒜/줌을통(자물쇠/자물통), 오줌항(오줌항아리), 요강/오줌단지(요강/오줌단지), 시싯사리(세숫대야), 배(참바/밧줄), 짐패(짐바), 각지(호롱등잔), 초롱, 등피(燈皮)

(3) 동물류 명칭

동물류에 대한 명칭은 '가축류'·'야생류'·'조류'·'어류'·'패류'에 한정했다. 그 구분은 생물학적인 분류기준과 일치하지 않을 수 있다.

❶ 가축류 어휘

이들 가축류는 육축(六畜)인 '소·말·돼지·양·개·닭'인데, 그

---

198) '올래/올랫질'은 '고샅'인 '골목/골목길'을 일컫는 말이다. 그런데 요즘 '오랫질(올랫길)'이라는 말이 전국적으로 상품화된 '길걷기[途步]'의 대명사로 쓰이고 있다. 문제는 '올랫질'은 걸어 다닐 수 있는 길의 총칭인 줄 알고, 자칫 제주어 특유의 정체성에 어긋난 엉뚱한 말로 변질되거나 손상시킬 수 있다는 점이다. 이것만은 그 본래의 뜻이 잘못 전해지지 않도록 경계해야 한다.

199) '호롱이/호랭이'는 집을 띠로 이고 동여매는 줄을 놓을 때 그 줄을 꿰어서 돌리는 손잡이 도구.

200) '뒤치기'는 '호롱이/호랭이'로 놓은 집줄 두 가닥을 합쳐서 꼴 때 그 줄이 꼬이도록 시계방향으로 돌려주는 손잡이 도구.

201) '미호미/장호미'는 나무를 자르거나 그 가지를 칠 때 쓰는 쇠로 만든 손잡이 도구.

202) '구그(구)네/불그네'는 방고래에 땔 보리까끄라기·나뭇조각 … 따위를 밀어 넣거나 그 탄 잿더미를 끌어내는 고무래 모양의 도구.

부르는 명칭의 어휘는 '생김새'·'암/수'·'색깔'·'나이'에 따라 붙여진다.

△ 소

- 쉐(소), 송애기(송아지), 워립/워립쉐(野牛/野生牛:들소)[203]
- 생김새: 건지뿔이/건대뿔,[204] 재짝뿔이/자짝뿔이/잣박뿔이,[205] 단닥 뿔이,[206] 두룽머리,[207] 안대우리(안짱다리), 밧대우리(밭장다 리), 복쉬(시),[208] 웨불둥이[209]
- 털빛: 검은쉐/흑쉐(검은소/흑소), 검은송애기/흑송애기(검은송아지/ 흑송아지), 흰쉐/백쉐(흰소), 흰송애기/백송애기(흰송아지/백송 아지), 노린쉐/황쉐(노란소), 노린송애기/황송애기(노란송아지/ 황송아지), 어럭쉐(얼룩소), 어럭송애기(얼룩송아지), 식쉐(삵빛 소), 식송애기(삵빛송아지)
- 암/수: 암쉐(암소), 암송애기(암송아지), 지시(스)렝이쉐(둘암소), 숫쉐 (수소), 숫송애기(수송아지), 밧갈쉐(황소), 중성귀/중성기(악대 소), 부사리,[210] 부룽이(부룩소)
- 나이: 금성/금승(한 살), 다간(두 살), 사릅(세 살), 나릅(네 살), 다습(다 섯 살), ㅇ습(여섯 살), 일곱 술(일곱 살), ㅇ듭 술(여덟 살), 아옵 술(아홉 살), 열 술(열 살) …

△ 말

- 몰(말), 몽생이/몽애기(망아지)

---

203) '워립/워립쉐'는 임자가 있는 소가 방목 중에 도망쳐 나가서 사람이 눈에 띄지 않는 숲속에 숨어 살면서 번식된 야생우를 일컫는 명칭.

204) '건지뿔이/건대뿔'은 뿔의 생김새가 위로 길쭉이 올라가게 돋은 소.

205) '재짝뿔이/잣박뿔이/젓박뿔이'는 뿔의 생김새가 뒤쪽으로 휘어지게 돋은 소.

206) '단닥뿔이'는 뿔의 생김새가 짤따랗게 돋은 소.

207) '두룽머리'는 뿔이 처음부터 없거나 돋았던 뿔이 망가져서 밑굽만 남은 소.

208) '복쉬(시)'는 다쳐서 뒷다리 엉치뼈가 제 위치에서 밑으로 내려앉은 소.

209) '웨불둥이'는 우랑(牛囊) 속에 불알이 하나만 있는 소.

210) '부사리'는 거세하지 않은 수소.

· 생김새: 활둥이(등이 휘어진 말), 곱새(곰배말/꼽추말), 족바리,211) 종
    지발,212) 섭발,213) 귀옥쟁이(귀느래), 복쉬다리214)
· 털빛: 가라물/흑매(黑馬: 검은말/흑마), 가라몽생이(검은망아지), 구렁
    물(栗色馬: 구렁말), 공골물/공골매(公骨馬/黃馬: 공골말/공골
    마), 훤물/부루물/백매(白馬: 훤말/부루말/백마), 훤몽생이(훤망
    아지), 청총물/청총이/청총매(靑驄馬/千驄馬: 청총이말/청총마),
    청총몽생이(청총망아지), 적다물/적다매(赤多馬: 적다말/절따말
    /적다마), 적다몽생이(적다망아지), 유마물/유매(騮馬: 유마말/
    유마), 유매몽생이(유마망아지), 월라물/월라매(月羅馬/花馬: 월
    라말/얼룩말/월라마), 월라몽생이(월라망아지), 고라물/고라매
    (古羅馬/土黃馬: 고라말), 고라몽생이(고라망아지), 거을물/거을
    매(巨割馬: 거할말/거할마),215) 거을몽생이(거할망아지), 간전이
    물/간전이(간자말), 간전이몽생이(간자망아지), 멘백이/면백매
    (面白馬: 면백마),216) 멘백이몽생이(面白駒: 면백망아지), 태성백
    이/태성매(台星馬: 태성박이말/태성마),217) 태성백이몽생이(台
    星駒: 태성망아지)
· 암/수: 암물(암말), ᄌᆞ매(雌馬: 자마), 지시(ᄉᆞ)랭이물(둘치말), ᄌᆞ매몽
    생이/암몽생이/암몽아지(암망아지/자마망아지), 숫물(牡馬: 모
    마/수말), 피매[牝馬: 암말/빈마/피마], 웅매(雄馬: 웅마/수말),
    웅매몽생이/숫몽생이/숫몽아지(웅마망아지/수망아지)
· 나이: 금성/금승(한 살), 이수(두 살), 삼수(세 살), ᄉᆞ수(네 살), 오수
    (다섯 살), 육수(여섯 살), 칠수(일곱 살), 팔수(여덟 살), 구수(아
    홉 살), 십수(열 살) …

---

211) '족바리'는 걸을 때 말의 회목이 땅에 닿을 정도로 내려딛는 말.
212) '종지발'은 말통이 종지처럼 동그스름하게 생긴 말.
213) '섭발'은 발통이 섭처럼 넙죽하게 생긴 말.
214) '복쉬다리'는 각주 211)과 같이 뒷다리가 내려앉아 엉덩이 한쪽이 기울어신 말.
215) '거을물/거을매'는 발통·주둥이 윗부분에 흰털이 나 있는 말.
216) '멘백이'는 어굴에 흰털이 나 있는 말.
217) '태성백이'는 두 눈 사이에 있는 이마에 흰털이 박혀 있는 말.

소와 말의 나이를 헤아리는 말은 한 살일 때만 '금승/금싱'으로 같다. 둘 살 때부터 여섯 살까지 소인 경우는 '다간/사릅/나릅/다습/으습'이고, 그 다음은 '일곱 술(일곱 살)/으듭 술(여덟 살)/아옵 술(아홉 살)/열 술(열 살)…', 말인 경우는 '이수/삼수/스수/오수/육수/칠수/팔수/구수/십수…'라고 한다.

△ 돼지
- 돗/도새기(돼지), 자릿도새기(새끼돼지), 걸귀(乞鬼) [218]
- 생김새: 토종도새기/토종돗(土種豚 : 토종돼지),[219] 양종도새기/양종 돗(洋種豚 : 외래종돼지/서양돼지)[220]
- 털색: 흑돗/검(껌)은돗(黑豚 : 흑돼지/검은돼지), 백돗/백도새기/횐돗/ 횐도새기(白豚 : 백돼지/횐돼지), 어력돗/어력도새기(얼룩돼지), 식돗/식도새기(삵빛돼지)[221]
- 암/수: 암톳/암토새기(암돼지), 지시(스)랭이돗(둘치암돼지), 암톳새 끼/암토새기새끼(암돼지새끼), 암자릿도새기(암새끼돼지), 숫 톳/숫토새기(수돼지), 숫톳새끼/숫토새기새끼(수돼지새끼)

△ 개
- 사농개(사냥개), 똥개, 강생이/강애기(강아지), 자릿강생이(강아지)
- 생김새: 삽살개, 진돗개, 땅개, 동전이,[222] 코선이 [223]
- 털색: 흑개/검(껌)은개(黑狗 : 검정개), 흑강생이/검(껌)은강생이(검정 강아지/흑강아지), 백개/횐개(白狗 : 횐개), 백강생이/횐강생이 (횐강아지/백강아지), 황개/노린개(黃狗 : 노란개/누린개), 노린 강생이(노랑강아지), 어력개(얼룩개), 어력강생이(얼룩강아지)
- 암/수: 암캐, 검(껌)은암캐(검은암캐), 검(껌)은암캉생이(검은암캉아

---

218) '걸귀'는 새끼를 여러 번 낳았던 빼빼 말라 살이 오르지 못한 어미 돼지를 일컫는 명칭.
219) '토종도새기/토종돗'은 입주둥이가 멧돼지처럼 길쭉하고 몸집이 작은 재래종 돼지.
220) '양종도새기/양종돗'은 입주둥이가 짧고 몸집도 커서 무게가 많이 나가는 외래종 돼지.
221) 흑갈색 살쾡이 털빛을 가진 돼지.
222), 223) 파생어의 각주 70) 참조.

지), 수캐, 검(껌)은수캐(검은수캐), 검(껌)은수캉생이(검은수캉
아지), 흰암캐(흰암캐), 흰암캉생이(흰암캉아지), 흰수캐(흰수
캐), 흰수캉생이(흰수캉아지), 노린암캐(노란암캐), 노린암캉생
이(노란암캉아지), 노린수캐(노란수캐), 노린수캉생이(노란수
캉아지), 어럭암캐(얼룩암캐), 어럭암캉생이(얼룩암캉아지), 어
럭수캐(얼룩수캐), 아럭수캉생이(얼룩수캉아지)

△ 염소

· 염쉐(염소), 염송애기(염소)
· 털색: 흑염쉐/검(껌)은염쉐(검은염소/흑염소), 흑염송애기/검(껌)은
  염송애기(검은염송아지/흑염송아지), 흰염쉐(흰염소), 흰염송
  애기(흰염송아지), 누린염쉐(노란염소), 누린염송애기(노란염
  송아지)
· 암/수: 암염쉐/암염송애기(암염소/암염송아지), 암염쉐새끼(암염소새
  끼), 숫염쉐/숫염송애기(숫염소/숫염송아지), 숫염쉐새끼/숫염
  송애기사끼(숫염소새끼/숫염송아지새끼)

△ 닭

· 독(닭)
· 생김새: 웨계/웃독(烏骨鷄:오골계/웃닭), 싸움독((鬪鷄:싸움닭)
· 털색: 검(껌)은독(검은닭), 흰독(흰닭), 노린독(노란닭), 붉은독(붉은
  닭), 얼룩독(얼룩닭), 구실(슬)독(구슬닭)[224]
· 암/수: 암툭(암닭), 씨암툭(씨암닭), 진독(老鷄:늙은닭), 암빙애기/암
  펭애기/암펑아리(암펑아리), 숫툭(수닭), 장독(수닭), 숫빙애기/
  숫빙아리/숫펭애기/숫펑아리(수펑아리), 자릿빙애기(병아리)

[부위명칭]

아래 열거한 소·말·돼지의 부위명칭 중 뱃속에 있는 내부명칭은

---

224) '구슬독'은 털빛이 구슬처럼 점점이 무늬가 박혀 있는 닭.

위에서 다룬 '인체내부'의 것과 달리 부르는 명칭만 제시키로 한다.

△ 소

대가리/대갱이(머리빡), 항정(항정/목덜미), 전각(前脚:앞다리), 후각
(後脚:뒷다리), 갈리(갈비), 쥐술(쥐살), 털가죽(毛皮), 발통, 스정골
(四骨:사골), 꼴리/꽁지/꼴랭이(꼬리), 쉐신/쉐좃(牛腎:소좆), 쉐불(牛
囊:소불알), 뿔, 충, 양(牌:소 밥통의 고기), 벌집(蜂巢胃:벌집위/소의
제2위), 천엽/처녑(千葉:소의 제3위), 곱창(小腸:소장), 새끼봇(태반)

△ 말

말인 경우 '갈기'와 '검은지름(막창자)'을[225] 제외하면 소와 같다. 단
말은 되새김을 않으므로 '벌집위[蜂巢胃]'·'처녑(千葉:천엽/처녑)'
과 '쓸개'가 없고, 간은 한 덩어리로 돼 있다.

△ 돼지

머리빡(1개), 솔뒤/목도리(목살 1개), 전각(前脚:앞다리 2개), 후각(後
脚:뒷다라 2개) 갈리(갈비 2개), 숭(胸:뱃살)[226], 일운/일윤(허리토막
1개), 부피(엉덩이 1개), 접작뼈(가슴통뼈 1개), 아강발(족발 4개)

위의 '소·말·돼지'의 부위명칭은 도살해서 각 부위별로 도려낼 때 쓰
던 말들이다. 특히 돼지는 '아강발(족발)'을 제외해서 모두 12개 부위로 잘
라내는 것이 예전의 관습이다. 내장부분의 명칭은 앞에서 다룬 '인체내부'
와 같다.

❷ 야생류 어휘

이들 야생류(野生類)에 붙여진 어휘는 '조류(鳥類)·사족류(四足

---

225) '검은지름'은 말의 '막창자'를 일컫는데, 말고기 중 '간'과 함께 제일 알아주는 내장이다.
226) '숭'의 원뜻은 가슴인 한자어 '胸'인데, 여기서는 사슴살과 뱃살을 총칭하는 말이다.

類) · 양서류(兩棲類) · 무족류(無足類) · 곤충류(昆蟲類) · 벌레류(蟲類) '의
명칭을 대상으로 했다. 그 중에는 표준어와 같은 것도 있다.

△ 조류

가마귀(기)/가냐귀(기)(까마귀), 소로기/똥소로기(솔개), 매, 암꿩(雌
雉:암꿩/까투리), 장꿩(雄雉:수꿩/장끼), 꿩빙애기/줄레(꺼병이), 옥밤
(올빼미), 촘새/촘생이/밥주리/밥주리생이(참새), 총대기/총대기생이
(멧새), 종지리/종지리생이/삐죽생이(종달새), 멍쿠실새/멍쿠실생이
(직박구리), 고망독새(굴뚝새), 돔박새/돔박생이(동박새), 콩생이(콩
새), 곽새(뻐꾸기), 제비생이(제비새), 호기작새/셋브름생이(휘파람새),
순작(메추라기), 물총새, 꿀메기/꿀매(갈매기), 물가마귀/물가마기/물
가냐귀/물가냐기(가마우지), 올리(오리), 바당올리(바다오리/청둥오
리), 해오래비(해오라기)

△ 사족류

노리(노루), 강(깡)록(사슴), 산톳/산토새기(멧돼지), 오로(루)/지다리
(오소리), 식(숡/살쾡이), 고냉이(고양이), 족제비/족(족제비), ᄃᆞ람쥐/
ᄃᆞ람지(박쥐), 중이/젱이(쥐), 장콜레비/독다귀(도마뱀)

△ 양서류

꿀개비/가개비(개구리), 두테비(두꺼비), 풀꿀개비/풀가개비/오줌꿀
개비(청개구리), 갓쟁이(청개구리), 하막/배붉은꿀(가)개비(무당개구
리), 맹마구리(맹꽁이), 멘주애기/멘주기/강베록(올챙이)

△ 무족류

배염(뱀), 구렝이/능구렝이(구렁이), 놋줄레(율모기), 맨주에미(민율모
기), 물패기/독새(독사), 게우리(지렁이), 거멀(거머리), 거수웨/거수에
(회충), 촌백충(寸白蟲/寸蟲:촌충), 둘뱅이(달팽이), 개수리/갈개수리
(갯지렁이/갯지네)

△ 곤충류

말축,[227) 물말축(여치), 풀부치, 벳말축(참머리살사리), 심방말축(방
아깨비), 공중이(귀뚜라미), 丐주애기(사마귀), 줍재기(집게벌레), 하늘
강생이(땅강아지), 불란디/불란지/불한디/불한지(반딧불이), 제열/젤
(매미), 왕재열/왕잴(왕매미/말매미), 풋재열/풋잴(애매미), 고치재열
(붉은매미), 주월(등에), 두메기(풍뎅이), 송둥이(무당벌레), 쉐똥두매
기(소똥구리), 하늘쉐(장수풍뎅이), 돗보리/남송애기(바구미), 똥복재
기(방귀벌레), 노린재, 밤부리/물자리(잠자리), 고치밤부리(고추잠자
리), 배치나비(배추나비), 청벌(꿀벌), 여왕벌, 소왕벌(쌍살벌), 대추벌
(말벌), 프리(파리), 쉬프리(쉬파리), 쉐프리(소파리), 똥프리(똥파리),
췌프리(초파리), 丐다귀(각다귀), 풀모기, 눈에눈이/흐르(루)살이(하루
살이), 소곰쟁이(소금쟁이), 물하래비(개아제비), 개엄(염)지(개미), 일
개엄(염)지(일개미), 몰개엄(염)지(말개미)

△ 벌레류

버렝이(벌레), 티(구더기/애벌레), 좃(九節蟲:나무굼벵이), 좀버렝이
(좀벌레), 굼벵이, 지(주)넹이(지네), 소곰바치(노래기), 꿱버렝이(그리
마), 풋버렝이(긴꼬리제비나비애벌레), 도롱이,[228) 자치버렝이(자벌
레), 소낭버렝이/솔충(松蟲:송충이), ᄂ물버렝이(배추벌레), 장쿨(콜)
레비(장구벌레), 멜위(며루), 진쉬(진딧물), 진독/서미역(진드기), 부구
(그)리,[229) 늬/니(蝨:이), 쉬(서캐)

❸ 어패류 어휘

이들 어패류(魚貝類)에 붙여진 명칭의 어휘는 '어류(魚類)'·'조개
류(貝類)'·'연체류(軟體類)'·'극피류(棘皮類)'·'강장류(腔腸類)'·'갑각류

---

227) '말축'은 메뚜깃과의 곤충의 총칭.
228) '도롱이'는 땅위로 동그란 구명을 내고 그 깊숙한 속에 숨어살면서 그 구멍에 먹잇감이
     오면 잡아먹는 벌레인데, 그 등에는 혹 같은 것이 튀어나 있다.
229) '부구(그)리'는 피를 빨아먹고 자라서 콩알처럼 커진 진드기.

(甲殼類)'를 대상으로 했다. 그 중에는 간혹 표준어와 같은 것도 있다.

△ 어류

고등에(고등어), 고도(두)리(고등어새끼), 각재기(전갱이), 가다리(가다랭이), 가재미(가자미), 넙치(廣魚: 광어/넙치), 볼락(볼락), 졸락(조우력), 우럭, 붉바리, 다금바리(자바리), 구문쟁이(능성어), 복쟁이(복어), 웽이(흑돔), 검(껌)은돔(감성돔), 베드레기(돔새끼), 서대(참서대), 오토미/솔라니/솔레기(옥돔), ᄇ들래기/ᄇ들락(베도라치), 모살치(모래무치/보리멸), 맥진다리(황놀래기), 코생이/고멩이(놀래기), 어랭이(용치놀래기), 벤자리, 객주리(쥐치), 상이(상어), 은상이(은상어), 비께(수염상어), 모두(도)리(모조리상어/돌묵상어), 즌다니(두툽상어), 망상이(망상어), 저립(재방어), 메역치(쏠종개), 솔치(쑤기미), 눌치(날치), 숭에(숭어), 장태(달강어), 자리(자리돔), 멜(멸치), 아애리(매퉁이), 따치(독가시치), 장이(장어), 민물장이/든물장이(민물장어), 바당장이(바닷장어), 가오리/개오리(가오리), 굼세(수)기(돌고래)

△ 조개류

거펑(저복/전복껍질), **빗/핏**(전복), 암빗/암핏(암첨복), 숫빗/숫핏(수첨복), 오분재기/오분작(떡조개), 조갱기/조갱이(조개), 구젱기/구제기(소라), 보말,230) 먹보말(밤고둥), 수두리보말(팽이고둥), ᄀ메기/코트대기/코트드레기(울타리고둥), 매옹이(소라고둥/두드럭고둥), 쒜보말/문다드리(눈알고둥), 비말/베말(삿갓조개), 적(뱀고둥), 대엽(大蛤: 대합), 맛조갱기/맛조갱이(맛조개), 모살조갱기/모살조갱이(바지락)

위의 진하게 표시된 '**빗/핏**'은 큰 전복(全鰒)을 일컫는 특이한 속칭이다. 예전에는 암수를 나타내는 '암전복/암천복'·'수전복/수천복'이라는 말과 함께 '암핏'·'수핏'이라고도 했다. 그래서 전복을 땔 적에 사용하는 잠수용

---

230) '보말'은 연체동물인 복족류(腹足類)에 해당하는 다슬기·우렁이·고둥 따위의 총칭.

구(潛嫂用具)의 '빗창'이라는 말도 '빗'을 때내는 창(槍)이란 데서 비롯된
것이다.

△ 연체류

　문개/뭉개/물꾸럭(문어), 오징에(오징어), 갑오징에(갑오징어), 굴멩이
　(군소), 굼벗/군벗(군부/딱지조개)

△ 극피류

　구살/퀴(성게), 솜(말뚱성게), 미(해삼), 불가사리

△ 강장류

　물이슬(해파리), 물문주리(말미잘), 무낭(珊瑚/珊瑚樹:산호/산호수)

△ 갑각류

　깅이/겡이(게), 돌깅이/돌킹이,[231] 지름깅이(무늬발게/바위게), 눌킹
　이(꽃게의 일종), 가마귀(기)깅이,[232] 터럭깅이/털깅이(털게), 둠북깅
　이(털다리물맞이게), 새위/새비(새우), 민물깅이/돈물깅이(민물참게),
　바당깅이(바닷게), 둑새위(닭새우), 밥개(갯강구)

(4) 식물류 명칭

　식물류의 명칭은 육상식물인 '곡식'·'나무'·'잡초'·'덩굴'·'꽃'·
'나물'·'열매'·'버섯'과 해양식물인 '해조류'를 대상으로 한 것이다. 단 '꽃'
인 경우는 식물의 대부분이 꽃을 피운다는 데서, 그 대상이 광범하므로 특정
식물에 한정될 수밖에 없다.

---

231) '돌깅이/돌킹이'는 그 크기는 참게만 하고 집게발 끝이 검은 색을 띠는데 물면 잘 놓지
　　않는 껍질이 딱딱한 한 바닷게.
232) '가마귀깅이'는 바닷가의 자갈 속에 떼 지어 사는 자잘한 게인데, 그 생김새는 '거미게
　　(蜘蛛蟹)'의 모양과 엇비슷하고 두 개의 납작한 집게발 중 하나는 크고 하는 작게 생겼다.

❶ 곡식류 어휘

이들 곡식류에 대한 명칭의 어휘는 오곡(五穀)인 '보리'·'조'·'피'·
'밭벼'·'콩/팥'·'메밀'·'참깨' 따위를 대상으로 했다.

　△ 곡식

술오리(쌀보리), 것보리(皮麥:겉보리), 줄오리/지냉이보리(麥酒麥:맥
주보리), 강돌아(와)리,[233] 마시리,[234] 흔덕시리,[235] 개발시리,[236] 산
뒤/산디(山稻:밭벼), 원산뒤/원산디,[237] 뒈수리/대수리,[238] 모몰/모
멀(메밀), 대죽(수수), 사당(탕)대죽(사탕수수), 비대죽,[239] 쏠대죽(쌀
수수), 강낭대죽(옥수수), 녹디(녹두), 퐃(팥), 는켕(겡)이/는궹(겡)이
퐃,[240] 독새기콩(달걀콩/둥근콩), 돔비(동부), 보리콩(완두콩), 꿰(참
깨), 강낭꿰(해바라기), 유(들깨), 감즈(고구마), 지실/지슬(감자), 추나
록(찰벼), 고고리(이삭), 조고(코)고리(조이삭), 보릿고(코)고리(보리이
삭), 산뒷(딧)고(코)고리(밭벼이삭), 나록고(코)고리(벼이삭), 졸래(半
充穀:반쪽정이)

❷ 초목류 어휘

이들 초목류의 명칭에 대한 어휘는 '나무·풀'과 '덩굴·꽃'을 대상

---

233) '강돌아(와)리'는 좁쌀의 빛이 노란 색을 띤 메조.
234) '마시리'는 좁쌀 빛이 회청색을 띤 메조.
235) '흔덕시리'는 좁쌀 빛이 노란색을 딘 차조.
236) '개발시리'는 주 234)의 '마시리'보다 더 짙은 색의 차조인데, 그 이삭 끝이 개발처럼
　갈라져 있다고 해서 붙여진 이름이다.
237) '원산뒤/원산디'는 그 이삭 빛과 낱알의 빛깔이 담홍색을 띠논 밭벼[山稻]의 명칭.
238) '뒈수리/대수리'는 나락처럼 생겼는데 이삭 끝에 까끄라기가 달려 있는 밭벼[山稻]의
　명칭.
239) '비대죽'은 빗자루를 만드는 수수를 일컫는 명칭.
240) '는켕(겡)이/는궹(겡)이퐃'은 붉은빛·초록빛·누른빛·흰빛 등의 팥알이 뒤섞어진
　팥의 명칭.

으로 했다.

△ 나무

낭/남(나무), 소낭(소나무), 개낭(누리장나무), 구름비낭(까마귀쪽나무), 구상낭(구상나무), 굴거리낭(굴거리나무), 굴묵이/굴묵이낭/느끼낭(槐木:느티나무), 사옥이/사옥이낭(벚나무), ᄀ레수기/ᄀ레수기낭(고로쇠나무), 권자리(싸리), 꽝낭/백납낭(꽝꽝나무), 노가리/노가리낭(朱木:주목), 폭낭(팽나무), 머쿠실낭(멀구슬나무), 뭐귀낭(머귀나무), 쒜돔박낭(사람주나무), ᄎ낭(참나무), 배염부기/배염부기낭(비목나무), 벵줄낭(병귤나무), 댕유(우)지낭(당유자나무), 산물낭(酸橘:산귤나무), 개탕주(쥐)낭(탱자나무), 숙대낭(삼나무), 펜백낭(편백나무), 백양낭/백양목(양버들/양버드나무), 돔박낭(동백나무), 솔피낭(솔비나무), 족낭(때죽나무), 누룩낭(느릅나무), 서리낭/서으리낭(서어나무), 월오래비낭(가막살나무), 제피낭(산초나무), 눈독낭(개산초나무), 우분지낭(오배자나무/붉나무), 정갈위낭(정금나무), ᄌ밤낭(구슬잣밤나무), 북가시낭(종가시나무), 멋낭(멋나무),241) 웇놀이낭(옻놀이나무),242) 쿳가시낭/쿳낭(꾸지뽕나무), 버뒤(두)낭(버드나무), 칠낭(漆木:옻나무), 황백비낭(黃柏皮:황백피나무), 소리낭/춤낭(졸참나무/참나무), 씰거리낭(실거리나무), 웨가시낭(아카시아/아까시나무), 틀낭(산딸나무), 버레낭(상수리나무/도토리나무), 자귀낭[合歡木:합환수/자귀나무], 수리대(이대/설대), ᄀ대(조릿대), 왕대, 오죽/검은대(烏竹), ᄌ죽,243) 삼

241) '멋낭[내木]'은 국어사전에 '먼나무'라고 돼 있는데, 그것은 제주어와 같이 '멋나무'로 바꿔야 할 것이다. 왜냐하면 한자 '柰(멋내)'의 뜻인 '멋'이라는 열매의 끝소리 'ㅅ'이 다음에 오는 '나무'의 첫소리 '나'의 'ㄴ'과 만날 때 자음동화를 일으켜 'ㅅ'이 'ㄴ'으로 소리 나서 '먼'이 되지만, 그 표기는 '멋'으로 해야 되기 때문이다. 그래야 '멋나무'는 '먼'이 아닌 '멋'이라는 열매가 여는 나무라는 뜻을 가진 명실상부한 말이 된다.
242) '웇놀이낭/웇눌이낭'에 해당하는 표준어는 국어사전에 '윤노리나무'로 돼 있다. 하지만 필자가 알고 있는 제주어의 명칭은 '웇놀이낭'과 '윤후리낭'으로 두루 통한다. 즉 '웇놀이낭'은 '웇(옻)+놀이+낭(나무)'이 결합된 합성어로 옻을 만드는 나무라는 데서 비롯된 것이다. '윤노리나무'라고 한 것은 '웇놀이나무'의 '웇'의 'ㅊ'이 그 다음에 이어지는 '놀'의 첫소리 'ㄴ'과 만나서 'ㄴ'으로 동화된 꼴을 소리나는 대로 표기한 것으로 봐야 할 것이다.

동낭(상동나무), 볼래낭(보리수/보리수나무), 다간죽낭(예덕나무), 뽕
낭(뽕나무), 동(독)고리낭/새비낭(찔래나무), 톨(기슭/숲), 곳/곶(藪:
숲) …

위 제주어 '곳'과 '곶'은 어떤 내용으로 쓰느냐에 따라 같은 뜻일 수도 있
고 다를 수도 있다. '곳'은 산에 나무가 울창하게 우거진 숲[藪/森林/密林]
을 말하고, '곶'은 산과 들의 총칭인 산야(山野)를 일컫는 '고지'의 '지'가
줄어든 꼴이다. 그렇지만 '곶'이 '숲'이라는 뜻으로 쓰이면 '곳'과 동의어(同
義語)가 되고, '산야(山野)'의 뜻으로 쓰이면 딴 뜻의 말이 된다. '곶'이 '고
지'의 준꼴이 되는 근거는 벚나무의 열매인 '버찌'의 '찌'가 줄어들어서 '벚'
이 되는 것이나, '온가지'가 줄어서 '온갖'이 되는 것과 같다.

이를테면 '곳자왈'은 '곳(숲)+자왈(덤불)'이므로 '곳'은 '곶'과 같은 '숲'의
뜻이고, "모물용신 곶밧도 좋나.(메밀농사는 산전(山田)도 좋다.)"고 할 때의
'곶밧'은 '곶(山野)+밧(田)'이므로, 이때 '곶'은 산간지대 높은 데 있는 고지
대의 '산야(山野)'를 일컫는다.

△ 풀

검질(김/풀), 쿨(풀/포기), 가마꿔바농(도깨비바늘), 개삼동(까마중),
개자리쿨(개자리), 고냉이풀/가마귀술(괭이밥), 글이역(수크령), 지름
소새(겨이삭), 젯쿨/고롬쿨(땅빈대), 남초/시름초(담배), 너삼(苦蔘:고
삼), 사스락쿨(갈퀴덩굴), 쉐스랑쿨(점도나물), 진풀(별꽃), 절마니(포
아풀), 베채기(질경이), 속(쑥), 본속(떡쑥), 빈대쿨(피막이풀), 쉐터럭
(방동사니), 제완지/제완지뿔(바랭이), 복쿨(깨풀), 비눔(늠)(비름), 쒜
비눔(늠)(쇠비름), 산마/살마/가마기소까락(半夏:반하), 상고지(莎
草:사초), 생계/개술(수영), 제쿨(명아주), 쓴부루(苦菜:씀바귀), 고낭

---

243) '주죽'은 마디와 마디 사이가 몹시 짧게 생긴 대나무이다. 옛 분들은 관상용이나 담뱃
대용으로 선호했다.

귀(닭의장풀), 불처귀/푼철귀(꽈리), 엿귀(여뀌), 오나리(오이풀), 진
(왜모시풀), 모시(모시풀), 천상쿨(망초/개망초), 가신(슨)새(파리풀),
소왕이/소웽이(엉겅퀴), 물ㅁ작쿨(쇠무릎), 대우(오)리(귀리), 감비역
(깜부기), ㄱ라지/ㄱ라지쿨(가라지/강아지풀), 어욱(억새), 각단(短茅:
짧은띠), 푸체선(長生草:부처손), 주승/주싱(율무), 인문추(益母草:익
모초), 삥이(삘기), ㅂ깨기(얼치기완두), ㅈ운영(자운영), 물룻(무릇),
몰만새(산자고), 테역(잔디)…

△ 덩굴

끅(칡), 자왈(덤불), 가시자왈/곳자왈/곳자왈(가시덤불/덤불숲), 정동
(당)/쒜정동(당)(댕댕이덩굴), 떡정동(당)(鷄尿藤/女靑:계뇨등/여청),
생이족박(何首烏:새박덩굴/박주가리), 멀윗줄(머루덩굴),[244] 개멀윗
줄(개머루덩굴), 유름줄/졸갱이/너덩(으름덩굴), 멍줄(멀꿀덩굴), 인동
줄(忍冬:인동덩굴), 저슬살이(으아리), 너촐(사위질빵), 호박줄, 쿡줄
(박넝쿨), 간절귓(깃)줄/간질레깃줄(개똥참외줄), 멜순줄(밀나물덩굴),
멩개낭/멩갯줄(청미래나무/청미래덩굴), 사가웻줄(수세미윗줄), 삼소
새/소샛줄(환삼덩굴), 하늘레깃줄/두루애깃줄(하늘타리넝쿨), 밋볼래
낭(보리장나무)…

△ 꽃

꽃/고장(꽃), 가지깽이꽃(蜀葵花:접시꽃), 강낭꿰꽃(向日花:해바라
기), ㄱ스(시)락꽃(원추리꽃), 난시꽃(냉이꽃), 도채비꽃(水菊:수국),
땅꽃(채송화), 선장꽃(선인장꽃), 둑고달꽃(매드라미), 빌꽃,[245] 양웨
(애)꽃(칸나), 흑축꽃(黑丑花:흑축화/나팔꽃), 메꽃(메꽃), 앚인배기꽃
(연산홍), 세비꽃(찔레꽃), 쿡꽃(박꽃), ㄴ물고장(나물꽃/배추꽃), 츳마

---

244) '멀윗줄'의 '멀위'는 중세국어로서 『훈몽자회』 '上 十二'에 葡(멀위포), 萄(멀위도)라고
글자 풀이를 하고, 在家者曰葡萄(집에 있는 것은 포도라 한다), 在山者曰山葡萄(산에
있는 것은 산포도라 한다)라 적혀 있다. ( ) 안의 해석은 필자가 덧붙인 것이다.
245) '빌꽃'은 코스모스처럼 생겼지만 꽃잎은 노랗고 꽃술이 있는 가운데는 검은색으로 둥
글게 돼 있다.

귀(기)꼿(무꽃), 백일홍꼿(배롱나무꽃), 돔박꼿(동백꽃), 웨가시낭꼿/
웨가시낭고장(아카시아꽃), 물싸움꼿/물싸움고장(제비꽃/오랑캐꽃),
하레비꼿(할미꽃), 모물(멀)고장(메밀꽃), 인동고장(인동꽃), ㅂ깨기
꼿(얼치기완두꽃), 백캄추꼿(백합초꽃) …

❸ 과채류 어휘

이들 과채류(果菜類)의 명칭에 대한 어휘는 '열매'·'나물'·'해초'
와 '버섯'을 대상으로 했다.

△ 열매

줄(귤), 벵줄(瓶橘:병귤), 댕유(우)지(唐柚子:당유자), 산물(酸橘/陳
橘:산귤/진귤), 유지(柚子:유자), 금줄(金橘/金柑:금귤/금감), 개탕쥐/
개탕쉬(枸橘:탱자), 홍실/홍실감(紅柿:홍시), ㄱ레감(맷돌감), 쉐불감
(쇠불감), 폿감(팥감/고욤), 비ㅈ(榧子:비자), 복송(숭)개(복숭아), 멀위
(뤼)(山葡萄:머루), 드래(다래), 오미ㅈ(五味子:오미자), 볼래(보리수),
유름/존(졸)갱이(으름), 애영뒤(櫻桃:앵두), 멍(멀꿀), 시러미, 정갈위
(정금나무열매), 틀(산딸기), 보리탈(멍석딸기), 한탈(산딸기), 게염지
탈(뱀딸기), 소리/버레(도토리), ㅈ밤(구슬잣밤), 뽕을매(오디), ㄱ레호
박(맷돌호박), 베게호박, 개고치(枸杞子:구기자), 물웨(오이), 피만지
(피마자), 돔박(冬柏:동백), 멘내(목화), 멘내동고리(목화열매), 돔박
(冬柏:동백), 족(때죽나무-열매), 멋(멋나무-열매) …

△ 나물

ㄴ물/ㄴ멀/ㄴ물(나물), 숭키(채소), 배치(배추), 눔삐(무), 츳마귀(기)/
춤ㄴ물(무), 갯ㄴ물(芥菜:갓나물/갓), 취ㄴ물(취나물), 부루(상추), 호
련수(시금치), 건대ㄴ물(근대나물), 수캇(쑥갓), 미내기(미나리), 세우
리(부추), 양웨/양애(양하), 양웻(앳)간(양하꽃몽우리), 콩닙(콩잎), 유
입(들깻잎), 던덕(더덕), 패마농(파마늘/파), 숭물고사리,246) 벳고사

---

246) '숭물고사리'는 햇볕이 가려진 덤불 틈에서 뭉실뭉실하게 솟아오르는 고사리.

리,[247] 고배기(고비), 난시/난생이(냉이), 꿩마농/드릇마농(달래), 감
좃뎅구리(고구마잎줄기), 들굽(두릅), 합순(합다리나무순), 콩주름/콩
느물(콩나물), 녹디주름(숙주나물), 맷부루기/맷부룩(죽순), 동지(장다
리), 느물동지(나물장다리)

△ 버섯

몰똥버섯(말똥버섯), 빌버섯(광대버섯), 초기/초기버섯(표고/표고버
섯), 소낭버섯(松栮:소나무버섯), 뽕낭버섯(상황버섯/뽕나무버섯), 목
이버섯, 영지버섯(靈芝:영지버섯), 배염버섯/버염버섯(뱀버섯)

△ 해초

메역(미역), 우미(寒天:우뭇가사리), 가시리(가시파래), 구두(드)리/갯
구두(드)리(풀가사리), 메역새,[248] 짐/해우(海苔:김), 둠북,[249] 몰망/
몸(모자반), 푸래(파래), 넙푸래(납작파래), 청각, 매생이, 감태

(5) 기상 명칭

기상과 관련된 명칭의 어휘는 사시사철 기후를 좌우하는 '바람'·
'비'·'눈'·'구름'이 주류를 이루고 있다. 그 대표적인 명칭은 지역에 따라
간혹 달리 불리기도 하지만 거의가 아래 제시한 것들과 같다.

△ 바람

샛ᄇᆞ름(東風:샛바람), 놉새ᄇᆞ름(동북풍), 양두새ᄇᆞ름/양두새(동북풍),
마ᄇᆞ름(南風:마파람), 동마ᄇᆞ름(동남풍), 섯마ᄇᆞ(ㅍ)름(서남풍), 갈ᄇᆞ
름/섯갈ᄇᆞ름/섯갈(西風:갈바람), 하늬ᄇᆞ름(北風/朔風:북풍/하늬바
람), 서하늬ᄇᆞ름(西北風:서하늬바람), 돗갱잇ᄇᆞ름/돗갱이/메오리(回

---

247) '벳고사리'는 볕이 쬐이는 들판에 나서 순이 벌어진 빳빳한 고사리.
248) '메역새'는 물이 얕은 바다의 돌에 붙어서 자라는 잎이 짧은 미역.
249) '둠북'은 바닷속 바윗돌에 붙어서 덩굴처럼 길게 자라는 감태와 같은 색의 갈조류로서
오래된 것은 콩알만한 둥근 열매들이 줄기와 잎 사이에 대롱대롱 달려 있다.

風/旋風:돌개바람/회오리바람), 돌개ᄇᆞ름(颶風:돌개바람/허리케인), 돌풍(突風/急風), 광풍(狂風), 산들ᄇᆞ름/선들ᄇᆞ름(산들바람/선들바람), 건들ᄇᆞ름(건들바람), ᄄᆞᆺ은ᄇᆞ름(薫風:훈풍), 더운ᄇᆞ름(熱風:열풍), 춘ᄇᆞ름(寒風:찬바람), 눈ᄇᆞ름(雪寒風:눈바람), 비ᄇᆞ름(風雨:비바람), 갯ᄇᆞ름(바닷바람), ᄂᆞ롯/ᄂᆞ롯(산꼬대)

△ 비

ᄀᆞ랑비(가랑비), 으남비/어남비(안개비), 장대비, 고래비(暴雨:폭우), 훼비(急雨:급비), 쉐낙마/쉐나기/쉐내기(소나기), 장마비/장마(장맛비/장마), ᄇᆞ름비(風雨:바람비), 눈비

△ 눈

ᄀᆞ랑눈(가랑눈), 헝겁눈/험벅눈(함박눈), 쓰래기눈/쓰락눈(싸라기눈/싸락눈), 방울눈, 눈비/진눈깨비, 눈붕애/붕애눈(暴雪:눈보라)

△ 구름

어남/으남(안개), 비구룸(비구름), 번구룸(뭉게구름), 마구룸(장마구름), 흰구룸(흰구름), 먹구룸(먹구름), 비늘구룸(卷積雲:비늘구름)

(6) 수량단위 명칭

이들 수량의 단위를 나타내는 명칭은 개수와 수량 중 어느 것도 될 수 있는 것이 있다. 그럴 경우는 편의상 양·무게·길이 등 도량형과 관계가 있으면 '양단위'로, 수효를 나타내는 것이면 '수단위'로 처리했다.

△ 수단위

가위/거리(家戸/채:집 한 가위/거리), ᄆᆞ리/바리/필(匹)(마리:말 한 ᄆᆞ리/바리/필), 거리/배(켤레:신 한 배/거리), 통/필(疋)(통:무명 한 통/필), 다발/뭇(묶음:파 한 다발/뭇), 바리(바리:짐 한 바리), 사리(사리:국수 한 사리), 톨래/ᄐᆞ래(타래:실 한 ᄐᆞ래), 자리,250) 쒜(그루:나무 한

그루), 짐(짐:장작 한 짐), 첩(貼:약 한 첩)

△ 양단위

섬(石:쌀 한 섬), 말(斗:쌀 한 말), 뒈(升:쌀 한 뒈), 홉(合:쌀 한 홉),
근(斤:고기 한 근), 냥(兩:한 근 흔 냥/엽전 흔 냥), 돈(금 한 돈/엽전
한 돈), 푼(수:금 한 돈 두 푼/엽전 한 푼/한 자 두 푼), 포/포대(包袋:
쌀 한 포/포대), 죽(수저 한 죽), 접(마늘 한 접)

△ 길이/거리/크기

자[尺:한 자)], 췌/치[寸:한자 두 치], 발(새끼줄 한 발), 뽐(뽐:한 뽐/두
뽐), 조리,251) 간/칸(間:집 한 칸), 아늠(아름), **참**(站)

위의 진하게 표시된 '**참**(站)'은 '단위의존명사'에서도 예시한 바 있지만,
교통수단으로 말을 이용할 때 역마(驛馬)를 갈아타는 곳을 말하는 한자어
'역참(驛站)'에서 비롯된 말인데, 제주도에서는 거리를 나타내는 지금의
'리(里)'에 해당하는 말로 쓰인다. 이를테면 5리를 '흔 참(한 참)', 10리를 '두
참', 15리를 '싁 참(세 참)', 20리를 '늬 참(네 참)', 25리를 '다슷참(다섯 참)',
30리를 '으슷 참(여섯 참)', 35리를 '일곱 참', 40리를 '으듑 참(여덟 참)', 45
리를 '아옵 참(아홉 참)', 50리를 '열 참' …으로 거리를 헤아리는 것이 그것
이다. 현재 중국에서는 역과 정거장을 '참(站)'이라고 한다.

(7) 통과의례 명칭

통과의례(通過儀禮)는 사람이 세상에 태어나서 죽을 때까지 겪어야

---

250) '자리'는 수를 많게 낳거나 까는 짐승일 때 두 마리를 하나의 단위로 일컫는 말. 주로
강아지새끼·돼지새끼·병아리 따위의 두 마리를 '흔자리', 네 마리를 '두자리' … 라고
헤아리는 게 그것이다.
251) '조리'는 엄지손가락과 집게손가락을 벌린 거리를 단위로 하는 '집게뽐'을 일컫는 명칭.

하는 과정과 사후의 기제사(忌祭祀)를 아우르는 의례를 일컫는다. 이들 중
에는 전국적으로 통용되는 말도 있지만, 국어사전에 나타나 있지 않는 어
휘들이 있는가 하면, 민속어(民俗語)인 금기담(禁忌談)도 있다.

△ 출생

놈이위(姙娠 : 임신), 몸갈름(出産 : 출산), 애깃배맞춤(陣痛 : 진통), 애깃
봇(胎盤 : 태반), 배똥줄(배꼽줄), 지성귀(기저귀), 걸렝이,252) 배부루기
/배부레기(두렁이), 봇디창옷(배내옷), 애깃구덕(아기바구니/요람), 젯
멍얼(젖멍울), 젯몸살(젖몸살), 젯어멍(乳母 : 유모/젖어머니), 삼싱할망
/삼승할망(삼신할머니/삼승할미), 금줄(인줄/금줄), 백일, 돗(돌)

△ 출산 금기담

· 놈이위뒌 땐 꽂난 거 안 본다.
 (임신된 때는 불난 거 안 본다.)
· 배똥줄 쫄르게 안 끄친다.
 (배꼽줄 짧게 안. 끊는다.)
· 쳇 젯 짠 건 산물 느리는 듸 강 비와사 흔다.
 (첫 젖 짠 것은 샘물 흐르는 데 가서 부어야 한다.)
· 몸갈른 된 몸 궂힌 사름 안 뎅긴다.
 (출산한 데는 몸 더럽힌 사람 안 다닌다.)
· 할망 직흔 아이신디 눈꿀흐민 줴짓나.
 (삼승할머니 지키고 있는 애한테 눈 흘기면 죄짓는다.)

△ 혼사

새서(스)방(새서방/신랑), 새각시(새각시/신부), 스사모관대(紗帽冠帶 :
사모관대), 족도리(족두리), 가매/퉤깨(轝 : 가마), 함(函), 중신/중진(중
매), 마펜지/마핀지(四柱單子 : 사주단자), 예장(禮狀), 친심(親審), 이

---

252) '걸렝이'는 어린애를 업을 때 둘러서 매는 멜빵.

버지(이바지), 중방(中房),253) 우시(優侍)/상객(上客),254) 사돈열멩
(査頓列名/사돈열명),255) 사돈잔치, 가문잔치, 곶인상(갖춘상)256)

△ 혼인 금기담

· 파일 날 혼ᄉ택일 안흔다.
  (파일 날 혼사택일 안한다.)
· 시어멍 새각시 들어올 때 눈 마주치지 말라.
  (시어머니 신부 들어올 때 눈 마주치지 마라.)
· 삼년상 넹기지 전인 혼ᄉ 안흔다.
  (삼년상 넘기기 전에는 혼사 안한다.)
· 혼ᄉ광 질맷가진 거꾸로 집지 못흔다.
  (혼사와 길마는 거꾸로 지우지 못한다.)
· 새서(ᄉ)방광 새각시 나갈 때 질 갈르지 말라.
  (신랑과 신부 나갈 때 길 가로질러 가지 마라.)

△ 장사

혼불름(招魂:혼부름), 혼적삼(초혼적삼), 초시렴(小殮:소렴), 대렴(大
殮), 입관(入棺), 관목시((棺木手:관목수), 보공(補空),257) 반함(飯含),

---

253) '중방'은 고을을 다스리는 원(員)의 시중을 드는 사람을 일컫는 말인데, 여기서는 혼삿
날 신랑이 신붓집에 이르렀을 때 집안으로 들도록 예를 갖추어 청해서 안내하는 역을
맡은 사람.
254) '우시/상객'은 혼삿날 신랑과 신부를 보살피고 양가 사돈댁간의 예를 표하기 위해 동
행하는 친족대표인데 한자어 위요(圍繞)에 해당한다.
255) '사돈열멩'은 혼삿날 '우시/상객'이 사돈댁 친인척 대표와 만나 서로 통성명을 하고
인사를 나누는 의례.
256) '곶인상'은 혼삿날 최고의 대접을 하기 위해 차린 칠첩반상 아니면 오첩반상에 해당하
는 음식상을 말하는데, 여기서는 그날 차린 음식으로 마련한 진수성찬이 갖추어진 음
식상을 말한다.
257) '보공'은 빈 공간을 채워서 매우는 것을 뜻한다. 여기서는 초상 때 시신에 수의를 입히
고 관에 뉘었을 때 그 관속에 생기는 빈 곳을 생시에 입었거나 마련해 두었던 옷으로
매우기도 하고, 짚으로 대신 매우는 것을 일컫는다.

258) 유도(柳刀),259) 호상/호상옷(壽衣:수의), 검은호상[幎目:멱목], 260) 악수(幄手:악수),261) 삽(翣),262) 동심절(同心結:동심결),263) 천금 (天衾:이불),264) 지요[地褥],265) 복두건(服頭巾), 복수건(服手巾), 복치메(복치마), 머리창,266) 건대(巾帶), 방장대(喪杖:상장막대), 찍(찝)베게/북심(짚베게),267) 성복(成服), 권미/궐미(米飮:미음), 동관(動棺), 출상(出喪/發靷), 운구(運柩), 화단(喪輿:상여), 설배,268) 멩전(銘旌:명정), 만세/만서(輓章:만장), 만가(輓歌), 질소용,269) 산터(묘터), 토롱(土壟), 제일꽂이,270) 작(爵位):방위), 광중(壙中), 하관(下棺), 호

---

258) '반함'은 시신을 입관(入棺)하기 전에 염습해서 수의를 입힌 다음 물에 불린 쌀 21방을 7개씩 나눠서 3번 입안에 넣는 것을 말한다.

259) '유도'는 반함(飯含)을 입속으로 밀어 넣는 버드나무가지를 깎아 칼처럼 만든 것.

260) '검은호상'은 수의를 입힐 때 시신의 머리에 덮어씌우기 위해 얼굴 쪽에 닿는 부분은 붉은색, 그 바깥쪽은 검은색 명주를 안팎으로 겹쳐서 네모가 나게 만든 것인데, 한자어로 멱목/면모(幎目/面帽)라고 한다.

261) '악수'는 수의를 입힐 때 손을 들여 놓고 싸게 만든 토시용 주머니.

262) '삽'은 운삽(雲翣)과 불삽(黻翣) 두 가지가 있다. '운삽'은 발인 때 영구(靈柩) 앞뒤에 세우는 구름무늬를 그린 네모난 부체 모양의 널판인데, 제주도에서는 운삽 모양을 창호지에 그려서 하관할 때 시신의 왼쪽 어깨가 있는 부분의 관 위에 놓는다. '불삽'은 발인할 때 아자형상[亞]을 긴 손잡이가 있는 널조각에 새긴 것인데, 제주도에서는 '운삽'과 같이 창호지에 그려서 하관할 때 시신의 오른쪽 엉치가 있는 부분의 관 위에 놓는다. 이들을 그리는 물감은 주사/진사(朱砂/辰砂)를 물에 개어서 쓴다.

263) '동심절'은 오색실을 15cm 정도 합해서 두 고를 내고 우물정자[井] 형태로 맞잡아 매는 매듭으로 하관할 때 신신의 가슴이 있는 관 위에 놓는다.

264) '천금'은 입관할 때 시신 위에 덮는 명주를 겹 잡아 만든 홑이불.

265) '지요'은 입관할 때 시신의 밑에 놓인 칠성판에 깐 명주를 겹 잡아 만든 홑요.

266) '머리창'은 초상을 당한 부인네가 머리를 땋을 때 끼는 흰 헝겊오리.

267) '찍(찝)베게/북심'은 상을 당해서 삼년상이 지날 때까지 제상 앞에 놓았다가 상주가 베고 눕게 만든 짚베게.

268) '설배'는 상여가 장지로 떠날 때 상여의 맨 앞쪽 상장 틀 머리에 묶어서 여럿이 당기게끔 무명이나 광목으로 돼 있는 밧줄.

269) '질소용'은 장지로 시신을 운구하는 도중 상여꾼과 따라가는 사람들에게 나눠주는 먹거리인데, 주로 떡과 술이다.

270) '제일꽂이(制穴串)'는 시신을 담은 관이 들어갈 광중(壙中)의 중심이 비틀어지지 않도

충(呼沖)/대충(對沖),271) 달구/달귀(달구), 달구소리/달귀소리/펭토
소리(딜구소리/평톳소리), 진톳굿(흙구덩이), 진토꾼(흙일꾼), 봉분/
봉본(封墳:무덤), 용미제절(龍尾祭節),272) 하관(下棺), 천리(遷移/移
葬),273) 천리장(骸骨:해골), 공정,274) 고적,275) 부주(扶助:부조)

△ 장사 금기담
· 호상옷 실 ᄆ작 안 집나.
　(수의 실 마디 안 지운다.)
· 상젠 물색옷 안 입나.
　(상제는 물색옷을 안 입는다.)
· 운구홀 때 관 문입쟁이 안 다덱인다.
　(발인할 때 관으로 문설주 안 부딪친다.)
· 하관 때 호충 맨 사름 안 본다.
　(하관 때 호충 맨 사람 안 본다.)
· 죽은 사름 질 쳐사 존 고단 간다.
　(죽은 사람 저승길을 닦아야 좋은 곳에 간다.)

록 줄을 매어 가늠할 수 있도록 그 위쪽과 아래쪽에 일직선으로 꼽아 놓은 꽂이.
271) '호충/대충'은 시신을 입관하거나 관이 광중에 들어가는 하관 때 방위와 마주치는 낫
　살을 가진 사람이 그 대상이다. 그러니 호충/대충이 매인 사람은 하관장면을 보면 화
　를 당할 수 있다고 해서 장사를 지낼 때 금기의 제일순위에 해당한다. 지금도 유교식
　장례에서는 그 장면을 보고 싶으면 개관을 덮은 다음이라야 되는 관습이 그대로 전해
　지고 있다.
272) '용미제절(龍尾祭節)'의 '용미(龍尾)는 무덤 속에 묻힌 사람의 머리가 있는 쪽 끝부분
　으로 갈수록 그 무덤의 폭과 높이가 줄어들어 뾰족하게 됐으므로, 그 모양을 용의 꼬리
　에 빗대어 붙여진 이름이다. 또 제절(祭節)은 무덤 앞에 상석(床石)을 놓는 곳이 평지보
　다 높게 돼 있는 부분을 일컫는다.
273) '천리'는 무덤을 파헤처 유골을 다른 곳으로 옮겨 묻는 것.
274) '공정'은 초상이 났을 때 시신에 염(殮)을 했거나 관을 짰거나 그에 상응하는 일을
　해서 도와준 사람에게 소상·대상 때 마련한 음식을 특별히 봉해서 가져가는 공갚음
　의 음식.
275) '고적'은 초상 때 친족끼리 상부상조의 하나로서 장사난 집에 일정량의 부조를 하는데,
　주로 장지에 떡을 해갔다.

△ 제사

혼백(魂帛),[276) 혼백상지(魂帛箱子),[277) 혼백상(魂帛床),[278) 성복제 (成服祭),[279) 노제(路祭), 하관제(下棺祭), 초우제/몸제(初虞祭),[280) 재우제(再虞祭),[281) 삼우제(三虞祭),[282) 삭제(朔祭), 망제(望祭), 졸곡(卒哭), 소상(小祥)/소기(小朞), 대상(大祥)/대기(大朞), 담제(禫 祭), 문전제(門前祭),[283) 조왕제(竈王祭),[284) **식개**[祭祀//忌祭祀/忌 日祭:제사/기제사/기일제), 묘제(墓祭), 노제(路祭), 산제(山祭), 토신 제(土神祭), 요왕제(龍王祭:용왕제),[285) 당제(堂祭),[286) 지우제(祈雨 祭:기우제), 영등제[287)

위 '**식개**'는 기일제(忌日祭)인 제사(祭祀)를 뜻하는 제주어인데, 이에 대

---

276) '혼백'은 초상 때 죽은 사람의 영혼을 모시는 신위(神位).

277) '혼백상지'는 혼백을 담는 상자인데, 제주도에서는 상자 대신 채롱이나 네발 달린 높이 1미터 내외로 짠 나무때기 위에 창호지로 상자모양의 곽을 만들어 넣기도 했다.

278) '혼백상'은 혼백을 모신 상.

279) '성복제'는 시신을 입관해서 안치한 후에 상주는 상복을 입고, 복친들은 두건을 쓰고 난 다음에 이렇게 복옷을 입고 예를 올린다고 아뢰는 제사.

280) '초우제'는 장사를 지내고 난 뒤에 지내는 제사인데, 제주도에서는 무덤이 완료된 후 그 무덤 앞에서 지낸다.

281) '재우제'는 초우제를 지낸 다음 두 번째 지내는 제인데, 제주도에서는 장사를 지낸 이튿날 집에서 지낸다.

282) '삼우제'는 재우제를 지낸 다음날 세 번째 지내는 제사인데, 제주도에서는 집에서 지낸다.

283) '문전제'는 가정에서 기제사를 할 때 앞 난간으로 통하는 대문 안쪽 마루에서 지내는 문전신을 위해 지내는 제사.

284) '조왕제'는 원래는 불교에서 비롯된 제례인데, 부엌을 맡아보는 조왕신에게 지내는 제사.

285) '용왕제'는 해신제(海神祭)로서 주로 어잠업에 종사는 어부와 줌녀, 배를 부리는 사람들이 풍요와 안녕을 위해 바닷가에서 지낸다.

286) '당제'는 무속신을 모신 신당에서 지내는 제사.

287) '영등제'는 음력 2월 초하루·보름에 어잠업에 종사는 어촌주민들이 날씨를 관장한다는 비바람의 여신인 영등할망에게 풍요와 안녕을 비는 굿과 제사.

한 어원이 설왕설래 일정치 않다. 그러나 옛 문헌을 통해서 그 어원을 추적해볼 수 있다. 조선 태종실록 2년에 보면, 관리들에게 주는 휴가인 '식가(式暇)'가 있었는데, 그것은 기일제(忌日祭)인 가기(家忌) 때 받는 정기휴가이다. 그것으로 미뤄볼 때, 제사에 해당하는 제주어의 '식개'는 '식가(式暇)'의 '가(暇)'에 ㅣ모음이 첨가돼서 '개'로 전의(轉移)된 '식개'가 제사(祭祀)와 같은 동의어(同義語)가 됐음을 알 수 있다.

그와 같은 음운변이형태를 입증할 수 있는 제주어의 어휘가 꽤 많다. 즉 옛 분들은 성씨를 말할 때 김씨인 김가(金家)를 '짐개', 이씨인 이가(李家)를 '이개', 현씨인 현가(玄家)'를 '선개', 고씨인 고가(高家)를 '고개'라고 했던 '개'가 그렇고, '처가(妻家)'를 '처개', '처갓집'을 '처갯집'이라고 한 '가>개'·'갓>갯'이 그렇다. 또 혼례 때의 '장가'를 '장개'로, '장가가다'를 '장개가다'로 한 것도 그것이다. 특히 6·25 한국전쟁 직후만 하더라도 노인네들은 군대에서 주는 '휴가(休暇)'를 '휴개'라고 했다. 이에 관해서는 <제1장 음운론> '모음전이'의 'ㅏ'가 'ㅐ'로 변하는 예시에서도 밝힌 바 있다.

△ 제사 금기담

· 귀신 물 그리게 ᄒᆞ는 집 안뒌다.
  (조상신 물 그리게 하는 집 안된다.)
· 식갯날 ᄃᆞ투는 집 안뒌다.
  (제삿날 다투는 집 안된다.)
· 제 지낼 음식 먹엇당 아픈다.
  (제 지낼 음식 먹었다가 앓는다.)
· 복숭겐 제ᄉᆞ상에 안 올린다.
  (복숭아는 제사상에 안 올린다.)
· 몸 궂힌 사름 제관 안흔다.
  (몸 궂힌 사람 제관 안한다.)

2) 동사 어휘

아래 제시한 동사의 어휘들은 필자가 유소년기에 익숙히 쓰던 것들 중에 그 일부를 되살려본 것이다. 그 중에는 고어와 같은 것도 있지만, 되도록이면 제주어 고유의 것으로 한정해서 표준어로 대역할 수 있는 것을 대상으로 하였다. 여기는 '고어'에 해당하는 것도 껴 있다.

△ ㄱ-두음어

가냥ᄒ다(간수하다), 가끄다(깎다), 가리쓰다/가리치다(뒤집다), 가불다(시들다), 가프다(갚다), 감장돌다(맴돌다), 거념ᄒ다(돌보다), 거려밀다(떠밀다), 거시다/거찌다(건드리다), 건불리다(땀-들이다/바람-쐬다), 고렴ᄒ다(조문하다), 고른배기ᄒ다/고른백ᄒ다(비기다), 곱다(숨다), 곱음재기ᄒ다/곱음작ᄒ다(숨바꼭질하다), 과닥ᄒ다(뛰놀다), 궤삼봉ᄒ다(애지중지하다), 귀태우다(귀띔하다), 금ᄌ르다/금줄르다(낙찰하다), ᄀ끼다(캑캑대다), ᄀ무끄다(접질리다), ᄀ물다(악물다), ᄀ주다(할퀴다), ᄀᆮ다(말하다), ᄀᆯ르다(고이다), ᄀᆯ메들다(번들다/번갈아들다), ᄀᆷ지다(감기다), ᄀᆸ칮다(분간하다), ᄀᆽ다(자르다), 까지다(깨지다), 꿰다(끓다) …

△ ㄴ-두음어

내씩(쏙)ᄒ다(토라지다/삐치다), 나끄다(낚다), 내끼다(던지다), 내불다(내버리다), 냉기다(남기다), 넉나다(혼나다), 넉울다(실망하다), 넹기다(넘기다), 노나다[倍加:배가하다/배가되다], 놈이위돼다(임신하나), 누르뜨다(누르다), 눅다(눕다), 느끔ᄒ다(맘놓다), 닝(닝)끼리다(미끄러지다), 니(늬)울서리다(매슥거리다), 니(늬)울니(늬)울ᄒ다(매슥매슥하다), ᄂ리다(내리다), ᄂ립다(내리다), ᄂ려사다(내려서다), ᄂ려지다(넘어지다), ᄂ립다/ᄂ리우다(내리다), 눕뜨다(설치다/날뛰다), ᄂ리치다(넘어뜨리다/떨어뜨리), ᄂ다쓰다,[288] 눗세우다(체면치

---

288) 'ᄂ다쓰다'는 표준어 '뒤집다'의 반대말로서 뒤집힌 것을 다시 원상태로 되도록 뒤집는

레하다) …

△ ㄷ-두음어

다도약거리다(쫑알거리다), 단들이다(타이르다), 답달ᄒ다/답도리ᄒ
다(닦달하다/추궁하다), 대걸룽ᄒ다(대강하다), 답지다(보깨다), 대군
거리다/대군대다(말대꾸하다), 대움(옴)ᄒ다(방심하다/무관심하다),
대기다(칠하다), 대끼다(던지다), 더끄다(닫다/덮다), 도당퀴다(둥둥거
리다), 도르다/돌르다(무르다), 도리대기다(몰아치다), 뒈쓰다(뒤집다),
도시리다(되뇌다), 동그리다(깎다), 돼우다(비틀다), 들러가다(훔쳐가
다), 던덕지다(엉키다/뒤엉키다), 더을ᄒ다(탈나다), 뎅기(이)다(다니
다), 도나다(저절로나다), 들칵ᄒ다(덜컥하다/뜨끔하다), 등기다(늘어
지다/처지다), 돌아지다(매달리다), 드리다/다울이다/다둘이다(쫓다/
쫓아내다), 듭다/둘우다(따르다), 돋다(닫다/뛰다), 둥사다(지켜서다),
따몰다(재촉하다), 똘리다(따돌리다), 뜨르다/딸르다(뚫다) …

△ ㅁ-두음어

마니ᄒ다/마니마니ᄒ다(도리도리하다), 마피다(곰피다), 매와들다(모
여들다), 머치다/머지다(맡기다), 멀리다(말리다), 멀리다/물리다(허물
다), 매기다(칠하다), 모지리다(무지르다), 문데기다(문대다), 문드리다
/문들다(잃다/떨어지다), 몽글다(닳다), 미치다(추월하다/따라잡다),
ᄆ끄다(마치다), ᄆ르꿰다(주무르다), ᄆ럽다(마렵다), ᄆ슬가다(외출하
다), ᄆ슴타다(무섬타다), ᄆ죽이다(꾸물대다), ᄆ죽거리다(꾸물거리
다), 뭉케(키)다(꾸물대다), 믄(믕)직다(만지다), 몰리다[乾:말리다/力
不足:부치다], 몰아지다(곤드라지다), 뭇아지다(바숴지다), 뭇다(바수
다/이기다/찧다), 못다(맺다) …

△ ㅂ-두음어

바글바글ᄒ다(바글바글하다/북적거리다), 바끄다(배트다/뱉다), 바위

것을 말한다.

쿨다(옥갈다), 배작ᄒ다(드러나다), 버둥이다/버둥퀴다(바둥거리다),
버벅거리다(짓거리다), 버버직직ᄒ다(떠벌리다), 버르다/벌르다(깨뜨
리다/쪼개다), 버물다(더러워지다/때묻다), 버실(슬)다/버을다(벌다),
버치다(부치다/버겁다), 벌기다(벌이다/흩트리다), 베기다(우기다), 배
체우다(골리다), 벨딱ᄒ다(발끈하다), 벨라지다(벌어지다), 벨르다/베
르쓰다(벌리다), 벳기다(벗기다), 보깨다(보채다/조르다), 부끄다(끓다
/부치다), 부뜨다/부트다(붙다), 북살다(부풀다), 불리다(드리다), 붕물
다(부르트다), 빕다(붓다/비우다), 브르다/볼르다(바르다), 븝다/볼르
다(밟다), **빠다(뽑다/짜다)** …

△ ㅅ–두음어

사다(立:서다), 삭내다(세내다), 새움ᄒ다/시알ᄒ다(시새우다/시기하
다), 서끄다/서트다(섞다), 서르다/설르다(그만두다/치우다), 설다(변
상하다), 성오르다/성올르다(살찌다), 소들다(시들다), 세간가르다/세
간갈르다(분가하다/이혼하다), 세아리다(헤아리다), 소도리ᄒ다(말전
주하다), 속다(속다/수고하다), 속닥이다/속댁이다(속삭이다), 수눌다
(품앗이하다), 숙대기다(쑤시다/들쑤시다), 숨비다(자맥질하다/잠기
다), 숭보다(흉보다), 숭털다(흉내내다), 실(슬)게ᄒ다(찡찡거리다), 시
꾸다[現夢:현몽하다], 시르다/실르다/시끄다(싣다), 신지다(신기다),
실덱이다(스치다/부딪치다), 실타듬다(따지다), 심벡ᄒ다(겨루다/경쟁
하다), 싯다(있다), 싱크리다(찡그리다), 속다/스끄다(솎다), 스리다(사
리다/오리다), 숟다(쏟다), 술다(사르다/불태우다), 술치다(살찌다), 쌔
물다(쏠다), 쌉다(싸우다), 쌩이다(흔하다/쌓이다), 쎕다/쎄우다(쏘이
다), 쎅이다(썩이다), 씽앵이ᄒ다(씨앙질하다) …

△ ㅇ–두음어

아귀쌈ᄒ다/아귀ᄃ툼ᄒ다(아귀싸움하다/아귀다툼하다), 애기설다(애
서다/입덧하다), 애기지다(유산하다), 아돌 폴다(장가보내다), 알류다
(알리다), 앗다(가지다), 악살ᄒ다/앙작ᄒ다/앙작치다(울어대다/울부
짖다), 안네다(드리다), 앙얼(알)ᄒ다(앙앙하다/졸라대다), 앚지다(앉히

다), 애기다(지우다/삭제하다), 에우다(가두다), 애숫다/애ㅂ뜨다(애끓다), 야게둘아지다(목매달리다), 어지리다(어지럽히다), 얼르다(얼씬거리다), 언강ᄒ다/언강치다(아양떨다/아양부리다), 얼먹다(혼나다/애먹다), 엄불리다(얼버무리다), 엉탁ᄒ다(독차지하다), 업지다(업히다), 엊다(얹다), 엊이대다(없애다), 에우싸다(에워싸다/둘러싸다), 엥기리다(낙서하다), 여스다/여사다(엿보다), 여지다(얹다/땋다), 오몽ᄒ다(움직이다/활동하다), 와리다(서두르다), 용심나다(화나다), 용시ᄒ다(농사짓다), 우룩맞추다(호응하다), 울다(爲:위하다), 웃주다(우대하다/높이다), 웃지다(웃기다), 웨재기다(외치다/왜자기다), 유울다(이울다), 윽먹다(앙심먹다), 이ᄁ다(이끌다/끌다), 이시다(있다), 이와기ᄒ다/이왁ᄒ다(이야기하다), 일리다(일으키다), 입건지ᄒ다(입방아찧다), ᅌᅳᅌᅳᄒ다/ᅌᅳ장대다(앙앙하다/앙잘대다), ᄋᆞᄁ다(엮다), ᄋᆞᆯ다[開:열다/結實:열다], ᄋᆞᆸ다(여물다), ᄋᆞ사다/여사다(지켜서다) …

△ ㅈ-두음어

자리다(묶다/저리다/결리다), 자울다(기울다), 자울이다(기울이다), 자자지다(잦혀지다), 자작걸다(지껄이다), 장석ᄒ다(신음하다), 잽다(재우다), 져ᄁ다/저ᄁ다(겪다), 적관ᄒ다(경험하다), 전주다(견주다), 절다(절뚝이다/굳다), 제기다(쌓다), 제보다(참배하다/제지내다), 젭지다(끼다), 조랍다(졸리다), 졸리다(敗:지다), 좀지다(오무리다), 좁지다(좁히다), 줍다(깁다), 줏다(줍다), 줌짓(칫)ᄒ다(멈칫하다), 중중ᄒ다(중얼거리다), 지꺼지다(기쁘다), 지둘다(누르다), 지둘우다(눌리다), 지미지다(기미끼다), 지프다(짚다), 직산ᄒ다(기대다), 질트다(기지개하다), ᄌᆞ골이다(간지럽히다), ᄌᆞ낭ᄒ다(절약하다), ᄌᆞ들이다(괴롭히다), ᄌᆞ들아지다(걱정되다), ᄌᆞ믈다(채취하다), 존디다(견디다), 존다니ᄒ다(잔소리하다), 줄다/줏다(織:겯다), 좀다(말다), 좀수질ᄒ다/좀녀질ᄒ다/좀녜질ᄒ다(물질하다), 좀무치다(기절하다/까무러치다), 줍다(집다/접다), 줍아뎅기다(잡아당기다), 줍아톨우다(꼬집다), 중그다(잠그다), 줏다[織:엮다/짜다], 찌다(끼다) …

△ ㅊ-두음어

차오다(채어오다/데려오다), 차가다(채어가다/데려가다), 챕다(채우
다), 척ᄒ다(앙갚음하다), 천리ᄒ다(이장하다/이묘하다), 천추ᄒ다(지
체하다), 초다(쬐다), 촐ᄒ다/촐비다(꼴베다), 추구(그)리다(부추기다),
추리다(치르다), 추물락ᄒ다(홈칫하다), 추분ᄒ다(보충하다), 춤막춤
막ᄒ다(깜짝깜짝하다), 춤바끄다(침뱉다), 치다[烹:찌다/寫:찍다], 칫
다(찢다), 출리다(차리다), 춤다(참다), 춫다(찾다) …

△ ㅋ-두음어

카다[燃:타다/混:섞다], 캐우다[燃:태우다], 캐다(트다), 캐우리다,
289) 코시ᄒ다(고수레하다), 쿰다(품다), 퀴다(튀다/뛰다), 퀴어나다
(튀어나다/뛰어나다), 크다(담그다), 크르다/클르다(풀다/끄르다), 킵
다(키우다) …

△ ㅌ-두음어

타지다/톤아지다(쬐다), 태우다/탭다(타고나다), 태작ᄒ다(두드리다),
털다(떨다), 털리다(놓치다), 털어집다(떨어뜨리다), 털세ᄒ다(텃세하
다/으스대다), 툭먹다(말문막히다), 툼자다(뜸들다), 툼재우다(뜸들이
다), 튼나다(생각나다), 튼내다(생각해내다), ᄐ라지다(비틀어지다), 톤
다(뜯다), ᄐ다사다(지켜서다), ᄐ다앚다(지켜앉다), 톨곡지ᄒ다(딸꾹
질하다), 톨삭거리다(출석거리다) …

△ ㅍ-두음어

파ᄒ다(죽다/끝나다), 패다끄다(패다/매질하다), 팰롱팰롱ᄒ다(빠짝
빠짝하다), 페적나다(홈나다), 펜역ᄒ다(편들다/역성들다), 페우다(펼
치다), 푸달지다(끈적거리다), 푸달푸달ᄒ다(끈적끈적하다), 푸(포)마
시ᄒ다(앙갚음하다), 푸다시ᄒ다(푸닥거리하다), 핀찍거리다(빠짝거리
다) …

---

289) '캐우리다'는 숟갈 따위로 음식을 조금씩 떠서 뿌리거나 던지는 것을 말함.

△ ㅎ-누음어

하르다/할르다/할트다(핥다), 하우(위)염ㅎ다(하품하다), 허끄다/허트
다(흩다), 허대기다(흩뜨리다), 허대다(수선떨다), 헙드다(더펄거리다),
헤갈다/헤쓰다(헤집다), 허천보다/허천바래다(한눈팔다), 헤클다(헤
짖다), 호리보다(낮보다), 호르(로)쓰다(조이다/죄다), 홀트다(홅다),
화록ㅎ다(분주하다), 활치다(활개젓다/활개치다), 후르쓰다(들이켜다),
훈다니ㅎ다/훈닥ㅎ다/훈닥질ㅎ다(꾸짖다/야단치다), 흘트다(흘리다),
홍이다(쫓다/몰아내다), 홍글다(흔들다), 홍쟁이ㅎ다(징징거리다), ㅎ
다(하다), ㅎ메ㅎ다/흠세ㅎ다/흥애ㅎ다(어리광부리다) …

이 외에 아래 제시한 것과 같은 유다른 형태의 사동사(使動詞)가 있다.
즉 '–리다'·'–트리다'·'–내다'·'–지다'·'–치다'로 끝나는 동사와 사동
형접미사 '–이/–기/–리/–히/–구/–추'와 '–기/–히' 대신 쓰이는 사동형
접미사 '–지' 다음에 '–우'가 덧붙어서 된 동사가 그것이다. 이런 형태를
취하는 동사인 경우 근간에는 노년층에서 이따금 사용될 뿐인데, 1960년
대까지만 해도 흔히 쓰였다. 문제는 그 사용이 선별적이어서 일률적으로
정형화시킬 수 없다는 데 있다.

△ –리+우다 [–리다]

가리우다(가리다), 굴리우다(選擇 : 가리다), 느리우다(내리다), 몰리우
다(乾燥 : 말리다), 벌리우다(벌리다), 저리우다(저리다) …

△ –트리+우다 [–뜨리다]

넘어트리우다(넘어뜨리다), 터트리우다(터뜨리다), 털어트리우다(떨
어뜨리다), 헐어트리우다(헐어뜨리다) …

△ –내+우다 [–내다]

빗내우다(빛내다), 절단내우다(결단내다),290) 불내우다(불내다), 빗내

우다(빛내다), 맛내우다(맛내다), 멋내우다(멋내다),291) 판내우다(판
내다),292) 혼내우다(혼내다) …

△ -지+우다 [-게 하다]

멍지우다(멍들게 하다), 빗지우다(빛지게 하다), 술지우다(살찌우다/
살찌게 하다), 터지우다(터지게 하다/터뜨리다), 톡지우다(턱지게 하
다), 홈지우다(홈지게 하다) …

△ -치+우다 [-치다]

걸치우다(걸치다), 눌치우다(날치다), 다구치우다(다그치다), 들이치
우다(들이치다), ᄆ치우다(마치다), 망치우다(망치다), 받치우다(받치
다), 비치우다(비치다), 펠치우다(펼치다) …

△ 어간+이/기/리/히/구/추+우다 [-이다/-기다/-리다/-히다/-
구다/-추다]

· -이+우다: 가끼(끄이)우다(깎이다), 거끼(끄이)우다(꺾이다), 녹이우
다(녹이다), 들이우다(들이다), 보이우다(보이다), 속이우
다(속이다), 줄이우다(줄이다) …

· -기+우다: 감기우다(감기다), 냉기우다(남기다), 쮀기우다(쫓기다),
칮기우다(찢기다), 튼기(지)우다(뜯기다) …

· -리+우다: 걸리우다[步:걸리다], 눌리우다(날리다), 돌리우다[懸:달
리다], 돌리우다 (돌리다), 몰리우다[乾:말리다], 불리우다
(불리다), 살리우다(살리다), 올리우다(올리다), 얼리우다
(얼리다), 쫄리우다(잘리다), 헐리우다(헐리다) …

· -히+우다: 군히우다(군히다), 넙히우다(넓히다), 붉히우다(밝히다),
쌕히(이)우다(썩히다) …

· -구+우다: 돈구우다(돋구다), 솟구우다(솟구다), 일구우다(일구다)

· -추+우다: ᄀ추우다(갖추다), 늦추우다(낮추다), 늦추우다(늦추다),

---

290)의 '절단내우다', 291)의 '멋내우다', 292)의 '판내우다'에 해당하는 표준어 '결단내다' ·
'멋내다' · '판내다'는 국어사전에 없는데 수록돼도 좋은 어휘이다.

맞<u>추</u>우다(맞추다), 비<u>추</u>우다(비추다) …

△ 어간+지+우다 [– 기다/ – 히다]

· – 지+우다: 굼<u>지</u>우다(감기다), 곱<u>지</u>우다(숨기다), 싯<u>지</u>우다(씻기다),
    안<u>지</u>우다(안기다), 얻<u>지</u>우다(얻기다), 웃<u>지</u>우다(웃기다),
    튼<u>지</u>(기)<u>우</u>다(뜯기다) …

· – 지+우다: 눅<u>지</u>우다(눕히다), 붉<u>히</u>우다(밝히다), 앞<u>지</u>우다(앉히다),
    업<u>지</u>우다(업히다), 좁<u>지</u>우다(좁히다) …

또 모음 'ㅐ/ㅔ/ㅣ'로 끝나는 어간에 기본형을 나타내는 어미 ' – 다' 대
신 ' – ㅂ다' 가 붙어서 된 동사가 있다. 즉 어간 'ㅐ/ㅔ/ㅣ'에 ' – ㅂ다'가 결
합된 <ㅐ/ㅔ/ㅣ + ㅂ다>의 형태를 취해서, 현대국어의 ' – 우다'로 된 사동
사가 그것이다. 단 <ㅣ + ㅂ다>인 경우는 아래 예시와 같이 일부 동사에
한정돼 있다.

△ ㅐ/ㅔ + ㅂ다 [ㅐ/ㅔ + 우다]

· ㅐ + ㅂ다: <u>냅</u>다(내우다), <u>뱁</u>다(배우다), <u>잽</u>다(재우다), <u>챕</u>다(채우다), <u>캡</u>
    다(燃燒:태우다), <u>탭</u>다(搭乘:태우다)

· ㅔ + ㅂ다: <u>겝</u>다(게우다), <u>뎁</u>다(데우다), <u>셉</u>다(세우다), <u>엡</u>다(에우다), <u>펩</u>
    다(페우다) [293]

△ ㅣ + ㅂ다 [ㅣ + 우다]

<u>빕</u>다(비우다), <u>집</u>다(지우다), <u>칩</u>다(치우다), <u>킵</u>다(키우다), <u>핍</u>다(피우다)

3) 형용사 어휘

아래 열거한 형용사들은 위의 동사들과 마찬가지로 필자가 유소년기

---

[293] '펴다'의 표준어는 '펴다'이지만 'ㅔ + ㅂ다'가 사동사 ' – 우다'가 붙은 말과 같다는 것을
나타내기 위해 '페우다'로 했다.

에 익숙히 쓰였던 것들을 간추린 것이다. 이들 역시 고어와 제주어에 쓰이는 것들 중에서 현대국어로 대역할 수 있는 것에 한정하였다.

△ ㄱ-두음어

가무잡잡ᄒ다(거무죽죽하다/거무데데하다), 거무룽(롱)ᄒ다(거무스름하다), 가뿐ᄒ다(가뿐하다/가볍다), 간세ᄒ다(게으르다), 개작ᄒ다(질척하다), 거령청ᄒ다(엉뚱하다/느닷없다), 건딥다/건드럽다(선선하다), 걸걸ᄒ다(호탕하다), 걸싸다(날쌔다), 고제엇(읏)다(실없다), 곧작ᄒ다/군작ᄒ다/관작ᄒ다/꾿작ᄒ다(곧다/꼿꼿하다), 골르다/골착ᄒ다(곯다), 곱들락ᄒ다(곱살하다), 과랑과랑ᄒ다/콰랑콰랑ᄒ다(쨍쨍하다), 꽐다(강하다), 구리다(空:비다), 구(귀)체스럽다(창피스럽다/부끄럽다), 궤ᄌ묵ᄒ다(고요하다), 귀똥차다(기막히다/대단하다), 금착ᄒ다(덜컥하다), 기엉ᄒ다/경ᄒ다(그러하다/그렇다), ᄀᆞ웃ᄀᆞ웃ᄒ다(숨차다/가쁘다), ᄀᆞ노롱(롱)ᄒ다(가느스름하다), ᄀᆞ뜨다/ᄀᆞ트다(같다), ᄀᆞ럽다(가렵다), ᄀᆞ(가)찹다(가깝다), ᄀᆞᆫᄀᆞᆫᄒ다/건건ᄒ다(홍건하다), ᄀᆞᆯ량ᄒ다(연약하다), ᄀᆞᆸᄀᆞᆸᄒ다(갑갑하다), ᄀᆞᆾ다(온전하다), ᄀᆞᆸ엇(읏)다(끝없다/분별없다), ᄭᆞ딱엇(읏)다(까딱없다), 낍낍ᄒ다/콤콤ᄒ다(꼼꼼하다), 깨끄랍(럽)다/깨끄라지다(까다롭다) …

△ ㄴ-두음어

나쁘다(모자라다/부족하다), 난디(듸)엇(읏)다(난데없다), 넙작ᄒ다/넙시근ᄒ다/넙주룩ᄒ다(넓죽하다), 노락지다/놀락지다(하찮다/여북하다), 노프다(높다), 는닥ᄒ다/는닥는닥ᄒ다/는달는달ᄒ다/는작ᄒ다/는작는작ᄒ다(흐므러지다/흐물흐물하다), 늘(닐)크랑ᄒ다/늘캉ᄒ다(느끼하다), 닝끄럽다/니끄럽다(미끄럽다/니끄럽다), ᄂᆞ(노)근ᄒ다(노곤하다/피로하다), ᄂᆞ그릇(롯)ᄒ다/노그릇(롯)ᄒ다/노고록ᄒ다(넉넉하다), ᄂᆞ릇(롯)하다(나른하다), ᄂᆞ찹(잡)다(낮다), 눔(놈)부치럽다(남부끄럽다), 눗부치럽다(낯부끄럽다), 늣다(낮다/나쁘다) …

△ ㄷ-두음어

다귀지다/둥차다(당차다), 덤방ᄒ다(우거지다/짙다), 두렁청ᄒ다(엉뚱하다/어리둥절하다), 두리다(幼:어리다), 두리숭ᄒ다(어리숭하다), 두리펀펀ᄒ다(태연하다), 두무렁ᄒ다/둠시렁ᄒ다/둠시근ᄒ다(드물다), 두망두망ᄒ다/둠상둠상ᄒ다(드문드문하다), 뒈벨라지다(되바라지다), 들거리엇(웃)다(염치없다), 득(뜩)근ᄒ다(참하다), 득끈ᄒ다/든직ᄒ다(든직하다), 돌미용ᄒ다(달짝지근하다), 돌(들)쿠룽ᄒ다(달크름하다), 돗다/똣다(다습다/따습다), 돗돗ᄒ다/똣똣ᄒ다(따뜻하다) …

△ ㅁ-두음어

매푸다(서럽다), 먼먼ᄒ다(멀고멀다/머나멀다), 멘도롱ᄒ다(미지근하다), 모이다(메지다), 몰멩ᄒ다(미련하다), 몽착ᄒ다(몽똑하다), 몽클몽클ᄒ다/몽클락몽클락ᄒ다(몽실몽실하다), 무끼다(무디다), 문작ᄒ다(무르다/흐부러지다), 문작문작ᄒ다(흐믈흐믈하다), 물싹ᄒ다(물씬하다), 뭉클락ᄒ다(뭉뚝하다), 미삭ᄒ다(흔하다), 밀껑ᄒ다(멀쩡하다), 밀꾸룻ᄒ다(희미하다), 밉직ᄒ다(밉상스럽다), 밋밋ᄒ다(평평하다/밋밋하다), ᄆᆞ릅다(마렵다), ᄆᆞ습다(무섭다), ᄆᆞ티다(마디다), ᄆᆞᆫ들(뜰)락ᄒ다(매끈하다), 몰싹ᄒ다(물씬하다), 몰싹몰싹ᄒ다(말씬말씬하다) …

△ ㅂ-두음어

바(버)짝ᄒ다(빳빳하다), 버닥지다(뻣뻣하다), 반찌롱ᄒ다(단아하다), 뱅동그(글)락ᄒ다(똥그랗다), 버련ᄒ다(짓궂다), 버룽ᄒ다(훵하다/빼꼼하다), 베다(무겁다), 베(비)수룸ᄒ다(비스듬하다), 벨ᄒ다(별하다), 불락ᄒ다(불룩하다), 보그락ᄒ다/복시락ᄒ다(폭신하다), 보영ᄒ다/뽀영ᄒ다(보얗다/뽀얗다), 봉꼬(ㄲ)랑ᄒ다/빙끄랑ᄒ다(뾰뽀하다), 부피다(붐비다), 분시엇(웃)다(분수없다), ᄇᆞ뜨다(인색하다/빡빡하다), ᄇᆞ랑지다(싹싹하다/활달하다), 볼다(잔잔하다), 뽀디다(가깝다), 뽀뜨다(인색하다), 뽀르다/뿔르다(빠르다), 뽀듯ᄒ다(빠듯하다) …

△ ㅅ-두음어

삼도롱ᄒ다(삼삼하다/싱겁다), 새금지다(시다), 새고롬ᄒ다/새곰(금) 트랑ᄒ다(새콤하다), 시우룽ᄒ다(酸:시큼하다/白:희끗하다), 새판두룽 ᄒ다(천연덕스럽다), 서난ᄒ다(서럽다), 서(써)닝ᄒ다/석석ᄒ다(써늘 하다), 설우다(서럽다), 서창ᄒ다(구슬프다), 수드락ᄒ다(수두룩하다), 소랑ᄒ다/수랑ᄒ다/소롬ᄒ다/수룸ᄒ다/솔랑ᄒ다/술랑ᄒ다(기다랗 다/길쭉하다), 소곡ᄒ다/소곳ᄒ다(소곳하다/구붓하다), 솜빡(빡)ᄒ다/ 숨빡ᄒ다(소복하다/수북하다), 소닥소닥ᄒ다/수닥수닥ᄒ다/소달소달 ᄒ다/소들소들ᄒ다(시들시들하다), 수투(트)름ᄒ다(숫되다/수수하다), 숨ᄇ뜨다(숨차다/가쁘다), 시름잽다(시름겹다), 시리시리ᄒ다/싱싱ᄒ 다(건장하다), 시치렁ᄒ다(을씨년스럽다), 실렵다(시리다), 실프다(싫 다), 술지다(살지다/굵다), 싸무랍다(사납다), 썹(섭)지근ᄒ다/썹(섭) 지랑ᄒ다/썹(섭)지그랑ᄒ다(섬뜩하다) …

△ ㅇ-두음어

아도록ᄒ다(아늑하다), 아멩ᄒ다(아무렇다), 아시럽다(아깝다/사랑스 럽다), 아웨다/아웨웁다(외롭다/고단하다), 암푸릇ᄒ다(고소하다), 앨 록ᄒ다(더럽다/치사하다), 야게젭다(호강겹다), 야리다(여리다), 어나 다/엇나다(어긋나다), 어반상ᄒ다/엇구수ᄒ다(엇비슷하다), 얼다(춥 다), 엄부랑ᄒ다(엄청나다/어마어마하다), 엉기다(성기다), 오롯(롯)지 다(경사지다/비탈지다), 오망오망ᄒ다(올망졸망하다), 옴(움)막ᄒ다 (오목하다), 옴(움)탕ᄒ다(옴폭하다/움푹하다), 왁왁ᄒ다(캄캄하다), 우 세스럽다(창피스럽다), 윤지다(굵다), 을큰ᄒ다(애석하다), 업(읍)실ᄒ 다(얼얼하다/아리다), 엇다/웃다(없다), ᄋᆞ스록ᄒ다(어수룩하다), ᄋᆞ망 지다(똘똘하다), ᄋᆞ무차다(야무지다), ᄋᆞ복ᄒ다(여북하다/하잘것없다), ᄋᆞ다(약다), ᄋᆞ삭ᄲᆞ르다(약삭빠르다) …

△ ㅈ-두음어

자우릇ᄒ다(기웃하다), 자우뚱ᄒ다(기우뚱하다), 저를지다(바쁘다), 졸바르다(올바르다), 좁작ᄒ다(비좁다), 종엇(읏)다(쯩없다/한없다/끝없다), 조(주)작ᄒ다/쪼(쭈)짝ᄒ다(오똑하다/우뚝하다), 주으릇ᄒ다(솔깃하다), 줄다(아위다/여위다), 중정엇(읏)다(멋쩍다), 지깍ᄒ다(빼곡하다), 지그뭇ᄒ다(끔찍하다), 지프다(깊다), 진치안ᄒ다(귀찮다/성가시다), 질직ᄒ다(길쭉하다), ᄌ곱(곱)다(간지럽다), ᄌ늘다(해갈되다), ᄌ늘우다(해갈시키다/축이다), ᄌ미엇(읏)다(재미없다), ᄌ미지다/ᄌ미나다(재미있다), 줄다(잘다), 존존ᄒ다/잰잰ᄒ다(자잘하다), 줄마롱ᄒ다/줍시랑ᄒ다(자잘하다), 줓다(密:잦다/頻:잦다), 쫀(쫄)르다(짧다), 쯘른쯘른ᄒ다/쫄른쫄른ᄒ다(짧디짧다), 쪼랍다/쪼락지다(떫다), 쪼락쪼락ᄒ다(떫디떫다), 쫍(춥)찌랑ᄒ다/쫍(춥)찌롱(랑)ᄒ다/쯔(츠)우룽ᄒ다(짭찌름하다) …

△ ㅊ-두음어

차다(鹹:짜다/冷:차갑다), 찬찬(짠짠)ᄒ다/촌촌(쯘쯘)ᄒ다(짜디짜다), 철닥사니엇다(철없다/철딱서니없다), 초나다(표나다/유별나다), 초랍다/쪼랍다(떫다), 초락초락ᄒ다(떫디떫다), 추근ᄒ다/추그랑ᄒ다(촉촉하다), 촌촌ᄒ다(찬찬하다) …

△ ㅋ-두음어

캉캉ᄒ다(깡마르다), 코시(스)롱ᄒ다/쿠싱ᄒ다(고소하다/구수하다), 코삿ᄒ다(흐뭇하다), 콰랑콰랑ᄒ다(쨍쨍하다), 큰큰ᄒ다(크디크다), 큼직ᄒ다(큼직하다), ᄏ뜽ᄒ다/ᄏ찡ᄒ다(가지런하다), ᄏ쿨ᄒ다(깨끗하다), 큼큼ᄒ다/콤콤ᄒ다(꼼꼼하다) …

△ ㅌ-두음어

타부락ᄒ다/터박ᄒ다(더부룩하다), 탑삭ᄒ다/텁삭ᄒ다(납죽하다), 탑삭탑삭ᄒ다/텁삭텁삭ᄒ다(납작납작하다), 토락지다(토실지다), 토락토락ᄒ다(토실토실하다), 툴ᄒ다(둔탁하다/부질없다), ᄐ라지다(비틀어지다), ᄐ다지다(까다롭다), ᄐ나다(다르다) …

△ ㅍ-두음어

판찍ㅎ다/펀찍ㅎ다(온전하다), 패랍다(사납다/까다롭다), 패롱패롱ㅎ
다(말똥똥하다), 펀두룽ㅎ다/펀지렁ㅎ다/펀펀ㅎ다(덤덤하다/태연하
다), 폭ㅎ다/푹ㅎ다(포근하다), 푸리롱ㅎ다(파르스름하다), 푸리롱ㅎ
다(푸르스름하다), 푸접엇(읏)다(버릇없다/짓궂다), 펜주(지)룽ㅎ다/펀
두룽ㅎ다(말짱하다/멀쩡하다) …

△ ㅎ-두음어

하다(많다), 한한ㅎ다(하고많다), 합삭ㅎ다(나부죽하다), 합수룩ㅎ다
(나부스름하다), 해삭ㅎ다(헤벌어지다/벌어지다), 허근ㅎ다/허글ㅎ다/
허끈ㅎ다(가뿐하다), 허드랑(렁)ㅎ다/히어드렁ㅎ다(너저분하다), 해멜
곳ㅎ다(해말쑥하다), 활지다(휘어지다), 흙다(굵다/크다), 흙은흙은ㅎ
다(굵직굵직하다), 휘얏ㅎ다(우거지다), 휘차다(길다/길쭉하다), 흐랑
ㅎ다/홀싹ㅎ다(물렁하다), 흐랑흐랑ㅎ다(흐물흐물하다/물렁물렁하다),
흔닥ㅎ다/흔드락ㅎ다(흐무러지다), 홀락ㅎ다(헐렁하다/느슨하다), 흐
리다(차지다), 히어뜩ㅎ다(어지럽다), ㅎ꼬만ㅎ다(조그맣다), ㅎ끌락
ㅎ다(자그맣다), ㅎ심엇(읏)다(부주의하다) …

4) 관형사 어휘

관형사의 대표적인 것은 <제2장 품사론>에서 '지시관형사'·'수량관
형사'·'성상관형사'로 구분해서 다뤄진 바 있다. 다음의 것은 거기서 제시
하지 못한 '성상관형사'를 보충해서 그 쓰임을 예시했다.

△ 뜬/튼 [딴]

· 그 듸선 뜬 ᄆ슴ㅎ영은 못 산다.
(그 곳에서는 딴 마음하여서는 못 산다.)
· 부모광 즈식도 튼 살렴ㅎ다.
(부모와 자식도 딴 살림한다.)

△ 웨뜬 [외딴]

· 그 사름은 <u>웨뜬</u> 집이 사는 걸 좋앙 흔다.
  (그 사람은 <u>외딴</u> 집에 사는 것을 좋아서 한다.)
· 어젠 <u>웨뜬</u> 놈이 왓어라.
  (어제는 <u>외딴</u> 놈이 왔더라).)

△ 하간 [모든/온갖]

· 그 집인 <u>하간</u> 거 다 출려 난 살암저.
  (그 집에는 <u>모든/온갖</u> 거 다 차려놓고 살고 있다.)
· 언치냑은 <u>하간</u> 생각ᄒ단 보난 붉아라.
  (어젯밤은 <u>모든/온갖</u> 생각하다가 보니 밝더라.)

△ 오라 [여러]

· ᄌ동차 ᄉ고 난 <u>오라</u> 사름 죽엇저.
  (자동차 사고가 나서 <u>여러</u> 사람이 죽었다.)
· 발 아판 <u>오라</u> 날 고생햄서라.
  (발 아파서 <u>여러</u> 날 고생하고 있더라.)

5) 부사 어휘

부사는 <제2장 품사론>에서 다뤘지만, 매우 다양해서 다 열거할 수가 없으므로, 대표적인 것 일부만 제시해서 그 양상을 감지토록 했을 뿐이다. 여기서도 이미 예시된 것이 다시 중복될 수 있지만, 눈여겨볼 만한 것을 '일반부사'·'상징부사'로 구분해서 간추린 것이다. 그들 용례의 예시문은 생략하기로 한다.

△ 일반부사

개므로(그런들), 게건(그러거든), 게나데나(그러나마), 게고제고(그러고저러고), 견디(그런데), 경(그렇게), 경경(그럭저럭/그렇게-저렇게),

고들배(꾸준히), 고영/궤양(고이/곱게), 곧작/곤작(꼿꼿이/똑바로), ᄀ
자(여태), 곧사(아까/금새), 내낭(내내/줄곧), 느량(늘/항상), 대걸룽(대
강/대충), ᄃ(ᄄ)근이(느긋이), ᄃᆺᄃᆺ이/ᄄᆺᄄᆺ이(따뜻이), 모녀/몬쳐(먼
저), 무두룩이(수북이), 미죽이/메죽이(삐죽이), 미리(르)생이(미리/일
찌감치), 바싹/파싹(몹시/매우), 번찍(번연히), 베량(별로), 빙색이(빙
긋이), 비룽이(빤히), 수(소)랑이(길쭉이), 술락(홀쩍/홀떡), 오고생이
(고스란히), 아멩(아무리), 어가라(당장/즉시), 이추룩(이처럼), 인칙(일
찍/아까), 이영저영/영정(이러고저러고), 이레저레(이리저리), 으생이
(슬그머니), 죽장(쭉), 지깍(꽉/빼곡히), 짓대기(자꾸), ᄌᆺᄌᆺ이(상(자)세
히), 축엇(웃)이(어김없이), ᄏ쿨이(깨끗이), 콜징이(가지런히/나란히),
판(펀)두룽이(태연히), 하간(모든), 하영(많이), 혼지네(자주/늘), 홈치
(함께) …

△ 상징부사

갈갈(잘잘/질질), ᄀᆷ상ᄀᆷ상(가물가물), 금착금착/금칠락금칠락(깜짝
깜짝/들컥들컥), 궁글궁글/꿍끌꿍끌(흔들흔들), 놀멍놀멍(천천히/놀며
놀며), 대작재작(닥지닥지), 대군대룬(꼬지꼬지), 둥굴락둥굴락(둥글둥
글), 무직무직(굵직굵직), 물착물착/물치락물치락(싹둑싹둑), 빙삭빙
삭(빙긋빙긋/빙글빙글), 복복(박박), 빅짝빅짝(북적북적), 소닥소닥/소
들소들(시들시들), 술술/쏠쏠(살살/쌀쌀), 어랑어랑(야들야들), 으상으
상(어정어정), 자락자락/지락지락(주렁주렁/주저리주저리), 자울자울
(절뚝절뚝), 줌짓줌짓/줌칫줌칫(머뭇머뭇), 춤막춤막(깜짝깜짝), 턱턱
(척척), 톨랑톨랑(탈랑탈랑), 파들락파들락/푸들락푸들락(발딱발딱/
벌떡벌떡), 푸삭푸삭(파삭파삭), 힐끗힐끗(힐끔힐끔), 홀긋홀긋(할금할
금), 홍글락홍글락(흔드적흔드적) …

6) 감탄사 어휘

감탄사는 <제2장 품사론>에서 다룬 바와 같이 고정된 어휘가 있는
반면에 원래 감탄사일 수 없는 말들도 대화중에 놀라움이나 기쁨의 찬탄을

나타낼 때는 감탄사의 구실을 하는 경우가 많다. 되풀이되는 말이지만 제
주어는 구어체인 입말 중심의 구술성이 강해서 감탄사가 많을 수 있다. 그
렇다고 그것을 다 열거할 수는 없고, 어린애를 키울 때 쓰던 말과 우마를
부릴 때 쓰는 말 중 감탄사에 해당하는 것만 제시키로 한다.

△ 던데던데 [짝짜꿍짝짜꿍]

어른들이 어린애에게 두 손뼉을 치도록 시킬 때 쓰는 말인데, 현대
국어의 '짝짜꿍짝짜꿍'에 해당한다.

△ 마니마니/마니마니마니 [도리도리/도리도리도리]

어른들이 어린애에게 고개를 사방으로 돌리는 도리개질을 하도록
시킬 때 하는 말이다. 현대국어의 '도리-도리-도리'에 해당한다.

△ 섬매섬매 [섬마섬마/따로따로 따따로]

어른를이 서기 시작하는 어린애에게 자기대로 서도록 시킬 때 하는
말인데, 현대국어 '섬마-섬마'·'따로따로-따따로'에 해당한다.

△ 부에/어부에 [부바/어부바]

어른들이 어린애를 업으려고 할 때 그 애가 업히도록 하는 말인데,
현대국어의 '부바/어부바'에 해당한다.

△ 좀매좀매 [죄암죄암]

어른들이 어린애에게 다섯 손가락을 쥐었다 폈다 하도록 시키는 말
인데, 현대국어의 '죄암죄암'에 해당한다.

△ 가당가당/가들랑가들랑 [바동바동/바들랑바들랑]

어른들이 어린애의 겨드랑 밑을 두 손으로 추겨들고 두 다리를 마구
놀려서 흔들도록 하는 말인데, 현대국어의 '바동-바동/강동-가동'에
해당한다.

△ 아공 [아공]

어른들이 출산한 어리애가 백일이 가까워 가면 옹알이를 유도하는 첫 단계의 소리이다. 그래서인지 대부분의 유아는 울음소리 다음 내는 소리가 '아공'에 가까운 옹알이를 하게 된다.

△ 부– [부–]

어른들이 어린애에게 말소리를 익히려 유도하는 하는 첫 단계인 '아공' 다음에 입술을 떨어서 내도록 유도하는 소리가 '부–'이다. 이 소리를 제주어로 'ᄇ랑귀'라고도 한다.

△ 시/시이 [쉬]

어른들이 어린애의 두 다리를 들고 앉아서 오줌을 눕힐 때 내는 소리인데, 현대국어의 '쉬'에 해당한다.

△ 응/응응 [응아]

어른들이 어린애가 돌이 가까워 가면 들고 똥을 누도록 유도하는 소리로서 현대국어 '응아'에 해당한다.

△ 왕/왕왕 [와/와와]

소를 부리거나 다룰 경우에, 그 소를 달래거나 멈추게 할 때 내는 소리이다. '왕'을 여러 번 반복해서 큰 소리를 낼 수도 있는데, 이런 경우는 그들 소가 고분고분 응하지 않을 때 내게 된다. 또 말을 다룰 때는 '와/와와'라고 한다.

△ 어씩/어씩게 [어씩/어씩게]

이 말은 밭을 갈 때 소를 재촉해서 빨리 쟁기를 당겨서 걷도록 하는 소리이다. 또 '어씩'에 강세첨사 '게'가 붙어서 '어씩게'가 되면 힘내서 더 빨리 당기라는 뜻이 실린 독려하는 어투가 된다.

△ 이러/이러이러/이러러 [이랴/이랴이랴/이랴랴]

이 말은 우마를 몰 때 내는 소리인데, 주로 간 밭에 곡식의 씨를 뿌려 밟을 때 낸다. 그것도 '이러'보다 '이러이러'가 더 운율적이고 '이러러'를 덧붙이면 더욱 음악적 율조가 살아난다.

7. 외래어

국어가 그 나라 고유의 토박이말만으로 이뤄진 것이 아니듯이, 제주어도 순 제주도 고유의 토속어인 탐라어(耽羅語)만 썼던 것이 아니다. 한본토어(韓本土語)를 비롯해서 외국의 말들이 섞여서 쓰이기 마련인데, 그들 중 몽골어와 일본어에 근간을 두고 있는 것만 간추려 보았다. 여기서 주의할 것은 외래어는 원칙적으로 순수제주도의 토속어(土俗語)가 될 수 없으므로 속칭(俗稱)이란 말은 삼가야 된다. 다만 고대 몽골어의 일부는 생활어로 굳어진 지가 육백 년이 지났으므로 제주어로 굳어져 버렸다.

1) 몽골어

제주어에 몽골어가 육지부의 여러 지방에 비해서 많은 것으로 돼 있다. 그 이유는 몽골군이 고려시대 삼별초의 최후 보루였던 제주시 애월읍 고성리에 있던 항파두리를 고려군과 연합해서 점령한 후, 무려 100년 가까이 목마장으로 활용한 데서 비롯된 것이다. 필자가 몽골어에 대해서는 백면서생이어서 함부로 밝힐 수는 없으므로, 문헌기록이나 국어사전에 나와 있는 것을 중심으로 추출해 볼 수밖에 없다. 그 대표적인 것은 털빛을 중심으로 붙여진 말의 명칭에 '<u>가라</u>몰(가라말), <u>간전이</u>/<u>간전이</u>몰(간자말), <u>고라</u>몰(고라말), <u>구렁</u>몰(구렁말)'… 따위를 꼽을 수 있다.

특히 주목할 만한 것은 '한라산(漢拏山)'이 몽골어에서 비롯됐다는 사실이다. 그 근거는 '한라'의 뜻이 <저 멀리 구름 위로 우뚝 솟아 있는 검푸른 산>이라는 고대 몽골어라고 밝히고 있다.[294] 그와 맥을 같이 하는 것으로서, 조선 효종 2년(1651) 제주목사로 부임했던 이원진의 『탐라지(耽羅志)』에 '한라산(漢拏山)'을 "以雲漢可拏引也"라고 해서 '한라(漢拏)'가 운한(雲漢)인 '은하수(銀河水)'를 끌어당길 정도로 높다는 데서 불려 진 것이라고 한 바 있다.

다음의 열거한 것들은 석주명의 『제주방언집』(서울신문출판부, 1947)·『제주도자료집』(서귀포문화원, 2008)에 몽골어라고 명시돼 있는 240여 어휘 중에서 70개만 선별해서 옮긴 것이다. 그것들이 몽골어인지는 아무도 고증한 바 없으므로 신빙성에 문제가 있다. 하지만 고어와 연관시켜 되새겨보아야 할 어휘들이다. 특히 우마와 관련된 것들은 위 '토속어'의 '가축'에서 열거한 것도 있지만, 목축과 관련된 것과 생활용어도 있다. 또한 제주도 고유의 속칭(俗稱)으로 알고 있는 옛 마을 이름들이, 몽골식 명칭과 같은 것으로 보고 있어서 그 진위여부는 고증돼야 할 과제이다.

---

294) 『조선상고사』(단재 신채호 원저/박기봉 옮김, 비봉출판사, 2007) 147-148쪽에 보면 <한라산(漢拏山)>은 몽고어로 <저 멀리 구름 위로 우뚝 솟은아 있는 검푸른 산>이란 뜻이다. …중략… 우리나라 고대사 전공자들에게 우리 고대사의 몇 가지 명칭 문제를 해결하는 데 참고가 되기를 바라는 마음에서이다. …중략… 몽고족 출신의 한 인사가 중국 심양의 요령민족출판사에서 <몽고경전>의 한역(漢譯) 편집을 맡고 있었다. 그는 개인적으로 고대 몽고어를 전공한 학자이다. 하루는 그 집에 초대를 받아 갔는데, 그 자리에는 북경대학에서 현대몽고어를 가르치는 교수 한 분도 동석했다. …중략… 북경대학의 몽고어과 교수가 부르는 몽고어 노래가사에 '한라'라는 단어가 자주 나왔다. 평소 제주도의 '한라산(漢拏山)'이 무슨 뜻인지 알 수 없어 궁금하게 여겼던 나는 노래가 끝난 후 노래가사에 나오는 '한라'라는 말의 뜻이 무엇인지 물어보았다. 그의 대답인즉, "저 멀리 구름 위로 우뚝 솟아 있는 검푸른 산"이라는 것이었다. 긴 설명이 필요 없었다. 제주도는 고려시대 때 몽고인들이 말을 기르던 곳이었던 것이다. 그때부터 우리는 노래 부르기를 그만두고 몽고어와 우리말의 음과 뜻이 같거나 비슷한 단어 찾기에 나섰다. ---「居西干(거서간)」---「麻立干(마립간)」---「尼師今(니사금)」---「莫離支 (막리지)」… 이하 생략.

제주어	몽골어	표준어	비 고 295)
가라몰	가라메리디	검은말	
간전이	깐전이	간자말	이마에 흰줄 무늬가 있는말
간드락	간드락	看月洞	제주시 아라2동 아랫동네
거울몰	거울메러	거을말	발목의 흰 말
걸머리	걸모리	洞里名	아라2동 윗동네
고라몰	고라(駏騢) kula 후타모리	灰色馬	
고지	고지	밭이랑, 이랑	
골	골	엿기름	
꾀염시냐	꾀엄시너	끓느냐	
곡-곡-	곡-곡-	꿀꿀	
꾄다	꾄다	끓다	
구둠	구둠	먼지	
구렁적다	쿠렁모리	붉은말	
귀리	귀리	蒙古式地名	애월읍 하귀리
기여	기여	그리하라	
놀	놀	폭풍	
눔삐	눔삐	무	
늣싸움	늣싸움	여드름	
다그네	蒙古式地名	修根洞	제주시 도두동 소재
다슴아방	다슴아바	계부	
다슴어멍	다슴어머	계모	
쩨미	蒙古式地名	爲美里	남원읍 위미리
도그내	蒙古式地名	내도리 급 외도리	제주시 외도동
드곰	도곰	언치	

---

295) '비고'는 필자가 이해를 돕기 위해 원본에 없지만 설정해서 적어놓은 것이다.

도노미	蒙古式地名	동도노미(井實洞)	정실동:오라2동
		서도노미(於音里)	어음리:애월읍소재
독고리낭	독고리낭	찔레나무	
두메기	두메기	풍댕이	
마	마	자	물건을 줄 때 하는 소리
마농	마농	파	
마농뎅가리	마농뎅가리	파	
마니마니	마니마니	도리도리	어린애 목을 좌우로
			돌리도록 하는 말소리
맹맹	매매	매매(子牛의 啼聲)	
멘	멘	국수	
멩마구리	멩마구리	맹꽁이	
무두내	蒙古式地名	龍崗里	제주시 용강동
무제미	무제미		말고삐 조이개
ᄆᆞ쉬	ᄆᆞ쉬	牛馬	
	(家畜의 뜻)		
버버버	버버버	엉정버정	
베부래기	부래기	두렁이(兒들의 腹卷)	
보곰지	보곰ᄌᆞ	지갑	
복시다리	복시	腰椎가 296) 傷한	
		病身 牛馬	
부렝이	부렝이	수소	
부–애	부애	어부바	
북글래기	북글래기	거품	
빙	빙	병(病)	
설러불다	설러불러	그만두다	
소왕이	소윙이	엉겅퀴	
술락	술락	홀떡	

296) '요추(腰椎)'는 '천골(薦骨)'이라야 맞다. 왜냐하면 '복시'는 엉치뼈인 '천골(薦骨)'이
상해서 내려앉은 소나 말을 일컫기 때문이다.

쉬	쉬	보숭이	
아방	아바	아버지	'바'에 'ㅇ' 받침만 다름
어멍	어머	어머니	'머'에 'ㅇ' 받침만 다름
약돌기	약돌기	망태기 [297]	
오도롱	蒙古式地名	吾道洞	제주시 이호2동
오롯	오롯	오르막	
올레친심	올레친심	혼례식 절차의 일종	
왕상	왕상	부스스	
월라몰	월라매리	워랏말(班馬)	
유마	유마	褐色馬	갈기는 검고 배는 희고 몸통은 갈색인 말
이엿싸	이엿싸	이어차	
잘잘	잘잘	줄줄(流渙의 狀)	
제완지	제완지	바랭이	
주시	주시	찌꺼기	
치	치	창애	짐승을 잡는 틀의 일종
촐	초	꼴	'초(草)'에 붙는 'ㄹ'만 다름
쿠룽쿠룽	쿠룽쿠룽	쿨쿨	
텀불랑	텀불렁	텀벙	
펄	펄	진창	
화확	화확	빨리	
혹	혹	획	무엇을 던지는 모양

[참고] 위의 어휘들은 필자가 2009년 7월 제주어 수집차 일본 오사카에 들렀을 때 재일동포 김시종(金時鍾) 시인의 말에 의하면, 옛 잡지 <삼천

---

297) '약돌기'를 표준어로 '망태기'라고 한 것은 잘못된 것이다. '약돌기'는 망태가 아니고 각주 150)에서 설명했듯이 노끈으로 그물처럼 엮어서 지금의 작은 배낭과 같이 간편한 물건을 담고 걸머지게 만든 운반용 도구의 하나이다.

리> 멤버와 같이 제주도 방문길에 올랐던 국립오사카외국어대학(현재 오사카대학에 통합) 출신 몽골어 학자 '시바료타로(司馬遼太郎: 타계했음)'가 석주명의 『제주방언집』에 수록된 어휘들을 보고 제주도가 몽골어의 많은 영향을 받은 것 같다고 했었다는 말을 들려준 바 있다.

2) 일본어

다른 지방도 그렇지만, 일본어가 마치 제주도의 희귀한 토속어인 줄 알고 쓰여지는 것들이 있다. 그렇게 된 것은 36년간의 일제치하의 조선어 말살 어문정책 아래 우리의 말과 글을 없애서 일본어만을 사용하도록 강요했던 결과이다. 아래 열거한 것들은 지금도 이따금씩 사용하는 것들인데, 젊은 세대들과 언론매체에서까지 토박이 제주어인 줄 알고 쓰이는 경우가 있다. 그들 중에는 순 일본어 그대로인 것도 있고 우리말과 결합해서 합성어(合成語)의 형태로 쓰이고 있다. 이런 현상은 우리 제주어만이 아니다. 일본어 중에는 한국어가 일본어화한 것도 있을 것이고 보면, 일본어로 다루고 있는 것이 그 모어(母語)는 한국어인 것도 있을 수 있다.

△ 식품류 어휘

뎀뿌라(튀김), 쓰기야끼(볶고 지짐), 샤부샤부(살짝 익힘), 사시미(생선회), 다꾸앙/다꽝(단무지), 아나고(바닷장어), 오뎅(어묵), 우동(가락국수), 이루꾸(마른멸치), 와사비(芥:겨자), 센마이(처녑/벌집위), 미깡(밀감), 나쓰미깡(하귤), 다마네기(양파), 간낭(양배추), 간스메(통조림), 닌징(당근), 짬뽕(초마면/뒤섞기) …

△ 물건류 어휘

가고(바구니), 사라(접시), 고사라(小皿:작은접시), 벤토오/벤또(도시락), 수굼푸(삽/가래), 나대(미호미/장호미), 하꼬(상자), 보루(로)바꾸(종이상자), 구루마(마차), 간데기(풍로), 와리바시(소독저/나무젓가

락), 하시(젓가락), 요지(이쑤시개), 살마다/사리마다(속바지/팬츠), 우
아게(양복저고리), 몸뻬(여성노동복)[298], 대비(양말), 나까오리(중절
모), 도리우쬐(주걱모자/납짝모자), 미싱(재봉틀), 마도매(假縫:가봉),
쓰메끼리(손톱깎이/손톱자르개), 와꾸(액자/틀), 메가네(안경), 후루시
끼(보자기), 내지(나사못), 네지마와시(나사틀개/드라이버), 단스(장롱/
옷장), 마도와꾸(창틀), 아까징끼(빨간물약/머큐로크롬), 에리(깃), 오
봉(쟁반), 한소데(반소매), 한쓰봉(반바지) …

△ 일본어+제주어

야끼만두(군만두), 다마사탕(알사탕), 다다미방(다다미방/돗짚요방),
하꼬방집(판자방집), 게다착(게다짝), 사꾸라꼿/사꾸라낭(벗꽃/벗나
무), 도댓(도대ㅅ)불(등댓불), 곤조다리(심술꾼/몽니꾼), 쓰리꾼(소매치
기꾼), 다마치기(구슬치기), 가보시끼ᄒ다(함께나누다), 깨찌깨찌ᄒ다
(깍쟁이질하다), 단따이ᄒ다(단합하다), 다이아다리ᄒ다(맞부딪치기하
다), 단도리ᄒ다(단속하다), 몽꾸듣다(욕듣다/꾸지람듣다), 오도낫ᄒ다
(얌전하다), 아야꼬시ᄒ다(아니꼽다), 우르사이ᄒ다(시끄럽다), 와리깡
ᄒ다(분담하다), 방까이ᄒ다(만회하다), 가와리ᄒ다(교대하다), 고도리
치다(화투놀이의 고도리를 치다), 나라비ᄒ다(정렬하다) …

△ 제주어+일본어

돔지리(돔국), 춥쑬모찌(찹쌀떡), 감ㅈ뎀뿌라(고구마튀김), 꿩샤부샤
부(꿩고기살짝익힘), 떡사라(떡접시), 물싯뿌(물찜질), 츨레냄비(반찬
냄비), 징심벤또(점심도시락), 낭하시(나무젓가락), 손구루마(손수래),
못하꼬(못상자), 광목쓰봉(광목바지), 왓다리갓다리(왔다갔다), 야미
장시(뒷거래장사)…

△ 기타

쿠세(버릇), 히야시(냉장:冷藏), 끼리(절단:切斷), 이빠이(잔뜩/가득),

---

298) '몸뻬'는 일제시대 만들어 입었던 여자용 노동복 바지로서 지금도 일을 할 때 편하므로
만들어 입고 있다.

닥상(충분), 무짜무짜(다짜고짜), 하바(幅:폭), 나라비(整列:정렬/줄서기), 소지(청소), 엔주(조)(사양), 주리/우수리(거스름돈), 아다라시(새 것), 야지(야유), 오야/오야붕/오야지(우두머리/책임자), 와이로(뇌물), 우게도리(全擔:전담/떠맡음), 조시(상태), 가보시키(나눠 갖기), 뎅깡(강짜), 유꾸리(한가히), 도따(싹쓸이), 고소고소(수군수군), 부랴부랴(허둥지둥), 아다리(單數:단수/適中:적중), 다나모시(契:돈계), 요씨다(좋다), 사캉/사깡(미장이), 시마이(끝), 야미(암거래), 쿠사리(욕/꾸지람), 시아게(마무리/끝손질), 가라대(당수) …

이들 외에도 일본어의 잔재는 도처에 흩어져 있다. 지금도 일본제국주의 시대를 거쳤던 70대 이상 노년층의 대화에 묻어나고 있다. 더욱이 그당시 일제시대에 전수된 전문업에 사용하는 용어나 유품의 명칭은 마치 고유의 제주어처럼 돼 버렸다. 그런데도 그것을 표준어세대들은 제주도의 고유한 토속어인 줄 알고 쓰기 일쑤인데, 제주어의 구술자료를 채록할 때 유념해야 할 과제이다. 그렇지 않으면 일본어가 엉뚱한 제주어로 둔갑되고 만다.

제4장

구 술 론

구술론이라고 함은 국어문법의 통사론에 해당하는 것과 말하기의 구술형태를 아우른 것이다. 제주어는 원래 문장화를 위한 문어체(文語體)가 아니고, 음성을 통한 의사전달을 위한 구어체(口語體)의 통사구조(統辭構造)를 가진 언어이다. 그러니 그 어순(語順)이 문법적인 논리성보다 음성언어로서 의사표출을 위한 실용성이 우선이다. 그것도 길게 말하는 것보다 짧아야 효과적이므로, 허사(虛辭)인 조사와 어미를 생략하거나 축약해서 말하기의 형태를 간소화하는 경제성을 중시하고 있다. 거기에다 무슨 말을 할 때 상대를 직접 겨냥해서 직설적 표현이냐, 간접적으로 하는 우회적 표현이냐에 따라 말하기의 형태가 달라진다. 특히 구어체의 특성을 살리기 위해 말끝에 붙여서 강세첨사의 기능을 발휘하는 구술첨사의 활용이 돋보인다.

1. 어 순

어순은 단어를 연결해서 의미를 구성하는 체계이다. 그런데 이들 체계는 문자를 통해서 문장화했을 경우 앞뒤의 말이 서로 아귀가 맞아야 하는 논리성이 있다. 그 중추적 구실을 하는 말마디가 어떤 성분을 가지고 있는데,

그들 성분은 말을 하거나 문장을 작성할 때 그 놓여야 할 자리에 배열돼야 의미전달의 체계가 선다. 즉 아래와 같은 '주성분'·'부속성분'·'독립성분'이 각기 어떻게 배열되느냐가 중요하다.

1) 주성분

주성분(主成分)이라고 함은 말하기나 문장에서 없어서는 안 되는 중추적 구실을 하는 성분인데, 그 단위는 말 마디인 어절(語節)이다. 즉 주어·서술어·목적어·보어가 그것인데, 이들은 실제 말을 할 때는 어느 한 성분의 어휘가 생략되거나 그 놓이는 위치가 어긋나도 의미전달이 된다. 하지만 문장화할 때는 아래 예시와 같이, 그 주성분의 기본골격을 이루는 어순배열은 <주어+서술어>·<주어+목적어+서술어>·<주어+보어+서술어>로 되는 것이 원칙이다.

△ 주어+서술어

· 건 뭣고?
  (그것은 뭣이냐?)
· 고린 장 더디 엇어진다.
  (고린 장은 늦게 없어진다.)

△ 주어+목적어+서술어

· 막은 방엔 이슬 안 간다.
  (막은 방위에는 이사를 안 간다.)
· 섣둘-구뭄날 좀 일쩍 안 잔다.
  (섣달-그믐날은 잠을 일찍 안 잔다.)

△ 주어+보어+서술어

· 근심광 걱정이 빙 뒌다.
  (근심과 걱정이 병이 된다.)

· 그건 우리 ᄆᆞ쉬 아니어.
(그것은 우리 마소/우마가 아니다.)

2) 부속성분

부속성분(附屬成分)이라고 함은 말하기나 문장에서 중추적 구실을 하는 주성분인 주어 · 서술어 · 목적어 · 보어 따위를 꾸며주는 단어와 어절을 말한다. 이들은 주성분의 골간(骨幹)에 살을 붙여서 전달을 도울 뿐 나타내고자 하는 본 뜻을 변화시킬 수는 없다. 아래 관형어와 부사어가 그것이다.

(1) 관형어

이들 관형어(冠形語)는 체언 앞에 놓여서 그 체언의 내용을 꾸며주는 구실을 하는 어절이다. 여기에 해당하는 것은 관형사를 비롯해서 활용어미 '-ㄴ · -은 · -는 · -ㄹ · -을'이 붙는 용언의 관형사형과 관형격조사 '이(의)'가 [299] 붙는 것이 통례이다. 또한 아래 ❶❷의 관형구 · 관형절도 부속성분인 관형어의 구실을 한다. 그에 대한 예시는 주성분인 '주어' · '목적어' · '보어'의 바로 앞에 놓이는 경우에 한정했다.

△ 관형사+주어+서술어

· 저 사름이 한문 선ᄉᆡᆼ님이어.
(저 사람이 한문 선생이다.)
· 그딘 ᄋᆢ라 사름이 앚앗저.
(거기는 여러 사람이 앉았다.)

---

299) 관형격조사 '의'인 경우, 제주어에서는 그 소리가 실제는 '의'가 아닌 '이'로 소리 나므로 표기도 '이'로 한다.

△ <u>관형사형</u>(-ㄴ/-은/-는)+주어+서술어

· <u>아픈</u>(프ㄴ) 듸가 하도 하다.
　(<u>아픈</u> 데가 하도 많다.)
· 설룽 <u>죽은</u> 사름은 엇나.
　(설워서 <u>죽은</u> 사람은 없다.)
· 저디 <u>오는</u> 건 누게고?
　(저기 <u>오는</u> 것은 누구냐?)

△ <u>관형사형</u>(-ㄹ/-을)+주어+서술어

· 이디서 <u>갈</u> 사름은 엇다.
　(여기서 <u>갈</u> 사람은 없다.)
· 욕먹을 <u>짓</u>이랑 말라.
　(<u>욕먹을 짓</u>은 말아라.)

△ 체언+<u>관형격조사</u>(이)+주어+서술어

· <u>사름이</u> ᄆᆞ음은 다 지만썩인다.
　(<u>사람의</u> 마음은 다 제만씩이다.)
· <u>부모이</u> ᄉᆞ랑은 끗엇나.
　(<u>부모의</u> 사랑은 끝없다.)

△ 주어+<u>관형사</u>+목적어+서술어

· 임금은 <u>온</u> 백성을 생각흔다.
　(임금은 <u>온</u> 백성을 생각한다.)
· 는 <u>멧</u> 식굴 거느렴시니 ?
　(너는 <u>몇</u> 식구를 거느리고 있느냐?)

△ 주어+<u>관형사형</u>(-ㄴ/-은/-는)+목적어+서술어

· 가인 활짝 <u>핀</u> 꼿을 좋아흔다.
　(개는 활짝 <u>핀</u> 꽃을 좋아한다.)
· 는 <u>죽은</u> 사름을 살려지커냐?

(너는 죽은 사람을 살려지겠느냐)
· 가이가 <u>가는</u> 곳을 알아보라.
(걔가 <u>가는</u> 곳을 알아봐라)

△ 주어+<u>관형사형</u>(－르/－을])+목적어+서술어
· 느가 <u>줌잘</u> 방을 정흐라.
(네가 <u>잠잘</u> 방을 정하라.)
· 난 <u>먹을</u> 물을 질언 왓저.
(나는 <u>먹을</u> 물을 길어서 왔다.)

△ 주어+<u>관형격조사</u>(이)+목적어+서술어
· 가이가 <u>놈이</u> 스정을 알카?
(걔가 <u>남의</u> 사정을 알까?)
· 난 <u>짐싱이</u> 이름을 잘 몰른다.
(나는 <u>슴승의</u> 이름을 잘 모른다.)

△ 주어+<u>관형사</u>+보어+서술어
· 저건 <u>그</u> 물건이 아니어.
(저것은 <u>그</u> 물건이 아니다.)
· 묵은 집이 <u>새</u> 집 뒌다.
(묵은 집이 <u>새</u> 집이 된다.)

△ 주어+<u>관형사형</u>(－ㄴ/－은/－는)+보어+서술어
· ㅁ음씨 <u>나쁜</u> 사름이 안뒌다.
(마음씨 <u>나쁜</u> 사람이 안된다.)
· 그건 <u>좋은</u> 방법이 뒈카?
(그것은 <u>좋은</u> 방법이 될까?)
· 그건 <u>깨독흐는</u> 말이 아니다.
(그것은 <u>깨우는</u> 말이 아니다.)

△ 주어+<u>관형사형</u>(-ㄹ/-을)+보어+서술어

· 그건 <u>홀</u> 일이 아니어.

(그것은 <u>할</u> 일이 아니다.)

· 술 <u>익</u>을 때가 뒛인가?

(술이 <u>익</u>을 때가 됐는가?)

△ 주어+<u>관형격조사</u>(이)+보어+서술어

· 이건 <u>나</u> 책이 아닌게게.

(이것은 <u>나의</u> 책이 아니다야.)

· 그이가 <u>집안이</u> 큰어룬이 뒈엇구나!

(그이가 <u>집안의</u> 큰어른이 되었구나!)

❶ 관형구

관형구라고 함은 두 개 이상의 단어나 어절이 연결돼서 그 뒤에 오는 주성분인 주어·목적어·보어를 꾸며주는 어구(句:phrase)를 말한다. 이 경우의 관형구는 그 자체만으로는 주어와 서술어인 주술의 관계가 성립되지 않는 오직 관형어이 구실을 할 뿐이다.

△ <u>관형구</u>+주어+서술어.

· <u>부지런이 일ᄒᆞ는</u> 사름이 잘산다.

(<u>부지런히 일하는</u> 사람이 잘산다.)

· <u>캄캄 어둑은</u> 밤질은 멩심ᄒᆞ여사 혼다.

(<u>캄캄 어두운</u> 밤길은 명심하여야 한다.)

△ 주어+<u>관형구</u>+목적어+서술어

· 자인 <u>가는</u> 듸마다 놈을 궤롭힌다.

(쟤는 <u>가는</u> 데마다 남을 괴롭힌다.)

· 난 안 <u>봐나난</u> 츠마 저런 줄 몰랏저.

(나는 안 <u>봐나니</u> 참아 저런 줄을 몰랐다.)

△ 주어+<u>관형구</u>+보어+서술어

· <u>주식은 잘 그리청 키와사</u> 큰사름 뒌다.
　(자식은 잘 가르쳐서 키워야 큰사람이 된다.)
· 낭군님은 <u>오당강당 만난</u> 임이 아닌다.
　(낭군님은 오다가다 만난 임이 아니다.)

❷ 관형절

　관형절이고 함은 두 개 이상의 단어나 어절이 연결돼서 그 뒤에 오는 주성분인 주어·목적어·보어를 꾸며주는 구절(節:clause)을 말한다. 이 경우 관형절은 그 자체가 주어와 서술어인 주술의 관계가 성립된다.

△ <u>관형절</u>+주어+목적어+서술어

· <u>사름이 엇은</u> 집은 들어가지 말라.
　(<u>사람이 없는</u> 집은 들어가 마라.)
· <u>늘개기가 다 빠진</u> 생이가 앚앗저.)
　(<u>날개가 다 빠진</u> 새가 앉았다.)

△ 주어+<u>관형절</u>+목적어+서술어

· 자인 <u>놈이 안ᄒᆞ는</u> 일을 ᄒᆞᆫ다.
　(재는 <u>남이 안하는</u> 일을 한다.)
· 사돈이 <u>나가 홀</u> 말을 몬저 곧나.
　(사돈이 <u>내가 할</u> 말을 먼저 말한다.)

△ 주어+<u>관형절</u>+보어+서술어

· 그딘 <u>느가 가사</u> 일이 뒌다.
　(거기는 <u>네가 가야</u> 일이 된다.)
· 그 밧은 <u>ᄀᆞ뭄이 안 드난</u> 곡숙이 잘뒌다.
　(그 밭은 <u>가뭄이 안 드니</u> 고식이 잘된다.)

(2) 부사어

이들 부사어(副詞語)는 용언이나 서술어 앞에 붙어서 그 뒤의 용언
과 서술어는 물론이고 또 다른 부사·부사어를 수식한다. 또한 아래 ❶
❷의 부사구·부사절도 부속성분인 부사어의 구실을 한다.

△ 주어+<u>부사</u>+서술어

· 물린 재산 <u>재기</u> 엇어진다.
  (물린 재산은 <u>빨리</u> 없어진다.)
· 말이랑 <u>곱게/고영</u> 굴으라.
  (말이랑 <u>곱게</u> 말하라.)
· 우리랑 <u>부지런이</u> ³⁰⁰⁾ 걸엄게.
  (우리랑 <u>부지런히</u> 걷고 있자.)

△ 주어+<u>부사</u>+<u>부사</u>+서술어

· 자인 <u>잘도</u> <u>뿔리</u> 감저.
  (쟤는 <u>잘도</u> <u>빨리</u> 가고 있다.)
· 누게가 <u>경</u> <u>하영</u> 얻어왓이니?
  (누가 <u>그렇게</u> <u>많이</u> 얻어왔느냐?)
· 난 <u>너미</u> <u>잘</u> 알아부난 안 뒌다.
  (나는 <u>너무</u> <u>잘</u> 알아버리니 안 된다.)

❶ 부사구

부사구라고 함은 두 개 이상의 단어나 어절이 연결돼서 부사처럼
그 뒤에 놓인 용언을 꾸며주는 구실을 하는 어구로서, 주로 서술어를 꾸며
준다. 이 경우 관형구가 그랬듯이 그 자체만으로는 주어와 서술어인 주술
의 관계가 성립될 수 없고, 오직 부사어의 구실을 할 뿐이다.

---

300) 표준어의 형용사의 어근/어간에 붙어서 부사로 만드는 접미사 '-히'는 제주어에서는
    '-이'가 쓰인다.

△ 주어+부사구+서술어

· 빈말은 식은 죽만도 못흔다.
  (빈말은 식은 주만도 못한다.)
· 봄줌은 가시자왈에 걸어져도 잔다.
  (봄잠은 가시덤불에 걸어져도 잔다.)

△ 주언+목적+부사구+서술어

· 젊은 땐 시간을 금ㄱ치 귀흐게 알아사 흔다.
  (젊은 때는 시간을 금같이 귀하게 알아야 한다.)
· 자인 날 더럴운 개똥추룩 나무린다.
  (쟤는 나를 더러운 개똥처럼 나무란다.)

△ 주어+보어+부사구+서술어

· 비밀은 시상사름이 언젠간 즈연이 알게 된다.
  (비밀은 세상사람이 언젠가는 자연히 알게 된다.)
· 그 집은 아둘보단 뚤이 훨씬 브랑지고 낫나.
  (그 집은 아들보다 딸이 훨씬 활달하고 낫다.)

❷ 부사절

　부사절이라고 함은 두 개 이상의 단어나 어절이 연결돼서 부사처럼
그 뒤에 놓인 용언을 꾸며주는 구실을 하는 구절로서, 주로 서술어를 꾸며
준다. 이 경우 관형절이 그랬듯이 그 자체로 주어와 서술어인 주술의 관계
가 성립된다.

△ 주어+부사절+서술어

· 그 집 가운은 놉이 집 처녀에 맨다.
  (그 집 가운은 남의 집 처녀에 딸린다.)
· 삼월보롬 물찌에는 하우장각씨 구덕 창 둔나.
  (삼월보름 무수기에는 선비부인도 바구니 차서 뜬다.)

△ 주어+목적어+부사절+서술어

· 숫붕인 금을 금이 아니엥 골아도 고정든나.
  (숫보기는 금을 금이라고 말하여도 곧이듣는다.)
· 싸움은 지는 걸 생각ᄒ민 이길 것도 못 이경 진다.
  (싸움은 지는 것을 생각하면 이길 것도 못 이겨서 진다.)

△ 주어+보어+부사절+서술어

· 그런 일은 ᄉ나이 흔둘만 더 시민 뒌다.
  (그런 일은 사나이 한둘만 더 있으면 된다.)
· 것만은 가네덜이 아멩 지네가 질이엥 우겨도 아니어.
  (그것만은 개네들이 아무리 자기네가 제일이라고 우겨도 아니다.)

3) 독립성분

독립성분이라 함은 말과 문장의 주성분이나 부속성분에 직접적인 관계가 없으면서, 그 말이나 문장에 작용하는 독자적인 기능을 가진 독립어이다. 이에 대해서는 <제2장 품사론>에 다뤄져 있다. 아래 예시와 같이 느낌·호칭·응답 등의 감탄사가 여기에 속한다.

△ 느낌

· 아아, 세월도 뿔르다.
  (아아, 세월도 빠르다.)
· 어마떵어리, 그게 춤말가?
  (어구머니나, 그게 참말이냐?)
· 어춤, 그게 경 뒈낫구닝!
  (아참, 그것이 그렇게 되었었구나!)

△ 호칭

· 얘야, 이레 와보라.
  (얘야, 여기 와봐라.)

· <u>철수야</u>, 아디 감냐?

(<u>철수야</u>, 어디 가고 있냐?)

· <u>하르뱀</u>, 잘 살암십서양.

(<u>할아버님</u>, 잘 사고 계십시오네.)

△ 응답

· <u>양</u>, 시방 무신거엔 굴읍데강?

(<u>예</u>, 지금 무엇이라고 말합디까?)

· <u>으게</u>, 잘 알앗저.

(<u>그래</u>, 잘 알았다.)

· <u>기여게</u>, 걱정ᄒ지 말라.

(<u>그래야</u>, 걱정하지 마라.)

4) 부정사 위치

제주어는 표준어의 국어문법과 일치하지 않는 것이 있다. 그 대표적인 것 중에 눈에 띄는 것이, '아니다'·'못하다'가 부정을 나타내는 보조용언으로 쓰일 때는 본서술어의 뒤에 놓이는 것보다 앞에 놓이는 것이 일반화돼 있다. 즉 부정부사(否定副詞)인 '안'과 '못'이 용언이나 서술어 앞에 붙어서 <안+용언/서술어>·<못+용언/서술어>의 형태를 취하는 것이 통례이다.

△ 안+용언

· <u>안</u> 땐 굴묵에 내 나랴?

(<u>아니</u> 땐 방고래에 연기가 나랴?)

· <u>안</u> 먹켄 굴아 둔 사을도 <u>안</u> 뒈언 또시 먹냐.

(<u>아니</u> 먹겠다고 말하여 두고 사흘도 <u>아니</u> 되어서 다시 먹는다.)

△ 안+서술어

· <u>안</u> 가켄 ᄒ엿이민 절대 <u>안</u> 간다.

(<u>아니</u> 가겠다고 하였으면 절대 <u>아니</u> 간다.)

· 영장 난 때 <u>안</u> 올려난 떡 식개 때도 <u>안</u> 올린다.
  (장사 난 때 <u>아니</u> 올렸던 떡 제사 때도 <u>아니</u> 올린다.)

△ 못+용언

· <u>못</u> 먹나 <u>못</u> 먹나 ㅎ멍 거죽ㄲ장 다 먹나.
  (<u>못</u> 먹는다 <u>못</u> 먹는다 하면서 껍질까지 다 먹는다.)
· <u>못</u> 올라 갈 낭은 바(배)리지도 말라.
  (<u>못</u> 올아 갈 나무는 보라보지도 마라.)

△ 못+서술어

· 죽젱 ㅎ민 더 <u>못</u> 죽나.
  (죽으려고 하면 더 <u>못</u> 죽는다.)
· 이녁이 <u>못</u> 놀민 놈도 <u>못</u> 놀게 ㅎ다.
  (자기가 <u>못</u> 놀면 남도 <u>못</u> 놀게 한다.)

5) 형태소 도치

제주어의 문법관계를 나타내는 형태소 중에서 앞뒤가 바뀌는 도치(倒置)가 그것이다. 극히 일부지만 기간을 나타내거나 한정을 드러내는 현대국어의 '간만' · '-씩만'인 경우, '만간' · '만썩'으로 쓰인다.

△ 만간 [간만]

· 오래<u>만간</u>이 만낫저.
  (오래<u>간만</u>에 만났다.)
· 춤 느 오래<u>만간</u>이어게.
  (참 너 오래<u>간만</u>이다야.)

△ 만썩 [-씩만]

· 흔 사름<u>만썩</u> 앚지라.
  (한 사람<u>씩만</u> 앉히라.)

· 둑도 지 앞만썩 근어 먹나.
(닭도 제 앞씩만 헤집어 먹는다.)

2. 구술형태

제주어 말하기형태의 구조적 형태는 문장의 짜임새인 구문형태(構文形態)로 보면, 말하는 사람에 따라 다르다. 하지만 일반적으로 길게 끄는 만연체가 아닌 간결체에 속한다. 그러니 떨어져 있는 사람한테도 강한 어조로 전달할 수 있는 장점이 있다. 그 구술형태의 짜임새를 구문론에 의한 문장유형을 적용시키면, '단구형'·'단문형'·'중문형'·'복문형'·'혼합형'으로 구분해서 정리해 볼 수가 있다.

1) 단구형

이들 단구형(短句型)은 구문론의 입장에서 보면, 문장형성의 기본요소인 주어와 서술어가 갖춘 것도 있지만, 아래 예시와 같이 말할 골격만 내세운 관용구(慣用句)의 형태를 취하기 일쑤이다.

· 개 깝.
(개 값.)
· 영장밧듸 떡.
(장밭[葬地]에 떡.)
· 둗당 탈 타먹기.
(뛰다가 딸기 따먹기.)
· 긂엉 부시럼.
(긁어서 부스럼.)
· 그 아방에 그 아둘이어.
(그 아버지에 그 아들이다.)

2) 단문형

단문형(單文型)은 단일주어와 단일서술어로 된 말하기의 형태이다. 그렇다고 꼭 주어나 서술어가 갖춰져 있는 것이 아니고, 주어가 생략되거나 관용구의 형태를 취함으로써 문장성립의 조건에 어긋난 것도 많다. 그렇지만 음성을 통해서 하는 전달효과는 문법체계에 관계없이 두루 통한다.

△ 주어+서술어

· 밥이 <u>일흔다.</u>
  (밥이 일한다.)
· 아이광 늙은이 <u>무음은</u> 꼭 <u>닮나.</u>
  (아이와 늙은의 <u>마음은</u> 꼭 <u>닮다.</u>)
· 쏠물 날 <u>바당은</u> 친정보단 <u>낫나.</u>
  (썰물 날의 <u>바다는</u> 친정보다 <u>낫다.</u>)
· 늙신이 목둥인 구둘구석에 <u>세와뒁</u> 간다.
  (늙은이의 <u>지팡이는</u> 방구석에 <u>세워두고</u> 간다.)
· 쥉이고망으로 <u>쉐브름</u> 들어온다.
  (쥐구멍으로 <u>황소바람이</u> 들어온다.)

△ 주어+목적어+서술어

· 뜬 <u>쉐</u> 울 <u>넘나.</u>
  (뜬 <u>소가</u> 울타리를 넘는다.)
· 나드는 <u>개가</u> 꽝 물어든다.
  (나드는 <u>개가</u> <u>뼈를</u> 물어든다.)
· 절간이 <u>중</u> 지냥으로 <u>머리</u> 못 <u>까끈다.</u>
  (절간의 <u>중은</u> 자기대로 <u>머리를</u> 못 <u>깎는다.</u>)

△ 주어+<u>보어</u>+서술어

· <u>그건</u> 말이 <u>아니어.</u>
  (<u>그것은</u> 말이 <u>아니다.</u>)

· 둥구린 독새기가 빙애기 뒌다.
  (굴린 달걀이 병아리가 된다.)
· 궤로와도 저승보단 이승이 낫나.
  (괴로워도 저승보다는 이승이 낫다.)

3) 중문형

중문형(重文型)은 한 문장 속에 앞뒤에 놓인 두 개의 절이 대우관계 (對偶關係)로 된 통사구조를 이루고 있는 말하기의 형태이다. 여기에는 앞의 전절과 뒤의 후절이 서로 대등한 내용으로 배열된 말하기의 형태인 대등형(對等型)과 앞의 전절과 뒤의 후절이 서로 상반되는 내용으로 배열된 말하기의 형태인 대조형(對照型)이 있다. 또 전절과 후절이 대우관계로 됐지만, 대등형이나 대조형과 다른 의미구조를 가진 말하기의 형태인 '중첩형(重疊型)'도 있다. 이 중첩형은 앞뒤 어느 한 구절만 가지고는 나타내고자 하는 말의 의도를 살릴 수가 없다. 반드시 앞뒤 구절이 반복적으로 겹쳐야 의미형성이 분명해진다.

△ 대등형
· 가지낭에 목 걸령 죽곡, 줍(젭)시 물에 빠정 죽나.
  (가지나무에 목이 걸려서 죽고, 접시 물에 빠져서 죽는다.)
· 쉐 노는 뒨 쉐 가곡, 물 노는 뒨 물 간다.
  (소가 노는 데는 소가 가고, 말이 노는 데는 말이 간다.)
· 우영팟딘 눕삐 갈곡, 해벤팟딘 보리 갈곡, 드릇팟딘 산뒤 간다.
  (텃밭에는 무 갈고, 해변밭에는 보리를 갈고, 들밭에는 밭벼를 간다.)

△ 대조형
· 약방은 가차와사 좋곡, 칙간은 멀어사 좋나.
  (약방은 가까워야 좋고, 뒷간은 멀어야 좋다.)

· 심벡이랑 ᄒᆞ여도, 게심이랑 말라.
(경쟁은 하여도, 시기는 마라.)
· 돈 신 땐 성님 성님 ᄒᆞ당, 돈 엇(웃)이민 야야자야 ᄒᆞᆫ다.
(돈 있는 때는 형님형님 하다가, 돈 떨어지면 야야자야 한다.)

△ 중첩형
· 나도 초멘, 글도 초멘.
(나도 초면, 글도 초면.)
· 문지방 노픈 거, 사돈 노픈 거.
(문지방 높은 것, 사돈 높은 것.)
· 국물 먹은 놈이나, 건지 먹은 놈이나.
(국물 먹은 놈이나, 건더기 먹은 놈이나.)

4) 복문형

복문형(複文型)은 한 문장 속에 주어와 서술어가 둘 이상이 겹치는 것과 같은 말하기이의 형태이다. 즉 아래 '포유형(包有型)'·'주종형(主從型)'으로 된 통사구조를 가진 말하기의 형태가 이에 속한다.

(1) 포유형

포유형(包有型)은 한 문장 속에 주어와 서술어의 관계가 성립할 수 있는 절이 껴 있는 것과 같은 말하기의 형태이다. 그 대표적인 것이 아래 예시처럼 관형절과 부사절을 가진 통사구조로 된 것이다.

△ 관형절
· ᄆᆞ음이 고운 사름은 개똥밧딘 앚아도 곱나.
(마음이 고운 사람은 개똥밭에 앉아도 곱다.)
· 배 분 주인 하인 배고픈 중 몰른다.
(배가 분 주인은 하인이 배고픈 줄을 모른다.)

위 밑줄 친 'ᄆᆞ음이 고운'은 그 다음의 주어인 '사름은'을 꾸며주는 관형절이다. 또 '배 분'은 그 다음의 주어인 '주인'을 꾸며 주는 관형절이고, '하인 배고픈'은 목적어 '중(줄)'을 꾸며주는 관형절이다. 이에 대해서는 앞의 부속성분인 '관형어'에서도 다뤄져 있다.

> △ 부사절
> ・밤 세낭 ᄀᆞ단 보난, 어느 마노라 죽엇이닝 ᄒᆞ다.
>   (밤 세워 말하다가 보니, 어느 마누라 죽었느냐고 한다.)
> ・숫아방 생경 숫어멍 나준 냥 살라.
>   (숫아버지가 생겨서 숫어머니가 나 준 대로 살라.)

위 밑줄 친 '어느 마노라 죽엇이닝'은 서술어 'ᄒᆞ다'를 꾸며주는 부사절이고, '숫아방 생경 숫어멍 나준'은 두 개의 절이 '대로'와 합쳐서 서술어 '살라'를 꾸며주는 부사절이다. 이에 대해서는 앞의 부속성분인 '부사어'에서도 다뤄져 있다.

(2) 주종형

주종형(主從型)은 한 문장 속에 두 개의 주어와 서술어가 껴서 <종절+주절>의 구조를 취하는 문장과 같은 말하기의 형태이다. 그 내용의 비중은 전후 두 개의 절(節) 중에 앞에 놓인 전절보다 뒤에 놓인 후절이 중심을 이룬다. 이때 전절의 끝에는 주로 현대국어의 '-면/-니(니까)/-다가'에 해당하는 '-민/-난/-당'과 같은 연결어미가 붙는 것이 상례이다. 때로 주어가 생략되기도 하는데, 밑줄을 그은 것이 주절이다.

> △ 종절+주절
> ・떡 진 사름 춤추난, 몰똥 진 사름 ᄀᆞ찌 춘다.
>   (떡을 진 사람이 춤추니까, 말똥 진 사람 같이 춘다.)

· 살기 어려와 가민, 다슴아방 찍신/초신 푸는 듸 간다.
(살기가 어려워 가면, 의붓아버지가 짚신 파는 데 간다.)
· 밤바당이 절 울민, 붉는 날 태풍 친다.
(밤바다에 물결이 울면, 밝은 날 태풍이 친다.)

5) 혼합형

혼합형(混合型)은 문자 그대로 여러 개의 문장형태가 한 문장 속에 혼합된 통사구조를 가진 말하기의 형태이다. 이들과 같은 형태는 말하기 때도 나타나지만, 장황해서 실제 구어체로는 적절치 않으므로 토속요(土俗謠)의 노랫말 같은 데 주로 쓰인다. // 표시는 전절과 후절을 구분하기 위한 것이다.

(1) 단문형+포유형 · 포유형+단문형

① ⓐ한락산이 금뎅이라도 ⓑ쓸 놈이 엇으민 소용이 엇나.
(ⓐ한라산이 금덩어리라도 ⓑ쓸 사람이 없으면 소용이 없다.)
② ⓒ말은 혼번 골아사 듣지 좋곡 ⓓ두석 번 골아가민 실러혼다.
(ⓒ말은 한번 하여야 듣기가 좋고 ⓓ두세 번은 하면 싫어한다.)

위 ①은 전절 ⓐ의 단문형과 후절 ⓑ의 포유형이 결합된 <단문+포유문>의 형태를 취하고 있는 혼합형이다. ②는 전절 ⓒ의 포유형과 후절 ⓓ의 단문형이 결합된 <포유형+단문형>의 형태를 취하고 있는 혼합형이다.

(2) 주종형+주종형//주종형+혼합형

③ ⓔ게와싯집 아인 놩 둥구리민 ⓕ웃음이 나곡//ⓖ정성집 인단펭은 놩 둥구려도 ⓗ웃음이 안 난다.
(ⓔ걸인집 아이는 놔서 굴리면 ⓕ웃음이 나고//ⓖ정승집 은단병은

놔서 굴려도, ⓗ웃음이 안 난다.)

④ ⓘ질쏨밧 늙은인 죽언 보난 ⓙ미녕소중의가 아홉이곡//ⓚ줌녀 늙은인 죽언 보난 ⓛ일곱 애비아둘이 들르는 도곰수건이 흔인다.
(ⓘ길쌈밭 늙은이는 죽어서 보니 ⓙ무명 고쟁이가 아홉이고//ⓚ줌녀 늙은이는 죽어서 보니 ⓛ일곱 아비아들이 드는 물옷이 하나이다.)

위의 ③인 경우는 //를 경계로 해서 전절의 ⓔ+ⓕ는 '종절+주절'로 된 주종형과 후절 ⓖ+ⓗ는 '종절+주절'이 결합된 <주종형+주종형>의 형태를 취하고 있다. ④는 전절 ⓘ+ⓙ의 주종형과 후절 ⓚ의 단문형에 ⓛ의 포유형이 결합된 <주종형+혼합형>의 형태를 취하고 있다. 또 이들 ③④는 크게 전절과 후절로 양분하면 ③의 ⓔⓕ와 ⓖⓗ, ④의 ⓘⓚ와 ⓚⓛ는 대우관계의 대조적인 의미구조를 형성하고 있다.

(3) 포유형+주종형//포유형+주종형

⑤ ⓜ다슴어멍 죽언 묻은 된 ⓝ소왕이가 소앙소앙 눌을 들런 케젠 ᄒ난, ⓞ웃음제완 못 케곡//ⓟ원어멍 죽인 묻은 된 ⓠ반짓ᄂ몰이 반질반질 눌을 들런 케젠 ᄒ난, ⓡ눈물 제완 못 켄다.
(ⓜ의붓어머니가 죽어서 묻은 데는 ⓝ엉겅퀴가 까끌까끌 날을 들고 캐려고 하니 ⓞ웃음이 겨워서 못 캐고//ⓟ친어머니 죽어서 묻은 데는 ⓠ배추나물이 반질반질 날을 들고 캐려고 하니 ⓡ눈물겨워서 못 캔다.)

위의 전절의 ⓜ과 후절의 ⓟ는 포유형이고 전절의 ⓝⓞ와 후절의 ⓠⓡ은 '종절+주절'로 된 주종형이다. 즉 전체를 통틀어서 보면 전절 ⓜⓝⓞ과 후절 ⓟⓠⓡ은 서로 대우관계로 짜여진 <포유형+주종형>//<포유형+주종형>의 형태를 취하고 있다.

(4) 단문형+단문형+단문형+포유형

· ⓢ낭서두린 불 솜곡, ⓣ돌서두린 담 답곡, ⓤ쉐서두린 잡아나 먹나, ⓥ사름 멍청인 쓸 듸도 엇(읏)나.
(ⓢ나무둥치는 불을 때고, ⓣ돌덩이는 담을 쌓고, ⓤ못된 소는 잦아나 먹지만, ⓥ사람 멍청이는 쓸 곳도 없다.)

위의 ⓢⓣⓤ는 서로 대등한 단문형 3개가 중첩된 것에 포유형인 ⓥ가 끝을 맺는 혼합형이다. 이상의 (1)~(4)에서 다룬 혼합형은 그 일부에 지나지 않을 뿐 말하는 사람의 화법에 따라 여러 형태로 나탈 수 있다.

3. 표현법

표현법이라고 함은 무슨 사실을 지적할 때 그 사실을 표현해서 말하는 방법이다. 이에 대한 것은 수사법과 관련이 있는데, 여기서는 속담류(俗談類)에 주로 쓰이는 직설법·대유법·풍유법에 한정기로 한다.

1) 직설법

이 직설법은 말할 내용을 곧이곧대로 직접적으로 지적해서 말하는 화법이다. 명쾌해서 좋은 점도 있지만, 그 말의 대상이 되는 주인공에게는 서운하고 불쾌한 감정을 불러일으킬 수 있다.

△ 야유
· 뽈아먹은 볼랫주(쭈)시. (주어생략)
(빨아먹은 보리숫찌꺼기.)
· 저런 놈 나커건 사라오롬에[301] 강 던덕이나 파주.

(저런 놈 나겠거든 사라봉에 가서 더덕이나 파지.)
- 늙은 놈이 젊은 첩ᄒ민 불 본 나비 눕드듯 혼다.
  (늙은 놈이 젊은 첩하면 불 본 나비 날뛰듯 한다.)

위 "뿔아먹은 볼랫주(쭈)시"의 생략된 주어는 못생긴 얼굴의 주인공을 내세우면 되는 데, 그 뜻은 삐삐 말라빠진 볼품없는 얼굴 모습을 가진 사람을 나무라는 말이다.

2) 대유법

이 대유법은 말할 내용의 대상을 직접적으로 지적해서 나타내지 않고, 어떤 사물의 특성을 나타내는 다른 말을 사용하여 우회적으로 돌려서 빗대는 화법이다. 이들 대부분은 관용구의 성격을 띠고 있는 것들인데, 그 대표적인 것은 경외감을 불러일으키는 금기담류(禁忌談類)에 많다.

△ 경외
- 밤이 꿈 본 말ᄒ민 머리검은개 지방 넘나.
  (밤에 꿈 본 말하면 도둑놈이 문지방을 넘는다.)
- 진거 나댕기민 날 우친다.
  (뱀 나다니면 비가 온다.)
- 놈이위뒌 때 손검은짓ᄒ민 그 아이도 나민 손 검나.
  (임신된 때 도둑질하면 그 아기도 나면 도둑질한다.)

3) 풍유법

이 풍유법은 무슨 일의 모순과 비리를 다른 것에 빗대어 비방하는 성격을 띤 풍자적 화법이다. 여기에는 상대방을 비웃거나 농락하는 것들이

---

301) '사라오름'은 제주항(濟州港) 옆에 솟아 있는 사라봉(紗羅峯)을 말하는데, 고지도에는 사라악(紗羅岳)으로 돼 있다.

대부분이다.

  △ 모순

   · 엄지손까락 귓고망에 안 들 소리.
    (엄지손까락 귓구멍에 안 들 소리.)
   · 흔 푼도 엇은 놈이 장이 강 큰 떡 들른다.
    (한 푼도 없는 놈이 장에 가서 큰 떡 든다.)
   · 체 먹단 개가 쑬 먹젱 흔다.
    (겨 먹던 개가 쌀 먹으려고 하다.)

  △ 비리

   · 법보단 주먹이 앞산다.
    (법보다 주먹이 앞선다.)
   · 구젱기 똥누레 가불민 게드레기가 추지흔다.
    (소라 똥누러 가버리면 집게가 차지한다.)
   · 뒈 속이곡 저울눈 속영 풀앗당 저싱 가민 대코쟁이로 눈 찔렁 챈다.
    (되 속이고 저울눈 속여서 팔았다가 저승에 가면 대꼬치로 눈 찔러서 짼다.)

4. 생략 · 축약

언어는 때에 따라 생략이나 축약법을 사용하는 것이 관행화돼 있지만, 제주어인 경우는 그 정도가 유별나다. 자주 되풀이 되는 말이지만, 제주어는 통사론적인 문법논리보다 음성을 통한 의사전달을 본연으로 하고 있다. 그 중에 돋보이는 것이 '조사생략 · 축약', '어휘축약', '어미축약'이다. 이처럼 생략과 축약현상이 두드러지게 나타나는 이유는 전달하고자 하는 내용의 골격만 살리고, 허사(虛辭)는 줄여야 표현이 간편했기 때문이다. 그것은 곧 제주어가 갖는 경제적인 특성이다.

1) 조사생략

조사가 생략되는 경우는 주로 주격으로 쓰이는 '이/가/은/는', 목적격인 '을/를', 보어격인 '가/이', 관형격인 '이(의)'가 주류를 이루고 있다. ×표시는 조사생략을 나타낸 것이다.

△ 주격조사 '가/이' 생략 (×는 생략표시)

· 어제 집이 누게× 왔어?
  (어제 집에 누구가 왔어?)
· 흐당 말민 놈× 웃나.
  (하다가 말면 남이 웃는다.)
· 무는 개× 시민 사름× 못 드나든다.
  (무는 개가 있으면 사람이 못 드나든다.)

△ 주격조사 '는/은' 생략 (×는 생략표시)

· 그 사름× 둘앙 오지 말라.
  (그 사람은 데려서 오지 마라.)
· 밧× 사커건 에염을 보라.
  (밭은 사겠거든 가장자리를 보라.)
· 나× 안 갈 거난 닐× 떠나도 뒌다.
  (나는 안 갈 것이니 내일은 떠나도 된다.)

△ 목적격조 '을/를' 생략 (×는 생략표시)

· 몰 한 듸서 몰× 못 골린다.
  (말이 많은 데서 말을 못 고른다.)
· 썩은 낭으로 드리× 놓젱 흔다.
  (썩은 나무로 다리를 놓으려 한다.)
· 놈× 빌엉 밧× 갈젱 흐염시냐?

(남을 빌어서 밭을 갈려 하고 있느냐?)

△ 관형격조사 '이(의)' 생략 (×는 생략표시)

· 느× 건 어느 것고?

(너의 것은 어느 것이냐?)

· 잘뒈민 지× 자랑, 못뒈민 놈× 탓.

(잘되면 자기의 자랑, 못되면 남의 탓.)

· 닐× 일은 아무도 몰른다.

(내일의 일은 아무도 모른다.)

△ 조사생략 종합 (×는 생략표시)

· ᄆ쉬× 들어난 밧× 곡속× 그리친다.

(우마가 들었던 밭은 곡식을 그르친다.)

· 놈× 숭× 털기 좋아ᄒ는 놈× 지× 숭× 몰른다.

(남의 흉을 떨기 좋아하는 놈은 자기의 흉은 모른다.)

· 사름× 사는 듸× 애기× 우는 소리× 나사 ᄒ다.

(사람이 사는 데는 아기의 울음소리가 나야 한다.)

· ᄇ름× 불엉 바당× 볼 리× 시멍, 용심난 사름× 말× 골 리× 시랴.

(바람이 불어서 바다가 잔잔할 리가 있으며, 화난 사람이 말이 고울

리가 있으랴.)

2) 조사축약

　조사의 축약은 조사가 붙은 그 체언의 끝소리로 합쳐지는 것이 상례
이다. 그 대표적인 조사는 현대국어의 '는' · '를'인데, 이 두 조사는 모음으
로 끝나는 체언에 붙을 때 '는/를'이 탈락돼서 그 끝소리인 'ㄴ/ㄹ'이 그
앞의 체언의 끝소리 받침으로 옮겨 붙어서 줄어든 꼴이 돼 버린다. 또 '는'
은 비교격조사 '보다'와 처소 · 출발을 나타내는 조사 '에(이)서'에 연결될

경우도 '는'의 '느'가 탈락돼서 끝소리인 'ㄴ'만 그 앞 조사에 옮겨 붙어서 '보단'과 '에(이)선'이 된다.

단 의존명사인 '것'에 조사 '은/을'이 붙을 경우는 '것'의 'ㅅ'이 탈락된 '거'에 끝소리 'ㄴ/ㄹ'이 옮겨 붙어서 '건/걸'이 되고, '것'에 '이'가 붙을 경우는 '것'의 받침 'ㅅ'이 없어지고 축약형인 '게'가 된다. 의존명사 '바' 역시 그 다음에 조사 '가'를 붙일 경우는 그 '가'도 축약된 꼴인 '배'가 된다.

△ 는/를>ㄴ/ㄹ (# 는 축약표시)

· <u>는/년</u># 꼭 가사 흔다.
  (너는 꼭 가야 한다.)
· 지쁠 <u>땐</u># 노랠 불러도 궨길치 안흔다.
  (기쁠 때는 노래를 불러도 괜찮다.)
· 자<u>인</u># 가차운 듸도 찰 탕 뎅긴다.
  (저 아이는 가까운 데도 차를 타서 다닌다.)

△ 보다는>보단 (# 는 축약표시)

· 갠 멍청흔 사름<u>보단</u># 낫나.
  (개는 멍청한 사람보다는 낫다.)
· 소즈<u>보단</u># 악쳐가 낫나.
  (효자보다는 악처가 낫다.)
· 아이덜은 밥<u>보단</u># 떡을, 떡<u>보단</u># 사탕을 더 좋아흔다.
  (아이들은 밥보다는 떡을, 떡보다는 사탕을 더 좋아한다.)

△ 에서는/이서는>에선/이선 (# 는 축약표시)

· 앞<u>에선/이선</u># 잘흐는 첵흔다.
  (앞에서는 잘하는 척한다.)
· 가인 집<u>에선/이선</u># 좀만 잔다.
  (개는 집에서는 잠만 잔다.)
· 농촌<u>에선/이선</u># 쉐가 즈식이나 다를 게 엇(읏)나.

(농가<u>에서는</u> 소가 자식이나 다를 것이 없다.)

△ 것은>건·것을>걸·것이>게·바가>배 (# 는 축약표시)

· 저디 산 <u>건</u># 누게고?

　(저기 선 <u>것은</u> 누구냐?)

· 집이서 놀 <u>걸</u># 잘못 온 거 닮다.

　(집에서 놀 <u>것을</u> 잘못 온 것 같다.)

· 죽는 <u>게</u> 쉬운 <u>게</u># 아니어.

　(죽는 <u>것이</u> 쉬운 <u>것이</u> 아니다.)

· 그건 자네 알 <u>배</u># 아닐세.

　(그것은 자네가 알 <u>바가</u> 아닐세.)

3) 어휘축약

현대국어도 그렇지만 두 개 이상의 음절로 된 다음절어 가운데는 말할 때 한두 음절이 축약되거나 탈락되는 경우가 있다. 이를테면 아래 예시한 '명사·대명사·부사'가 그것이다.

△ 명사축약

· 저것도 그 <u>골</u> 사름가?

　(저것도 그 <u>고을</u> 사람이냐?)

· 는 어느 <u>몰</u> 살암시?

　(너는 어느 <u>마을</u> 살고 있느냐?)

· 느네 <u>아방</u>/<u>어멍</u>안티 들으라.

　(너의 <u>아버지</u>/<u>어머니</u>한테 들어라.)

· 우린 <u>할맴</u>/<u>할뱀</u>도 다 살앗저.

　(우리는 <u>할머님</u>/<u>할아버님</u>도 다 살았다.)

△ 대명사축약

· 저디 논 게 <u>기</u>/<u>거</u>냐?

(저디 놓은 것이 <u>그것</u>이냐?)
· <u>것</u>도 몰르커냐?
(<u>그것</u>도 모르겠느냐?)
· <u>요게</u> 나 건가?
(<u>요것</u>이 내 것인가?)
· 바로 <u>인미</u> 경 ᄒ엿입주.
(바로 <u>이놈이</u> 그렇게 하였습죠.)
· <u>왜이</u>가 질 공불 잘ᄒ읍니다.
(<u>요 아이</u>가 제일 공부를 잘합니다.)
· <u>가이</u>가 ᄒ엿수다.
(<u>그 아이</u>가 하였습니다.)
· <u>건</u> <u>자이</u>ᄀ라 ᄀᆞᆯ릅서.
(<u>그것은</u> <u>저 아이</u>더러 말하십시오.)

△ 부사축약
· <u>영</u> 하영 엇어젓이냐?
(<u>이렇게</u> 많이 없어졌느냐?)
· 난 <u>경</u> 못ᄒᆞᆫ다.
(나는 <u>그렇게</u> 못한다.)
· 늘랑 <u>정</u>이랑 말라.
(너는 <u>저렇게는</u> 마라.)
· <u>경정</u> 살암네.
(<u>그럭저럭</u> 살고 있네.)

4) 어미축약

어미축약은 연결어미나 종결어미에 두루 나타난다. 이들 어미에 대한 활용은 '하권'의 <제6장 형태론>에서 다뤄지지만, 현대국어인 표준어에 쓰이는 어미에 비교해 볼 때 용언에 붙는 어미의 축약형이 많다. 그에 대한 대표적인 사례를 연결어미와 종결어미로 구분해서 살펴보면 다음과 같다.

(1) 연결어미축약

이들 축약된 연결어미는 다양해서 일일이 다 열거할 수 없다. 여기
서는 그 대표적인 것만 간추려보면 대충 아래와 같이 요약해볼 수 있다.

△ 어간(ㅎ/ㅂ)+은>어간+ㄴ [-은/-운]

· 저인 존 사름이어.
(저이는 좋은 사람이다.)
· 이디 논 물건은 누게 것고?
(여기 놓은 물건은 누구의 것인가?)
· 자인 곤 옷 입엇저.
(쟤는 고운 옷 입었다.)

△ 양성어간+앙/안 [-아서]

[현재/미래]

· 느 눈으로 잘 봥(보앙) 와사 흔다.
(네 눈으로 잘 보아서 와야 한다.)
· 생이랏이민 놀앙 갈 걸.
(새였다면 날아서 갈 것을.)

[과거]

· 죽엇인가 흐난 살안 오랏어라.
(죽었는가 하니 살아서 왔더라.)
· ᄀ만이 앚안 잇어라.
(가만히 앉아서 있더라.)

△ 음성어간+엉/언 [-어서]

[현재/미래]

· 베개랑 비엉 자라게.
(베개랑 베어서 자거라야.)

· 그디 두엉 가도 덴다.
(거기 두<u>어서</u> 기도 뵌다.)

[과거]

· 아무도 엇언 그냥 왓저.
(아무도 없<u>어서</u> 그냥 왔다.)
· 나도 들언 알앗저.
(나도 들<u>어서</u> 알았다.)

△ 흐(흐다)+영/연 [-여서]

[현재/미래]

· 우리랑 일흐영 가게.
(우리는 일하<u>여서</u> 가자.)
· 밤질은 멩심흐영 댕겨사 흔다.
(밤길은 명심하<u>여서</u> 다녀야 한다.)

[과거]

· 느시 못흐연 왓어라.
(영 못하<u>여서</u> 왔더라.)
· 그 말은 흐연 보난 잘못이라라.
(그 말은 하<u>여서</u> 보니 잘못이더라.)

△ 어간+당/단 [-다가]

[현재/미래]

· 더 싯당 가라.
(더 있<u>다가</u> 가거라.)
· 그 집이서 오래 놀당 오라.
(그 집에서 오래 놀<u>다가</u> 오너라.)

[과거]

· 밥 먹<u>단</u> 갓저.

(밥 먹<u>다가</u> 갔다.)

· 느 와부난 말ᄒ단 끄첫이네.

(네가 와버리느니 말하<u>다가</u> 그쳤였다.)

△ 어간+뎅/덴 [−다고]

[공통]

· 나 ᄀ트민 말<u>뎅/덴</u> ᄒ키어.

(나 같으면 말<u>다고</u> 하겠다.)

· 어떠난 싯<u>뎅/덴</u>도 엇<u>뎅/덴</u>도 안ᄒ염시니게?

(어떠니 있<u>다고</u>도 없<u>다고</u>도 안하고 있냐야?)

△ 어간+렝/렌 [−(으)라고]

[공통]

· 진 못ᄒ멍 놈 잘ᄒ<u>렝/렌</u> 시킨다.

(자기는 못하면서 남 잘하<u>라고</u> 시킨다.)

· 가지 말앙 남<u>으렌/으렌</u> 굴으라.

(가지 말고 남<u>으라고</u> 말하라.)

△ 어간+젱/젠 [−려고]

[공통]

· 나도 ᄀ치 놀<u>젱/젠</u> 왓저.

(나도 같이 놀<u>려고</u> 왔다.)

· ᄎ마 느신디 지<u>젱/젠</u> ᄒ카.

(차마 너한테 지<u>려고</u> 할까.

△ 어간+켕/켄 [−겠다고]

[공통]

· 닐은 가<u>켕/켄</u> 굴아라.

(내일은 가겠다고 말하더라.)
· 베슬은 ᄒ켄(켕) ᄒ영 뒈는 게 아니어.
  (벼슬은 하겠다고 하여서 되는 갓이 아니다.)

△ 어간+난/멍 [-니까/면서]
· 짐 버치난 갈랑 져사 ᄒ키어.
  (짐이 부치니까 나누어서 지어야 하겠다.)
· 못홀 중 알멍 ᄒ젱(젠) 덤빈다.
  (못할 줄을 알면서 하려고 덤빈다.)

△ 어미축약 종합
· 하늘 울엉 날 존 날 엇곡, ᄇ름 불엉 절 잘 날 엇나.
  (하늘 울어서 날씨가 좋은 날이 없고, 바람이 불어서 물결이 잔잔한
  날이 없다.)
· 일ᄒ단 말안 어디 간(가안) 놀암신디 알아봥(보앙) 오라.
  (일하다가 말아서 어디 가서 놀고 있는지 알아보아서 오너라)
· 하영 먹젱/젠 산더레 올르난 가시자왈에 발 걸렁/련 일울엉/언 죽나.
  (많이 먹으려고 산으로 오르니까 가시덤불에 발이 걸리어서 이울어
  서 죽는다.)
· 가멍 ᄒ나 오멍 ᄒ나 타먹단 보난 빈 낭만 남앗어라.
  (가면서 하나 오면서 하나 따먹다가 보니까 빈 나무만 남았더라.)
· 귀막앙/안 삼 년, 눈 어둑엉/언 삼 년, 말 몰랑/란 삼 년 살아사 가렝
  /렌 오렝/렌 말이 엇나.
  (귀먹어서 삼 년, 눈 어두어서 삼 년, 말 몰라(르아)서 삼 년을 살아
  야 가라고 오라고 말이 없다.)
· 예 ᄒ영 달르곡, 야 ᄒ영 달른다.
  (예 하여서 다르고, 야 하여서 다르다.)

위에서 보는 것처럼 '-ㅇ/-ㄴ'에 따른 시제성에 혼동을 일으키기 쉽다.
이론적으로는 '-ㅇ'이 붙은 것은 주로 현재 내지 미래의 상태를 말하거나

서술하는 것이 되고, '-ㄴ'이 붙으면 과거의 상태를 말하거나 서술하는 것으로 돼 있다. 하지만 실제 말하기에서는 그 구분이 명확치 않다. 더욱이 구분 없이 공통으로 쓰이기도 한다. 이에 대한 이론이 있을 수 있다.

(2) 종결어미축약

종결어미의 축약은 말하기의 끝맺음을 간편케 함과 동시에 힘이 붙는 이점이 있다. 이들과 관련된 것은 '하권'인 <제6장 형태론>의 '종결어미'에 산발적으로 나타나 있지만, 여기서는 감탄형종결어미를 제외한 나머지 종결어미의 대표적인 축약형을 간추려서 서법별(敍法別)로 제시키로 한다.

❶ 평서형종결어미축약

여기에 해당하는 대표적인 평서형종결어미를 간추려보면, '-이다'를 '-어/여'로, '-는다'를 '-나'로, '-습니다'를 '-수다'로, '-ㅂ니다'를 '-우다'로, '-고 있습니다'를 '-암/-엄/-염수다'로, '-겠습니다'를 '-쿠다'·'-으쿠다'로 되는 경우를 꼽을 수 있다.[302]

> △ 체언(모음)+어 [-이다]
>
> · 밥 도둑놈은 궤기<u>어</u>.
> (밥 도둑놈은 고기<u>이다</u>.)
> · 늘 오랜 불른 건 바로 나<u>여</u>.

---

302) 이들 축약형의 평서형종결어미가 붙는 조건은 이렇다. '-어'는 'ㅣ'모음으로, <-여>는 'ㅣ'모음 이외의 모음으로 끝나는 체언 다음에 붙는 것이 원칙이고, <-나>는 모음이나 'ㄹ' 이외 용언의 어간에 붙고, <-수다>는 동사 '잇다/싯다(있다)'의 어간과 모음이나 'ㄹ' 이외의 자음으로 끝나는 형용사의 어간에 붙고, <-우다>는 동사 '말다'의 어간 '말'과 어간 끝음절이 모음으로 끝나는 형용사의 어간에 붙는다. 또 <-암/-엄/-염수다>인 경우, '-암수다'는 양성모음 어간 다음에, '-엄수다'는 음성모음어간 다음에, '-염수다' 'ㅎ다(하다)'나 접미사 '-ㅎ다'가 붙어서 된 어간 'ㅎ(하)' 다음에 붙고, '-쿠다'는 모음으로 끝나는 어간 다음에, '-으쿠다'는 자음받침 어간에 붙는다.

(너를 오라고 부른 것은 바로 나다/이다.)

△ 동사어간(모음/ㄹ제외)+나 [−는다]

· 낭이 좀 먹주 세월 좀 안 먹나.
  (나무가 좀 먹지, 세월은 좀이 안 먹는다.)
· 놀아도 그날 품삭은 받나.
  (놀아도 그날 품삯은 받는다.)

△ 동사어간(잇다/싯다)+수다 [−습니다]

· 우리도 하영 잇수다.
  (우리도 많아 있습니다.)
· 나안티도 멧 개 싯수다.
  (저한테도 몇 개 있습니다.)

△ 형용사어간(모음/ㄹ제외)+수다 [−습니다]

· 맛이 궂수다.
  (맛이 궂습니다.)
· 난 아무 때나 좋수다.
  (나는 아무 때나 좋습니다.)

△ 체언(모음)+우다 [−ㅂ니다]

· 질 주인을 잘 알아보는 게 개우다.
  (제일 주인을 잘 알아보는 것은 갭(개ㅂ)니다.)
· 창 볼르는 종이가 창오지우다.
  (창을 바르는 종이가 창호집(지ㅂ)니다.)

△ 형용사어간(모음)+우다 [−ㅂ니다]

· 그건 진심이 아니우다.
  (그것은 진심이 아닙(니ㅂ)니다.)
· 춤 우영이 널찍ᄒᆞ우다.
  (참 텃밭/터알이 널찍합(하ㅂ)니다.)

△ 동사어간(말다)+우다 [-습니다]

· 난 줘도 마우다.
  (나는 줘도 싫습니다.)
· 아멩 좋아도 난 마우다.
  (아무리 좋아도 저는 싫습니다.)

△ 어간+암/엄/염+수다 [-고 있습니다]

· 양성어간: 요샌 돈이 잘 돌암수다.
            (요새는 돈이 잘 돌고 있습니다.)
· 음성어간: 난 혼차 걸엄수다.
            (저는 혼자 걷고 있습니다.)
· ᄒ(ᄒ다): 일 이제사 시작ᄒ염수다.
            (일은 이제야 시작하고 있습니다.)

△ 어간(모음)+쿠다 [-겠습니다]

· 그 떡 맛 좋쿠다.
  (그 떡 맛 좋겠습니다.)
· 난 그만 놀앙 집이 가쿠다.
  (나는 그만 놀아서 집에 가겠습니다.)

△ 어간(자음)+으쿠다 [-겠습니다]

· 맛좋게 먹으쿠다.
  (맛좋게 먹겠습니다.)
· 이젠 구룸이 걷으쿠다.
  (이제는 구름이 걷겠습니다.)

❷ 의문형축약

　　여기에 해당하는 대표적인 의문형종결어미를 간추려보면, 현대국어
의 '-느냐'는 '-멘'과 '-샤/-시', '-습니까'는 '-수가/-수강' · '-수과/-수

광', '-ㅂ니까/-입니까'는 '-우까/-우꽈', '- 려느냐'는 '-ㄹ냐/-ㄹ탸'·'-을댜/-을탸' 등이 쓰인다.303)

△ 동사어간(모음/ㄹ)+멘 [-느냐]

· 는 시방 뭐흐멘?

  (너는 지금 뭐하느냐?)

· 누게영 놀멘?

  (누구하고 노느냐?)

△ 어간+암/엄/염+샤/시 [-고 있느냐]

· 양성어간: 가인 잘 놀암샤?

      (걔는 잘 놀고 있느냐?)

    시엄 어디서 보암시?

      (시험 어디서 보고 있느냐?)

· 음성어간: 지금도 밥 먹엄샤?

      (지금도 밥을 먹고 있느냐?)

    누겔 주젠 덜엄시?

      (누구를 주려고 덜고 있느냐?)

---

303) 이들 축약형의 의문형종결어미가 붙은 조건은 이렇다. <-멘>은 모음이나 'ㄹ' 받침으로 끝나는 동사의 어간 다음에 붙는다. <-샤/-시>는 진행상을 나타내는 선어말어미 '-암/엄/염(-고 있)-'다음에, <-안>은 양성모음 어간에, <언>은 음성모음 어간에, <연>은 'ᄒ다(하다)'나 '-ᄒ다(하다)'가 붙어서 된 어간 'ᄒ(하)' 다음에 붙는다. <-수가/수강>·<-수과/수광>은 동사 '잇다/싯다(있다)'의 어간 '잇/싯(있)' 다음에 붙거나, 형용사의 어간인 경우는 그 어간 끝음절이 모음이나 'ㄹ' 받침이 아닌 것에 붙고, 선어말어미 '-앗/엇/엿(았/었/였)-'·'-암/엄/염(-고 있)-' 다음에도 붙는다. <-우까/-우꽈>는 체언과 형용사의 어간에 붙는데, 체언에 붙을 경우는 모음으로 끝나는 말이면 '-우까/-우꽈'가 자음받침으로 끝나는 말이면 '-이우까/-이우꽈'가 붙는다. 그에 대한 것들은 <제6장 형태론> '의문형종결어미'에서 구체적으로 다뤄진다. <-ㄹ댜/-ㄹ탸>는 모음이나 'ㄹ' 받침 동사의 어간 다음에, <-을댜/-을탸>는 'ㄹ'을 제외한 자음받침 어간 다음에 붙고, 형용사에 붙을 경우는 '아프다/좋다'의 어간 '아프/좋'와 'ᄒ다(하다)'나 '-ᄒ다(하다)'가 붙어서 된 어간 'ᄒ(하)' 다음에 붙는다.

· ㅎ(ㅎ다): 일 그만ㅎ젠 ㅎ염샤?

　　　　　(일 그만하려 하고 있느냐?)

　　　　　무사 좀좀ㅎ염시?

　　　　　(왜 잠잠하고 있느냐?)

△ 어간+안/언/연 [-았/었/였느냐]

· 양성어간: 무사 오지 못ㅎ게 막안?

　　　　　(왜 오지 못하게 막았느냐?)

　　　　　아픈 듸 다 좋안?

　　　　　(아픈 데 다 좋았느냐?)

· 음성어간: 언제 죽언 묻언?

　　　　　(언제 죽어서 묻었느냐?)

　　　　　짐친 너미 시언?

　　　　　(김치는 너무 시었느냐?)

· ㅎ(ㅎ다): 얼메나 고생ㅎ연?

　　　　　(얼마나 고생하였느냐?)

　　　　　가이가 느만 못ㅎ연?

　　　　　(그 아이가 너만 못하였느냐?)

△ 동사어간(잇다/싯다)+수가(강)/수과(광) [-습니까]

· 그런 일도 잇수가(강)/수과(광)?

(그런 일도 있습니까?)

· ᄀ자 안 먹언 싯수가(강)/수과(광)?

(여태 안 먹어서 있습니까?)

△ 형용사어간(모음/ㄹ제외)+수가(강)/수과(광) [-습니까]

· 그런 것도 엇수가(강)/수과(광)?

(그런 것도 없습니까?)

· 어디가 경 밉수가(강)/수과(광)?

(어디가 그렇게 밉습니까?)

△ 어간+앗/엇/엿+수가(강)과/수과(광) [−았/었/였습니까]

· 양성어간: 아직도 살앗<u>수가(강)/수과(광)</u>?
　　　　　　(아직도 살았<u>습니까</u>?)

· 음성어간: 끗날 때가 멀엇<u>수가(강)/수과(광)</u>?
　　　　　　(끝날 때가 멀었<u>습니까</u>?)

· ㅎ(ㅎ다): 오늘도 물질ㅎ엿<u>수가(강)/수과(광)</u>?
　　　　　　(오늘도 물질하였<u>습니까</u>?)

△ 어간+암/엄/염+수가(강)과/수과(광) [−고 있습니까]

· 양성어간: 그 말 구게신디 굴암<u>수가(강)/수과(광)</u>?
　　　　　　(그 말 누구에게 말하고 있<u>습니까</u>?)

· 음성어간: 애긴 기엄<u>수가(강)/수과(광)</u>?
　　　　　　(아기는 기고 있<u>습니까</u>?)

· ㅎ(ㅎ다): 방바닥이 뜻뜻ㅎ염<u>수가(강)/수과(광)</u>?
　　　　　　(방바닥이 따뜻하고 있<u>습니까</u>?)

△ 체언(모음)+우까(깡)/우꽈(꽝) [−ㅂ니까]

· ㅈ사 왓단 간 건 누게<u>우까(깡)</u>?
　(아까 왔다 간 건 누굽(구ㅂ)<u>니까</u>?)

· 건 무신 소리<u>우꽈(꽝)</u>?
　(그것은 무슨 소립(리ㅂ)<u>니까</u>?)

△ 체언(자음)+이우까(깡)/이우꽈(꽝) [−입니까]

· 건 어떵 뒌 일<u>이우까(깡)</u>?
　(그것은 어떻게 된 일<u>입니까</u>?)

· 이건 누게 책<u>이우꽈(꽝)</u>?
　(이것은 누구의 책<u>입니까</u>?)

△ 형용사어간+우까(깡)/우꽈(꽝) [−ㅂ니까]

· 걸바신 사름이 아니<u>우까(깡)</u>?

(거지는 사람이 아닙(니ㅂ)니까?)

· 무사 그건 ᄀᆞ느우꽈(꽝)?

(왜 거것은 가늡(느ㅂ)니까?)

△ 동사어간(모음/ㄹ)+ㄹ댜/ㄹ탸 [−려느냐]

· 느 눈으로 돈돈이 볼(보르)댜?

(네 눈으로 단단히 보려느냐?)

· 나안틴 왕 살(살르)탸?

(내한테 와서 살려느냐?)

△ 동사어간(모음/ㄹ제외)+을댜/을(일)탸 [−으려느냐]

· 그놈신디 또시 속을댜?

(그놈한테 다시 속으려느냐?)

· 오늘은 집이 부텅 잇을(일)탸?

(오늘은 집에 붙어서 있으려느냐?)

△ 형용사어간(좋다/아프다)+ㄹ댜/ㄹ탸 [−려느냐]

· 는 매 맞으민 졸(좋르)댜?

(너는 매를 맞으면 좋려느냐?)

· 느도 아플(프르)댜?

(너도 아프려느냐?)

△ 형용사어간(ᄒᆞ다)+ㄹ댜/ㄹ탸 [−려느냐]

· 다신 아니홀(ᄒᆞ르)댜?

(다시는 아니하려느냐?)

· 느도 자이추룩 부지런홀(ᄒᆞ르)탸?

(너도 재처럼 부지런하려느냐?)

❸ **명령형축약**

축약형의 대표적 명령형종결어미는 현대국어의 '−아라/−어라/−여

라'를 '-아/-어/-여' · '-라'로, '-십시오'가 '-ㅂ서'로, '-게나'가 '-심/-
순'으로 되는 것이 주류를 이루고 있다.[304]

　　△ 동사어간+아/어/여 [-아라/-어라/-여라]
　　　· 양성어간: 늘랑 집이 <u>가</u>.
　　　　　　　(너랑 집에 가<u>라</u>.)
　　　· 음성어간: 강 잘못ㅎ엿수뎅 빌<u>어</u>.
　　　　　　　(가사 잘못하였습니다고 빌<u>어라</u>.)
　　　· ㅎ(ㅎ다): 듣걸랑 바른대로 말ㅎ<u>여</u>.
　　　　　　　(듣거든 바른대로 말하<u>여라</u>.)

　　△ 동사어간+라 [-아라/-어라/-여라]
　　　· 양성어간: 그디 ㄱ만이 노<u>라</u>.
　　　　　　　(거기 가만히 놓<u>아라</u>.)
　　　· 음성어간: 그냥 그대로 두<u>라</u>.
　　　　　　　(그냥 그대로 두<u>어라</u>.)
　　　· ㅎ(ㅎ다): 느 멋대로 ㅎ<u>라</u>.
　　　　　　　(너 멋대로 하<u>여라</u>.)

　　△ 어간+ㅂ서 [-십시오]
　　　· 깝 더 ㄴ령 폽(ㅍㅂ)서.
　　　　(값을 더 내리어서 파<u>십시오</u>.)
　　　· 너미 경 맙(마ㅂ)서.
　　　　(너무 그렇게 마<u>십시오</u>.)

304) 이들 축약형의 명령형종결어미가 붙는 조건은 이렇다. <-아/-어/-여>의 '-아'는
양성모음어간에, '-어'는 음성모음어간에, '-여'는 'ㅎ다(하다)'나 '-ㅎ다(하다)'가 붙어
서 된 어간 'ㅎ(하)' 다음에 붙고, <-라>는 '-아라/-어라/-여라'의 '-아/-어/-여'의
경우와 같다. 단 어간의 끝음절이 'ㅏ'로 끝나는 경우는 어미 '-아'는 생략/탈락된다.
<-ㅂ서>는 모음이나 'ㄹ'로 끝나는 동사의 어간 다음에 붙고, <-심/-순>은 동년배나
아랫사람을 점잖게 말할 때 동사의 어간에 붙는다. 이에 대해서는 <제2장 품사론>과
<제6장 형태론>에 다뤄져 있다.

△ 어간+심/순 [-게나]

· 그디라도 앚<u>심</u>.
(거기라도 앉<u>게나</u>.)
· 그 말랑 제발 걷지 말<u>순</u>.
(그 말랑 제발 말하지 말<u>게나</u>.)

❹ 청유형축약

청유형종결어미의 대표적인 축약형은 동사의 어간에 붙는 현대
국어의 '-ㅂ시다'가 '-ㅂ주'로, '-읍시다'가 '-읍주'로 되는 것이 주류를
이루고 있다.[305]

△ 동사어간(모음/ㄹ)+ㅂ주 [-ㅂ시다]

· 개베운 것부떠 몬저 나릅(르ㅂ)<u>주</u>.
(가벼운 것부터 먼저 나릅(르ㅂ)<u>시다</u>.)
· 우리랑 운동장이나 서너 바퀴 돕(돌ㅂ)<u>주</u>.
(우리랑 운동이나 서너 바퀴 돕(돌ㅂ)<u>시다</u>.)

△ 동사어간(모음/ㄹ제외)+읍주 [-읍시다]

· 우린 가지 말앙 남<u>읍주</u>.
(우리는 가지 말고 남<u>읍시다</u>.)
· 저금흔 돈이랑 촛<u>읍주</u>.
(저금한 돈이랑 찾<u>읍시다</u>.)

5) 축약의 실제

이들 축약의 실제는 앞에서 다룬 조사·어휘·어미 등의 생략/탈락
과 축약현상을 종합해서 말하기 때 나타나는 실상을 예시한 것이다. 다시

---

305) 이들 축약형의 청유형종결어미가 붙는 조건은, <-ㅂ주>는 모음이나 'ㄹ'로 끝나는 동사의
어간 다음에 붙고, <-읍주>는 'ㄹ'을 제외한 자음받침으로 끝나는 어간 다음에 놓인다.

말하면 말마디를 이루는 단어나 어절에 붙어서 앞의 말을 뒤로 이어주는 조사와 연결어미, 말끝을 맺는 종결어미가 축약형으로 돼 있는 경우가 그것이다. 상황에 따라 다르지만, 아래와 같이 길게 말하지 않고 간편한 한두 마디 어절로 축약된다.

> · 강 봥 옵서.
> (가서 보고 오십시오.)
> · 잘 갑셍 곱서.
> (잘 가시라고 말하십시오.)
> · 경 홉서.
> (그렇게 하십시오.)
> · 뭐엥(엔) 굴암시?
> (무엇이라고 말하고 있느냐?)
> · 인젠 집이 갑주.
> (이제는 집에 갑시다/가십시다.)
> · 가인 줌 잔 안 잔?
> (그 아이는 잠을 잤느냐 아니 잤느냐?)
> · 경 셩 뒈카?
> (그렇게 쉬어서 되겠는가?)
> · 게난 그냥 간?
> (그러니까 그대로 갔느냐?)
> · 고명말멍 흔게양.
> (곱기도 하고 곱지 않기도 합니다요네.)
> · 친 안 맷걸랑 맵서.
> (끈 아니 매었거들랑 매십시오.)
>
> "어떵 살아졈서?"
> (어떻게 살아가고 있는가?)
> "경경 뭉쓰멍 살암주."
> (그럭저럭 버티면서 살고 있네.)

"다 경 ᄒᆞ멍 살메."
(다 그렇게 하면서 사는 거야.)

5. 구술형첨사 [306]

여기서 구술형첨사(口述形添辭)라고 함은 말을 끝맺는 종결어미 다음에
놓여서, 그 말하는 내용을 확인하고 다지는 강세사(强勢辭)의 구실하는 첨사
(添辭)를 말한다. 그 대표적인 것이 '게/겐'·'마씀/마씸'·'양'·'이' 등이다.
이들이 붙으면 붙지 않는 것에 비해, 말의 어세와 강조의 뜻이 더 살아난다.
이런 현상은 '하권'의 <제6장 형태론>에서 구체적으로 다룬 '강세첨사'가
그것인데, 제주어가 갖는 입말 중심의 음성언어의 특성을 뒷받침하고 있다.

1) 게/겐 [야]

이 두 구술형첨사는 말끝을 맺는 종결어미 다음에 붙어서 그 말이 어
세와 어감을 강하게 만든다.

△ 어간+게+게/겐 [-자/-자야]
· 이제랑 집이 가게.
(이제는 집에 가자.)
· 이제랑 집이 가게게.
(이제는 집에 가자야.)
· 이제랑 집이 가게겐.
(이제는 집에 가자야.)

---

306) 구술형첨사는 '하권'의 <제6장 형태론>의 '강세첨사'에서 그 쓰임에 대해 존대어와
비존대어로 구분해서 상세히 밝혀져 있다. 여기서는 그들 '강세첨사'가 화용론에 따른
실제 말하기 때 종결어미에 덧붙어서 나타는 양상의 일부를 밝힌 것에 불과하다.

위에서 보듯이 집에 가자고 권유하는 뜻은 같은데 그 바라는 정도가 다르다. '-게'가 하나만 붙은 것은 현대국어의 청유형종결어미 '-자'에 해당한다. 하지만 '-게' 다음에 다시 강세첨사 '게/겐'이 붙으면 그 바라는 의도가 강해져서 '야'가 덧붙은 것과 같은 '-자야'가 된다. 특히 '-게게'와 '-게겐'인 경우는 그 뜻은 같지만 어감이 '-게겐'이 더 강하다. 부등호로 나타내면 '-게<-게게<-게겐'이 될 수 있는데, '-게게'와 '-게겐'은 어감의 차이는 있지만 구분 없이 써도 의미의 차이는 없다.

2) 마씀/마씸 [요]

이 두 구술형첨사는 말끝을 맺는 존대형종결어미 '-ㅂ니다/-습니다' 다음에 붙어서 그 말의 어세와 어감을 더 강하게 만드는 '요'가 덧붙은 효과를 나타낸다.

> △ 어간+종결어미+마씀/마씸 [-ㅂ니다요/-습니다요]
> · 그게 아니라마씀(씸).
>   (그것이 아닙(니ㅂ)니다요.)
> · 그 일은 ᄒ나마나 ᄒ여마씀(씸).
>   (그 일은 하나마나 합(하ㅂ)니다요.)
> · 설러완 죽은 사름은 엇어마씀(씸).
>   (서러워서 죽은 사람은 없습니다요.)

또 '마씀/마씸'에 강세첨사 '게/겐'이 덧붙으면 꼭 같은 내용의 말이라도 아래 예시와 같이, 그 의미를 더 강하게 하는 '요네'가 덧붙은 것이 된다.

> △ 어간+종결어미+마씀/마씸+게/겐 [-ㅂ니다요네/-습니다요네]
> · 그게 아니라마씀(씸)게(겐).
>   (그게 아닙(니ㅂ)니다요네.)

· 그것도 좋아<u>마씀(씸)</u>게(겐).
(그것도 좋습니다요네.)

3) 양 [네]

이 구술형첨사는 말끝을 맺는 종결어미 다음에 붙어서 존대의 뜻을 나타내는 어세와 어감을 강하게 하는 '네'의 구실을 한다. 또 그 끝에 '게/겐'이 덧붙으면 '네게'가 된다.

△ 어간+존대형종결어미+양 [-십시오네]
· 잘 갓당 옵(오브)서양.
(잘 갔다가 <u>오십시오네</u>)
· 거 춤 곱<u>수다양</u>.
(거 참 곱습니다네.)
· 난 절대 아니<u>우다양</u>.
(저는 절대 아닙니다네)

△ 어간+종결어미+양+게/겐 [-십시오네게]
· 올 때랑 사탕 상 와<u>양게</u>.
(올 때는 사탕을 사고 <u>오십시오네게</u>.)
· 올 때랑 사탕 상 와<u>양겐</u>.
(올 때는 사탕을 사고 <u>오십시오네게</u>.)

4) 이 [야]

구술형첨사 중 '게/겐'과 같이 말끝을 맺는 종결어미 다음에 붙어서 낮춤의 뜻을 덧나게 하는 '야'가 되고, 다시 그 끝에 '게/겐'이 덧붙으면 '야게'가 된다.

△ 어간+종결어미+이 [야]
  · 잘 갓당 오라이.
    (잘 갔다가 오너라야.)
  · 닐랑 놀레 가마이.
    (내일은 놀러 가마야.)

△ 어간+종경어미+이+게/겐 [야/야게]
  · 또시 놀레 오라이.
    (다시 놀러 오너라야.)
  · 또시 놀레 오라이게.
    (다시 놀러 오너라야게.)
  · 또시 놀레 오라이겐.
    (다시 놀러 오너라야게.)

위와 같이 강세첨사 '양·이'는 종결어미 다음에 붙는데, 다만 '양'은 윗사람한테 말할 때만 쓰이고, '이'는 아랫사람에게 말할 때만 쓰인다. 특이한 것은 이들 구술첨사가 붙으면 그 말을 하는 사람의 간곡한 정감이 더해진다. 또 이들 다음에 다시 강세첨사 '게/겐'을 덧붙이면 '양<양게<양겐·'이<이게<이겐'이 돼서, 그 뜻이 강화된다.

이상과 같이 구술양상은 말하기의 대표적인 골격을 간추린 것일 뿐, 그 전부를 막라한 것일 수는 없다. 하지만 제주어가 구어체로서 그 특성이 어떤 것인지를 감지할 수 있을 것으로 본다. 특히 말끝에 붙는 어미형태의 유별남도 그렇지만 강세첨사인 '마씀/마씸·양·이·게/겐'은 구술첨사로서 음성언어의 표현효과를 극대화시키고 있다는 점은 제주어가 갖는 특성이기도 하다.

제5장

표 기 법

　제주어의 표기는 한글맞춤법에 의존하면서 제주어의 어투에 맞출 수밖에 없다. 한글맞춤법총칙 제1장 제1항을 보면 "한글맞춤법은 표준어를 소리대로 적되, 어법에 맞도록 함을 원칙으로 한다."로 돼 있다. 이것을 제주어에 맞도록 형태음소적 표기법을 기준으로 하면서 경우에 따라서는 음소적 표기법도 적용해야 하는 융통성이 필요하다. 그러다 보아도 안 되는 것은 예외 조항을 두어 처리하는 것이 바람직하다는 것이 평소의 생각이다. 앞으로 제주어의 올바른 보전을 위해서 필연적으로 제정공표돼야 할 것이 제주어표기법이다. 그 과정은 난상토론을 거쳐야 하는 진통의 수순이 필연적이다.

　아래 제시한 표기법은 1995년도 제주도에서 발간된 『제주어사전』 '부록 1'에 있는 '제주어표기법(안)'을 골간으로 해서, 더 보완해야 할 기본적인 것들을 추가시켜 마련한 것이다.

1. 제주어 표기법

제1장 총칙

제1항: 제주어 표기는 '한글맞춤법'에 따라 소리 나는 대로 적되, 제

주어의 어법에 맞도록 함을 원칙으로 한다.

제2항: 제주어의 한 단어가 두 개 이상의 형태로 쓰일 경우에는 그 모두를 표기의 대상으로 삼는다.

제2장 자모

제3항: 제주어 표기에 쓰일 자음은 ㄱ ㄴ ㄷ ㄹ ㅁ ㅂ ㅅ ㅇ ㅈ ㅊ ㅋ ㅌ ㅍ ㅎ ㄲ ㄸ ㅃ ㅆ ㅉ ㄹ ㄹ ㅉ ㅅ 23자이고, 모음은 ㅏ ㅑ ㅓ ㅕ ㅗ ㅛ ㅜ ㅠ ㅡ ㅣ ㅐ ㅒ ㅔ ㅖ ㅘ ㅙ ㅚ ㅝ ㅞ ㅟ ㅢ · ·· ·ㅏ 25자이다. 표준어의 끝소리 겹받침 ㄲ ㅆ ㄳ ㄵ ㄶ ㄺ ㄻ ㄿ ㄾ ㅀ ㅄ은 쓰이지 않는 것으로 한다.

제3장 소리에 관한 것

제1절 자음표기

제4항: 체언의 끝소리의 받침 'ㅊ/ㅌ'은 'ㅅ'으로 적는다. (㉠은 택하고, ㉡은 버림)

㉠ ㅅ	㉡ ㅊ	㉠ ㅅ	㉡ ㅌ
국화꼿	국화꽃	꼿자락	끝자락
돗배	돛배	밋둥치	밑둥치
숫굿	숯굿	무쉐솟	무쉐솥
웃가락	윷가락	보리밧	보리밭
멧멧	멫멫	폿죽	퐅죽

제5항: 체언의 끝소리 받침으로 'ㅍ'은 쓰지 않고 'ㅂ'이 쓰인다. 단 방향·위치와 관계된 말인 경우는 'ㅍ'이 쓰인다. (㉠은 택하고, ㉡은 버림)

㉠ ㅂ	㉡ ㅍ	㉠ ㅍ	㉡ ㅂ
입[葉]	잎	앞	압
낭섭	낭섶	앞날	압날
풀섭	풀섶	앞집	압집
옷섭	옷섶	옆눈질	엽눈질
질섭	질섶	옆구리	엽구리

제6항: 끝소리의 받침 'ㅋ'은 'ㄱ'으로 적는다. (㉠은 택하고, ㉡은 버림)

㉠ ㄱ	㉡ ㅋ	㉠ ㄱ	㉡ ㅋ
동녁	동녘	남녁착(짝)	남녘착(짝)
서녁	서녘	북녁착(짝)	북녘착(짝)
우녁집	우녘집	알녁밧	알녘밭

제7항: 어간의 끝소리 받침에 'ㄲ/ㅌ/ㅍ'은 안 쓰는 대신에, 매개모음 'ㅡ'가 삽입된 'ㄲ/ㅌ/ㅍ'로 적는다. 단 ＊표시된 말은 'ㅌ'와 'ㄸ' 둘 다 허용된다. (㉠은 택하고 ㉡은 버림)

㉠ ㄲ	㉡ ㄲ	㉠ ㅌ/ㄸ	㉡ ㅌ
가끄다	갂다	＊ㄱ트다/ㄱ뜨다	같다
나끄다	낚다	＊부트다/부뜨다	붙다
다끄다	닦다	마트다	맡다
무끄다	묶다	야트다	얕다
보끄다	볶다	흐(허)트다	흩다
서끄다	섞다		
으끄다	윾다/엮다		

㉠ ㅍ	㉡ ㅍ	㉠ ㅍ	㉡ ㅍ
노프다	높다	지프다	깊다
더프다	덮다	지프다	짚다
어프다	엎다		

제8항: 'ㄲ'과 'ㅅ' 받침을 가진 ㄱ곡용어 '낡[木]'과 '밖[外]'은 단독으로는 쓰이지 않는 대신 격조사 '이/은/을/에/으로'와 결합할 때 ㄱ곡용형태를 그대로 적지만, 단독형으로 쓸 경우 '낡'은 그 변이형인 '남/낭'으로, '밖'은 '밧/밧갓'으로 적는다. 단 '밧 갓'에 붙는 처격조사 '에/으로' 대신 '디/더레'가 붙기도 한다. (㉠은 택하고, ㉡은 버림)

㉠ ㅁ	㉡ ㄲ
남/낭	낡
남기/남근/남글/남게/남그로	낡기/낡근/낡글/낡게/낡그로
낭이/낭은/낭을/낭에/낭으로	낭기/낭근/낭글/낭게/낭그로

㉠ ㅅ	㉡ ㅅㄱ
밧/밧갓	밖
밧기/밧근/밧글/밧게/밧그로	밖기/밖근/밖글/밖게/밖그로
밧갓이/밧갓은/밧갓을/	밖갓이/밖갓은/밖갓을/
밧갓에(**디**)/밧갓으로(**더레**)	밖갓에(**디**)/밖갓으로(**더레**)

제9항: 용언의 어간에 붙는 표준어의 과거시제 선어말어미 '-았/었/였-'과 추측·의도·가능성 따위를 나타내는 선어말어미 '-겠-'의 끝소리 받침은 'ㅆ'이 아닌, 'ㅅ'인 '-앗/엇/엿-'·'-겟-'으로 적는다. (㉠은 택하고, ㉡은 버림)

㉠ -앗-	㉡ -았-	㉠ -엇-	㉡ -었-
갓다	갔다	컷다	컸다
낫다	났다	기엇다	기었다
잣다	잤다	넘엇다	넘었다
찻다	찼다	들엇다	들었다
캇다	캈다	묻엇다	묻었다
굴앗다	굴았다	빌엇다	빌었다
놓앗다	놓았다	싱것다	싱겄다
돋앗다	돋았다	엇엇다	엇었다
숨앗다	숨았다	풀엇다	풀었다
풀앗저	풀았저	흘럿다	흘렀다

㉠ -엿-	㉡ -였-	㉠ -겟-	㉡ -겠-
ᄒᆞ엿다	ᄒᆞ였다	가겟다	가겠다
못ᄒᆞ엿저	못ᄒᆞ였저	놀겟다	놀겠다
잘ᄒᆞ엿저	잘ᄒᆞ였저	좋겟다	좋겠다
말ᄒᆞ엿주	말ᄒᆞ였주	풀겟다	풀겠다
일ᄒᆞ엿네	일ᄒᆞ였네	ᄒᆞ겟다	ᄒᆞ겠다

제10항: ㄷ받침 다음에 접미사 '이/히'가 와서 구개음화현상이 나타
        날 때는 'ㄷ'이 'ㅈ'이나 'ㅊ'으로 소리가 나더라도 'ㄷ'으로
        적고, 표준어의 접미사 '-붙이'가 붙는 말은 구개음화된 '부
        치'로 적는다. 또한 표준어의 '같이'의 '긑이'는 'ᄀᆞ치/ᄀᆞ찌'로,
        '붙이다'는 '부치다/부찌다'로 둘 다 허용한다. (㉠은 택하고,
        ㉡은 버림)

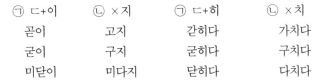

㉠ ㄷ+이	㉡ ×지	㉠ ㄷ+히	㉡ ×치
곧이	고지	갇히다	가치다
굳이	구지	굳히다	구치다
미닫이	미다지	닫히다	다치다

몯이	무지	묻히다	무치다
해돋이	해도지	받히다	바치다
툭받이	툭바지		

㉠ -부치	㉡ -붙이	㉠ -부치	㉡ -붙이
쉐부치	쉬붙이	술부치	술붙이
접부치	접붙이	피부치	피붙이
		일가부치	일가붙이

㉠ ᄀ치/ᄀ찌	㉡ ᄀ이	㉠ 부치다/부찌다	㉡ 붙이다

제11항: 첫소리 'ㄱ/ㅎ'이 'ㅣ/ㅑ/ㅕ/ㅛ/ㅠ'와 결합해서 구개음화가 된 말일 경우, 'ㄱ'은 'ㅈ'으로, 'ㅎ'은 'ㅅ'으로 적고, 모음 'ㅑ/ㅕ/ㅛ/ㅠ'는 단모음화한 'ㅏ/ㅓ/ㅗ/ㅜ'로 적는다. (㉠은 택하고, ㉡은 버림)

㉠ ㅈ+ㅣ>지	㉡ ㄱ+ㅣ>기	㉠ ㅈ+ㅕ>저	㉡ ㄱ+ㅕ>겨
질	길	저드랭이	겨드랭이
짐[海苔]	김	저슬/저읠[冬]	겨을
짐[水蒸氣]	김	저냥[照準]	겨냥
지둥	기둥	절/물절[波]	결/물결
지름	기름	절단	결단
지애집[瓦家]	기와집	절승전	결승전
질매	길마	절멩즈(決明子)	결멩즈
짐치	김치	절막염	결막염
짐씨(金氏)	김씨	절혼식	결혼식
찌리찌리	끼리끼리	절리다	결리다
찌다	끼다	절박ᄒ다	결박ᄒ다
지울다	기울다	절심ᄒ다	결심ᄒ다
지드리다	기드리다	절정ᄒ다	결정ᄒ다

질루다   기루다
지쁘다   기쁘다

㉠ ㅈ+ㅠ>주	㉡ ㄱ+ㅠ>규	㉠ ㅅ+ㅣ>시	㉡ ㅎ+ㅣ>히
벵줄낭	병귤낭	심	힘
줄림서원	귤림서원	심줄	힘줄
(橘林書院)		심술[筋肉]	힘살
주칙(規則)	규칙	심내다	힘내다
		심들다	힘들다

㉠ ㅅ+ㅑ>샤	㉡ ㅎ+ㅑ>햐	㉠ ㅅ+ㅑ>샤	㉡ ㅎ+ㅑ>햐
샹교(鄕校)	향교	샹돌(香爐)	향돌
샹훼(鄕會)	향회	샹불(香火)	향불

㉠ ㅅ+ㅕ>셔	㉡ ㅎ+ㅕ>혀	㉠ ㅅ+ㅕ>셔	㉡ ㅎ+ㅕ>혀
셩님	형님	셜기	혈기
셩제	형제	셥력	협력
셩수(兄嫂)	형수	셥동ᄒ다	협동ᄒ다
션금	현금	셥력ᄒ다	협력ᄒ다
션씨(玄氏)	현씨	셩펜엇다	형펜엇다

㉠ ㅅ+ㅛ>쇼	㉡ ㅎ+ㅛ>효	㉠ ㅅ+ㅠ>슈	㉡ ㅎ+ㅠ>휴
쇼도	효도	슝(凶)	흉
쇼ᄌ	효자	슝시(凶事)	흉사
쇼녀	효녀	슝년	흉년
쇼과	효과	슝터	흉터
쇼력	효력	슝보다	흉보다
		슝악ᄒ다	흉악ᄒ다

제12항: 자음동화현상(자음접변현상)이 나타는 어휘는 아래 (1)(2)

(3)(4)(5)(6)(7)(8)(9)와 같이 소리 나는 대로 적지 않고 원
음을 밝혀서 적는다.

(1) 'ㄱ'이 'ㄴ/ㅁ' 위에서 만날 때 'ㅇ'으로 소리 나도 원래의 음인
'ㄱ'으로 적고, 'ㄺ'도 'ㄴ' 위에서 만날 때 'ㅇ'으로 소리 나도
원래의 음인 'ㄺ'으로 적는다. 단 표준어의 기본형 '읽다'는 '익
다'이므로 '익'을 어간으로 한다. (㉠은 택하고, ㉡은 버림.)

㉠ ㄱ+ㄴ	㉡ ㅇ+ㄴ	㉠ ㄱ+ㅁ	㉡ ㅇ+ㅁ
국난(國難)	궁난	덕망(德望)	덩망
독나비	동나비	흑문(學問)	흥문
악녀(惡女)	앙녀	독무릅[膝]	동무릅
대죽낭	대중낭	막말	망말
녹는다	농는다	악물다	앙물다
먹는다	멍는다	적막ᄒ다	정막ᄒ다
삭는다	상는다	목매다	몽매다
속는다	송는다	막막ᄒ다	맘막ᄒ다
넉넉ᄒ다	넝넉ᄒ다	낙망ᄒ다	낭망ᄒ다

㉠ ㄺ+ㄴ	㉡ ㅇ+ㄴ	㉠ ㄺ+ㄴ	㉡ ㅇ+ㄴ
긁나	궁나	붉나	붕나
긁는	궁는	붉는	붕는
늙는	능는	붉나	붕나
늙나	능나	붉는	붕는
묽나	뭉나	흙나	훙나
묽는	뭉는	흙는	훙는

㉠ ㄱ	㉡ ㄺ	㉠ ㄱ	㉡ ㄺ
익다	읽다	익게	읽게
익으난	읽으난	익지	읽지

익으민	읽으민	익고	읽고
익엉(언)	읽엉(언)	익는	읽는

(2) 'ㅂ/ㅍ'이 'ㄴ/ㅁ' 위에서 만날 때 'ㅁ'으로 소리 나도 원래의
음인 'ㅂ/ㅍ'으로 적는다. (㉠은 택하고, ㉡은 버림.)

㉠ ㅂ+ㄴ	㉡ ㅁ+ㄴ	㉠ ㅂ+ㅁ	㉡ ㅁ+ㅁ
납날[臘日]	남날	밥물	밤물
밥낭푼	밤낭푼	법문(法文)	범문
썹ᄂ물	썸ᄂ물	서답물	서담물
잡말[雜言]	잠말	접문	점문
첩메노리	첨메노리	급물쌀	금물쌀
굽나	굼나	십만 원	심만 원
겁내다	검내다	겁먹다	검먹다

㉠ ㅍ+ㄴ	㉡ ㅁ+ㄴ	㉠ ㅍ+ㅁ	㉡ ㅁ+ㅁ
앞날	암날	앞마당	암마당
앞늬	암늬	앞머리	암머리
		첩메노리	첨메노리

(3) 'ㄷ/ㅅ/ㅈ'이 'ㄴ/ㅁ' 위에서 만날 때 'ㄴ'으로 소리 나도 원래
의 음인 'ㄷ/ㅅ/ㅈ'으로 적는다. (㉠은 택하고, ㉡은 버림.)

㉠ ㄷ+ㄴ	㉡ ㄴ+ㄴ	㉠ ㅅ+ㄴ	㉡ ㄴ+ㄴ
걷나	건나	젓나	전나
걷는	건는	젓는	전는
걷나	건다	낫나	난나
걷는	건는	낫는	난는
닫나	단나	벗나	번나
닫는	단는	벗는	번는
돋나	돈나	붓나	분나

돋는	돈는	붓는	분는
믿나	민나	줏나	준나
믿는	민는	줏는	준는
얻나	언나	엿날	연날
얻는	언는	콧물	콘물

㉠ ㅈ+ㄴ	㉡ ㄴ+ㄴ	㉠ ㅈ+ㄴ	㉡ ㄴ+ㄴ
궂나	근나	젖는	전는
궂나	군나	춫나	춘나
궂는	군는	춫는	춘는
맞나	만나	칯나	친나
맞는	만는	칯나	친나
젖나	전나	칯는	친는

㉠ ㄷ+ㅁ	㉡ ㄴ+ㅁ	㉠ ㅅ+ㅁ	㉡ ㄴ+ㅁ
묻메노리	문메노리	거짓말	거진말
		꽃망울	꼰망울

㉠ ㅈ+ㅁ	㉡ ㄴ+ㅁ	빗물	빈물
맞먹다	만먹다	엿말	연말
맞물리다	만물리다	뭇매	문매
		양잿물	양잰물
		젯멕이	젠멕이
		멋모르다	먼모르다

(4) 'ㄴ'이 'ㄹ' 위와 아래서 만날 때 'ㄹ'로 소리 나도 원래의 음인 'ㄴ'으로 적는다. (㉠은 택하고, ㉡은 버림.)

㉠ ㄴ+ㄹ	㉡ ㄹ+ㄹ	㉠ ㄹ+ㄴ	㉡ ㄹ+ㄹ
곤란	골란	설날	설랄
난리(亂離)	날리	칼눌	칼룰
순리(順理)	술리	틀낭	틀랑

신라왕	실라왕	열녀문	열려문
한란(寒蘭)	할란	일년	일련
천리만리	철리말리	둘님	둘림
전라남도	절라남도	탈놀이	탈로리
한락산	할락산	잘나다	잘라다
문란ᄒ다	물란ᄒ다	탈나다	탈라다
혼란ᄒ다	홀란ᄒ다	열나다	열라다

(5) 'ㄹ'이 'ㅁ/ㅇ' 아래서 만날 때 'ㄴ'으로 소리 나도 원래의 음인 'ㅁ/ㅇ'으로 적는다. (㉠은 택하고, ㉡은 버림.)

㉠ ㅁ+ㄹ	㉡ ㅁ+ㄴ	㉠ ㅇ+ㄹ	㉡ ㅇ+ㄴ
감로수	감노수	공력	공녁
담력	담녁	방랑객	방낭객
염라대왕	염나대왕	멩령	멩녕
염려	염녀	종류	종뉴
침략	침냑	풍랑	풍낭
탐라국(耽羅國)	탐나국	궁리다	궁니ᄒ다
남루ᄒ다	남누ᄒ다	방랑ᄒ다	방낭ᄒ다
참례ᄒ다	참녜ᄒ다	왕래ᄒ다	왕내ᄒ다
함락ᄒ다	함낙하다	청렴ᄒ다	청념ᄒ다

(6) 'ㄱ'이 'ㄹ' 위에서 만날 때 'ㄱ'은 'ㅇ'으로, 'ㄹ'은 'ㄴ'으로 소리 나도 원래의 음인 'ㄱ'과 'ㄹ'로 적는다. 또한 'ㅂ'이 'ㄹ' 위에서 말날 때 'ㅂ'은 'ㅁ'으로, 'ㄹ'은 'ㄴ'으로 소리 나도 원래의 음인 'ㅂ'과 'ㄹ'로 적는다. (㉠은 택하고, ㉡은 버림.)

㉠ ㄱ+ㄹ	㉡ ㅇ+ㄴ	㉠ ㅂ+ㄹ	㉡ ㅁ+ㄴ
국록(國祿)	궁녹	법률	범뉼
극락정토	긍낙정토	섭리(攝理)	섬니
낙락장송	낭낙장송	집례(執禮)	짐녜

독립문	동닙문	칠십리	칠심니
책력	책녁	압록강	암녹강
악령	앙녕	답례품	담녜품
흑력(學歷)	흥녁	섭렵ᄒ다	섬녑ᄒ다
승리ᄒ다	승니ᄒ다	입력기ᄒ다	임녁기ᄒ다
폭락ᄒ다	퐁낙ᄒ다		

(7) 'ㅅ/ㅈ' 다음에 모음으로 시작되는 실사가 결합된 말은 'ㄴ'으
로 소리 나도 원래의 음인 'ㅅ/ㅈ'과 'ㅇ'으로 적는다. (㉠은 택하
고, ㉡은 버림.)

㉠ ㅅ+ㅇ	㉡ ㄴ+ㄴ	㉠ ㅈ+ㅇ	㉡ ㄴ+ㄴ
갓일	간닐	낮일	난닐
밧일	반닐	맞이음	만니음
젯양	젠냥	맞욕질	만뇩질
쳇일	첸닐		
헛일	헌닐		

(8) 어간가 끝음절 받침 'ㅎ'이 'ㄴ' 위에서 'ㄴ'으로 소리 나거나,
어미 '-은/-을/-으난/-으민/-아라'가 이어질 때 'ㅎ'이 소리
나지 않아도 원래의 음인 'ㅎ'으로 적는다. (㉠은 택하고, ㉡은 버림.)

㉠ ㅎ+ㄴ	㉡ ㄴ+ㄴ	㉠ ㅎ+ㄴ	㉡ ㄴ+ㄴ
낳나	난나	낳은	나은
낳는	난는	놓을	노을
놓나	논나	좋으난	조으난
놓는	논는	좋으민	조으민
좋나	존나	좋아라	조아라
좋는	존는		

(9) 'ㅎ'과 'ㄱ/ㄷ/ㅂ/ㅈ'이 만날 때 격음화현상으로 인해 'ㅎ'이 탈

락되고 'ㄱ/ㄷ/ㅂ/ㅈ'은 각각 'ㅋ/ㄷ/ㅍ/ㅊ'으로 소리 나도 원
래의 음대로 적는다. (㉠은 택하고, ㉡은 버림.)

㉠ ㅎ+ㄱ	㉡ ×+ㅋ	㉠ ㄱ+ㅎ	㉡ ×+ㅋ
놓고/곡	노코/콕	국화꽃	국콰꽃
노랗고/곡	노라코/콕	민속학	민숙쿡
닿고/곡	다코/콕	백합꽃	벡갑꽃
좋고/곡	조코/콕	석훼석	석퀘석
퍼렇고/게	퍼러코/케	약혼식	약콘식
허옇고/게	허여코/케	독하다	돌 ㅋ다
어떻고/게	어떠코/케	박하다	박ㅋ다
그렇고/게	그러코/케	묵히다	묵키다

㉠ ㅎ+ㄷ	㉡ ×+ㅌ	㉠ ㅎ+ㄷ	㉡ ×+ㅌ
낳다	나타	낳도록	나토록
놓다	노타	놓도록	노토록
닿다	다타	닿도록	다토록
좋다	조타	좋도록	조토록
까맣다	까마타	까망도록	까마토록
누렇다	누러타	누렁도록	누러토록
뻘겋다	뻘거타	뻘겋도록	뻘거토록
퍼렇다	퍼러타	퍼렁도록	퍼러토록
허옇다	허여타	허옇도록	허여토록

㉠ ㅂ+ㅎ	㉡ ×+ㅍ	㉠ ㅎ+ㅈ	㉡ ×+ㅊ
법학(法學)	버팍	그렇지	그러치
입학(入學)	이팍	좋지	조치
입후보(立候補)	이푸보	아무렇지	아무러치
급하다	그파다	둥구(그)렇지	둥구(그)러치
답하다	다파다		

㉠ ㅈ+ㅎ	㉡ ×+ㅊ	㉠ ㅈ+ㅎ	㉡ ×+ㅊ
맞히다	마치다	맺히다	매치다
부딪히다	부디치다	젲(젖)혀지다	제(저)쳐지다

<예외> 수를 나타내는 표준어에 'ㅎ'이 껴 있는 말은 소리 나는 대로 'ㅇ'으로 적는다. (㉠은 택하고 ㉡은 버림)

㉠ ㅇ	㉡ ㅎ	㉠ ㅇ	㉡ ㅎ
사을	사흘	열사을/수무사을	열사흘/수무나흘
나을	나흘	열나을/수무나을	열나흘/수무나흘
아옵	아홉	아옵물/마은아옵	아홉물/마흔아홉
마은	마흔	마은넛/마은ㅎ나	마흔넷/마흔ㅎ나
아은	아흔	아은아옵/백아옵	아흔아홉/백아홉

제13항: 두음법칙에 의해 첫소리가 'ㄴ/ㄹ'로 된 어휘는 아래 (1)(2)(3)과 같이 적는다. (㉠은 택하고 ㉡은 버림)

(1) 녀/뇨/뉴/니〉여/요/유/이

㉠ 여	㉡ 녀	㉠ 요	㉡ 뇨
여ᄌ	녀ᄌ	요강	뇨강
연령	년령	요소비료	뇨소비료
염려	념려	요산(尿酸)	뇨산
영일(寧日)	녕일	요령(鐃鈴)	뇨령

㉠ 유	㉡ 뉴	㉠ 이	㉡ 니
유대(紐帶)	뉴대	이토(泥土)	니토
육혈(衄血)	뉵혈	익멩(匿名)	닉멩
		익다	닉다
		일곱	닐곱
		일어나다	닐어나다

<예외> 표준어의 '이[齒]'·'이[蝨]'·'이빨'·'내일(來日)'·'넷[四]'
등은 '늬(니)[齒/蝨]'·'늬(니)빨'·'닐(닐)'·'닛(닛)'으로 적는다.

(2) 라/래/로/루>나/내/노/누

㉠ 나	㉡ 라	㉠ 내	㉡ 래
나벵(癩病)	라벵	내력	래력
낙동강	락동강	내년	래년
나멘	라멘	내일	래일
낙원	락원	내왕ᄒᆞ다	래왕ᄒᆞ다
낙엽	락엽	내왕ᄒᆞ다	래왕ᄒᆞ다
낙심ᄒᆞ다	락심ᄒᆞ다	냉랭ᄒᆞ다	랭랭ᄒᆞ다
낙방ᄒᆞ다	락방ᄒᆞ다	냉정ᄒᆞ다	랭정ᄒᆞ다

㉠ 노	㉡ 로	㉠ 누	㉡ 루
노인	로인	누각	루각
노동	로동	누락(漏落)	루락
농담	롱담	누명	루명
노심초스	로심초스	누천년	루천년
노력ᄒᆞ다	로력ᄒᆞ다	누설ᄒᆞ다	루설ᄒᆞ다
녹음ᄒᆞ다	록음ᄒᆞ다	누추ᄒᆞ다	루추ᄒᆞ다

(3) 랴/려/료/류/리>야/여/요/유/이

㉠ 야	㉡ 랴	㉠ 여	㉡ 려
양심	량심	여객선	려객선
양숙(糧食)	량숙	여염집	려염집
양재(養子)	양재	연꽃	련꽃
약식재판	략식재판	연습	련습
약소ᄒᆞ다	략소ᄒᆞ다	영혼	령혼
약탈ᄒᆞ다	략탈ᄒᆞ다	연류돼다	련류돼다

양해ᄒ다	량해ᄒ다	여행ᄒ가	려행ᄒ다

㉠ 요	㉡ 류	㉠ 유	㉡ 류
요리	료리	유리	류리
용머리	룡머리	유수(流水)	류수
용상(龍床)	룡상	육지	륙지
용안(龍顏)	룡안	윤리	륜리
용소(龍沼)	룡소	율법	률법
용트림ᄒ다	룡트림ᄒ다	유념ᄒ다	류념ᄒ다
		윤택ᄒ다	륜택ᄒ다

㉠ 이	㉡ 리	㉠ 이	㉡ 리
이유	리유	임업	림업
이익	리익	이벨ᄒ다	리벨ᄒ다
이치	리치	인접ᄒ다	린접ᄒ다
인근	린근	입증ᄒ다	립증ᄒ다

제14항: 중자음 받침 'ㄺ/ㄻ/ㅁ/ㅅ'은 그것만으로 끝나거나 그 다음 자음이 이어질 때는 겹으로 된 어느 한 자음이 묵음이 되지만 겹자음 그대로 적는다. 단 'ㅁ/ㅅ' 받침인 경우 제8항에서 다뤘으므로 생략한다. (㉠은 택하고, ㉡은 버림.)

㉠ ㄺ	㉡ ㄱ	㉠ ㄻ	㉡ ㅁ
긁다/묽다	극다/묵다	곪다/굶다	곰다/굼다
붉다/붉다/얽다	복다/북다/억다	젊다	점다
긁고/묽고	극고/묵고	곪고/굶고	곰고/곰고
붉고/붉고/얽고	복고/북고/억고	젊고/점지	점고/점지
		곪지/굶지	곰지/굼지

제15항: 표준어 겹소리 받침 'ㄳ'은 'ㄱ'으로, 'ㄵ'은 'ㅈ'으로, 'ㄶ'은 'ㄴ'으로, 'ㄼ'은 'ㅂ/ㄹ'으로, 'ㄺ/ㄾ/ㄿ/ㅀ'은 'ㄹ'로, 'ㅄ'은 'ㅂ'으로 적는다. (㉠은 택하고 ㉡은 버림)

㉠ ㄱ
넉이/넉을/넉으로/넉도/넉만
목이/목을/목으로/목도/목만

㉡ ㄳ
넋이/넋을/넋으로/넋도/만
몫이/몫을/몫으로/몫도/몫만

㉠ ㄴ
안흐다/안흐영(연)/안흐민/안흐난

㉡ ㄶ
않다/않흐영(연)/않흐민/않흐난

㉠ ㅈ
앚다/앚이난/앚이민/앚앙(안)
엊다/엊으(이)난/엊으(이)민
/엊어도
옂다/옂으(이)난/옂으(이)민
/옂어도

㉡ ㄵ
앉다/앉이난/앉이민/앉앙(안)
얹다/얹으(이)난/얹으(이)민
/얹어도
옂다/옂으(이)난/엱으(이)민
/옂어도

㉠ ㅂ/ㄹ
ㅂ→읏둡/읏둡이/읏둡을/읏둡으로
ㄹ→넙다/넙으난/넙으민/넙지
　　/넙지도
　　쭐르다/쭐르난/쭐르민/쭐르지
　　/쭐르지도
　　얄룹다/얄루난/얄루민/얄룹지
　　/얄룹지도

㉡ ㄼ
읏둛/읏둛이/읏둛을/읏둛으로
넓다/넓으난/넓으민/넓지
/넓지도
쫇다/쫇으난/쫇으민/쫇지
/쫇지도
얇다/얇으난/얇으민/얇지
/얇지도

㉠ ㅅ
돗/돗이/돈은/돗을/돗도
웨곳/웨곳이/웨곳은/웨곳을

㉡ ㄳ
돇/돇이/돇은/돇을/돇도
외곲/외곲이/외곲은/외곲을

㉠ ㄹ
  홀트다/홀트난/홀트민/홀트지
  홀트다/홀트난/홀트민/홀트지

㉡ ㄾ
  훑다/훑으난/훑으민/훑으지
  훑다/훑으난/훑으민/훑으지

㉠ ㄹ
  을프다/을프난/을프민/을펑(펀)

㉡ ㄿ
  읊다/읊으난/읊으민/읊엉(언)

㉠ ㄹ
  일르다/일르난/일르민/일르지
  올르다/올르난/올르민/올르지

㉡ ㅀ
  잃다/잃으난/잃으민/잃으지
  옳다/옳으난/옳으민/옳으지

㉠ ㅂ/ㅅ
  ㅂ→깝이/깝을/깝으로/깝도/깝만
  ㅅ→엇다/엇이/엇을/엇어도/엇으난
  웃다/웃이/웃을/웃어도/웃으난

㉡ ㅄ
  값이/값을/값으로/값도/값만
  없다/없이/없을/없어도/없으난
  읎다/읎이/읎을/읎어도/읎으난

제16항: 유성자음 'ㄴ/ㄹ/ㅁ/ㅇ'으로 끝나는 말 다음의 'ㄱ/ㄷ/ㅂ/ㅅ/ㅈ'이 된소리[濃音/硬音]인 'ㄲ/ㄸ/ㅃ/ㅆ/ㅉ'으로 소리 나도 원음인 'ㄱ/ㄷ/ㅂ/ㅅ/ㅈ'으로 적는다. (㉠은 택하고 ㉡은 버림)

㉠ ㄴ+ㄱ	㉡ ㄴ+ㄲ	㉠ ㄴ+ㄷ	㉡ ㄴ+ㄸ
문고리	문꼬리	논두렁	논뚜렁
손가락	손까락	손등	손뜽
안거리	안꺼리	안다리	안따리
촌거	촌꺼	촌득	촌뜩

㉠ ㄴ+ㅂ	㉡ ㄴ+ㅃ	㉠ ㄴ+ㅅ	㉡ ㄴ+ㅆ
산불	산뿔	문소리	문쏘리
손바닥	손빠닥	손소곱	손쏘곱
안방	안빵	안성[內城]	안썽

촌부재(村富者)	촌뿌재	촌사름	촌싸름

㉠ ㄴ+ㅈ	㉡ ㄴ+ㅉ	㉠ ㄹ+ㄱ	㉡ ㄴ+ㄲ
문지방	문찌방	물곳/물곡	물꼿/물꼭
손지갑	손찌갑	발가락	발까락
안자리	안짜리	일거지	일꺼리
촌집	촌찝	술가죽	술까죽

㉠ ㄹ+ㄷ	㉡ ㄹ+ㄸ	㉠ ㄹ+ㅂ	㉡ ㄹ+ㅃ
물동이	물똥이	물부리	물뿌리
발등	발뜽	발부리	발뿌리
알드르	알뜨르	일복	일뽁
술도막	술또막	실밥	실빱

㉠ ㄹ+ㅅ	㉡ ㄹ+ㅆ	㉠ ㄹ+ㅈ	㉡ ㄹ+ㅉ
물살	물쌀	글재(文字)	글째
발소리	발쏘리	발질	발찔
열성	열썽	웃질	웃찔
실속	실쏙	실제(實際)	실쩨

㉠ ㅁ+ㄱ	㉡ ㅁ+ㄲ	㉠ ㅁ+ㄷ	㉡ ㅁ+ㄸ
담고망	담꼬망	담돌	담똘
밤거리	밤꺼리	보롬둘[望月]	보롬뚤
엄격(嚴格)	엄껵	배염독[蛇毒]	배염똑
좀귀(잠귀)	좀뀌	좀도독	좀또독

㉠ ㅁ+ㅂ	㉡ ㅁ+ㅃ	㉠ ㅁ+ㅅ	㉡ ㅁ+ㅆ
구뭄밤	구뭄빰	몸속	몸쏙
봄비	봄삐	봄소식	봄쏘식
심보	심뽀	숨소리	숨쏘리
좀버릇	좀뻐릇	암쉐	암쒜

㉠ ㅁ+ㅈ	㉡ ㅁ+ㅉ	㉠ ㅇ+ㄱ	㉡ ㅇ+ㄲ
금줄	금쭐	청그룻	청끄룻
밤질	밤찔	공거	공꺼
봄줌	봄쫌	낭가지	낭까지
줌자리	줌짜리	콩국	콩꾹

㉠ ㅇ+ㄷ	㉡ ㅇ+ㄸ	㉠ ㅇ+ㅂ	㉡ ㅇ+ㅃ
공돈	공똔	강바닥	강빠닥
강둑	강뚝	방비(房-비)	방삐
창대	창때	총부리	총뿌리
장독	장똑	콩방울	콩빵울

㉠ ㅇ+ㅅ	㉡ ㅇ+ㅆ	㉠ ㅇ+ㅈ	㉡ ㅇ+ㅉ
공술	공쑬	공점[-占]	공쩜
종소리	종쏘리	너덩줄	너덩쭐
멩세(盟誓)	멩쎄	남향집	남향찝
방세(房貰)	방쎄	상장(賞狀)	상짱

제17항: '르' 받침 다음에 'ㄱ/ㄷ/ㅂ/ㅈ'이 첫소리로 된 어휘가 거센
소리[激音]로 되는 것은 둘 다 허용한다. (㉠과 ㉡ 다 허용)

㉠ 르+ㄱ	㉡ 르+ㅋ	㉠ 르+ㄷ	㉡ 르+ㅌ
ᄂ물국	노몰쿡	술도막	술토막
물궤기	물퀘기	돌뎅이	돌텡이
돌깅이	돌킹이	돌돔	돌톰

㉠ 르+ㅂ	㉡ 르+ㅍ	㉠ 르+ㅈ	㉡ 르+ㅊ
실밥	실팝	멜젓	멜첫
모몰범벅	모몰펌벅	모몰죽	모몰축
술벵	술펭	쏠집	쏠칩

제2절 모음표기

제18항: 아래아 '·(ᄋ)'와 쌍(겹)아래아 '··(ᄋ)'가 들어간 말은 원음
대로 적는다. (㉠은 택하고 ㉡은 버림)

㉠ ·(ᄋ)	㉡ ㅗ	㉠ ··(ᄋ)	㉡ ㅛ
ᄃᆞᆯ[月]	돌	ᄋᆢᆺ[六]	요숫
ᄀᆞ을/ᄀᆞ슬[秋]	고을/고슬	ᄋᆢᆲ[八]	요둛
ᄆᆞᆷ/ᄆᆞ음/ᄆᆞ슴[心]	몸/모음/모슴	ᄋᆢ름/ᄋᆢ매[果]	요름/욜매
혹교	혹교	ᄋᆢᆸ집	욥집
ᄃᆞᆯ다[甘/懸]	돌다	ᄆᆢᆸ다	마둅다
ᄒᆞ다[爲]	호다	ᄋᆢ다	욕다
ᄒᆞ쿠다	호쿠다	ᄋᆢ망지다	요망지다
ᄒᆞᆫ저 옵서	혼저 옵서	ᄋᆢᆯ다	욜다

제19항: 'ㅐ/ㅔ/ㅖ/ㅢ' 중 'ㅐ'는 확연히 구분돼는 것도 있지만, 실제
로는 거의 'ㅔ'와 같이 발음되므로 혼란을 피하기 위해 '한글
맞춤법통일안'에 따라서 적고, 'ㅖ'는 'ㅖ/ㅔ' 두 개로 소리
나므로 그 소리대로 적는다. 'ㅢ'인 경우는 거의가 'ㅣ'로 발
음되므로 그 소리를 살려 '이'로 적는다. 이론이 있을 수 있
다. (㉠은 택하고 ㉡은 버림)

㉠ ㅐ	㉡ ㅔ	㉠ ㅖ	㉡ ㅐ
개[犬]	게	떡메	떡매
대[竹]	데	베옷	배옷
내창[川]	네창	세탁	새탁
새롭다	세롭다	게을르다	개을르다
재우다	제우다	데령오라	대령오라
해롭다	헤롭다	세심ᄒᆞ다	새심ᄒᆞ다

㉠ ㅖ	㉡ ㅔ	㉠ ㅖ	㉡ ㅖ
예절	에절	은혜	은혜
예이	에이	혜택	혜택
장례	장레	폐단	폐단
예배당	에배당	철폐	철폐
예신쟁이	에산쟁이	벨벨일	별별일
예조판ᄉ	에조판ᄉ	펜안ᄒ다	편안ᄒ다

㉠ ㅣ	㉡ ㅢ	㉠ ㅣ	㉡ ㅢ
이리(義理)	의리	이향(意向)	의향
중이	중의	이지ᄒ다	의지ᄒ다
이복(衣服)	의복	이심ᄒ다	의심ᄒ다

제20항: '왜/ㅚ'는 실제 'ㅞ'로 발음되므로 그 소리대로 적는다. (㉠은 택하고 ㉡은 버림)

㉠ ㅞ	㉡ ㅙ	㉠ ㅞ	㉡ ㅚ
궹이	괭이	웨방(外方)	외방
웨구(倭寇)	왜국	웨삼춘(外三寸)	외삼춘
웬지)	왠지	쉐[牛]	쇠
왜곡(歪曲)	왜곡	뒌장	된장
왜가리	웨가리	춤웨	춤외
휏불	햇불	자리췌	자리회
궤씸ᄒ다	괘씸ᄒ다	훼이(會議)	회의
웨냐ᄒ민	왜냐ᄒ민	뒈다	되다
웨재기다	왜재기다	궤롭다	괴롭다
통퀘ᄒ다	통쾌ᄒ다	웨롭다	외롭다

제21항: 첫소리 'ㅁ/ㅂ/ㅍ'과 결합하는 'ㅕ'는 'ㅖ/ㅣ'로 전이되는데, 그 특성을 살려서 변한 소리대로 적는다. (㉠은 택하고 ㉡은 버림)

㉠ ㅁ+ㅔ/ㅣ	㉡ ㅁ+ㅕ	㉠ ㅂ+ㅔ/ㅣ	㉡ ㅂ+ㅕ
메칠	며칠	벤멩	변명
멩질	명질	벵풍	병풍
멜첫	멸젓	벨/빌[星]	별
멘장/민장	면장	벵원/빙원	병원
면도/민도	면도	벵신/빙신	병신
멩/밍(命)	명	햇벳	햇볕
냉멘	냉면	베락	벼락
멩분	명분	분벨	준별
운멩	운명	벨멩(別名)	별명
전멜ᄒᆞ다	전멸ᄒᆞ다	벵/빙들다	병들다
멜말ᄒᆞ다	멸망ᄒᆞ다	벤/빈ᄒᆞ다	변ᄒᆞ다
멩령ᄒᆞ다	명령ᄒᆞ다	벨ᄒᆞ다	별ᄒᆞ다
유멩ᄒᆞ다	유명ᄒᆞ다	이벨ᄒᆞ다	이별ᄒᆞ다

㉠ ㅍ+ㅔ/ㅣ	㉡ ㅍ+ㅕ	㉠ ㅍ+ㅔ	㉡ ㅍ+ㅕ
펜안	편안	동펜	동편
펭균	평균	송펜	송편
펜지/핀지	편지	불펜ᄒᆞ다	불편ᄒᆞ다
펭판/핑판	평판	펜리ᄒᆞ다	편리ᄒᆞ다
펭양/피양	평양	펠치다	펼치다
예펜(女便)	예편	펭펭ᄒᆞ다	평평ᄒᆞ다
남펜	남편		

제22항: ㅣ모음동화가 나타나는 것 중에 (1)처럼 역행동화인 경우는 표준어와 차별화 된 특성이 살아나므로 동화된 어형으로 적고, (2)처럼 상호동화인 경우는 동화전후의 두 형태를 다 허용한다. 모음순행동화의 것들은 뒤의 제26항/27항/28항에서 다뤄졌으므로 생략한다. (㉠은 택하고 ㉡은 버림)

(1) 역행동화

㉠ ㅏ+ㅣ>ㅐ+ㅣ	㉡ ㅏ+ㅣ	㉠ ㅏ+ㅣ>ㅐ+ㅣ	㉡ ㅏ+ㅣ
애기	아기	색이나	삭이다
돌뱅이	돌방이	깨끼다	까끼다
뭉생이	뭉상이	땡기다	땅기다
도독쟁이	도독장이	냉기다	남기다
굴갱이	굴강이	맥히다	막히다
못빼기	못빠기	백히다	박히다
정갱이	정강이	잽히다	잡히다
호랭이	호랑이	쌩이다	쌓이다

㉠ ㅓ+ㅣ>ㅔ+ㅣ	㉡ ㅓ+ㅣ	㉠ ㅓ+ㅣ>ㅔ+ㅣ	㉡ ㅓ+ㅣ
금뎅이	금덩이	베르다	벼르다
궁뎅이	궁덩이	제리다	저리다
밥벙뎅이	밥벙덩이	멕이다	먹이다
젯멕이	젯먹이	쎅이다	썩이다
끼게기	찌거기	젲히다	젖히다
껄렝이	껄렁이		
꾸레기	꾸러기		

(2) 상호동화

㉠ ㅏ+ㅣ	㉡ ㅐ	㉠ ㅓ+ㅣ	㉡ ㅔ	㉠ ㅜ+ㅣ	㉡ ㅟ
아이	애	어이다	에다	우이	위
사이	새			수이	쉬

㉠ ㅗ+ㅣ	㉡ ㅚ>ㅔ[ㅔ만 택함]	㉠ ㅣ+ㅓ	㉡ ㅕ
오이	외>웨	-이어	-여
고이다	괴다>궤다	-이어서	-엿다
노이다	뇌다>눼다	-이엇다	-엿다
보이다	뵈다>붸다	-리엇다	-렷다

| 쏘이다 | 쐬다>쒜다 | -치엇다 | -첫다 |
| 쪼이다 | 쬐다>쮀다 | -키어 | -켜 |

제4장 형태에 관한 것

제1절 체언과 조사

제23항: 체언과 조사는 구분해서 아래 (1)(2)와 같이 자음 받침 말
다음이냐, 모음으로 끝나는 말 다음이냐에 따라 달리 적는다.

(1) 자음받침이 있는 체언 다음에 모음으로 시작되는 조사 '이/은/
을/에/으로…'가 올 때는 윗말과 구분해서 적되, 그 윗말에 붙
여 쓴다. 단 'ㄹ'로 끝나는 체언 다음에는 '으로' 대신 '로'로 적
는다. (㉠은 택하고 ㉡은 버림)

	㉠ 분철(分綴)	㉡ 연철(連綴)
ㄳ[邊]+이/을/에/으로/만	→ㄳ이/ㄳ을/ㄳ에/ ㄳ으로/ㄳ만	ㄱ시/ㄱ슬/ㄱ세 /ㄱ스로/ㄳ만
ㄳ[邊]+이/은/을/에/으로	→ㄳ이/ㄳ은/ㄳ을 /ㄳ에/ㄳ으로	ㄱ시/ㄱ슨/ㄱ슬/ㄱ세 /ㄱ스로
ㄵ[顔]+이/은/을/에/으로	→ㄵ이/ㄵ은/ㄵ을 /ㄵ에/ㄳ으로	ㄴ시/ㄴ슨/ㄴ슬/ㄴ세 /ㄴ스로
슴[蔘]+이/은/을/에/으로	→슴이/슴은/슴을 /슴에/슴으로	ㅅ미/ㅅ믄/ㅅ믈/ㅅ메 /ㅅ므로
둘[月]+이/은/을/에/으로	→둘이/둘은/둘을 /둘에/둘로	ㄷ리/ㄷ른/ㄷ를/ㄷ레 /둘로
뭘[馬]+이/은/을/에/으로	→뭘이/뭘은/뭘을 /뭘에/뭘로	ㅁ리/ㅁ른/ㅁ를/ㅁ레 /뭘로

질[路]+이/은/을/에/으로→질이/질은/질을   지리/지른/지를/지레
　　　　　　　/질에/질로   /질로

다숫[五]+이/은/을/에/으로→다숫이/다숫은   다스시/다스슨/다스슬
　　　　　　　/다숫에/다숫으로   /다스세/다스스로

ᄀᆞ숨[材料]+이/은/을/에/으로→ᄀᆞ숨이/ᄀᆞ숨은   ᄀᆞ스미/ᄀᆞ스믄
　　　　　　　/ᄀᆞ숨을/곰에   /ᄀᆞ스믈/ᄀᆞ스메
　　　　　　　/ᄀᆞ숨으로   /ᄀᆞ스므로

풋입[豆葉]+이/은/을/에/으로→풋입이/풋입은   풋이피/풋이븐
　　　　　　　/풋입을/풋입에   /풋이블/풋이베
　　　　　　　/풋입으로   /풋이브로

쿡꼿[瓢花]+이/은/을/에/으로→쿡꼿이/쿡꼿은   쿡꼬시/쿡꼬슨
　　　　　　　/쿡입을/쿡꼿에   /쿡꼬슬/쿡꼬세
　　　　　　　/쿡꼿으로   /쿡꼬스로

ᄋᆞ둡[八]+이/은/을/에/으로→ᄋᆞ둡이/ᄋᆞ둡은   ᄋᆞ드비/ᄋᆞ드븐
　　　　　　　/ᄋᆞ둡을/ᄋᆞ둡에   /ᄋᆞ드블/ᄋᆞ드베
　　　　　　　/ᄋᆞ둡으로   /ᄋᆞ드브로

ᄋᆞ숫[六]+이/은/을/에/으로→ᄋᆞ숫이/ᄋᆞ스은   ᄋᆞ스시/ᄋᆞ스슨
　　　　　　　/ᄋᆞ숫을/ᄋᆞ숫에   /ᄋᆞ스슬/ᄋᆞ스세
　　　　　　　/ᄋᆞ숫으로   /ᄋᆞ스스로

ᄋᆞ름[果]+이+은/을/에/으로→ᄋᆞ름이/ᄋᆞ름은   ᄋᆞ르미/ᄋᆞ르믄
　　　　　　　/ᄋᆞ름을/ᄋᆞ름에   /ᄋᆞ르믈/ᄋᆞ르메
　　　　　　　/ᄋᆞ름으로   /ᄋᆞ르므로

윰[側]+이/은/을/에/으로→윰이/윰은/윰을   윰피/윰픈/윰플
　　　　　　　/윰에/윰프로   /윰페/윰프로

놂[遊]+이/은/을/에/으로→놂이/놂은/놂을   놀미/놀미/놀믈
　　　　　　　/놂에/놂으로   /놀메/놀므로

삶[生]+이/은/을/에/으로→삶이/삶은/삶을   살미/살믄/살믈
　　　　　　　/삶에/삶으로   /살메/살므로

늙음[老]+이/은/을/에/으로→늙음이/늙음은   늘그미/늘그믄
　　　　　　　/늙음을/늙음에   /늘그믈/늘그메

/늙으므로   /늘그므로

(2) 모음으로 끝나는 체언 다음에 붙는 격조사 '가/는/를/에/로…'
   는 그 윗말에 붙여 적는다. (㉠은 택하고 ㉡은 버림)

㉠ 모음+<u>가</u>/는/를/<u>에</u>/로   ㉡ 모음+<u>이</u>/은/을/<u>에</u>/<u>으로</u>

가시<u>가</u>/는/를/<u>에</u>/로   가시<u>이</u>/은/을/<u>에</u>/<u>으로</u>

나그네<u>가</u>/는/를/<u>에</u>/로   나그네<u>이</u>/은/을/<u>에</u>/<u>으로</u>

드리<u>가</u>/는/를/<u>에</u>/로   드리<u>이</u>/은/을/<u>에</u>/<u>으로</u>

박새기<u>가</u>/는/를/<u>에</u>/로   박새기<u>이</u>/은/을/<u>에</u>/<u>으로</u>

암쉐<u>가</u>/는/를/<u>에</u>/로   암쉐<u>이</u>/은/을/<u>에</u>/<u>으로</u>

조캐<u>가</u>/는/를/<u>에</u>/로   조캐<u>이</u>/은/을/<u>에</u>/<u>으로</u>

창지<u>가</u>/는/를/<u>에</u>/로   창지<u>이</u>/은/을/<u>에</u>/<u>으로</u>

콧냄새<u>가</u>/는/를/<u>에</u>/로   콧냄새<u>이</u>/은/을/<u>에</u>/<u>으로</u>

통대<u>가</u>/는/를/<u>에</u>/로   통대<u>이</u>/은/을/<u>에</u>/<u>으로</u>

푸성귀<u>가</u>/는/를/<u>에</u>/로   푸성귀<u>이</u>/은/을/<u>에</u>/<u>으로</u>

호미<u>가</u>/는/를/<u>에</u>/로   호미<u>이</u>/은/을/<u>에</u>/<u>으로</u>

<예외> 체언의 끝음절 받침이 'ㅅ'로 된 말 다음에 놓이는 처격조사
'에/으로'는 대신 '디/더(드)레'로도 적는다.

밧[田]+디/더(드)레→밧디/밧더(드)레

밧갓[外]+디/더(드)레→밧갓디/밧갓더(드)레

즈끗[겿]+디/더(드)레→즈끗디/끗더(드)레

제24항: 말끝에 붙는 '구술첨사/강세첨사'인 '마씀/마씸'·'양'·'이'
      ·'게/겐'은 그 윗말에 붙여서 쓴다.

경 ᄒᆞ여도 뒈어<u>마씀</u>.   곧/곧 돌아와지카<u>마씸</u>?

(그렇게 하여도 됩니다.)   (곧 돌아와질까요?)

잘 갑서양.
(잘 가십시오네.)

돈 얼메나 하신고양?
(돈 얼마나 많을까요?)

댕경 오라이.
(다녀서 와라야.)

제발 ᄒ지 말라이.
(제발 하지 마라야.)

경 ᄒ심게.
(그렇게 하게나.)

동세 ᄆᆞ음대로 ᄒ순겐.
(동서 마음대로 하게나.)

제2절 어간과 어미

제25항: 용언이 어간과 어미는 형태음소적 표기법(분철법)에 따라 구분하여 적는다.

[어간+어미]

가다[去]→가곡(고)/가지/간/가민/감저/갓수과/가키어

녹다[銷]→녹곡(고)/녹지/녹안/녹으민/녹암저/녹앗수과/녹으키어

앚다[坐]→앚곡(고)/앚지/앚안/앚으민/앚암저/앚앗수과/앚으키어

좋다[好]→좋곡(고)/좋지/좋안/좋으민/좋암저/좋앗수과/좋으키어

검다[黑]→검곡(고)/검지/검언/검으민/검엄저/검엇수과/검으키어

신다[履]→신곡(고)/신지/신언/신으민/신엄저/신엇수과/신으키어

엇다[無]→엇곡(고)/엇지/엇언/엇으민/엇엄저/엇엇수과/엇으키어

잇다[有]→잇곡(고)/잇지/잇언/잇으민/잇엄저/잇엇수과/잇으키어

싯다[有]→싯곡(고)/싯지/시언/시민/시엄저/시엇수과/싯키어

이시다[有]→이선/이시민/이섬저/이섯수과/이시키어

굶다[餓]→굶곡(고)/굶지/굶언/굶으민/굶엄저/굶엇수과/굶으키어

붉다[明]→붉곡(고)/붉지/붉안/붉으민/붉암저/붉앗수과/붉으키어

제26항: 연결어미 '-엉/-언'·'-영/-연'는 아래 (1)(2)와 같이 적는다.

(1) '-엉/-언'이 'ㅣ/ㅐ/ㅔ/ㅖ/ㅟ'로 끝나는 어간 나음에 놓일 때
'-영/-연'으로 소리 나도 원음인 '-엉/-언'으로 적는다. (㉠은
택하고 ㉡은 버림)

㉠ ㅣ+엉/언	㉡ ㅣ+영/연	㉠ ㅐ+엉/언	㉡ ㅐ+영/연
기엉/언	기영/연	개엉/언	개영/연
비엉/언	비영/연	내엉/언	내영/연
지엉/언	지영/연	대엉/언	대영/연
피엉/언	피영/연	매엉/언	매영/연
미치엉/언	미치영/연	새엉/언	새영/연
살리엉/언	살리영/연	재엉/언	재영/연
좁히엉/언	좁히영/연	캐엉/언	캐영/연

㉠ ㅔ+엉/언	㉡ ㅔ+영/연	㉠ ㅖ+엉/언	㉡ ㅖ+영/연
데엉/언	데영/연	궹엉/언	궤영/연
메엉/언	메영/연	뒈엉/언	뒈영/연
베엉/언	베영/연	웨엉/언	웨영/연
세엉/언	세영/연	쮀엉/언	쮀영/연

㉠ ㅟ+엉/언	㉡ ㅟ+영/연	㉠ ㅟ+엉/언	㉡ ㅟ+영/연
뛰엉/언	뛰영/연	바뀌엉/언	바뀌영/연
쿼엉/언	쿠영/연	사귀엉/언	사귀영/연
휘엉/언	휘영/연	여위엉/언	여위영/연

(2) 연결어미 '-영/-연'은 '흥다'가 붙은 용언의 '흥' 다음에 놓여서
그 소리와 표기가 일치한다.

흥+영/연→말흥영/연, 덜흥영/연, 물질흥영/연, 미워흥영/연, 스랑
흥영/연), 시꺼멍흥영/연, 퍼렁흥영/연, 누리롱흥영/연

제27항: 어말어미 '-어'가 어간의 끝음절 'ㅣ/ㅐ/ㅔ/ㅖ/ㅟ' 다음에 붙을 때 '-여'로 소리 나도 원음인 '-어'로 적는다. (㉠은 택하고 ㉡은 버림)

㉠ ㅣ+어	㉡ ㅣ+여	㉠ ㅐ+어	㉡ ㅐ+여
기어	기여	깨어	깨여
미어	미여	내어	내여
노피어	노피여	캐어	캐여
둥기어	둥기여	째어	째여
디디어	디디여	패어	패여
지지어	지지여	보태어	보태여
뭉치어	뭉치여	맞대어	맞대여
굽히어	굽히여	끗내어	끗내여

㉠ ㅔ+어	㉡ ㅔ+여	㉠ ㅖ+어	㉡ ㅖ+여
데어	데여	떼어	떼여
메어	메여	베어	베여
세어	세여		

㉠ ㅞ+어	㉡ ㅞ+여	㉠ ㅟ+어	㉡ ㅟ+여
꿰어	꿰여	뛰어/튀어	뛰여/튀여
뒈어	뒈여	사귀어	사귀여
쮀어	쮀여	바뀌어	바뀌여
아웨어	아웨여	여위어	여위여
웨어	웨여	휘어	휘여

제28항: 종결어미 '-네'·'-이네'·'-시네'는 아래 (1)(2)(3)과 같이 적는다.

(1) 과거시제 선어말어미 '-앗/엇/엿-' 다음에 '-이네'가 놓일 때

‘-이네’로 소리가나도 ‘이네’로 적는다. (㉠은 택하고 ㉡은 버림)

㉠ -앗+이네	㉡ -앗+이네	㉠ -엇+이네	㉡ -엇+이네
갈앗이네	갈앗이네	기엇이네	기엇이네
눌앗이네	눌앗이네	넘엇이네	넘엇이네
족앗이네	족앗이네	묻엇이네	묻엇이네
낫이네	낫이네	줏이네	줏이네

㉠ -엿+이네	㉡ -엿+이네	㉠ -엿+이네	㉡ -엿+이네
ㅎ엿이네	ㅎ엿이네	거멍ㅎ엿이네	거멍하엿이네
못ㅎ엿이네	못ㅎ엿이네	노랑ㅎ엿이네	노랑ㅎ엿이네
망ㅎ엿이네	망ㅎ엿이네	푸리룽ㅎ엿이네	푸리룽ㅎ엿이네
좀좀하엿이네	좀좀ㅎ엿이네	붉은룽ㅎ엿이네	붉으룽ㅎ엿이네

(2) 진행상을 나타내는 선어말어미 ‘-암/엄/염-’ 다음에 ‘-시네’가
    놓일 때 ‘-시녜’로 소리가 나도 원음인 ‘-시네’로 적는다. (㉠은
    택하고 ㉡은 버림)

㉠ -암/+시네	㉡ -암+시녜	㉠ -엄+시네	㉡ -엄+시녜
감시네	감시녜	남시네	남시녜
둘암시네	둘암시녜	붓엄시네	붓엄시녜
좋암시네	좋암시녜	익엄시네	익엄시녜
폴암시네	폴암시녜	털엄시네	덜엄시녜

㉠ -염+시네	㉡ -염+시녜	㉠ -염+시네	㉡ -염+시녜
말ㅎ염시네	말ㅎ염시녜	꺼멍ㅎ염시네	꺼멍ㅎ염시녜
일ㅎ염시네	일ㅎ염시녜	허영ㅎ염시네	허영ㅎ염시녜
생각ㅎ염시네	생각ㅎ염시녜	벌겅ㅎ염시네	벌겅ㅎ염시녜
걱정ㅎ염시네	걱정ㅎ염시녜	푸리룽ㅎ염시네	푸리룽ㅎ염시녜

(3) 'ㅣ/ㅐ/ㅔ/ㅖ/ㅞ/ㅟ'로 끝나거나 자음받침으로 끝나는 체언 다
음에 '-네'·'-이네'가 놓일 때 '-녜'·'-이녜'로 소리 나도 원
음인 '-네'·'-이네'로 적는다. (㉠은 택하고 ㉡은 버림)

㉠ ㅣ+네	㉡ ㅣ+녜	㉠ ㅐ+네	㉡ ㅐ+녜
궤기네	궤기녜	개네	개녜
나비네	나비녜	내네	내녜
머리네	머리녜	재네	재녜
소리네	소리녜	애네	애녜
아이네	아이녜	차네	차녜
젱이네	젱이녜	해네	해녜

㉠ ㅔ+네	㉡ ㅔ+녜	㉠ ㅖ+네	㉡ ㅖ+녜
가게네	가게녜	시계네	시계녜
동네네	동네녜	오골계네	오골계녜
지게네	지게녜	묘계네	묘계녜
집게네	집게녜	핑계네	핑계녜
밥게네	밥게녜	합계네	합계녜
자네네	자네녜		

㉠ ㅞ+네	㉡ ㅞ+녜	㉠ ㅟ+네	㉡ ㅟ+녜
금궤네	금궤녜	귀네	귀녜
춤웨네	춤웨녜	뒈[뒤]네	뒈녜
암쉐네	암쉐녜	앞뒤네	앞뒤녜
번눼네	번눼녜	쉬네	쉬녜
물훼네	물훼녜	불휘네	불휘녜

㉠ 자음+이네	㉡ 자음+이녜	㉠ 자음+이네	㉡ 자음+이녜
봄이네	봄이녜	입이네	입이녜
ᄋᆞ름이네	ᄋᆞ름이녜	늬빨이네	늬빨이녜

ᄀᆞ을이네	ᄀᆞ을이녜	윳판이네	윳판이녜
저슬이네	저슬이녜	꼿밧이네	꼿밧이녜

또 '아니다'·'이시다'의 어간 '아니'·'이시'에 붙는 '네'도 '녜'로 소리나지만 원음인 '-네'로 적는다. (㉠은 택하고 ㉡은 버림)

㉠ 아니+네	㉡ 아니+녜	㉠ 이시+네	㉡ 이시+녜
아니네	아니녜	이시네	이시녜

제29항: 종결어미 '-여'는 'ᄒᆞ다'가 붙은 말이 어간 'ᄒᆞ'와 체언에 붙어서 활용되는 '이다'의 '이'에 어미 '-어'가 만나서 상호동화를 일으킬 때 아래 ㉠㉡㉢㉣㉤㉥과 같이 적는다. (㉠~㉥ 다 택함)

㉠ ᄒᆞ+여	㉡ ·+여	㉢ ᅡ+여
ᄒᆞ여	글ᄌᆞ여	나여
잘ᄒᆞ여	농ᄉᆞ여	박가(朴家)여
못ᄒᆞ여	모ᄌᆞ여	바다여
일ᄒᆞ여	손ᄌᆞ여	나라여
말ᄒᆞ여라	종ᄌᆞ여	장마여
생각ᄒᆞ여라	처ᄌᆞ여	ᄌᆞ동차여
시작ᄒᆞ여라	팔ᄌᆞ여	노론파여

㉣ ᅥ+여	㉤ ᅩ+여	㉥ ᅮ+여
너여	고모여	누구여
그거여	법도여	광한루(廣寒樓)여
잉어여	대로(大路)여	소부(孝婦)여
악처여	책포(冊褓)여	재수여
집터여	몡소(名所)여	폭풍우여
폐허여	극락조여	조물주여
ᄌᆞ전거여	물코(꼬)여	대추여

<예외> 체언 다음에 붙어서 부름을 나타내거나 호소의 뜻을 가진 호격조사는 '여'와 '이여'를 쓴다. 즉 모음으로 끝나는 체언 다음이면 '여'로 적고, 자음받침으로 끝나는 체언 다음이면 '이여'로 적는다. (㉠은 택하고 ㉡은 버림)

㉠ 모음+여	㉡ 모음+이여	㉠ 자음+이여	㉡ 자음+여
주여	주이여	신이여	신여
나라여	나라이여	백성이여	백성여
동포여	동포이여	벗이여	벗여
친구여	친구이여	흑생이여	흑생여
흑도여	흑도이여	하늘이여	하늘여

제30항: 어간형 접미사 '-리오' 다음에 '-앙/-안'과 '-리우' 다음에 '-엉/-언'이 붙을 때 상호동화와 축약현상을 일으킬 때 '-리왕/-리완'·'-량/-롼', '-리웡/-리원'·'-령/-련'으로 적는다.

[어간+리오/리우+앙/안>리왕/리완>량/롼]

ᄂᆞᆨ[落]:ᄂᆞ리오다+앙/안
　　→ᄂᆞ리오앙/ᄂᆞ리오안>ᄂᆞ리왕/ᄂᆞ리완>ᄂᆞ량/ᄂᆞ롼

ᄂᆞᆨ[落]:ᄂᆞ리우다+엉/언
　　→ᄂᆞ리오앙/ᄂᆞ리오안>ᄂᆞ리왕/ᄂᆞ리완>ᄂᆞ량/ᄂᆞ롼

걸[步]:걸리오다+앙/안
　　→걸리오앙/걸리오안>걸리왕>걸리완>걸량/걸롼

걸[步]:걸리우다+엉/언
　　→걸리우엉/걸리우언>걸리웡/걸리원>걸령/걸련

ᄆᆞᆯ[乾]:ᄆᆞ리오다+앙/안
　　→ᄆᆞ리오앙>ᄆᆞ리오안>ᄆᆞ리왕/ᄆᆞ리완>ᄆᆞ량/ᄆᆞ롼

ᄆᆞᆯ[乾]:ᄆᆞ리우다+엉/언
　　→ᄆᆞ리우엉/ᄆᆞ리우언>ᄆᆞ리웡/ᄆᆞ리원>ᄆᆞ령/ᄆᆞ련

<예외> ㅣ모음 역행동화를 일으키는 말 중 둘 다 쓰이는 것도 있다. 이를테면 아래와 같은 어휘가 그에 속한다.

　　꾸레기-꾸러기, 정갱이-정강이, 깨지다-까지다, 대리다-다리다, 빼지다-빠지다 …

제31항: 불규칙용언은 활용할 때 어간과 어미의 형태가 달라지면, 아래 (1)~(8)과 같이 달라진 대로 적는다.

(1) 어간 끝음절 받침 'ㄱ'이 '모음'과 'ㄴ/ㅁ' 앞에서 탈락될 때

　　눅[臥]:눅다+어/엉/언/난/민/엇/엄
　　　　〃　　+어/엉/언/난/민→누어/누엉/누언/누난/누민
　　　　〃　　+엇/엄→누엇수다/누엄시냐
　　　　〃　　+난/민→누난/누민

(2) 어간 끝음절 받침 'ㄷ'이 '모음' 앞에서 'ㄹ'로 바뀔 때

　　① 양성모음어간+아/앙/안/으난/으민/앗/암
　　걷[曰]:걷다+아/앙/안/으난/으민→골아/골앙/골안/골으난/골으민
　　　　〃　　+앗/암→ 골앗다/골암시냐
　　깨돋[覺:깨돋다+아/앙/안/으난/으민/엇/엄
　　　　〃　　　+아/앙/앙/으난/으민→깨돌아//깨돌앙/깨돌안/깨돌으난/깨돌으민
　　　　〃　　　+앗/암→깨돌앗수다/깨돌암시냐
　　일큳[稱:일큳다+아/앙/안/으난/으민/엇/엄
　　　　〃　　　+아/앙/안/으난/으민→일쿨아/일쿨앙/일쿨안/일쿨으난/일쿨으민
　　　　〃　　　+앗/암→일쿨앗수다/일쿨암시냐

② 음성모음어간+어/엉/언/으난/으민/엇/엄

걷[步:걷다+어/엉/언/으난/으민/엇/엄

         〃   +어/엉/언/으난/으민→<u>걸어/걸엉/걸언/걸으난/걸으민</u>

         〃   +엇/엄→<u>걸엇수다/걸엄시냐</u>

듣[聞:듣다+어/엉/언/으난/으민/엇/엄

         〃   +어/언/언/으난/으민→<u>들어/들엉/들언/들으난/들으민</u>

         〃   +엇/엄→<u>들엇수다/들엄시냐</u>

묻[問:묻다+어/엉/언/으난/으민/엇/엄

         +어/엉/언/으난/으민→<u>물어/물엉/물언/물으난/물으민</u>

         +엇/엄→<u>물엇수다/물엄시냐</u>

▶ 둗다[走], 뒈굳다/뒈굳다[復言], 뒈듣다[復聽], 뒈묻다[反問]

(3) 어간 끝음절 받침 'ㄹ'이 'ㄴ' 앞에서 탈락될 때

     골[磨/替:골다+난→<u>ᄀ난</u>, 둘[甘/縣:둘다+난→<u>드난</u>

     몰[驅/卷]:몰다+난→<u>ᄆ난</u>, 올[開/結實:올다+난→<u>오난</u>

     줄[縮/瘦:줄다+난→<u>주난</u>, 폴[賣:폴다+난→<u>ᄑ난</u>

     헐[毁:헐다+난→<u>허난</u>

▶ 갈다[耕], 걸다[掛], 골다[腐], 놀다[遊], 돌다[徊/狂], 들다[入/擧], 물다[咬], 밀다[推], 불다[吹/增], 볼다[晴], 설다[未熟], 썰다[斫], 쓸다[掃], 알다[知], 얼다[凍/寒], 졸다[眠], 줄다[小], 털다[掠], 풀다[解]

(4) 어간 끝음절 받침 'ㅂ'이 '모음'과 'ㄴ/ㅁ' 앞에서 탈락될 때

① 양성모음언간 ㅂ+아/앙/안/앗/암 · ㅂ+난/민/(느)냐

곱[麗:곱다+아/앙/안→<u>고아/고앙/고안</u>>과/광/관

      〃   +앗/암→<u>고앗수다/고암시냐</u>><u>괏수다/괌시냐</u>

      〃   +난/민/냐→<u>고난/고민/고느냐</u>

ᄀ릅[癢:ᄀ릅다+아/앙/안/앗/암→<u>ᄀ료아/ᄀ료앙/ᄀ료안</u>><u>ᄀ롸/</u>

ㄱ랗/ㄱ랠

〃 +앗/암→ᄀᄅᆞ앗수다/ᄀᄅᆞ암시냐>ᄀ랏수다/ᄀ랍시냐

〃 +난/민/냐→ᄀᄅᆞ난/ᄀᄅᆞ민/ᄀ릅느냐

※ 곱다+아/앙/안>고와/고왕/고완>과/광/관

　 ᄀ릅+아/앙/안>ᄀᄅᆞ와/ᄀᄅᆞ왕/ᄀᄅᆞ완>ᄀ롸/ᄀ롾/ᄀ롼

▶ 놀랍대驚], ᄆ습대恐], 조랍대眠], ᄆ릅다, 패랍다

② 음성모음어간 ㅂ+어/엉/언/엇/엄 · ㅂ+난/민/(느)냐

굽[炙:굽대+어/엉/언→구어/구엉/구언>궈/궝/권

〃 +엇/엄→구엇수다/구엄시냐>궛수다/궘시냐

〃 +난/민/냐→구난/구민/구느냐

밉[憎:밉다+어/엉/언→미어/미엉/미언>며/명/면

〃 +엇/엄→미엇수다/미엄시냐>몃수다/몀시냐

〃 +난/민/느냐→미난/미민/미느냐

※ 굽다+어/엉/언>구우어/구우엉/구우언>구워/구윙/구원>궈/궝/권

　 밉다+어/엉/언>미우어/미우엉/미우언>미워/미윙/미원>뭐/뭥/뭔

▶ 그립다, 눕대臥], 덜럽다/더럽대醜], 두렵대恐], 불럽다/부럽다
[羨], 실렵다/시렵대冷]

(5) 어간 끝음절 받침 'ㅅ'이 '모음'과 'ㄴ/ㅁ' 앞에서 탈락될 때

싯[有:싯대+어/엉/언→시어/시엉/시언>셔/셩/션

〃 +엇/엄→시엇수다/시엄시냐>셧수다/셤시냐

〃 +난/민/냐→시난/시민/시냐

짓[炊/作:짓대+어/엉/언→지어/지엉/지언>져/졍/젼

〃 +엇/엄→지엇수다/지엄시냐>졋수다/졈시냐

〃 +난/민/느냐→지난/지민/지느냐

(6) 어간 끝음절 받침 'ㅎ'이 'ㄴ/ㅁ' 앞에서 탈락될 때

넣[産]:낳다+난/민→<u>나난/나민</u>, 놓[放]:놓다+난/민→<u>노난/노민</u>,
좋[好]:좋다+난/민→<u>조난/조민</u>, 쌓[積]:쌓다+난/민→<u>싸난/싸민</u>

(7) 르-불규칙용언인 경우 그 어간의 끝음절 '르' 다음에 어미 '-
아/-앙/-안'·'-어/-엉/-언'이나 선어말어미 '-앗/엇-'·'-암
/엄-'이 붙으면 아래 ①②와 같이 'ㄹㄹ'로 적는다.

① 양성모음+르+아/앙/안/앗/암→ㄹ라/ㄹ랑/ㄹ란/ㄹ랏/ㄹ람
<u>가르다[分]</u>+아/앙/안→<u>갈라/갈랑/갈란</u>
<u>재빠르다</u>+앗/암→<u>재빨랏수다/재빨람저</u>
<u>모르다</u>+아/앙/앗→<u>몰라/몰랑/몰란</u>
<u>올바르다</u>+앗/암→<u>올발랏수다/올발람저</u>

▶ 고르다[均/未滿], 도르다[返品], ᄆᆞ르다[裁斷/乾], 바르다[正], ᄇᆞ르
다[塗], 쯔르다[截/短]

② 음성모음+르+어/엉/언/엇/엄→ㄹ러/ㄹ렁/ㄹ런/ㄹ럿/ㄹ럼
<u>누르다</u>+어/엉/언→<u>눌러/눌렁/눌런</u>
<u>주무르다</u>+어/엉/언→<u>주물러/주물렁/주물런</u>
<u>흐르다</u>+엇/엄→<u>흘럿수다/흘럼저</u>
<u>서투르다</u>+엇/엄→<u>서툴럿수다/서툴럼저</u>

▶ 거르다[濾], 구르다[轉], 두르다[揮], 부르다[唱/呼], 시르다[載], 지르
다[叫/燃], 흐르다[流]

(8) 어간 끝음절 '一'가 어미 '-아/-앙/-안'·'-어/-엉/-언' 앞에서
아래 ①②와 같이 탈락할 때

① 양성모음+ ㅡ +아/앙/안/앗/암

둥그다[漬]+아/앙/안/앗/암→둥그아/둥그앙/둥그안>둥가/둥강/둥간
　　〃　　+앗/암→둥그앗수다/둥그암시냐>둥갓수다/둥감시냐
가끄다[削]+아/앙/안→가끄아/가끄앙/가끄안>가까/가깡/가깐
　　〃　　+앗/암→가끄앗수다/가끄암시냐>가깟수다/가깜시냐
ᄀᆞ트다[如]+아/앙/안→ᄀᆞ트아/ᄀᆞ트앙/ᄀᆞ트안>ᄀᆞ타/ᄀᆞ탕/ᄀᆞ탄
　　〃　　+앗/암→ᄀᆞ트앗수다/ᄀᆞ트암시냐>ᄀᆞ땃수다/ᄀᆞ땀시냐
ᄀᆞ뜨다[如]+아/앙/안→ᄀᆞ뜨아/ᄀᆞ뜨앙/ᄀᆞ뜨안>ᄀᆞ따/ᄀᆞ땅/ᄀᆞ딴
　　〃　　+ 앗/암→끄뜨앗수다/ᄀᆞ뜨암시냐>ᄀᆞ땃수다/ᄀᆞ땀시냐
할트다[舐]+아/앙/안→할트아/할트앙/할트안>할타/할탕/할탄
　　〃　　+앗/암→할트앗수다/할트암시냐>할탓수다/알탇시냐

▶ 눕드다/험드다, 나끄다[釣], 다끄다[修], 바끄다[吐], 보끄다[炒], ᄋᆞ끄다[編], 마트다[任], 야트다[淺], 홀트다/홀트다[散], 가프다[報], 고프다[餓], 노프다[高], 매프다[憎], 아프다[痛]

② 음성모음+ ㅡ +어/엉/언

거끄다[折]+어/엉/언→거끄어/거끄엉/거끄언>거꺼/거껑/거껀
　　〃　　+엇/엄→거끄엇수다/거끄엄시냐>거껏수다/거껌시냐
부트다[附/着]+어/엉/언→부트어/부트엉/부트언>부터/부텅/부턴
　　〃　　+앗/엄→부트엇수다/부트엄시냐>부텃수다/부턴시냐
부뜨다[附/着]+어/엉/언→부뜨어/부뜨엉/부뜨언>부떠/부떵/부떤
　　〃　　+엇/엄→부뜨엇수다/부뜨엄시냐>부떳수다/부떰시냐
싱그다[植]+어/엉/언→싱그어/싱그엉/싱그언>싱거/싱겅/싱건
　　〃　　+엇/엄→싱그엇수다/싱그엄시냐>싱거/싱겅/싱건
지프다[深]+어/엉/언→지지프어/지프엉/지프언>지퍼/지펑/지펀
　　〃　　+엇/엄→지프엇수다/지프엄시냐>지펏수다/지펌시냐

▶ 무끄다[束], 서끄다[混], ᄋᆞ끄다[編], 주끄다[吠], 푸끄다[扇], 실프다[厭], 슬프다[憎], 더끄다/더프다[覆]

제32항: 선어말어미 '-암/엄/염-'·'-앗/엇/엿-' 다음에 붙는 어미 '-
자/-저/-주/-주기/-심/-순/-수다'가 '-짜/-쩌/-쭈/-쭈기/-
씸/-쑨/-쑤다'로 소리 나더라도 아래 (1)(2)와 같이 원음대로
적는다. (㉠은 택하고 ㉡은 버림)

(1) '-암/엄/염-' 다음에 '-자/-저/-주/-주기/-심/-순/-수다'가
붙어서 ①②③과 같은 형태를 할 때

① 양성모음어간+암+자/저/주/주기/심/순/수다

㉠ -암자	㉡ -암짜	㉠ -암저	㉡ -암쩌
감자	감짜	나감저	나감쩌
가깜자	가깜짜	나깜저	나깜쩌
살암자	살암짜	보암저	보암쩌
놀암자	놀암짜	좋암저	좋암쩌
굴암자	굴암짜	풀암저	풀암쩌
숢암자	숢암짜	붉암저	붉암쩌

㉠ -암주	㉡ -암쭈	㉠ -암주기	㉡ -암쭈기
탐주	탐쭈	캄주기	캄쭈기
날람주	날람쭈	낫암주기	낫암쭈기
돌암주	돌암쭈	보깜주기	보깜쭈기
알암주	알암쭈	좁암주기	좁암쭈기
둘암주	둘암쭈	촛암주기	촛암쭈기
묽암주	묽암쭈	닦암주기	닦암쭈기

㉠ -암심	㉡ -암씸	㉠ -암순	㉡ -암쑨
감(가암)심	감씸	말암순	말암쑨
녹암심	녹암씸	다깜(ᄭᅡ암)순	다깜쑨
보깜(ᄭᅡ암)심	보깜씸	놓암순	놓암쑨

| 풀암심 | 풀암씸 | 둘암순 | 둘암쑨 |
| 곪암심 | 곪암씸 | 튼암순 | 튼암쑨 |

㉠ -암수다	㉡ -암쑤다	㉠ -암수다	㉡ -암쑤다
감(가암)수다	감쑤다	왐(오암)수다	왐쑤다
속암수다	속암쑤다	말암수다	말암쑤다
붉암수다	붉암쑤다	줏암수다	줏암쑤다

② 음성모음어간+엄+자/저/주/주기/심/순/수다

㉠ -엄자	㉡ -엄짜	㉠ -엄저	㉡ -엄쩌
넘자	넘짜	걸엄저	걸엄쩌
줏엄자	줏엄짜	믿엄저	믿엄쩌
털엄자	털엄짜	불럼저	불럼쩌
치엄자	치엄짜	실펌저	실펌쩌
튼암자	튼암짜	튀엄저	튀엄쩌
긁엄자	긁엄짜	늙엄저	늙엄쩌

㉠ -엄주	㉡ -엄쭈	㉠ -엄주기	㉡ -엄쭈기
걸엄주	걸엄쭈	컴주기	컴쭈기
묻엄주	묻엄쭈	쿰엄주기	쿰엄쭈기
익엄주	익엄쭈	피엄주기	피엄쭈기
푸엄주	푸엄쭈	칫엄주기	칫엄쭈기
히엄주	히엄쭈	죽엄주기	죽엄쭈기
붉엄주	붉엄쭈	붉암주기	붉암쭈기

㉠ -엄심	㉡ -엄씸	㉠ -엄순	㉡ -엄쑨
들엄심	들엄씸	믿엄순	믿엄쑨
주럼(리엄)심	줄럼씸	짓엄순	짓엄쑨
털엄심	털엄씸	엇엄순	엇엄쑨

| ᄃᆞ투암심 | ᄃᆞ투암씸 | 널엄순 | 널엄쑨 |
| 늙엄심 | 늙엄씸 | 얽엄순 | 얽엄쑨 |

㉠ -엄수다	㉡ -엄쑤다	㉠ -엄수다	㉡ -엄쑤다
줏엄수다	줏엄쑤다	누엄수다	누엄쑤다
컴(크엄)수다	컴쑤다	펌(프엄)수다	펌쑤다
치엄수다	치엄쑤다	희엄수다	희엄쑤다

③ ᄒᆞ(ᄒᆞ다)+염+자/저/주/주기/심/순/수다

㉠ -염자	㉡ -염짜	㉠ -염저	㉡ -염쩌
ᄒᆞ염자	ᄒᆞ염짜	ᄒᆞ염저	ᄒᆞ염짜쩌
일ᄒᆞ염자	일ᄒᆞ염짜	절ᄒᆞ염쩌	절ᄒᆞ염쩌
잘ᄒᆞ염자	잘ᄒᆞ염짜	못ᄒᆞ염저	못ᄒᆞ염쩌
말ᄒᆞ염자	말ᄒᆞ염짜	생각ᄒᆞ염저	생각ᄒᆞ염쩌

㉠ -염주	㉡ -염쭈	㉠ -염주기	㉡ -염쭈기
ᄒᆞ염주	ᄒᆞ염쭈	ᄒᆞ염주기	ᄒᆞ염쭈기
밥ᄒᆞ염주	밥ᄒᆞ염쭈	거멍ᄒᆞ염주기	가멍ᄒᆞ염쭈기
거념ᄒᆞ염주	거념ᄒᆞ염쭈	노리롱ᄒᆞ염주기	노리롱ᄒᆞ염쭈기
페안ᄒᆞ염주	페안ᄒᆞ염쭈	짓뻘겅ᄒᆞ염주기	짓뻘겅ᄒᆞ염쭈기

㉠ -염심	㉡ -염씸	㉠ -염순	㉡ -염쑨
ᄒᆞ염심	ᄒᆞ염씸	착ᄒᆞ염순	착ᄒᆞ염쑨
망ᄒᆞ염심	망ᄒᆞ염씸	똑ᄒᆞ염순	똑ᄒᆞ염쑨
홍ᄒᆞ염심	홍ᄒᆞ염씸	덜ᄒᆞ염순	덜ᄒᆞ염쑨
공부ᄒᆞ염심	공부ᄒᆞ염씸	청ᄒᆞ염순	청ᄒᆞ염쑨

| ㉠ -염수다 | ㉡ -염쑤다 | ㉠ -염수다 | ㉡ -염쑤다 |
| ᄒᆞ염수다 | ᄒᆞ염쑤다 | 덜ᄒᆞ염수다 | 덜ᄒᆞ염쑤다 |

| 탓ㅎ염수다 | 탓ㅎ염쑤다 | 옷ㅎ염수다 | 옷ㅎ염쑤다 |
| 적ㅎ염수다 | 적ㅎ염쑤다 | 통ㅎ염수다 | 통ㅎ염쑤다 |

(2) '-앗/엇/엿-' 다음에 '-자/-저/-주/-주기/-심/-순/-수다'가
붙어서 아래 ①②③과 같은 형태를 취할 때

① 양성모음어간+앗+자/저/주/주기/수다/심/순/수다

㉠ -앗자	㉡ -앗짜	㉠ -앗저	㉡ -앗쩌
갓자	갓짜	낫저	낫쩌
놓앗자	놓앗짜	나깟저	나깟쩌
보앗자	보앗짜	다깟저	다깟쩌
담앗자	담앗짜	곱앗저	곱앗쩌

㉠ -앗주	㉡ -앗쭈	㉠ -앗주기	㉡ -앗쭈기
삿주	삿쭈	잣주기	잣쭈기
굴앗주	굴앗쭈	아팟주기	아팟쭈기
둘앗주	둘앗쭈	노팟주기	노팟쭈기
술앗주	술앗쭈	말앗주기	말앗쭈기

㉠ -앗심	㉡ -앗씸	㉠ -앗순	㉡ -앗쑨
갓(가앗)심	갓씸	밧(보앗)순	밧쑨
아팟(프앗)심	아팟씸	앚앗순	앚앗쑨
촛앗심	촛앗씸	좋앗순	좋앗쑨
살앗심	살앗씸	톧앗순	톧앗쑨
묽앗심	묽앗씸	닭앗순	닭앗쑨

㉠ -앗수다	㉡ -앗쑤다	㉠ -앗수다	㉡ -앗쑤다
낫(나앗)수다	낫쑤다	삿(사앗)수다	삿쑤다
탓(타앗)수다	탓쑤다	춤앗수다	춤앗쑤다

돕앗수다	돕앗쑤다	나까(ㄲ앗)수다	나깟쑤다

② 음성모음어간+엇+자/저/주/주기/심/순/수다

㉠ -엇자	㉡ -엇짜	㉠ -엇저	㉡ -엇쩌
누엇자	누엇짜	컷저	컷쩌
넘엇자	넘엇짜	믿엇저	믿엇쩌
무껏자	무껏짜	터지엇저	터지엇쩌
치윗자	치윗짜	훍엇저	훍엇쩌

㉠ -엇주	㉡ -엇쭈	㉠ -엇주기	㉡ -엇쭈기
젓(지엇)주	젓쭈	빗젓(지엇)주기	빗젓쭈기
먹엇주	먹엇쭈	더껏(ㄲ엇)주기	더껏쭈기
얼엇주	얼엇쭈	ㅅ망일엇주기	ㅅ민일엇쭈기
굶엇주	굶엇쭈	뿜엇주기	뿜엇쭈기

㉠ -엇심	㉡ -엇씸	㉠ -엇순	㉡ -엇쑨
엇엇심	엇엇씸	늘엇순	늘엇쑨
잇엇심	잇엇씸	지엇순	지엇쑨
묵엇심	묵엇씸	컷(크엇)순	컷쑨
헐엇심	헐엇씸	긁엇순	긁엇쑨

㉠ -엇수다	㉡ -엇쑤다	㉠ -엇수다	㉡ -엇쑤다
걷엇수다	걷엇쑤다	베껏(끼엇)수다	베껏쑤다
썰엇수다	썰엇쑤다	찍엇수다	찍엇쑤다
얽엇수다	얽엇쑤다	피엇수다	피엇쑤다

③ ㅎ(ㅎ다)+엿+자/저/주/주기/심/순/수다

㉠ -엿자	㉡ -엿짜	㉠ -엿저	㉡ -엿쩌
ㅎ엿자	ㅎ엿짜	ㅎ엿저	ㅎ엿쩌

직ㅎ엿자	직ㅎ엿짜	풀ㅎ엿저	풀엿쩌
피ㅎ엿자	피ㅎ엿짜	둘ㅎ엿저	둘ㅎ엿쩌
첵ㅎ엿자	첵ㅎ엿짜	몰랑몰랑ㅎ엿저	몰랑몰랑ㅎ엿쩌

㉠ −엿주	㉡ −엿쭈	㉠ −엿주기	㉡ −엿쭈기
ㅎ엿주	ㅎ엿쭈	ㅎ엿주기	ㅎ엿쭈기
욕ㅎ엿주	욕ㅎ엿쭈	허영ㅎ엿주기	허영ㅎ엿쭈기
헐ㅎ엿주	헐ㅎ엿쭈	신신ㅎ엿주기	신신ㅎ엿쭈기
좀좀ㅎ엿주	좀좀ㅎ엿쭈	푸리롱ㅎ엿주기	푸리롱ㅎ엿쭈기

㉠ −엿심	㉡ −엿씸	㉠ −엿순	㉡ −엿쑨
ㅎ엿심	ㅎ엿씸	거넘ㅎ엿순	거넘ㅎ엿쑨
잘ㅎ엿심	잘ㅎ엿씸	답달ㅎ엿순	답달ㅎ엿쑨
조심ㅎ엿심	조심ㅎ엿씸	존존ㅎ엿순	존존ㅎ엿쑨
뜻뜻ㅎ엿심	뜻뜻ㅎ엿씸	푸릿푸릿ㅎ엿순	푸릿푸릿ㅎ엿쑨

㉠ −엿수다	㉡ −엿쑤다	㉠ −엿수다	㉡ −엿쑤다
ㅎ엿수다	ㅎ엿쑤다	독ㅎ엿수다	독ㅎ엿쑤다
멩심ㅎ엿수다	멩심ㅎ엿쑤다	침침ㅎ엿수다	침침ㅎ엿쑤다
구숭ㅎ엿수다	구숭ㅎ엿쑤다	넉넉ㅎ엿수	넉넉ㅎ엿쑤다

제33항: 존대형존열어미 '−ㅂ서/−읍서/−십서'는 '−ㅂ써/−읍써/−십써'로 소리 나더라도 원음대로 적는다. (㉠은 택하고, ㉡은 버림)

㉠ −ㅂ서	㉡ −ㅂ써	㉠ −읍서	㉡ −읍써
흡서	흡써	먹읍서	먹읍써
맙서	맙써	짓읍서	짓읍써
다끕서	다끕써	들읍서	들읍써
데낍서	데낍써	받읍서	받읍써
나갑서	나갑써	곱읍서	곱읍써

㉠ -십서	㉡ -십써	㉠ -십서	㉡ -십써
ᄒᆞᆫ십서	ᄒᆞᆫ십써	말십서	말십써
가십서	가십써	놀십서	놀십써
ᄎᆞᆷ십서	ᄎᆞᆷ십써	주십서	주십써
풀십서	풀십써	푸십서	푸십써

제34항: 존대형 의문형종결어미 '-습니까'인 '-수가/-수강<-수까/-수깡'·'-수과/-수광<-수꽈/-수꽝'과 '-겠습니까'인 '-쿠가/-쿠강<-쿠까/-쿠깡'·'-쿠과/-쿠광<-쿠꽈/-쿠꽝'은 모두 쓰인다. 또 '-입니까/-ㅂ니까'인 경우는 '-우까/-우깡'과 '-우꽈/-우꽝'이 쓰인다. 표시 < 는 뒷말이 앞말보다 강한 어조임을 드러낸 것이다. (㉠~㉣ 모두 쓰임)

㉠ -수가/-수강
잇수가/잇수강
(있습니까)

㉡ -수까/-수깡
감수까/감수깡
(가십니까)

㉢ -수과/-수광
이겻수과/이겻수광
(이겼습니까)

㉣ -수꽈/-수꽝
알앗수꽈/몰랏수꽝
(알았습니까)

㉤ -쿠가/-쿠강
가쿠가/가쿠강
(가겠습니까)

㉥ -쿠과/-쿠광
놀쿠과/놀쿠광
(놀겠습니까)

㉦ -쿠꽈/-쿠꽝
걸으쿠꽈/걸으쿠꽝
(걷겠습니까)

㉧ -우까/-우깡
아니우까/아니우깡
(아닙니까)

㉨ -우꽈/-우꽝
뭐우꽈/뭐우꽝
(뭐입니까)

㉩ -우까/-우깡
책이우까/책이우깡
(책입니까)

㉪ -우꽈/-우꽝
나우꽈/나우꽝
(남니까/접니까)

제3절 접두사 · 접미사 · 전성어미

제35항: 단어의 앞에 붙어서 파생어를 만드는 접두사는 그 어원을
　　　밝혀서 적되 뒷말에 붙여 쓴다.

　　　군/굴른 → 군+입>군입(군입), 군+일ㅎ다>군일ㅎ다(군일하다), 굴른
　　　　　　+입>굴른입(군입), 굴른+일ㅎ다>굴른일ㅎ다(군일하다)
　　　눌 → 눌+궤기>눌궤기(날고기), 눌+밤새다>눌밤새다(날밤새다)
　　　덧 → 덧+늬빨>덧늬빨(덧니), 덧+부트다>덧부트다(덧붙다)
　　　시 → 시+퍼렁ㅎ다>시퍼렁ㅎ다(시퍼렇다), 시+뻘겅ㅎ다>시뻘겅ㅎ
　　　　　다(시뻘겋다)
　　　즌 → 즌+소낭>즌소낭(잔소나무), 즌+소리ㅎ다>즌소리ㅎ다(잔소리
　　　　　하다)
　　　풋 → 풋+고치>풋고치(풋고추), 풋+내나다>풋내나다(풋냄새나다)
　　　홀 → 홀+몸>홀몸, 홀+아방>홀아방(홀아비), 홀+어멍>홀어멍(홀
　　　　　어미)

제36항 : 존대의 뜻을 나타내는 접미사 '-님'·'-씨(氏)'·'-가(哥)'·
　　　　'-집'·'-댁(宅)은 그 윗말에 붙여 쓴다.

　　　부모님, 훈장님　　　　　　　성님, 성수님
　　　박씨(朴氏), 길동씨　　　　　이가(李哥), 최가(崔哥)
　　　조천집, 목포집　　　　　　　조천댁, 목포댁

제37항: 어근/어간에 명사형접미사 '-이/-음/-ㅁ'이 붙어서 된 말은
　　　아래 (1)(2)(3)과같이 어근/어간과 어미를 밝혀서 적는다.
　　　(㉠은 택하고, ㉡은 버림)

(1) <어근/어간+이>일 때

㉠ ㄱ+이	㉡ 기	㉠ ㄴ+이	㉡ 니
거북이	거부기	얼간이	얼가니
홀쭉이	홀쭈기	이뿐이	이뿌니
칸막이	칸마기	육손이	육소니
쩔뚝이	쩔뚜기	허풍선이	허풍서니

㉠ ㄷ+이	㉡ 지	㉠ ㄹ+이	㉡ 리
미닫이	미다지	밧갈이	밧가리
툭받이	툭바지	털갈이	털가리
물받이	물바지	멍석몰이	멍석므리
해돋이	해도지	ᄒᆞ루살이	ᄒᆞ루사리
		돈벌이	돈버리

㉠ ㅁ+이	㉡ 미	㉠ ㅂ+이	㉡ 비
다듬이	다드미	곱이	고비
샘이[泉]	새미	곱이곱이	고비/고비
도움이	도우미		
지짐이	지지미		
지킴이	지키미		

㉠ ㅅ+이	㉡ 시	㉠ ㅈ+이	㉡ 지
ᄋᆞ랏이	ᄋᆞ라시	적꽂이	적꼬지
두갓이(夫婦)	두가시	해맞이	해마지
갯ᄀᆞᆺ이	갯ᄀᆞ시		

(2) <어간+음>일 때

㉠ ㄱ+음	㉡ 금	㉠ ㄷ+음	㉡ 듬
박음질	바금질	믿음	미듬

| 죽음 | 주금 | 굳음빙[硬化病] | 구듬빙 |

㉠ ㄹ+음	㉡ 름	㉠ ㄹ+음	㉡ 름
걸음[步]	거름	얼음	어름
놀음[遊戱]	노름	졸음	조름
닮음	달믐		

㉠ ㅅ+음	㉡ 슴	㉠ ㅈ+음	㉡ 즘
웃음	우슴	맺음말	매즘말

(3) <어간+ㅁ>일 때

㉠ ㄹ+ㅁ	㉡ ㄴ+음	㉠ ㄲ+ㅁ	㉡ ㄲ+음
삶	살음	무끔	묶음
수눎/수눔	수눌음	ㅇ끔	윾음
		보끔	볶음

제38항: 부사화접미사 '이'가 붙어서 부사가 된 말은 어간을 밝혀 적
고, 표준어 접미사 '히'는 '이'로 적는다. (㉠은 택하고, ㉡은 버림)

㉠ 어간+이	㉡ 어간+지	㉠ 어간+이	㉡ 어간+히
늦이	ㄴ지	ㄱ만이	ㄱ만히
실엇이	실어시	넉넉이	넉넉히
멋엇이	멋어시	돈돈이	돈돈히
알궂이	얄구지	ㅋ찡이	ㅋ찡히
일일이	일이리	얼건이	얼건히
		펜안이	펜안히

제39항: 어간의 끝음절 'ㄲ/ㅌ/ㅍ'에 접미사 '-이'가붙어서 명사나 부
사가 될 때는 '끼/티/피'로 적는다. (㉠은 택하고, ㉡은 버림)

㉠ 끼	㉡ ㄲ+이	㉠ 티	㉡ ㅌ+이	㉠ 피	㉡ ㅍ+이
떡보끼	떡볶이	야티	앝이	노피	높이
손톱가끼	손톱깎이			지피	깊이
읽끼	읽이				

제4절 합성어 · 사잇소리

제40항: 둘 이상이 단어가 결합해서 된 합성어는 그 어원을 밝혀서 적는다.

꽂+입>꽂입(꽃잎), 풀+입>풀입(풀잎), 눈+알>눈알, 밧+일>밧일(밭일), 쏠+알>쏠알(쌀알), 알+옷>알옷(아래옷), 웃+옷>웃옷, 집+일>집일, 퐃+알>퐃알(팥알), 칼+눌>칼눌(칼날), 콩+엿>콩엿, 질+섭>질섭(길섶), 놋+빗>놋빗(낯빛), 봄+나들이>봄나들이, 젯+멕이>젯멕이(젯먹이), 알+드르>알드르(아랫들), 웃+드르>웃드르(윗들/산촌), 알+가름>알가름(아랫마을), 질ᄀ+밧>질ᄀ밧(길갓밭), 검은+ᄆ>검은ᄆ(검은말), ᄇ른+구덕>ᄇ른구덕(바른바구) …

제41항: 사이 'ㅅ' · 'ㅂ'은 한글맞춤법에 따라 아래 (1)(2)(3)(4)와 같이 적는다.

(1) <고유어+ㅅ+고유어>일 때

공기+ㅅ+돌>공깃돌, ᄃ리+ㅅ+못>다릿목, 나라+ㅅ+말>나랏말, 장마+ㅅ+철>장맛철, 비+ㅅ+ᄌ록>빗ᄌ록(빗자루), 새+ㅅ+질>샛질(샛길), 우+ㅅ+마당>웃마당(윗마당), 자+ㅅ+대>잣대, 초+ㅅ+불>촛불, 터+ㅅ+밧>텃밧(텃밭), 피+ㅅ+줄>핏줄, 해+ㅅ+님>햇님

(2) <한자어+ㅅ+고유어>일 때

웨가(外家)+ㅅ+집>웨갓집(외갓집), 소로(小路)+ㅅ+질>소롯길(오솔길), 수도(水道)+ㅅ+꼭지>수돗꼭지, 세수(洗手)+ㅅ+물>세숫물, ㅈ주(紫朱)+ㅅ+빗>ㅈ줏빗(자줏빛), 차(茶)+ㅅ+그릇>찻그릇, 훼(膾)+ㅅ+집>훼집(횟집)

(3) <고유어+ㅅ+한자어>일 때

가운디+ㅅ+방(房)>가운뎃방, 궤기+ㅅ+반(盤)>궤깃반(고깃반), 애래+ㅅ+처남(妻男)>아랫처남, 고냉이+ㅅ+과(科)>고냉이잇과(고양잇과), 다리+ㅅ+빙(病)>다릿빙(다릿병), 배+ㅅ+사공(沙工)>뱃사공, 종이+ㅅ+장(張)>종잇장, 터+ㅅ+세(貰) …

<예외> 표준어의 한자어 '곳간(庫間)·툇간(退間)·셋방(貰房)·횟수(回數)·숫자(數字)' 등은 한자와 한자 사이지만 사이 'ㅅ'을 붙인다.

(3) <모음+ㅂ+체언>일 때

조+ㅂ+쌀>좁쌀, 해+ㅂ+쌀>햅쌀, ㅊ+ㅂ+쌀>춥쌀, 메+ㅂ+쌀>멥쌀

제42항: 동물의 암[雌]·수[雄]를 나타내는 복합명사에 'ㅎ' 소리가 덧나는 것은, 그 특성을 살리기 위해 아래 (1)(2)(3)(4)와 같이 덧나는 소리대로 적는다. (㉠은 택하고, ㉡은 버림.)

(1) 'ㄱ'이 'ㅋ'으로 되는 것

㉠ ㅋ	㉡ ㄱ	㉠ ㅋ	㉡ ㄱ
수컷	숫것	암컷	암것
수캐	숫개	암캐	암개

수캉생이	숫강생이	암캉아지	암강생이
수캐염미	숫개염지	암캐염지	암개염지
수커미	숫거미	암커미	암거미
수코냉이	숫고냉이	암코냉이	암고냉이
수킹이(雄蟹)	숫깅이	암킹이(雌蟹)	암깅이
수카마귀	숫가마기	암카마귀	암가마기

(2) 'ㄷ'이 'ㅌ'으로 되는 것

㉠ ㅌ	㉡ ㄷ	㉠ ㅌ	㉡ ㄷ
수특	숫득	암특	암득
수톳	숫돗	암톳	암돗
수토새기	숫도새기	암토새기	암도새기

(3) 'ㅂ'이 'ㅍ'으로 되는 것

㉠ ㅍ	㉡ ㅂ	㉠ ㅍ	㉡ ㅂ
수펄	숫벌	암펄	암벌
수펑애기	숫빙애기	암펑애기	암빙애기
수피둘기	숫비둘기	암피둘리	암비둘기
수핏	숫빗	암핏	암빗

(4) 'ㅈ'이 'ㅊ'으로 되는 것

㉠ ㅊ	㉡ ㅈ	㉠ ㅊ	㉡ ㅈ
수천복	숫전복	암천복	암전복

제43항: 어원이 불분명한 것은 소리 나는 대로 적는다. (㉠은 택하고 ㉡은 버림)

㉠	㉡	㉠	㉡
하르방	할으방/하루방	메칠	멧칠/멫일

오라방	올아방	이틀	읻틀/잇틀
소곱	속옵	노롬판	놀옴판
ᄋᆞ믈	ᄋᆞᆸ을	ᄎᆞ지ᄒᆞ다	ᄎᆞᆺ이ᄒᆞ다

2. 제주어표기의 실제

제주어표기의 실제는 제주어표기법을 적용해서 표준어를 대역한 것이다. 다음에 예시한 것은 표준어와 비교해 볼 수 있도록 [삼성신화]·[토속요]·[속담]·[생활어]·[현대시]를, 제주어의 어투를 살려서 직역한 것인데, 풀이해서 써야할 한자어는 그대로 옮겼다.

1) 삼성신화

<표준어>

영주(瀛洲)에는 태초에 사람이 없었다. 홀연히 세 신인이 한라산 북쪽 기슭에서 솟아나니 모흥혈(毛興穴)이라 하였다. 장(長)은 고을나(高乙那)요, 차(次)는 양을나(良乙那)요, 삼(三)은 부을나(夫乙那)이다. 그들의 풍모는 장대하고 도량이 넓어서 인간사회에는 없는 모습이었다. 그들은 가죽옷을 입고 육식을 하면서 항상 사냥하며 살았으나, 가업을 이루지 못하였다. 하루는 한라산에 올라 바라보니 자주색으로 봉한 목함(木函)이 동쪽 바다에서 떠와 머물고 떠나지 않았다. 삼신인은 내려가서 열어 본즉, 그 속에 알 모양이 옥함이 있고, 자줏빛 옷에 관대를 한 사자가 따라와 있었다. 옥함을 여니 푸른 옷을 입은 처녀 세 사람이 있는데 모두 나이가 열대여섯이고 용모가 보통이 아닌데다가 기품 있게 고이 단장해서 함께 앉아있었다. 또 망아지와 송아지며 오곡의 종자도 가지고 왔는데 금당(金塘)의 바닷가에 내려놓았다. 세 신인(神人)은 하례(賀禮)하여 말하기를, "이는 반드시 하늘이 우리 세 사람에게 주는 것이다."고 하였다.

사자는 두 번 절하고 머리를 조아려서 말하기를

"저는 동해벽랑국(東海碧浪國)의 사자입니다. 우리 임금님이 이 세 공주를 낳으시고 나이가 다 장성했으나 배우자를 구하지 못해서 늘 탄식으로 세월을 보내었습니다. 요즘에 임금님이 자소각(紫霄閣)에 올라 서쪽 바다의 기세를 바라보시더니만, 자줏빛 기운이 공중에 이어지고 상서로운 빛이 영롱하므로, 신자(神子) 세 사람이 절악에 내려와서 장차 나라를 세우고자 하나 배필이 없다 하시면서, 신에게 명하시어 세 공주를 데려가라 하여 왔습니다. 마땅히 배필로 맞는 예를 올리시고 대업을 이루십시오."

사자는 홀연히 구름을 타고 알지 못하는 곳으로 사라져 버렸다. 세 신인은 곧 몸을 깨끗이 씻고 희생을 해서 하늘에 고하고 나이 차례로 아내를 맞아 물 좋고 기름진 땅을 골라 활을 쏘아 땅을 정하였다. 고을라가 사는 곳을 제일도(第一都)라고 말하고, 양을라가 사는 곳을 제이도(第二都)라고 말하고, 부을라가 사는 곳을 제삼도(第三都)라고 하였다. 이로부터 산업을 일으키기 시작하여 오곡의 씨를 뿌리고 망아지와 송아지를 치니, 날로 부유해서 사람이 사는 세상을 이루게 되었다.

<제주어>

영주엔 태초 사름이 엇(읏)엇저. 홀연이 싀 신인이 한락산/한로산 북녁 기슭이서 솟아나난 모흥혈(毛興血)이렌 ᄒ엿저. 장(長)은 고을나(高乙那)고 차(次)는 양을나(良乙那)고 삼(三)은 부을나(夫乙那)여. 그덜 모냥은 장대ᄒ고 도량이 넙언 인간사훼엔 엇(읏)는(은) 모습이엇주. 그덜은 가죽옷을 입곡 궤길 먹으멍 홍상 사농ᄒ멍 살앗주만 가업을 일루지 못ᄒ엿저.

ᄒ를은 한락산/한로산이 올란 바래(ᄇ래)보난 ᄌ주색으로 봉흔 목함이 동녁 바당이서 떠완 멎인 채 터나질 안ᄒ엿어. ᄉᆞ 신인은 ᄂᆞ려가네 을아보난 그 소곱에 알 모냥이 옥함이 싯고, ᄌ줏빗 옷에 관댈 둘른 ᄉᆞᄌ가 ᄄᆞ라완 잇엇주. 옥함을 ᄋᆞ난 푸린 옷을 입은 처녀 ᄉᆞ 사름이 잇인디 다 낫슬이 열대ᄋᆞ숫이고 용모가 보통이 아넌디다가 맵시 나게 고영 단장ᄒ연 ᄒ디 앚안 잇엇어. 또시 ᄆᆞ생이영 송애기영 오곡 종ᄌ도 앗안 완 금당(金塘)이 갯ᄀᆞ디 ᄂᆞ려 놓앗주. ᄉᆞ 신인은 하례(賀禮)ᄒ멍 말ᄒ기를, "이건 뜰림 엇이 하늘이 우리 ᄉᆞ 사름신디 주는 거여."엔 ᄒ엿다.

  사즌 두 번 절ᄒ곡 머릴 숙으런 ᄀᆞ기를,

"난 동해벽랑국(東海碧浪國)이 ᄉᆞᄌ우다. 우리 임금님이 이 ᄉᆞ 공줄 나그네 낫슬이 다 찻주만 배필을 구ᄒ지 못ᄒ연 늘 탄식으로 세월을 보내엇수다. 요새 임금님이 ᄌ소각(紫霄閣)에 올란 서녁 바당이 기세를 술펴보시더니만, ᄌ줏빗 기운이 공중에 이어지곡 상스로운 빗이 영롱ᄒ난, 신ᄌ(神子) ᄉᆞ 사름이 절악에 ᄂᆞ려완 장츠 나랄 세우고정 ᄒ나 배필이 엇덴 ᄒ시멍 신안티 멩령ᄒ연 ᄉᆞ 공줄 ᄃᆞ려가렌 ᄒ연 왓이난, 마땅이 배필로 삼을 예를 올리곡 대업을 일루십서."

ᄉᆞ즌 홀연이 구룸을 타그네 알지 못ᄒ는 듸로 엇어져 불엇주.

싁 신인은 곧 몸을 크쿨이 씻고 희성을 ᄒ연 하늘에 고ᄒ고,
낫술 츠례로 부인을 삼안 물 좋곡 지름진 땅을 골라그네 활을
쏜 살 곳을 정ᄒ엿주. 고을나가 사는 곳을 제일도(第一都)엔
굳곡, 양을나가 사는 곳을 제이도(第二都)엔 굳곡, 부을나가
사는 곳은 제삼도(第三都)엔 궅앗저. 일로부떠 산업을 일루기
시작ᄒ연 오곡 씰 뿌리곡 뭉생이광 송애길 키우난 날로 부유ᄒ
여견 사름이 사는 시상을 일루게 뒈엇주기겐.

2) 토속요

<표준어>

한라산으로 내리는 물에/흰쌀 씻어서 밥을 하니/
뉘도 많고 돌도 많고/임 없는 탓이로구나

　　　　×　　　　　　×

전처 소박 양첩한 놈아/한강 바다 가운데 들어/
짙은 안개 흩어나 버려라/그믐 생겨서 달진 밤 새게

　　　　×　　　　　　×　　　　　　×

나거든 삼형제 나라/나거든 사형제 나라/
외나무라 외동백 열듯/외로이 난 일 서러워 한다/
비 온 날에 외상제 울듯/외로이 난 일 서러워 한다

<제주어>

한락산으로 ᄂᆞ리는 물에/곤쌀 씻(싯)언 밥을 ᄒᆞ난/
늬도 하곡 돌도 하곡/님이 엇인 탓이로고나

　　　　×　　　　　　×　　　　　　×

전처 소박 양첩ᄒᆞᆫ 놈아/한강 바당 가운디 들엉/

줒인 으남 허꺼니 불라/구굼 생경 둘 진 밤 새게
    ×   ×   ×

낳거든 삼성제 나라/낳거든 스성제 나라/
웨낭기라 웨돔박 을듯/웨로이 난 일 서뤄웡 흔다/
비 온 날에 웨상제 울듯/웨로이 난 일 설러웡 흔다
    ×   ×   ×

3) 속담

<표준어>

- 나간 놈 몫은 있어도 자는 놈 몫은 없다.
- 방망이가 가벼우면 쐐기가 흔들린다.
- 바다에도 마루가 있고 지붕에도 마루가 있다.
- 남편 그린 과부 기둥 안고 맴돈다.
- 업은 외손자 발 시리다고 걷는 친손자 뛰라고 한다.
- 의붓어머니가 죽어서 묻은 데는 엉겅퀴가 까끌까끌 날을 들고 캐려고 하니 웃음이 겨워서 못 캐고, 친어머니가 죽어서 묻은 데는 배춧나물이 야들야들 날을 들고 캐려고 하니 눈물이 겨워서 못 캔다.

<제주어>

- 나간 놈 직신 셔도 자는 놈 직신 엇(읏)나.
- 마깨가 개베우민 새감/새역이 홍근다.
- 바당이도 무를이 싯곡 지붕이도 무를이 싯나.
- 서방 그린 과수 지둥 안앙 감장돈다.
- 업은 웨손지 발 실린뎅 걷는 성손지 둘으렝 혼다.
- 다슴어멍 죽언 묻은 딘 소왕(웽)가 소왕소왕 눌을 들런 캐젠

ᄒᆞ난 웃음 제완 못 캐곡, 원어멍 죽언 묻은 된 반짓ᄂᆞ물이 반
질반질 눌을 들런 캐젠 ᄒᆞ난 눈물 제완 못 캔다.

4) 생활어

<표준어>

① "아이고, 오래간 만입니다. 요즘 어떻게 지내십니까?"
"뭐 그럭저럭 살고 있네."
"자네는 어떻게 지내나?"
"이젠 정년퇴직해서 집에서 소일하고 있습니다."
"벌써 그렇게 됐나, 세월 참 **빠른** 거네."

② "말 좀 묻겠습니다."
"무슨 말이지?"
"여기서 관덕정에 걸어서 가려면 얼마나 걸립니까?"
"한 삼십분은 넉넉히 걸릴 걸."
"네, 잘 알았습니다."

③ "너 그 하는 짓이 뭐냐."
"웹니까? 이렇게 하면 된다고 합디다."
"누가 그렇게 말하던?"
"우리 선생님입니다."
"그러니 요즘 학생은 머리만 뜨겁고, 가슴은 차가운 짐승이
나 다를 것이 없다는 말을 들을 수밖에."

<제주어>

① "아이고, 오래만간이우다. 요새 어떵 지냄수과?"

"뭐 경성 살암서."

"진 어떵 지냄서?"

"이젠 정년퇴직ᄒ연 집이서 소일ᄒ염서마씀."

"볼써 경 뒈엇어, 세월 춤 뿐른 거네이."

② "말 좀 들으쿠다/물으쿠다."

"무신 말이라?"

"이디서 과덕정이 걸엉 가젱 ᄒ민 얼메나 걸리코양?"

"흔 반시간은 푼이 걸릴 걸."

"예, 잘 알앗수다양."

③ "느 그 ᄒ는 짓이 뭣고?"

"무사마씀? 영 ᄒ민 뒈덴 ᄀ읍데다."

"누게가 경 ᄀ라니?"

"우리 선싕님마씀(씸)."

"경ᄒ난 요새 혹생덜은 머리만 지접곡, 가슴은 실려운 중승
이나 달를 게 엇(읏)넹 흔 말을 들을 수밧게.

5) 현대시

서 시(序詩)

윤 동 주

<표준어>

죽는 날까지 하늘을 우러러

한점 부꾸럼이 없기를,

잎새에 이는 바람에도

나는 괴로워했다.

별을 노래하는 마음으로
모든 죽어가는 것을 사랑해야 하지
그리고 나한테 주어진 길을
걸어가야겠다.

오늘 밤에도 별이 바람에 스치운다.

<제주어>

죽는 날끄장 하늘(늘)을 우러러
흔점 부치러움이 엇(읏)길,
입새에 이는 브름에도
난 궤로워ㅎ엿저.
빌(벨)을 노래ㅎ는 므음으로
모든 죽어가는 것덜을 궤어사주기
그러곡 나신디 주어진 질을
걸어가사키어.

오늘(늘) 밤이도 빌(벨)이 브름에 스치엄저.

가는 길

김소월

<표준어>

그립다
말을 할까
하니 그리워

그냥 갈까
그대도
다시 더 한번…

저 산에도 까마귀, 들에 까마귀,
서산에도 해 진다고
지저귑니다.

앞 강물 뒷 강물,
흐르는 물은
어서 따라 오라고 따라 가자고
흘러도 연달아 흐릅디다려.

<제주어>
　그립다
　말을 ㅎ카
　ㅎ난 그리워
　그냥 가카
　경ㅎ여도
　또시 더 ㅎ번…

　저 산이도 가냐귀, 들에 가냐귀,
　서산이도 해 진덴
　지저겸수다.

앞 강물 뒷 강물,
흘르는 물은
흔저 뜨라 오렌 뜨라 가겐
흘러도 연이언 흘럼수다게.

위의 제주어표기법은 완성된 것일 수 없다. 다뤄야 할 것을 미처 챙기지 못해서 놓쳐버린 것이 있기 때문이다. 거기에다 학자에 따라 견해를 달리 할 수 있고 보면, 관련자들이 무릎을 맞대고 앉아 표준형의 표기법을 서둘러 제정해야 한다. 그렇지 않으면 각인각색의 무절제한 표기의 오류를 바로 잡을 수 없게 됨으로써 올바른 제주어의 보전은 불가능하다.

참 고 문 헌

강신항:『鷄林類事 「高麗方言」 研究』, 成均館大學校出版部, 1980.

　〃　 :『훈민정음연구』, 성균관대학교 출판부, 2010.

강영봉:『제주 한경지역의 언어와 생활』, 태학사, 2007.

고재환:『제주속담총론』, 민속원, 2001.

　〃　 :『제주속담사전』, 민속원, 2002.

남기심/고영근:『표준국어문법』, 탑출판사, 1985.

남광우:『古語辭典』, (株)敎學社, 1997.

김민수:『註解訓民正音』, 通文館, 1957.

김영돈:『濟州島民謠研究 上』, 一潮閣, 1997.

김영돈 외:『濟州說話集成(1)』, 濟州大學校 耽羅文化硏究所, 1985.

김완진:『鄕歌解讀法硏究』, 서울대학교 출판부, 1982.

김형규:『國語學槪論』, 一潮閣, 1984.

박용수:『겨레말 갈래 큰사전』, 서울대학교 출판부, 1993.

박용후:『제주방언연구』, 도원사, 1960.

석주명:『濟州島方言集』, 서울신문 출판부, 1947.

송상조:『제주말 큰사전』, 한국문화사, 2007.

신채호(박기봉 옮김):『조선상고사』, 비봉출판사, 2007.

심재기:『국어어휘론』, 민속원, 2000.

양주동:『古歌硏究』, 博文書館, 1942.

　〃　 :『麗謠箋注』, 乙酉文化社, 1987.

유창돈:『語彙史硏究』, 宣明文化社, 1973.

윤치부:『제주전래동요사전』, 민속원, 1999.

이기문:『國語史槪說』, 태학사, 2007.

이능우:『朝鮮女俗考』, 韓國學硏究所, 1977.

이원진:『耽羅文獻集』, <耽羅志>, 제주도교육위원회, 1976.

이익섭:『國語學槪說』, 學硏社, 1989.

이형상:『南宦博物』, 韓國精神文化院, 1979.

전영우:『표준한국어 발음사전』, 집문당, 1992.

정병욱/이응백:『표준고전』, 신구문화사, 1970.

허 웅 주역:『龍飛御天歌』, 正音社, 1979.

현용준:『제주도무속자료사전』, 도서출판 각, 2007.

현평효:『濟州方言硏究』-論考篇-, 二友出版社, 1985.

『杜詩諺解』, 大提閣, 한국고전총서간행위원회 편, 1987.

『새한글 맞춤법 및 용례집』, 아시아 법조각, 1993.

『新增類合』, 檀國大學校 東洋學硏究所, 2002.

『訓蒙字會』, 國大學校 東洋學硏究所, 2006.

『月印千江之曲·月印釋譜』, 大提閣, 한국고전총서간행위원회 편, 1987.

『제주도 큰 굿자료』, 제주도특별자치도/제주전통문화연구소, 2001.

『제주어사전』, 제주특별자치도, 2009.

찾 아 보 기

ㅈ

■ 고 재 환

1937년 제주 출생
성균관대학교 국어국문학과 졸업
성균관대학교 대학원 국어국문학과 문학석사/박사
제주교육대학교 국어교육과 교수・명예교수
제5차교육과정 초등학교 국어교과서제작 협의연구위원
한국세시풍속사전 집필위원
『제주도지』・『제주어사전』 편집/집필위원
제주도문화재위원
제주특별자치도 제주어보전육성위원회 위원장
제주도문화상 <학술부문>, 황조근정훈장

『제주도속담연구』(집문당, 1995), 『제주속담총론』(민속원, 2001), 『제주속담사전』(민속원, 2002),
『제주의 민속Ⅲ』공저(제주도, 1995), 『제주의 전통문화』공저(제주도교육위원회, 1996), 『우도지
(牛島誌)』공저(우도지편찬위원회, 1996), 『제주도지-제7권-』공저(제주도, 2006), 『제주인의 혼
불』공저(각, 2006), 『제주어사전』 공편저(제주특별자치도, 2009) 외 다수

개정판

제주어개론 상권

2011년 9월 9일 초　판
2013년 3월 5일 개정판

지은이 고재환
펴낸이 김흥국
펴낸곳 도서출판 보고사

책임편집 이유나
표지디자인 윤인희

등록 1990년 12월 13일 제6-0429호
주소 서울특별시 성북구 보문동7가 11번지 2층
전화 922-5120~1(편집), 922-2246(영업)
팩스 922-6990
메일 kanapub3@chol.com
http://www.bogosabooks.co.kr

ISBN 978-89-8433-934-7
　　　978-89-8433-933-0 94710(세트)
ⓒ 고재환, 2011

정가 30,000원